Christian Seiler • Examens-Repetitorium Verwaltungsrecht

UNIREP JURA

Herausgegeben von Prof. Dr. Mathias Habersack

Examens-Repetitorium Verwaltungsrecht

Allgemeines Verwaltungsrecht,
Polizei-, Bau-, Kommunalrecht,
Staatshaftungsrecht

von

Dr. Christian Seiler

Professor an der Universität Tübingen

7., neu bearbeitete Auflage

Dr. Christian Seiler 1967, Bankkaufmann, Studium der Rechtswissenschaften in Freiburg im Breisgau und Heidelberg; 1. Staatsexamen 1995, 2. Staatsexamen 1997; 1997-2003 Wiss. Mitarbeiter/Assistent an der Universität Heidelberg; Promotion 1999; Habilitation 2003; 2004-2009 Professor an der Universität Erfurt; seit 2009 Professor an der Universität Tübingen; seit 2012 Mitglied des Verfassungsgerichtshofs Baden-Württemberg.

Ausgewählte Veröffentlichungen: Der einheitliche Parlamentsvorbehalt, 2000; Auslegung als Normkonkretisierung, 2000; Der souveräne Verfassungsstaat zwischen demokratischer Rückbindung und überstaatlicher Einbindung, 2005; Grundzüge eines öffentlichen Familienrechts, 2008.

Bibliografische Information der Deutschen Nationalbibliothek
Die Deutsche Nationalbibliothek verzeichnet diese Publikation in der Deutschen Nationalbibliografie; detaillierte bibliografische Daten sind im Internet über <http://dnb.d-nb.de> abrufbar.

ISBN 978-3-8114-4945-9

E-Mail: kundenservice@cfmueller.de
Telefon: +49 6221 1859 599

www.cfmueller.de

Satz: TypoScript, München
Druck: Libri Plureos GmbH, Hamburg

Vorwort

Das vorliegende Lehrbuch wendet sich in erster Linie an Studenten höherer Semester und Examenskandidaten, die ihre im Laufe des Studiums erworbenen Kenntnisse des allgemeinen und besonderen Verwaltungsrechts einschließlich seiner prozessrechtlichen Bezüge wiederholen und vertiefen, sie insbesondere auch systematisieren möchten. Dabei verzichtet dieses Buch bewusst darauf, alle Einzelprobleme und -meinungen erschöpfend darzustellen, statt derer vor allem die Grundstrukturen des Verwaltungsrechts und seine gedanklichen Verbindungslinien aufgezeigt und verdeutlicht werden sollen. Bei alledem verfolgt das Buch die didaktische Konzeption einer Verzahnung von theoretischer Grundlegung und praktischer Anwendung. Kurze Einführungen zu den einzelnen Teilgebieten des Verwaltungsrechts sowie eingeschobene allgemeine Erläuterungen dienen der Vermittlung und Systematisierung theoretischen Wissens. Dieses hat sich sogleich anhand konkreter Fälle zu bewähren, die bewusst komplex gestaltet sind und teilweise den Umfang und den Schwierigkeitsgrad einer Examensklausur erreichen. Für jeden dieser Fälle wird eine ausführliche Lösung angeboten, wobei besonderer Wert auf einen folgerichtigen Aufbau gelegt und dieser zusätzlich durch zahlreiche Aufbauhinweise erläutert wird. Abschließend folgen jeweils ausgewählte Wiederholungs- und Vertiefungsfragen zum eigenständigen Überdenken des Erlernten.

Hintergrundwissen und Fallbearbeitung werden gemäß dieser Konzeption zwar sachlich ineinander verzahnt, jedoch optisch unterschieden. Zu diesem Zweck werden verschiedene Schriftarten gewählt und die theoretischen Ausführungen überdies durch ein abgrenzendes Zeichen (■) eingerahmt. Die Einteilung der Darstellung in eine theoretische und eine praktische Ebene sowie die Gliederung anhand konkreter Fälle geben dem eiligen Leser Gelegenheit, nur einzelne Teilgebiete oder Fälle zu betrachten. Gleichwohl empfiehlt es sich unbedingt, das Buch im Ganzen durchzuarbeiten, da seine einzelnen Teile einer didaktischen Gesamtkonzeption folgend aufeinander aufbauen und ihren vollen Lerneffekt deshalb erst im Zusammenwirken entfalten können.

Das Lehrbuch eignet sich für Leser aller Bundesländer. Dies gilt in erster Linie, weil sich die in den Mittelpunkt gestellten Grundstrukturen des Verwaltungsrechts in allen Ländern entsprechen. Verbleibenden Unterschieden soll die Auswahl der herangezogenen Landesregelungen Rechnung tragen. So wurde das Buch zum baden-württembergischen Landesrecht konzipiert und beispielhaft um Ausführungen zum thüringischen Recht ergänzt. Damit berücksichtigt es das Recht eines der alten und eines der jüngeren (gelegentlich reformfreudigeren) Bundesländer, deren Verwaltungsrecht jeweils repräsentativ für verschiedene deutschlandweit anzutreffende Lösungsmodelle ist. Soweit dies wegen spezifischer Besonderheiten der aktuellen Gesetzgebung angezeigt erscheint, wird zudem punktuell auf das Recht anderer Länder verwiesen. Schließlich sind schwer zugängliche Gesetzestexte eigens abgedruckt.

Tübingen, im Frühjahr 2022 *Christian Seiler*

Inhaltsverzeichnis

Zur Vertiefung empfohlene Lehrbücher

Ennuschat, Jörg/Ibler, Martin/Remmert, Barbara, Öffentliches Recht in Baden-Württemberg, 3. Auflage 2020

Hufen, Friedhelm, Verwaltungsprozessrecht, 12. Auflage 2021

Maurer, Hartmut/Waldhoff, Christian, Allgemeines Verwaltungsrecht, 20. Auflage 2020

Muckel, Stefan/Ogorek, Markus, Öffentliches Baurecht, 4. Auflage 2020

Schenke, Wolf-Rüdiger, Polizei und Ordnungsrecht, 11. Auflage 2021

Schoch, Friedrich, Besonderes Verwaltungsrecht, 2018

Schwerdtfeger, Gunther/Schwerdtfeger, Angela, Öffentliches Recht in der Fallbearbeitung, 15. Auflage 2018

Würtenberger, Thomas/Heckmann, Dirk/Tanneberger, Steffen, Polizeirecht in Baden-Württemberg, 7. Auflage 2017

Erster Teil

Allgemeines Verwaltungsrecht

§ 1 Verwaltungsrechtliches Entscheiden als Vorgang der Konkretisierung (Rechtsverordnung und Interpretation, Ermessen und Beurteilungsspielraum)

■ Die Verwaltung ist Ort unmittelbarer Begegnung von Staat und Bürger, das Verwaltungsrecht daher angewandte Rechtsstaatlichkeit, die Allgemeinwohl und Grundrechte rechtlich ins Gleichgewicht bringen muss. Der Weg hin zur behördlichen Einzelfallentscheidung, gegebenenfalls auch zum anschließenden Verwaltungsgerichtsurteil ist dabei ein mehrstufiger Prozess gedanklicher Verdichtung zunächst allgemeiner Vorgaben mit partiellem Verfassungsrang, die in einer Folge thematisch jeweils engerer, inhaltlich dafür detailierten Rechtsakte ergänzt und konkretisiert werden. 1

Rechtsfindung als Konkretisierung auf mehreren Regelungsebenen

Grundgesetz	– – – – – – – – –
Parlamentsgesetz	- - - - - - - - - - - - - - - - - -
Rechtsverordnung	---------------
Verwaltungsakt	________________________

Bei diesem Vorgang gestufter Konkretisierung wird jede Regelungsebene inhaltlich durch die Vorgaben höherrangiger Ebenen gebunden. Soweit die Regelungen höheren Ranges noch unvollständig sind, dürfen sie auf den nachgeordneten Ebenen ergänzt und dadurch vervollständigt werden. Am Ende des Konkretisierungsprozesses steht eine abschließende Entscheidung der konkreten Rechtsfrage, die Inhalte aller Regelungsebenen verbindet.

Zusätzlich zur inhaltlichen Bindung zeichnet das Recht jeweils höherer Rangstufe die nachrangige Konkretisierung in doppelter Hinsicht vor: Es definiert zum einen Art und Umfang nachrangiger exekutiver Kompetenzen zur Rechtskonkretisierung und trifft zum anderen die ausdrückliche oder konkludente Entscheidung über die Möglichkeit wie auch die Reichweite einer etwaigen gerichtlichen Überprüfung exekutiver Entscheidungen. ■

2 **Fall 1:** Der Schüler A hat von seinen Eltern zum 18. Geburtstag einen Sportwagen geschenkt bekommen. Auf dem Weg zur erstrebten Fahrerlaubnis stellen sich ihm jedoch einige Hindernisse.

Teil 1: Noch während des Verfahrens über die Zulassung zur Fahrprüfung erfährt die zuständige Fahrerlaubnisbehörde, dass A vor kurzem bei einem Schulfest Alkohol in großen Mengen getrunken hat, dass zudem einige seiner Freunde schon mehrfach alkoholisiert am Straßenverkehr teilgenommen haben. Die Behörde zweifelt daher an seiner Eignung zum Führen eines Kraftfahrzeuges und ordnet unter Berufung auf § 2 Abs. 8 StVG und § 13 S. 1 Nr. 2 a) FeV an, dass A sich vor Erteilung der Fahrerlaubnis einem medizinisch-psychologischen Gutachten über etwaige Alkoholprobleme unterziehen muss. A erhebt formell ordnungsgemäß Klage gegen die Anordnung. Vor Gericht kann er glaubhaft belegen, dass der überhöhte Alkoholkonsum beim Schulfest eine einmalige Ausnahme war und er ansonsten regelmäßig nur alkoholfreie Getränke zu sich nimmt. Hat seine Klage Aussicht auf Erfolg?

Teil 2: A ist inzwischen zur Fahrprüfung zugelassen worden. Nach Bestehen des theoretischen folgt nun der praktische Prüfungsteil. Gleich zu Beginn der Fahrt nähert er sich mit mäßiger Geschwindigkeit einem innerörtlichen Zebrastreifen. Dort steht ein Fußgänger, der dem A jedoch durch ein Zeichen zu verstehen gibt, fahren zu dürfen, da er die Straße nicht überqueren wolle. Der Prüfer übersieht dieses Zeichen. Plötzlich und unerwartet entdeckt der Fußgänger auf der anderen Straßenseite einen Bekannten und betritt den Zebrastreifen. Bevor A, der die Situation aufmerksam beobachtet hat und sogleich gehandelt hätte, reagieren kann, tritt der Fahrlehrer blitzschnell auf die Bremse. Die sofort abgebrochene Prüfung wird als nicht bestanden gewertet. Kann A mit Erfolg Rechtsschutz gegen diese Entscheidung ersuchen?

Anzuwendende Vorschriften:

Straßenverkehrsgesetz (StVG):

§ 2 Fahrerlaubnis und Führerschein *(1) [1]Wer auf öffentlichen Straßen ein Kraftfahrzeug führt, bedarf der Erlaubnis (Fahrerlaubnis) der zuständigen Behörde (Fahrerlaubnisbehörde).* ...

(2) [1]Die Fahrerlaubnis ist ... zu erteilen, wenn der Bewerber ...

3. zum Führen von Kraftfahrzeugen geeignet ist, ...

5. die Befähigung zum Führen von Kraftfahrzeugen in einer theoretischen und praktischen Prüfung nachgewiesen hat, ...

(4) [1]Geeignet zum Führen von Kraftfahrzeugen ist, wer die notwendigen körperlichen und geistigen Anforderungen erfüllt und nicht erheblich oder nicht wiederholt gegen verkehrsrechtliche Vorschriften oder gegen Strafgesetze verstoßen hat. ...

(5) Befähigt zum Führen von Kraftfahrzeugen ist, wer

1. ausreichende Kenntnisse der für das Führen von Kraftfahrzeugen maßgebenden gesetzlichen Vorschriften hat,

2. mit den Gefahren des Straßenverkehrs und den zu ihrer Abwehr erforderlichen Verhaltensweisen vertraut ist,

3. die zum sicheren Führen eines Kraftfahrzeugs … erforderlichen technischen Kenntnisse besitzt und zu ihrer praktischen Anwendung in der Lage ist …

(8) Werden Tatsachen bekannt, die Bedenken gegen die Eignung oder Befähigung des Bewerbers begründen, so kann die Fahrerlaubnisbehörde anordnen, dass der Antragsteller ein Gutachten oder Zeugnis eines Facharztes oder Amtsarztes, ein Gutachten einer amtlich anerkannten Begutachtungsstelle für Fahreignung oder eines amtlich anerkannten Sachverständigen oder Prüfers für den Kraftfahrzeugverkehr innerhalb einer angemessenen Frist beibringt.

***§ 6 Ausführungsvorschriften** (1) Das Bundesministerium für Verkehr und digitale Infrastruktur wird ermächtigt, Rechtsverordnungen mit Zustimmung des Bundesrates zu erlassen über*

1. die Zulassung von Personen zum Straßenverkehr, insbesondere über …

c) die Anforderungen an die Eignung zum Führen von Kraftfahrzeugen, die Beurteilung der Eignung durch Gutachten sowie die Feststellung und Überprüfung der Eignung durch die Fahrerlaubnisbehörde nach § 2 Abs. 2 Satz 1 Nr. 3 in Verbindung mit Abs. 4, 7 und 8, …

e) die Prüfung der Befähigung zum Führen von Kraftfahrzeugen, insbesondere über die Zulassung zur Prüfung sowie über Inhalt, Gliederung, Verfahren, Bewertung, Entscheidung und Wiederholung der Prüfung nach § 2 Abs. 2 Satz 1 Nr. 5 in Verbindung mit Abs. 5, 7 und 8 sowie …

g) die nähere Bestimmung der sonstigen Voraussetzungen nach § 2 Abs. 2 Satz 1 und 2 für die Erteilung der Fahrerlaubnis …

Verordnung über die Zulassung von Personen zum Straßenverkehr (Fahrerlaubnis-Verordnung – FeV):

***§ 11 Eignung** (1) [1]Bewerber um eine Fahrerlaubnis müssen die hierfür notwendigen körperlichen und geistigen Anforderungen erfüllen. …*

***§ 13 Klärung von Eignungszweifeln bei Alkoholproblematik** [1]Zur Vorbereitung von Entscheidungen über die Erteilung … der Fahrerlaubnis … ordnet die Fahrerlaubnisbehörde an, dass*

1. ein ärztliches Gutachten (…) beizubringen ist, wenn Tatsachen die Annahme von Alkoholabhängigkeit begründen, oder

2. ein medizinisch-psychologisches Gutachten beizubringen ist, wenn …

a) … Tatsachen die Annahme von Alkoholmissbrauch begründen, …

b) wiederholt Zuwiderhandlungen im Straßenverkehr unter Alkoholeinfluss begangen wurden,

c) ein Fahrzeug im Straßenverkehr bei einer Blutalkoholkonzentration von 1,6 Promille oder mehr oder einer Atemalkoholkonzentration von 0,8 mg/l oder mehr geführt wurde,

d) die Fahrerlaubnis aus einem der unter den Buchstaben a bis c genannten Gründe entzogen war oder

e) sonst zu klären ist, ob Alkoholmissbrauch oder Alkoholabhängigkeit nicht mehr besteht. …

***§ 15 Fahrerlaubnisprüfung** (1) Der Bewerber um eine Fahrerlaubnis hat seine Befähigung in einer theoretischen und einer praktischen Prüfung nachzuweisen. …*

***§ 17 Praktische Prüfung** …*

Lösung zu Fall 1

Teil 1: Versuch des A, ein medizinisch-psychologisches Gutachten abzuwenden[1]

A. Sachurteilsvoraussetzungen

3 Gemäß § 40 Abs. 1 VwGO ist der Verwaltungsrechtsweg gegeben. Als statthafte Klageart könnte zunächst eine Anfechtungsklage (§ 42 VwGO) in Betracht kommen, sofern es sich bei der Anordnung nach § 2 Abs. 8 StVG i.V.m. § 13 S. 1 Nr. 2 FeV um einen Verwaltungsakt handelt. Es fehlt jedoch am Regelungsgehalt, da keine Pflicht begründet wird, ein Gutachten einzuholen[2]. Die behördliche Anordnung hat lediglich zur Folge, dass die Fahrerlaubnis versagt werden darf, falls kein Gutachten erstellt wird und deshalb die Bedenken mangelnder „Eignung" nicht entkräftet sind. Es handelt sich um eine bloße Obliegenheit, deren Beachtung nicht zwingend ist (erst recht nicht vollstreckt werden könnte), deren Nichtbeachtung aber rechtliche Nachteile auslösen kann. Vorzugswürdig erscheint daher, eine Feststellungsklage (§ 43 VwGO) zu wählen. Hingegen bliebe auch vertretbar, in der konkretisierenden Feststellung, dass im Fall des A die Voraussetzungen eines Gutachtenauftrags vorliegen, einen Regelungsgehalt zu erkennen. Dann wäre eine Anfechtungsklage statthaft.

Eine Klagebefugnis ist jedenfalls gegeben, so dass dahingestellt bleiben kann, ob eine Feststellungsklage eine solche analog § 42 Abs. 2 VwGO erfordert.[3] Die Aufforderung, ein medizinisch-psychologisches Gutachten einzuholen, greift in das allgemeine Persönlichkeitsrecht (Art. 2 Abs. 1 GG i.V.m. Art. 1 Abs. 1 GG) ein, da höchstpersönliche Umstände erforscht werden sollen. Dies gilt auch bei einer bloßen Obliegenheit, die zwar nicht rechtsverbindlich, aber zielgerichtet und mittelbar-faktisch auf das allgemeine Persönlichkeitsrecht einwirkt, somit unter den erweiterten Eingriffsbegriff[4] fällt. Zusätzlich ist ein Eingriff in die allgemeine Handlungsfreiheit (Art. 2 Abs. 1 GG) gegeben. Dieser liegt nicht unmittelbar in der nicht verpflichtenden Aufforderung, ein Gut-

1 Vor der rechtlichen Würdigung eines Falles sollte sich der Bearbeiter – auf der Grundlage einer sorgfältigen Lektüre von Sachverhalt, Aufgabenstellung und einschlägigen Normen! – zunächst Klarheit über das Anliegen des Betroffenen („Wer will was von wem?") sowie über die rechtlichen wie nichtrechtlichen Interessen aller Beteiligten verschaffen. – Zu vermeidbaren Anfängerfehlern schon beim Lesen von Fall und Gesetz *Leisner-Egensperger*, JA 2019, S. 841 ff.

2 Vgl. OVG Münster, NJW 2001, S. 3427 ff.; OVG Thüringen, ThürVBl 2004, S. 212 ff.: Die Anordnung, ein medizinisch-psychologisches Gutachten beizubringen, ist kein Verwaltungsakt.

3 Die Streitfrage ist in Rspr. und Schrifttum nicht abschließend geklärt. Ausschlaggebend sollte jeweils sein, inwiefern ein subjektives Recht vorauszusetzen ist, um die Funktion verwaltungsgerichtlichen Rechtsschutzes nicht zu überdehnen. In der Klausur empfiehlt sich ein pragmatischer Zugang: In den meisten Fällen kann die Frage dahingestellt bleiben, vor allem dann, wenn das festzustellende Rechtsverhältnis letztlich einem eigenen Recht entspricht. In Sonderkonstellationen ist anhand der Rechtsschutzfunktion zu argumentieren. Beispielsweise ist eine Klagebefugnis vorauszusetzen bei der Feststellung von Rechtsverhältnissen zwischen Dritten (Vermeidung der Popularklage), bei der Feststellung der Nichtigkeit eines Verwaltungsakts (Verwandtschaft zur Anfechtungsklage) oder beim Kommunalverfassungsstreit (Beschränkung auf die Absicherung eigener Befugnisse).

4 Zum modernen Eingriffsbegriff *Seiler*, JuS 2002, S. 156 ff.

achten einzuholen. Ausschlaggebend ist, dass die Teilnahme am Straßenverkehr insgesamt durch Art. 2 Abs. 1 GG freiheitsrechtlich geschützt ist und der Gesetzgeber die Zulassungsvoraussetzungen in den Gesamtzusammenhang seiner freiheitsbeschränkenden Regelung einbezogen hat.

Problematisch ist, dass die Anordnung Bestandteil eines einheitlichen Verwaltungsver- **4**
fahrens ist, das auf die Erteilung einer Fahrerlaubnis gerichtet ist. Es handelt sich grundsätzlich um eine bloße Aufklärungsmaßnahme und damit um eine unselbstständige Verfahrenshandlung, die gemäß § 44a S. 1 VwGO nicht selbstständig, sondern nur mit der abschließenden Sachentscheidung (hier der Nichterteilung der Fahrerlaubnis, ebenso umgekehrt bei deren Entzug) angegriffen werden kann.[5] Nach wohl herrschender Meinung ist die Klage des A daher unzulässig.

Zu beachten ist indes, dass außerhalb von StVG und FeV Rechtsschutz gegen Verfahrensakte in Betracht kommen kann, wenn diese mit gewichtigen selbstständigen Grundrechtseingriffen verbunden sind, insbesondere bei Eingriffen in das allgemeine Persönlichkeitsrecht.[6] Auch hat das BVerfG[7] festgestellt, dass die Anordnung eines medizinisch-psychologischen Gutachtens bei einmaligem Haschisch-Konsum ohne Bezug zum Straßenverkehr als übermäßiger Eingriff in das allgemeine Persönlichkeitsrecht rechtswidrig ist. Im Lichte von Art. 19 Abs. 4 GG erscheint es daher vertretbar, im vorliegenden Fall ausnahmsweise eigenständigen Rechtsschutz zu gewähren, soweit das allgemeine Persönlichkeitsrecht berührt ist, nicht aber soweit die im Rechtsschutz gegen die abschließende Entscheidung zu prüfende allgemeine Handlungsfreiheit betroffen ist[8].

Die übrigen Zulässigkeitsvoraussetzungen liegen vor[9]. A hat ein berechtigtes Interesse **5**
an der Feststellung (§ 43 Abs. 1 VwGO). Auch steht die Subsidiarität der Feststellungsklage (§ 43 Abs. 2 S. 1 VwGO) nicht entgegen, da eine Gestaltungs- oder Leistungsklage hier nicht helfen würde (so dass deren besondere Zulässigkeitsanforderungen nicht abgesichert zu werden brauchen). Richtiger Klagegegner ist der Träger der handelnden Behörde[10].

---

5 S. 2 von § 44a VwGO greift vorliegend nicht ein, da die Anordnung nicht vollstreckt werden kann.

6 Das BVerwG ist insofern allerdings zurückhaltend. Vgl. BVerwG, NVwZ 2020, S. 312 ff. zur nicht selbst anfechtbaren Anordnung der fachärztlichen Untersuchung eines Beamten (mit Argumenten und Belegen auch zur Gegenansicht).

7 BVerfGE 89, 69 (82 ff.) (zur Vorgängerregelung der FeV). Die Vorinstanzen gingen im Einklang mit der ständigen Rspr. zu Fällen dieser Art von einer unanfechtbaren Teilentscheidung aus.

8 Ebenso vertretbar wäre es (und läge eher auf der Linie der Rspr.), die Zulässigkeit der Klage wegen § 44a VwGO zu verneinen.

9 Die Klausurlösung sollte Fragen der Zulässigkeit angemessen kurz abhandeln, da sie in der Regel unproblematisch sind oder jedenfalls nicht den Schwerpunkt der Klausur bilden.

10 Maßgeblich ist das allgemeine Rechtsträgerprinzip (das seinen Ausdruck für Anfechtungs- und Verpflichtungsklagen in § 78 Abs. 1 Nr. 1 VwGO gefunden hat).

B. Begründetheit

6 A begehrt die Feststellung, durch die Anordnung der Untersuchung in seinem allgemeinen Persönlichkeitsrecht verletzt zu sein. Da ein Eingriff in dieses Recht vorliegt, geht es im Folgenden nur noch um die Frage seiner Rechtmäßigkeit.

■ Soweit die Rechtmäßigkeit vergangenen Behördenhandelns zu untersuchen ist, empfiehlt sich in der Regel ein dreistufiger Prüfungsaufbau. Erstens ist anzuraten, die einschlägige Rechtsgrundlage auszuwählen und zu benennen, da sie die weitere Prüfung vorzeichnet. Zweitens ist nach der formellen Rechtmäßigkeit der Maßnahme zu fragen, d. h. nach der äußeren Art und Weise des Zustandekommens der Entscheidung („Wer handelt wie?"). Drittens ist unter dem Gesichtspunkt der materiellen Rechtmäßigkeit zu prüfen, ob der Inhalt der Entscheidung mit dem Recht jeweils höherer Rangstufen vereinbar ist. ■

7 **I. Ermächtigungsgrundlage** für die Anordnung ist § 2 Abs. 8 StVG i.V.m. § 13 S. 1 Nr. 2 a) FeV. § 2 Abs. 8 StVG berechtigt die Fahrerlaubnisbehörde ausdrücklich zu Maßnahmen dieser Art und liefert damit als Parlamentsgesetz die eigentliche Ermächtigungsnorm; der nachrangige, aber konkretere § 13 FeV füllt sie untergesetzlich aus.[11]

II. Die Anordnung ist **formell rechtmäßig**, sofern Zuständigkeit, Verfahren[12] und Form gewahrt sind. Vorliegend sind insoweit keine Rechtsfehler ersichtlich.

8 **III. Materielle Rechtmäßigkeit**

■ Die materielle Rechtmäßigkeit von Verwaltungshandeln bezieht sich in der Regel auf die Anwendung eines Gesetzes. Folglich zeichnet die Struktur des Gesetzes den Prüfungsaufbau vor. Verwaltungsrechtliche Normen, insbesondere Ermächtigungsgrundlagen, sind typischerweise konditional formuliert („Wenn ..., dann ..."). Sie enthalten einen *Tatbestand*, der die Voraussetzungen des behördlichen Handelns normiert, und eine *Rechtsfolge*, die Art und Umfang der zulässigerweise zu ergreifenden Maßnahmen bestimmt.[13] Ebenso ist die Prüfungsreihenfolge zu wählen. ■

9 **1) Tatbestand:** § 2 Abs. 8 StVG setzt insbesondere „Bedenken gegen die Eignung" voraus. Beim Tatbestandsmerkmal der „Eignung" handelt es sich um einen unbestimmten Rechtsbegriff, der noch der Konkretisierung bedarf.

---

11 Die Gerichtspraxis zitiert gelegentlich allein § 13 FeV. Die Vorschrift dient jedoch als Ausführungsbestimmung der untergesetzlichen Ergänzung von § 2 Abs. 8 StVG (vgl. § 6 Abs. 1 Nr. 1 c) StVG), der folglich als eigentliche Rechtsgrundlage mitzudenken ist. In der Sache ändert sich hierdurch nichts.

12 Allgemein ist zum Verfahren vor allem zu prüfen, ob eine Anhörung gemäß § 28 (L)VwVfG (im hiesigen Fall mangels Verwaltungsakt: analog) stattgefunden hat. Ihr Fehlen könnte aber bis zum Abschluss der letzten Tatsacheninstanz eines Verwaltungsprozesses, insbesondere mit Durchführung eines Widerspruchsverfahrens geheilt werden, § 45 Abs. 1 Nr. 3, Abs. 2 (L)VwVfG. Dabei muss die konkrete Verfahrensgestaltung die Funktion der Anhörung für den Entscheidungsprozess der Behörde uneingeschränkt erreichen. Bloße Äußerungen im gerichtlichen Verfahren genügen hierfür nicht. Vgl. BVerwG, NJW 2012, S. 2823 (2824 f.).

13 Vereinfacht gesprochen: Der gesetzliche Tatbestand einer Ermächtigungsnorm besagt, in welcher Situation ein behördliches Handeln in Betracht kommt, die gesetzliche Rechtsfolge legt fest, was die Behörde dann zu tun hat.

■ Allgemein lassen sich zwei Wege der Konkretisierung noch unbestimmter rechtlicher Vorgaben unterscheiden[14]. Regelmäßig sind unbestimmte Rechtsinhalte mittels Interpretation, zunächst durch die Behörde, sodann durch das diese kontrollierende Gericht, zu bestimmen. Gelegentlich wird die Konkretisierungsleistung durch eine gleich- oder nachrangige Norm erbracht. Von besonderem Interesse ist dabei die Konkretisierung durch rangniedrigere Vorschriften. Wichtiger und nachfolgend primär betrachteter Anwendungsfall ist die Rechtsverordnung, die das Gesetz ergänzt und verdeutlicht.[15] Voraussetzung ist jeweils, dass die konkretisierende Norm wirksam ist, bei der Rechtsverordnung vor allem die Vereinbarkeit mit Art. 80 Abs. 1 GG (der ggf. inzident zu prüfen ist). 10

Beide Formen untergesetzlicher Konkretisierung sind strukturell verwandt. Insbesondere ist der rechtliche Rahmen zumeist ähnlich abgesteckt. Beide stehen gleichermaßen unter der Verfassung wie dem Gesetz. Die Entscheidungen des Verordnunggebers wären bei Fehlen der Verordnung durchgängig vom Norminterpreten zu treffen. Zudem handhabt das BVerfG Art. 80 Abs. 1 GG jedenfalls im praktischen Ergebnis ebenso wie den allgemeinen Gesetzesvorbehalt nach Maßgabe seiner Wesentlichkeitslehre.[16] Damit sind vergleichbare Anforderungen an den Gesetzgeber gestellt.

Es zeigen sich aber auch Unterschiede beider Wege untergesetzlicher Konkretisierung. Erstens handeln verschiedene konkretisierende Stellen, als Interpret die Behörde oder das Gericht, als Verordnunggeber (meistens) die Exekutivspitze. Auch genießt das Produkt der Konkretisierung unterschiedlichen Normrang, was Konsequenzen etwa für die gerichtliche Verwerfungskompetenz (vgl. Art. 100 Abs. 1 GG) hat. Dem Ergebnis einer Auslegung wird der Normrang der interpretierten Vorschrift zugedacht, das heißt in der Regel der Rang eines Parlamentsgesetzes. Die untergesetzliche Konkretisierung durch Rechtsverordnung hat hingegen Verordnungsrang. Vor allem aber schwankt die gerichtliche Kontrolldichte. Eine behördliche Interpretation unterliegt regelmäßig voller gerichtlicher Überprüfung. Soweit jedoch der gesetzlich eröffnete Entscheidungsspielraum des Verordnunggebers reicht, trifft er eine abschließende, gerichtlich nicht überprüfbare Entscheidung.

Gemeinsamkeit und Grund dieser Differenzierungen ist der jeweilige Wille des Gesetzgebers. Der Gesetzgeber definiert neben seinen inhaltlichen Vorgaben zugleich, wer die noch offene Norm auf welche Weise konkretisiert und welcher Kontrolle er dabei unterliegt. Die Exekutive kann letztverbindlich entscheiden, wenn das Gesetz ihr hierzu eine *normative Ermächtigung*, gerichtet an die Exekutivspitze als Verordnunggeber oder an die Behörde als ausführende Stelle, erteilt. Soweit eine solche normative Ermächtigung fehlt, dürfen die Gerichte entscheiden. Die gerichtliche Überprüfbarkeit ist folglich bloßer Reflex der Art und des Umfangs dieser Ermächtigung. ■

Zum Fall: Das gesetzliche Tatbestandsmerkmal „Bedenken gegen die Eignung“ ist in Kombination der vorgenannten Möglichkeiten, das heißt auf verschiedenen Ebenen und in unterschiedlicher Art und Weise zu konkretisieren. Zunächst wird der Begriff „Eignung“ auf Gesetzesebene durch die Legaldefinition in § 2 Abs. 4 StVG verdeutlicht. Ausschlaggebend sind die notwendigen körperlichen und geistigen Anforderungen 11

14 Zum Folgenden siehe die Skizze eingangs zu § 1.

15 Diese Konkretisierung ist als materielle Gesetzgebung grundsätzlich objektiver Natur und kann daher vom Bürger nicht eingefordert werden. Ausnahmsweise können aber der Nichterlass oder die unterbliebene Änderung einer Verordnung subjektive Rechte (z.B. Art. 3 Abs. 1 GG) verletzten und dann mit einer (atypischen) Feststellungsklage gerügt werden; BVerfG, NVwZ 2006, S. 922 ff.

16 Zum Gleichlauf von Art. 80 Abs. 1 S. 2 GG und Wesentlichkeitslehre BVerfGE 150, 1 (100).

sowie die Beachtung der Verkehrs- und Strafgesetze in der Vergangenheit. „Eignung" kann hiernach interpretiert werden als personenbezogenes Element, das die Anforderungen an die ganze Person einschließlich ihrer Gesundheit und ihres Charakters umfasst. Sie ist abzugrenzen von der „Befähigung" (Abs. 2 S. 1 Nr. 5, Abs. 5), welche jene Eigenschaften anspricht, die sich unmittelbar auf die Teilnahme am Straßenverkehr beziehen, etwa die theoretische Kenntnis der Verkehrsregeln sowie die praktische Fähigkeit, ein Kraftfahrzeug zu beherrschen.

12 Diese Auslegung genügt noch nicht, um Bedenken hinsichtlich der „Eignung" des A festzustellen. Der Begriff wird zusätzlich durch eine Rechtsverordnung, im vorliegenden Kontext der Anordnung eines medizinisch-psychologischen Gutachtens durch § 13 S. 1 Nr. 2 FeV, konkretisiert, an deren Wirksamkeit (Art. 80 Abs. 1 GG) keine Zweifel bestehen. Gemäß § 13 S. 1 Nr. 2 a) FeV sind die geforderten Bedenken (unter anderem) gegeben bei „Tatsachen, welche die Annahme von Alkoholmissbrauch begründen". Dies verdeutlicht das gesetzliche Tatbestandsmerkmal „Eignung" untergesetzlich, allerdings nur teilweise, da die Verordnung ihrerseits noch einen Interpretationsspielraum belässt. Auch insoweit werden also beide Formen der Konkretisierung verbunden: Die Verordnung liefert Teilentscheidungen, hier vor allem die Aussage, dass ein Alkoholmissbrauch auch unabhängig von konkreten Trunkenheitsfahrten Bedenken an der Eignung begründen kann[17]. Im Übrigen muss die Verordnung im Lichte des Gesetzes ausgelegt werden, hier insbesondere um zu klären, was der seinerseits unbestimmte Begriff „Alkoholmissbrauch" meint.

13 Zu beachten ist die jeweils unterschiedliche Kontrolldichte: Entscheidungen von Gesetz und Verordnung sind unter der (hier nicht fraglichen) Voraussetzung ihrer Wirksamkeit nicht mehr zu überprüfen. Insbesondere ist es gerade Sinn und Zweck der Ermächtigung nach Art. 80 Abs. 1 GG, dem Verordnunggeber die Kompetenz zur abschließenden Entscheidung zu verleihen. Die Ausfüllung noch verbleibender Interpretationsspielräume ist hingegen nach allgemeinen Grundsätzen gerichtlich voll überprüfbar, sofern das Gesetz nicht ausnahmsweise die Behörde zur letztverbindlichen Einschätzung ermächtigt[18]. In der hier zu betrachtenden Entscheidungssituation des Verwaltungsgerichtsverfahrens ist somit der Umstand, dass Alkoholmissbrauch auch außerhalb des Straßenverkehrs für die Eignung erheblich ist, bindend vorgegeben. Zu fragen bleibt allein, ob bereits ein einmaliger Vorfall die Annahme von Missbrauch rechtfertigt[19].

14 Diese Auslegung ist im Lichte des gesamten Rechts jeweils höherer Rangstufe vorzunehmen, das heißt von Gesetz und Verfassung und hier insbesondere des verfassungs-

---

17 Deutlich wird dies in Abgrenzung zu den alternativen („oder") Tatbeständen des § 13 S. 1 Nr. 2 b) und c) FeV, die jeweils an vergangenes Fehlverhalten im Straßenverkehr anknüpfen, e contrario also zu erkennen geben, dass ein solches bei § 13 S. 1 Nr. 2 a) FeV nicht vorausgesetzt wird. Grund für diese Vorverlagerung der Gefahrenschwelle ist die Sorge, das Führen von Kraftfahrzeugen und ein die Fahrsicherheit beeinträchtigender Alkoholkonsum könnten nicht hinreichend sicher getrennt werden, weil sich bei Personen, die Alkohol missbrauchen, die Gefahr nie ausschließen lässt, dass sie unter Alkoholeinfluss am Straßenverkehr teilnehmen.

18 Hierzu sogleich Teil 2.

19 Das Verhalten der Freunde bleibt irrelevant, da die Eignung individuell zu definieren ist.

rechtlichen Übermaßverbotes. Generell vorhandene Umstände der Verhältnismäßigkeit strahlen mithin auf die Interpretation des gesetzlichen Tatbestandes aus. Der Zweck der Gefahrenprävention rechtfertigt wohl nicht, den eher harmlosen Umstand einmaligen Alkoholmissbrauchs (ohne jeden Bezug zum Straßenverkehr) als Missbrauch im Sinne der FeV anzusehen. Erforderlich dürften vielmehr zusätzliche Anhaltspunkte für ein besonderes Gefährdungspotenzial sein.[20]

Die Voraussetzungen der Anordnung eines medizinisch-psychologischen Gutachtens liegen mithin nicht vor.

2) Hilfsweise (d.h. für den Fall der Annahme von „Alkoholmissbrauch" i.S.d. FeV)[21]: Zur **Rechtsfolge** von § 2 Abs. 8 StVG i.V.m. § 13 S. 1 Nr. 2 FeV.

■ Die Rechtsfolgen verwaltungsrechtlicher Ermächtigungsgrundlagen können grundsätzlich in drei Kategorien eingeteilt werden. Bei einer gebundenen Entscheidung („ist", „muss") hat die Behörde keinen eigenen Entscheidungsspielraum. Räumt das Gesetz ihr jedoch einen Ermessensspielraum ein („kann"), hat sie in eigener Verantwortung, aber nach Maßgabe der gesetzlichen Leitlinien[22] zu entscheiden und dabei Gesichtspunkte der Gerechtigkeit und Zweckmäßigkeit im Einzelfall zu berücksichtigen. Der seltenere Fall einer Sollvorschrift („soll") ist als „Mittelding", genauer als Kombination beider Regeltypen zu verstehen, der allerdings näher bei der gebundenen Entscheidung liegt. Im typischen Fall ist sie als gebundene Entscheidung zu verstehen („soll" = „muss"), in atypischen Fällen hingegen als Ermessen zu handhaben. **15**

Die gerichtliche Überprüfung der Rechtsfolgenwahl ist auf eine *Rechts*kontrolle beschränkt, das heißt bei gesetzlich eingeräumten Ermessensspielräumen auf die Überwachung des rechtlichen Rahmens. Keinesfalls dürfte ein Gericht eigene Ermessenserwägungen anstellen[23]. **16**

Der gesetzliche Rahmen des behördlichen Ermessens wird durch § 40 (L)VwVfG gezogen. Die Norm verlangt, das Ermessen „entsprechend dem Zweck der gesetzlichen Ermächtigung *auszuüben*" sowie „die *gesetzlichen Grenzen* des Ermessens einzuhalten". Folgerichtig deckungsgleich, nur in umgekehrter Reihenfolge bestimmt § 114 S. 1 VwGO den gerichtlichen Prüfungsmaßstab. **17**

---

20 Ein anderes Ergebnis erscheint vertretbar, sofern man stärker betont, dass es an dieser Stelle noch nicht um die endgültige Feststellung fehlender Eignung, sondern lediglich um entsprechende „Bedenken" geht. Angesichts der Schwere des hieran anknüpfenden Eingriffs in das allgemeine Persönlichkeitsrecht sollte gleichwohl eine restriktivere Sichtweise vorgezogen werden.

21 Das Hilfsgutachten ist an seiner Funktion auszurichten. Dient das Rechtsgutachten, dessen Bestandteil es ist, der Vorbereitung einer gerichtlichen Entscheidung durch einen Berichterstatter, so baut es für den namentlich in Kollegialorganen immer möglichen Fall der abweichenden Beantwortung einer Rechtsfrage vor. Es steht daher unter der Bedingung einer *anderen rechtlichen Beurteilung* (hier: Vorliegen der tatbestandlichen Voraussetzungen von § 2 Abs. 8 StVG, § 13 S. 1 Nr. 2 FeV). Diese Prämisse ist folgerichtig durchzuhalten.

22 Sofern das Gesetz zu erkennen gibt, dass das Ermessen grundsätzlich in eine bestimmte Richtung ausgeübt werden soll, spricht man auch von einem intendierten Ermessen. Die Ermessensnorm nähert sich dann graduell einer Sollvorschrift an.

23 Dies gilt folglich auch für den über die Erfolgsaussichten einer Klage befindenden Klausurbearbeiter. Es ist ein Standardfehler zahlreicher Klausuren, eigene Gerechtigkeits- und Zweckmäßigkeitserwägungen anzustellen.

18 Das erste Kriterium, die Ermessensausübung, bezieht sich auf den Vorgang der Entscheidungsfindung. Die Behörde muss überhaupt ein Ermessen ausüben (Verbot des Ermessensnichtgebrauchs), und sie muss alle erheblichen Tatsachen (aber auch nur diese) ermitteln, berücksichtigen und sie sowohl je für sich als auch gegeneinander richtig gewichten (Verbot des Ermessensfehlgebrauchs). Sie handelt beispielsweise fehlerhaft, wenn sie ihr Ermessen überhaupt nicht betätigt, etwa weil sie sich irrigerweise für rechtlich gebunden hält, falls sie einzelne Gesichtspunkte übersieht, sofern sie sachfremde Aspekte („Sympathie") einbezieht oder falls sie einzelne Gesichtspunkte je für sich oder in ihrem Verhältnis zueinander unvertretbar falsch gewichtet. Letzteres bleibt auf eine bloße Vertretbarkeitsprüfung beschränkt, da das Gericht gerade keine eigene Abwägung vornehmen darf. § 46 (L)VwVfG rechtfertigt bei Verfahrensmängeln im Regelfall (aber nicht immer) den Schluss auf einen Ermessensfehlgebrauch.

19 Das zweite Kriterium, die gesetzlichen Grenzen des Ermessens, betrifft das Ergebnis der Entscheidung. Es darf inhaltlich nicht gegen höherrangiges Recht verstoßen (Verbot der Ermessensüberschreitung). Zu beachten sind gesetzliche Ermessensgrenzen, mit denen das einschlägige Gesetz selbst sowie das sonstige einfache Recht den Kreis zulässiger Rechtsfolgen beschränken, und verfassungsrechtliche Ermessensgrenzen, deren wichtigste die Grundrechte in Verbindung mit dem Verhältnismäßigkeitsprinzip bilden.

Die gesetzlichen Grenzen des Ermessens können den an sich eröffneten Kreis zulässiger Ergebnisse im Einzelfall derart einengen, dass sich nur noch ein einziges Ergebnis rechtsfehlerfrei vertreten lässt. Man spricht dann von einer Ermessensreduzierung auf Null, bei der die Ermessensnorm wie eine gebundene Entscheidung zu behandeln ist. Die Ermessensreduzierung ist negativ zu begründen durch den Nachweis, dass jede andere Entscheidung ermessensfehlerhaft wäre.

20 Die Ermessensgrenze der Verhältnismäßigkeit sollte regelmäßig in vier Schritten geprüft werden.

1. Regelungs*zweck* und *-mittel* sind zu bezeichnen. Der jeweilige Zweck muss verfassungs- und gesetzeskonform sein.

2. Das Mittel muss *geeignet* sein, um den angestrebten Zweck zu fördern.

3. Das Mittel muss *erforderlich* sein, um den Zweck zu fördern. Hieran fehlt es, wenn ein milderes, aber gleich wirksames Mittel zur Verfügung steht.

Der zweite und dritte Punkt werfen eine wichtige Frage auf: *Wer* beurteilt, ob das Mittel zur Zweckerreichung geeignet und erforderlich ist? Die Antwort hat je nach Entscheidungssituation zu differenzieren:

Die Gesetzgebung muss zukünftige Sachverhalte unter Zugrundelegung des typischen Falles beurteilen. Erforderlich ist eine zukunftsbezogene Prognose, die zwangsläufig gewisse Fehlerquellen in sich birgt, daher nicht bei jeder nachträglich erkannten Fehleinschätzung beanstandet werden kann. Folglich ist dem Gesetzgeber eine *Einschätzungsprärogative* bei der Beurteilung der tatsächlichen Voraussetzungen der Geeignetheit und Erforderlichkeit zuzugestehen. Die Gerichte dürfen diesen Einschätzungsspielraum nur auf eine Überschreitung seiner Grenzen, das heißt in der Regel nur auf bloße Vertretbarkeit, überprüfen.

Die Verwaltungsbehörden entscheiden in der Regel einen konkreten Fall, dessen tatsächliche Voraussetzungen zum Entscheidungszeitpunkt grundsätzlich in vollem Umfang ermittelt worden sein müssen. Im Normalfall treffen sie keine Prognosen. Deshalb ist insoweit eine volle gerichtliche Überprüfung möglich.

4. Der Einsatz des Mittels muss im Verhältnis zum Zweck *angemessen* sein. Erforderlich ist eine Güterabwägung, die ihrerseits in vier Einzelschritte untergliedert werden kann. Die betroffenen Rechtsgüter sind zunächst zu bezeichnen. Sodann ist ihre jeweilige Wertigkeit aufzuzeigen. Ferner ist zu fragen, wie intensiv die einzelnen Rechtsgüter betroffen sind. Schließlich ist zwischen den verschiedenen Rechtsgütern unter Berücksichtigung der vorgenannten Punkte abzuwägen.

Die Angemessenheitsprüfung verlangt somit nach Wertabwägungen, nach einer Gewichtung der einzelnen Rechtsgüter je für sich sowie im Verhältnis zueinander. Da jedoch oft verschiedene Wertungen möglich sind, stellt sich auch insoweit die Frage: *Wer* entscheidet hierüber letztverbindlich? Auch hier ist zu differenzieren:

Bezogen auf Gesetze verlangen das Demokratieprinzip wie auch die Funktionengliederung durchgängig, die Wertung des Gesetzgebers zu respektieren. Ihm steht ein grundsätzlich weiter *Gestaltungsspielraum* zu, der auch die vorauszusetzenden Wertsetzungen einschließt. Das BVerfG darf diese Wertung nur korrigieren, wenn sie „offensichtlich fehlsam" ist. Vorzunehmen ist nur eine negative Evidenzkontrolle[24].

Die Verwaltungsbehörden haben innerhalb der ihnen eingeräumten Ermessensspielräume eigene Wertabwägungen zu treffen. Die Gerichte dürfen lediglich die rechtlichen Maßstäbe ihrer Entscheidung kontrollieren. Behördliche Wertungen unterliegen insoweit einer bloßen Vertretbarkeitskontrolle (die strenger ausfällt als bei Gesetzen). Zu beachten ist, dass die Ermessensausübung oft durch den Tatbestand der Norm „gesetzlich intendiert" ist. Das Gesetz enthält dann bereits eine Wertentscheidung, die bei der Ermessensausübung und -kontrolle berücksichtigt werden muss.

Das Prinzip der normativen Ermächtigung hindert den Richter in all diesen Fällen, über den legislativ definierten Kontrollrahmen hinaus selbst nach der „richtigen" Entscheidung zu suchen. Er bleibt auf eine Fehlerkontrolle beschränkt[25]. ■

§ 2 Abs. 8 StVG räumt der Fahrerlaubnisbehörde einen Ermessensspielraum ein („kann **21**
... anordnen"). Dieser bezieht sich sowohl auf die Begutachtung dem Grunde nach („ob") als auch auf deren Art (gesetzliche Bandbreite möglicher Begutachtungen). § 13 FeV leitet dieses Ermessen abstrakt-generell für den Bereich der Alkoholproblematik als Ausschnitt denkbarer Eignungsfragen an. Fraglich ist dabei, ob die strengere Formulierung („ordnet ... an") das Ermessen dergestalt reduziert, dass ein medizinisch-psychologisches Gutachten zwingend angeordnet werden muss. Die Rechtsprechung hat dies jedenfalls für Fälle der Nr. 2 c) (Trunkenheitsfahrt mit Blutalkoholkonzentration von mehr als 1,6 Promille) angenommen.[26] Ob Gleiches auch für Nr. 2 a) gilt, darf angesichts dessen enormer Weite bezweifelt werden, vor allem wenn man – was im hiesigen Hilfsgutachten zu unterstellen ist – tatbestandlich auch Fälle eines nur einmaligen Alkoholmissbrauchs außerhalb des Straßenverkehrs einbezieht. Denn nach Sinn und

24 Ausdruck dessen ist die gängige Formulierung des BVerfG, es könne „nicht beanstandet werden, dass ...".

25 Soll der Bearbeiter in der Klausursituation die Perspektive des Richters einnehmen, darf er ebenfalls nichts anderes prüfen. Dennoch ist es ein typischer Klausurfehler vieler Bearbeiter, eine vollständige eigene Wertabwägung vorzunehmen.

26 Z.B. VGH Mannheim, NJW 2012, S. 3321 (3322); ferner VGH Kassel, NJW 2011, S. 1753 (1754). Das OVG Koblenz hat seine vormals differenzierende Rechtsprechung aufgegeben; vgl. OVG Koblenz, NJW 2012, S. 3388 f.

Zweck der Vorschrift sollte der Behörde die Möglichkeit verbleiben, sachangemessen auf unterschiedliche Erscheinungsformen minder schwerer Alkoholprobleme reagieren zu können. Es erscheint daher gut vertretbar, § 13 S. 1 Nr. 2 a) FeV nicht als generelle Ermessensreduzierung zu deuten.

Die Ausübung dieser Entscheidungsbefugnis weist vorliegend keine Probleme auf. Insbesondere hat die Behörde ihr Ermessen betätigt und keine sachfremden Erwägungen eingestellt. Gesetzliche Grenze des Ermessens ist vor allem das Verhältnismäßigkeitsprinzip. Der Zweck, die Verkehrssicherheit zu erhöhen, steht dem Mittel, Verkehrsteilnehmer mit möglichen Alkoholproblemen zu begutachten, gegenüber. Das Mittel eignet sich zur Zweckerreichung, weil es zur Früherkennung von Gefahren beiträgt, und ist hierzu mangels gleich geeigneter anderer Mittel auch erforderlich. Jedoch kann dieser gewichtige Eingriff in das allgemeine Persönlichkeitsrecht[27] nicht mehr als angemessen angesehen werden, da es sich um eine sehr weit in das Vorfeld tatsächlicher Gefahren verlegte Präventivmaßnahme handelt. Bei nur einmaligem Alkoholmissbrauch ein medizinisch-psychologisches Gutachten anzufordern, verletzt die Anforderungen des Verhältnismäßigkeitsprinzips.

22 **Anmerkung:** Tatbestand und Rechtsfolge sind im Einklang mit der Struktur verwaltungsrechtlicher Normen (i.d.R.) analytisch zu trennen und gesondert zu prüfen. Gleichwohl beziehen sie sich wechselseitig aufeinander und sind daher jeweils mit Blick auch auf die andere Normhälfte zu handhaben. Im hier betrachteten Fall betrifft dies vor allem den Ort, an dem das Übermaßverbot berücksichtigt wird. Denn die (im Ergebnis wohl offenkundige) Unverhältnismäßigkeit der behördlichen Maßnahme lässt sich hier entweder über eine engere Auslegung des Tatbestandes (so das Hauptgutachten) oder über eine funktionsgleiche Handhabung der Rechtsfolgenseite in Gestalt einer Interpretation als Ermessensnorm verbunden mit einer strengeren Handhabung der Ermessensgrenzen (so das Hilfsgutachten) verarbeiten. Beide Lösungen führen zum gleichen Ergebnis, verschieben also weder die sachlichen Maßstäbe noch die gerichtliche Kontrolldichte. Sie bedingen sich aber dergestalt, dass ein Mehr an Gefahrenprävention auf der einen Seite durch einen stärkeren Persönlichkeitsschutz auf der jeweils anderen Seite ausgeglichen werden muss.

Hat der Gesetzgeber (verfassungs)rechtliche Anforderungen an das Behördenhandeln (wie hier die Verhältnismäßigkeit) nicht eindeutig einer der beiden Normhälften zugeordnet, schließt sich die Frage nach der systemgerechten (damit aber noch nicht zwingenden) Verortung ihrer Prüfung an. Hierzu lässt sich folgende Leitlinie formulieren: Die idealerweise generalisierend angelegte Tatbestandsseite erscheint häufig geeigneter, um verallgemeinernde Argumente zu verarbeiten. Hingegen kann es bei Ermessensnormen näher liegen, die Rechtsfolgenseite (gesetzliche Ermessensgrenzen) zu bemühen, wenn auf besondere, vom Gesetzgeber noch nicht verarbeitete Umstände des konkreten Falls abzustellen ist. Im vorliegenden Fall mag man annehmen, ein einmaliger Alkoholmissbrauch ohne Bezug zum Straßenverkehr sei generell nicht ausreichend, um Zweifel

27 Siehe oben Rn. 3 f.

an der Eignung zu begründen. Deswegen wurde hier eine enge Auslegung des Tatbestandes vorgezogen. Allerdings darf diese Unterscheidung nur als graduelle Differenzierung bei im Einzelnen fließenden Übergängen angesehen werden, da sie vor allem von der Ausgestaltung des jeweiligen Gesetzes abhängt, zudem die Grenzlinie zwischen einem generellen Umstand und der Gemeinsamkeit vieler konkreter Einzelfälle nicht trennscharf gezogen werden kann.[28]

Teil 2: Vorgehen gegen die fehlerhafte Bewertung der Fahrprüfung

A. Sachurteilsvoraussetzungen

Als statthafte Klageart ließe sich eine auf Erteilen der Fahrerlaubnis (gebundene Entscheidung nach § 2 Abs. 2 S. 1 StVG) gerichtete Verpflichtungsklage in Betracht ziehen. **23**
Jedoch ist die Fahrerlaubnis ein mehrstufiger Verwaltungsakt, bei dem noch weitere Voraussetzungen zu erfüllen sind. Vorliegend ist zumindest die praktische Prüfung noch nicht erfolgreich abgeschlossen worden[29]. Denkbar bliebe höchstens eine Klage auf Feststellung, dass der von A unternommene Prüfungsversuch nicht als nicht bestandene Prüfung zu bewerten ist[30].

Aber auch hier stellt sich das Problem des § 44a VwGO, da die Fahrprüfung als Bestandteil eines mehrstufigen Verwaltungsaktes unselbstständige Verfahrenshandlung ist. Als solche ist sie grundsätzlich nicht isoliert gerichtlich überprüfbar. Ein über die nur insgesamt angreifbare Versagung der Fahrerlaubnis hinausreichender und zugleich gewichtiger Grundrechtseingriff, der ausnahmsweise einen eigenständigen Rechtsschutz begründen könnte, liegt nicht vor[31]. Die Klage ist unzulässig.

Ergänzend ist festzustellen, dass die übrigen Zulässigkeitsvoraussetzungen vorlägen. Insbesondere gewährt, sofern man eine Klagebefugnis fordert, § 2 Abs. 2 S. 1 StVG ein subjektives Recht auf Erteilung der Fahrerlaubnis, das als Vorstufe auch die Durchführung der Fahrprüfung einschließt.

---

28 Zum Fall BVerfGE 89, 69 (82 ff.); vgl. ferner BVerwG, DVBl. 2005, S. 1333 ff.; BVerwG, DVBl. 2005, S. 1337 ff. (jeweils zu früherem Drogenkonsum). Instruktiv auch VGH Kassel, NJW 2011, S. 1753 ff.: Aus § 13 S. 1 Nr. 2 c) FeV hergeleitete Rechtspflicht der Behörde, bei einer Trunkenheitsfahrt eines Radfahrers, der nicht im Besitz einer Fahrerlaubnis für Kraftfahrzeuge ist, ein medizinisch-psychologisches Gutachten einzuholen (mit Blick auf ein mögliches Verbot, nicht erlaubnispflichtige Fahrzeuge zu führen).

29 Anders läge der Fall, wenn schon Entscheidungsreife über die Fahrerlaubnis bestünde, wenn also alle Voraussetzungen vorlägen und nur die Bewertung der absolvierten Prüfung als bestanden im Streit stünde. Dann wäre ein Verpflichtungsbegehren (zunächst Verpflichtungswiderspruch, dann Verpflichtungsklage) statthaft.

30 Eine Bewertung als bestanden ist nicht möglich, da die Prüfung sofort abgebrochen wurde.

31 Hingegen ging es in Teil 1 um die zusätzliche Belastung, sich einem medizinisch-psychologischen Gutachten unterziehen zu müssen. Die Intensität dieses eigenständigen Eingriffs in das allgemeine Persönlichkeitsrecht ließ dort einen gesonderten Rechtsschutz vertretbar erscheinen.

B. Hilfsweise: Zur materiellen Rechtslage (Begründetheit)

24 Die begehrte Feststellung, dass der von A unternommene Prüfungsversuch nicht als nicht bestanden zu bewerten ist, setzt voraus, dass die Fahrprüfung, soweit sie durchgeführt wurde, keine Einwände gegen seine Befähigung zum Führen von Kraftfahrzeugen (§ 2 Abs. 2 S. 1 Nr. 5 StVG) erbracht hat. Der Prüfer hat jedoch angenommen, A habe einen Fußgänger am Zebrastreifen übersehen. Die auf dieser Grundlage angezweifelte „Befähigung" ist ein unbestimmter Rechtsbegriff, dessen genauer Aussagegehalt mangels hinreichend deutlicher Konkretisierung durch begleitende Normen von der Behörde, hier vom Prüfer, bestimmt werden muss. Zu fragen bleibt, inwieweit diese Entscheidung gerichtlich überprüfbar ist.

25 ■ Die Reichweite der gerichtlichen Kontrolle behördlichen Handelns ist auch vor dem Hintergrund der Kompetenzordnung zu bestimmen, da die Befugnis zur letztverbindlichen Entscheidung die staatliche Funktionengliederung ausgestaltet. Ausgangspunkt ist Art. 19 Abs. 4 GG, der – soweit subjektive Rechte berührt sind – grundsätzlich eine volle gerichtliche Überprüfbarkeit verlangt. Zu kontrollieren ist die Gesetzmäßigkeit der Verwaltung, Prüfungsmaßstab ist das Gesetz. Ausnahmen von der vollumfänglichen Prüfung greifen daher grundsätzlich nur, wenn und soweit die Gesetze, die ja auch die Gerichte binden, dies selbst anordnen. Entscheidend ist also jeweils, *ob* und *inwieweit* das Gesetz der Behörde eine *Ermächtigung* zur letztverbindlichen Entscheidung erteilt hat („normative Ermächtigungslehre"). Dies ist regelmäßig durch Auslegung festzustellen.

Merke: Im Regelfall unterliegt jedes Verwaltungshandeln voller gerichtlicher Kontrolle. Ausnahmen greifen grundsätzlich nur, wenn und soweit das Gesetz dies bestimmt.

Im Einzelnen ist auf die Normstruktur der anzuwendenden Gesetze mit ihrer Unterscheidung von Tatbestand und Rechtsfolge zurückzukommen, welche die Überprüfung der Rechtsanwendung vorzeichnet.

26 Auf Rechtsfolgenseite ist bei gebundenen Entscheidungen die bloße Umsetzung des Gesetzes geboten. Da kein Entscheidungsspielraum der Behörde besteht, unterliegt ihr Handeln voller gerichtlicher Kontrolle. Hingegen weist der Gesetzgeber der Verwaltung mit der Einführung einer Ermessensnorm einen Spielraum zur eigenverantwortlichen *Gestaltung* unter einzelfallbezogener Berücksichtigung von Gerechtigkeit und Zweckmäßigkeit zu. Diese gesetzliche Entscheidung ist vom Gericht zu achten, jeder Übergriff in diesen Spielraum wäre gesetzwidrig. Materiellrechtlicher Ausdruck dessen ist § 40 (L)VwVfG, der den Umfang des Ermessensspielraumes definiert; spiegelbildlich benennt der prozessrechtliche § 114 S. 1 VwGO den Umfang der Kontrolle.

27 Auf Tatbestandsseite verbinden sich Auslegung, Sachverhaltsermittlung und Subsumtion. Sie sind idealtypisch jeweils Akte der *Erkenntnis*, ob die Voraussetzungen der anzuwendenden Norm vorliegen, nicht aber – wie die Ermessensbetätigung – eigene Gestaltungsentscheidungen. Als bloße Erkenntnis des gesetzlich Gewollten sind sie grundsätzlich voller gerichtlicher Überprüfung zugänglich. Dies gilt insbesondere auch für die Anwendung unbestimmter Rechtsbegriffe („öffentliches Interesse", „wichtiger Grund", „besondere Härte"), die ungeachtet ihrer sprachlichen Offenheit regelmäßig als vom Gesetzgeber vorgegeben zu verstehen, daher behördlich nicht letztverbindlich, sondern nur vorbehaltlich vollumfänglicher gerichtlicher Kontrolle auszufüllen sind. Allerdings können unbestimmte Rechtsbegriffe ausnahmsweise auch Anlass einer anderweitigen Auslegung sein. Gele-

gentlich können sie als Kompetenz der Verwaltung interpretiert werden, selbst zu beurteilen, ob die Voraussetzungen eines unbestimmten Rechtsbegriffs vorliegen. Man spricht dann von einem *Beurteilungsspielraum*. Entscheidend ist auch hier grds. die durch Auslegung zu ermittelnde normative Ermächtigung.

Vorab ist jedoch Vorsicht bei der Annahme von Beurteilungsspielräumen geboten. Wegen der Grundsatzwertung des Art. 19 Abs. 4 GG will der Gesetzgeber im Zweifel möglichst weitgehenden Rechtsschutz ermöglichen. Es gilt also die Regel, dass unbestimmte Rechtsbegriffe der Verwaltung grundsätzlich keinen Beurteilungsspielraum einräumen, dass ihre Bedeutung vielmehr dem Gesetz zu entnehmen und ihre Anwendung daher voll überprüfbar ist. Nur im begründungsbedürftigen Ausnahmefall ist ein gesetzlicher Spielraum der Behörde zur verbindlichen Erkenntnis der Tatbestandsvoraussetzungen anzuerkennen, dessen Ausübung folglich nicht justiziabel ist.

Gemeinsamer Grundgedanke derartiger Ausnahmen ist, dass es jeweils um Entscheidungen geht, die das Gericht nicht oder jedenfalls nicht gleichwertig wiederholen kann, weil sie nur vom Entscheidenden in der konkreten Situation getroffen werden können. Anerkannt sind erstens Entscheidungen, die ihrem Wesen nach einen stark subjektiven Charakter haben wie Prüfungs- und prüfungsähnliche Entscheidungen oder Beamtenbeurteilungen, bei denen das Gesetz eine notwendig subjektive Wahrnehmung einfordert und die zudem höchstens begrenzt wiederholbar sind[32]. Zweitens verlangt das Gesetz gelegentlich einer besonders sachkundigen Behörde Prognoseentscheidungen ab, um etwa im Wirtschafts- und Umweltrecht Ziele in der Zukunft zu erreichen. Diese Prognosen sind dann unwiederholbar ex ante vorzunehmen und zwangsläufig mit gewissen Unsicherheiten belastet, weshalb nicht jede Fehleinschätzung vom Gericht ex post als rechtswidrig angesehen werden darf.[33] Drittens kann das Gesetz (nach bisheriger, jüngst zumindest deutlich eingeschränkter Lesart) besonders komplexe Entscheidungen ausnahmsweise eigens hierfür ausgewählten, pluralistisch besetzten Gremien überantwortet haben, welche die betroffenen gesellschaftlichen Gruppen repräsentieren und zudem über eine besondere Sachnähe verfügen sollen.[34] Das Gesetz weist der Behörde in diesen Fällen, weil die Entscheidung an Person und Situation des Entscheidenden gebunden ist, einen Beurteilungsspielraum zu, der gerichtlich nur auf die Einhaltung seiner Grenzen überprüft werden darf.

---

32 Namentlich die Wiederholung von Prüfungsentscheidungen brächte als zweite Chance eine gleichheitswidrige Bevorzugung gegenüber anderen Kandidaten.

33 Ähnlich wirkende faktische Grenzen der Überprüfbarkeit sollen sich – hier ausnahmsweise auch ohne gesetzliche Ermächtigung! – ergeben können, wenn und soweit die Subsumtion unter den gesetzlichen Tatbestand (auch mangels untergesetzlicher Konkretisierungen) auf außerrechtliche Erkenntnisse angewiesen ist, der Erkenntnisstand der zuständigen Fachwissenschaft aber noch ungesichert ist. So zu einem naturschutzrechtlichen Sonderfall BVerfGE 149, 407 (412 ff.); hierzu *Sachs*, JuS 2019, S. 184 f. – Das für die Auslegung einfachen Rechts zuständige BVerwG hatte das gleiche Ergebnis noch mit einem fachrechtlichen Beurteilungsspielraum begründet, also konkludent eine gesetzliche Ermächtigung unterstellt; BVerwG, NVwZ 2013, S. 1411 (1413).

34 Als Schulbeispiel diente lange Zeit die Bundesstelle zur Indizierung jugendgefährdender Medien. BVerwG, NJW 2020, 785 (786 f.) hat seine Rechtsprechung hierzu geändert und verlangt dem Verwaltungsgericht nun ab, die vom Gesetz geforderte Abwägung zwischen der Kunstfreiheit und dem Jugendschutz vollumfänglich zu überprüfen. Inwiefern die Entscheidung verallgemeinerbar ist, so dass pluralistisch besetzten Gremien generell kein Beurteilungsspielraum mehr zuzuerkennen ist, bleibt abzuwarten. Ein solcher dürfte aber jedenfalls nur noch in Betracht kommen, soweit er wegen einer besonderen Komplexität der konkreten Entscheidung ausnahmsweise erforderlich ist. Die Kontrollfrage hierfür lautet (verkürzt gesprochen): Gelangt die Rechtsprechung an ihre Funktionsgrenze, weil ein Gericht die getroffene Entscheidung nicht sachgerecht nachprüfen kann?

Der überprüfbare Rahmen eines solchen Beurteilungsspielraumes erschließt sich aus seinem Wesen. Wurde er um der Erkenntnis durch eine bestimmte Stelle in einer bestimmten Situation willen begründet, in diesem Sinne gewissermaßen „subjektiviert“, bilden die objektivierbaren Bestandteile der Entscheidung seine äußerste Grenze. Hieraus lassen sich typische, insoweit überprüfbare Fehlerquellen folgern. Erstens müssen die maßgeblichen Verfahrensvorschriften eingehalten worden sein[35]. Zweitens ist zu überprüfen, ob die Behörde von einem zutreffenden Sachverhalt ausgegangen ist. Drittens dürfen keine sachfremden Erwägungen angestellt worden sein. Bei Prüfungsentscheidungen sind zudem viertens die allgemein anerkannten Bewertungsmaßstäbe einzuhalten[36]. Fünftens darf die Entscheidung nicht aus sonstigen Gründen willkürlich sein.[37] ■

28 **Zum Fall:** Die Befähigung zum Führen von Kraftfahrzeugen (§ 2 Abs. 2 S. 1 Nr. 5 StVG) ist durch eine Prüfungsentscheidung festzustellen, deren besonderer Charakter verlangt, dem Prüfer einen Beurteilungsspielraum zuzubilligen, der nur auf die Einhaltung der rechtlichen Grenzen überprüft werden darf. Vorliegend ging der Prüfer von einem falschen Sachverhalt aus. Seine Entscheidung war deshalb rechtswidrig. Die Prüfung darf nicht als nicht bestanden gewertet werden, sondern muss wiederholt werden.

29 ■ **Merke:** Das Verwaltungsrecht kennt mehrere Formen der untergesetzlichen Konkretisierung mit Bindungswirkung für das Gericht: Bei einer Ermächtigung im Sinne von Art. 80 Abs. 1 GG wird das Gesetz durch eine Rechtsverordnung verbindlich konkretisiert. Beim gesetzlich eingeräumten Beurteilungsspielraum stellt die Behörde die Tatbestandsvoraussetzungen verbindlich fest. Beim gesetzlich eröffneten Ermessensspielraum trifft die Behörde eine eigenverantwortliche, wenn auch gesetzlich angeleitete Entscheidung über Gerechtigkeit und Zweckmäßigkeit im Einzelfall. Grund und Grenze der exekutiven Kompetenzen ist jeweils die gesetzliche Ermächtigung, deren Reichweite spiegelbildlich auch über die Reichweite der gerichtlichen Kontrolle bestimmt[38]. ■

---

35 Bei Prüfungen besteht allerdings eine Mitwirkungspflicht des Prüflings. Wer krank ist, muss seine Krankheit sofort, spätestens bis Ende der Prüfung melden.

36 BVerfGE 84, 34 (45 ff.): Bei juristischen Examina ist jede im Meinungsspektrum anerkannte Ansicht zulässig.

37 Zum Beurteilungsspielraum und seinen Grenzen BVerfG, NVwZ 2010, S. 435 ff.; vgl. auch BVerfGE 129, 1 (17 ff.) zur verwandten Fragestellung gesetzlicher Verweise auf Entscheidungen Dritter (hier: Klassifikation des statistischen Bundesamtes).

38 Zur Wiederholung und Vertiefung *Maurer/Waldhoff*, Allgemeines Verwaltungsrecht, § 4 (Rechtsquellen des Verwaltungsrechts); *dieselben*, ebenda, § 7 (Ermessen und unbestimmter Rechtsbegriff); *Schoch*, Jura 2004, S. 462 ff. (Ermessen); *derselbe*, Jura 2004, S. 612 ff. (unbestimmter Rechtsbegriff).

Wiederholungs- und Vertiefungsfragen zu Fall 1

1. Wann liegt ein Verwaltungsakt vor?
2. Welche Klageart kommt in Betracht, falls eine belastende Maßnahme kein Verwaltungsakt ist?
3. Können unselbstständige Verfahrenshandlungen isoliert angegriffen werden? Wann ist eine ungeschriebene Ausnahme zu erwägen?
4. Setzt die Zulässigkeit einer Feststellungsklage eine Klagebefugnis analog § 42 Abs. 2 VwGO voraus? Welches Kernproblem liegt dieser Streitfrage zugrunde?
5. Warum ist die Feststellungsklage subsidiär zur Gestaltungs- oder Leistungsklage (§ 43 Abs. 2 VwGO)? Welche Ausnahmen gibt es?
6. Welche zwei Wege der Konkretisierung eines unbestimmten Rechtsbegriffs kennen Sie? Inwieweit unterscheidet sich jeweils die gerichtliche Kontrolle?
7. Was bedeutet „Ermessen"?
8. Inwieweit sind behördliche Ermessensentscheidungen gerichtlich überprüfbar? Welche Fehler sind hierbei denkbar?
9. Was meint der Begriff des „intendierten" Ermessens?
10. Wann liegt eine „Ermessensreduzierung auf Null" vor?
11. Welche Funktion hat das Verhältnismäßigkeitsprinzip? An welcher Stelle wird es in der Prüfung verwaltungsrechtlicher Fälle relevant? Wie ist seine Prüfung zu strukturieren? Welche Kontrolldichte ist bei den einzelnen Schritten der Verhältnismäßigkeitsprüfung angezeigt?
12. Was meint der Begriff „Tatbestand"?
13. Inwieweit sind die Tatbestandsvoraussetzungen einer verwaltungsrechtlichen Norm gerichtlich überprüfbar? Wer entscheidet über eine etwaige Ausnahme?
14. Was ist ein Beurteilungsspielraum? Inwiefern unterscheidet er sich vom Ermessensspielraum?
15. Welcher Leitgedanke liegt der Anerkennung von Beurteilungsspielräumen zugrunde? Welche Fallgruppen kennen Sie?
16. Wie weit reicht die gerichtliche Kontrolle bei Beurteilungsspielräumen?

§ 2 Rückabwicklung behördlicher Entscheidungen (Rücknahme und Widerruf), Verwaltungsvorschriften

30 **Fall 2:** A ist Eigentümer einer denkmalgeschützten Jugendstilvilla. Er wendet sich mit der Bitte um finanzielle Förderung anstehender Renovierungen an die zuständige Denkmalschutzbehörde, die ihm auf der Grundlage einer Landesförderrichtlinie und im Einklang mit dem Landeshaushalt durch förmlichen Bescheid einen Zuschuss i. H. v. von 50 % der anfallenden Kosten, max. € 20 000,–, bewilligt. Dabei übersieht die Behörde, dass die Kosten für die von A konkret geplanten Modernisierungsarbeiten nach der Richtlinie nicht zu den förderungsfähigen Aufwendungen zählen. Als sie ihren Fehler bemerkt, fordert sie den A nach Anhörung in einem mit Begründung und Rechtsmittelbelehrung versehenen Schreiben zur Rückzahlung des inzwischen verbrauchten Zuschusses auf. Prüfen Sie die Erfolgsaussichten einer nach erfolglosem Vorverfahren form- und fristgerecht beim zuständigen Verwaltungsgericht eingelegten Klage.

Variante 1: Die von A, dessen Geschäftssinn stärker ausgeprägt ist als seine Liebe zu alten Gebäuden, beantragte Förderung entspricht der Richtlinie, jedoch lässt er die Arbeiten etwas anders als im Bewilligungsbescheid vorgesehen durchführen, so dass zwar der aktuelle Wohnwert und damit die zu erzielenden Mieteinnahmen erhöht werden, zugleich aber auch die architektonisch wertvolle Gebäudesubstanz teilweise beeinträchtigt wird. Als die Denkmalschutzbehörde hiervon Kenntnis erlangt, fordert sie den A nach Anhörung in einem mit Rechtsmittelbelehrung versehenen Schreiben zur Rückzahlung auf. Zur Begründung führt sie unter anderem an, da die Mittelverwendung den Sinn der Förderung verfehlt habe, sehe sie sich rechtlich zu diesem Schritt gezwungen. A legt nach erfolglosem Vorverfahren form- und fristgerecht Klage beim zuständigen Verwaltungsgericht ein. In der mündlichen Verhandlung erklärt die Behörde, bei sorgfältiger Abwägung aller konkret erheblichen Gesichtspunkte sei die Beeinträchtigung der denkmalgeschützten Bausubstanz als so erheblich einzustufen, dass sie eine Rückabwicklung der Fördermaßnahme rechtfertige. Prüfen Sie die Erfolgsaussichten der Klage.

Variante 2: A hat die erhaltenen Mittel im Einklang sowohl mit der Förderrichtlinie als auch mit den Vorgaben des Bewilligungsbescheides zur Renovierung des Gebäudes eingesetzt. Die Behörde kommt jedoch nach erneuter Prüfung des Sachverhalts zu dem fehlerhaften Ergebnis, sie hätte den Zuschuss von vornherein nicht bewilligen dürfen. Sie fordert A daher am 1.4. nach vorheriger Anhörung schriftlich sowie mit Begründung und ordnungsgemäßer Rechtsbehelfsbelehrung zur Rückzahlung auf. A hält das Schreiben für einen Aprilscherz und begibt sich auf eine sechswöchige Urlaubsreise. Als er nach seiner Rückkehr erfährt, dass die

Behörde nun die Zwangsvollstreckung plant, zahlt er sicherheitshalber. Zugleich bittet er schriftlich um nochmalige wohlwollende Prüfung. Die Behörde bleibt dennoch untätig. Nach zwei Monaten und drei Wochen erhebt A beim zuständigen Verwaltungsgericht Klage mit dem Ziel einer erneuten Entscheidung in der Sache. Nach weiteren drei Wochen antwortet ihm die Behörde, sie werde den Fall nicht erneut prüfen. Wie wird das Gericht entscheiden?

Anmerkung: Denkmalschutzrecht ist jeweils nicht zu prüfen.

Lösung zu Fall 2

Ausgangsfall: Anliegen des A, die Subvention nicht zurückzahlen zu müssen

A. Sachurteilsvoraussetzungen

Eine öffentlich-rechtliche Streitigkeit i. S. v. § 40 Abs. 1 VwGO liegt vor, weil die Subvention nach Landeshaushaltsrecht und damit nach öffentlichem Recht gewährt wurde und weil sich die Rückabwicklung des Subventionsverhältnisses als Kehrseite der ursprünglichen Leistung darstellt und folglich deren Rechtsnatur teilt[1]. **31**

Maßgeblich für die Auswahl der statthaften Klageart ist das klägerische Begehren. A möchte die Zahlungspflicht abwenden und muss daher gegen den Rückforderungsbescheid vorgehen. Allerdings genügt dies nicht, um sein Anliegen effektiv durchzusetzen. Mit dem Rückforderungsbescheid ist die konkludente Aufhebung des ursprünglichen Bewilligungsbescheides verbunden. Es liegen also zwei belastende Entscheidungen vor, die beide eigenständige Verwaltungsakte sind. A muss kumulativ gegen den Rückforderungs- und gegen den Aufhebungsbescheid vorgehen, da er ansonsten im Ergebnis doch zahlen müsste. Ginge er nur gegen den Aufhebungsbescheid vor, dann bliebe der Rückforderungsbescheid in der Welt und mit ihm die Zahlungspflicht. Griffe er hingegen allein den Rückforderungsbescheid an, dann bliebe der Aufhebungsbescheid bestehen, und die Anfechtungsfrist gegen ihn liefe ab (formelle Bestandskraft). Folglich wäre der Bewilligungsbescheid als Rechtsgrund für das Behaltendürfen endgültig beseitigt und die Behörde könnte einen neuen Rückforderungsbescheid erlassen, der je nach Landesrecht auf einen speziellen § 49a LVwVfG oder inhaltsgleich auf den allgemeinen öffentlichrechtlichen Erstattungsanspruch zu stützen wäre. A muss also zwei Anfechtungsklagen erheben.

1 Nicht einzugehen ist auf die „Zweistufentheorie", da „verlorene Zuschüsse" (nicht zurückzuzahlende Förderbeträge) einstufig gewährt werden.

Die Klagebefugnis (§ 42 Abs. 2 VwGO) folgt bezogen auf die Rückzahlungspflicht aus Art. 2 Abs. 1 GG, der auch die Verfügungsbefugnis über das eigene Vermögen schützt. Der Aufhebungsbescheid verkürzt die dem A mit der Bewilligung eingeräumte Rechtsposition, greift also in bestehende Rechte ein.

Die übrigen Zulässigkeitsvoraussetzungen (Beteiligte, Widerspruchsverfahren, Form und Frist, Klagegegner[2]) werfen keine Probleme auf. Die Klagen sind zulässig.

B. Beide Verfahren sind im Rahmen einer **objektiven Klagehäufung** nach § 44 VwGO zu verbinden[3].

C. Begründetheit

32 Zunächst ist die Klage gegen den Aufhebungsbescheid zu prüfen, da dieser Voraussetzung für den Rückforderungsbescheid ist.

33 **1. Klage gegen den Aufhebungsbescheid:** Die Anfechtungsklage ist gemäß § 113 Abs. 1 S. 1 VwGO begründet, soweit der Verwaltungsakt rechtswidrig und der Kläger dadurch in seinen Rechten verletzt ist.

34 **I. Rechtmäßigkeit des Verwaltungsakts:** Der Aufhebungsbescheid müsste, um rechtmäßig zu sein, als den A belastende Maßnahme auf einer wirksamen Ermächtigungsgrundlage (1.) beruhen sowie in formeller (2.) und materieller (3.) Hinsicht mit der Rechtsordnung in Einklang stehen.

35 **1) Ermächtigungsgrundlage:** Eine spezialgesetzliche Rechtsgrundlage ist nicht ersichtlich. Daher ist auf die unter den Oberbegriff der „Aufhebung“ fallenden Instrumente des allgemeinen Verwaltungsverfahrensrechts zurückzugreifen. § 48 (L)VwVfG regelt die „Rücknahme“ eines (ursprünglich) rechtswidrigen, § 49 (L)VwVfG den „Widerruf“ eines (anfänglich) rechtmäßigen Verwaltungsakts[4]. Hier kommt die Auf-

---

2 In den meisten Ländern (u.a. in Baden-Württemberg und Thüringen) ist § 78 Abs. 1 Nr. 1 VwGO einschlägig. Anfechtungs- und Verpflichtungsklagen sind hiernach gegen den Rechtsträger der handelnden Behörde zu richten (also i.d.R. gegen das Land oder die Gemeinde). Ein anderes kann auf der Grundlage von § 78 Abs. 1 Nr. 2 VwGO gelten, soweit das Landesrecht die Behörde selbst zur Prozessführung berechtigt. Siehe § 8 BbgVwGG; § 14 AGGerStrG M-V; § 79 Abs. 2 NdsJG; § 19 AGVwGO Saar; § 8 AGVwGO LSA; § 69 LJG SH. – Am Rande: § 78 VwGO regelt nicht die der Begründetheit zugehörige Passivlegitimation (d. h. die materiell-rechtliche Verpflichtung, für welche der Bund in Fragen des Landesrechts keine Gesetzgebungskompetenz hätte), sondern die passive Prozessführungsbefugnis (d.h. die Auswahl des richtigen Klagegegners) als Frage der Zulässigkeit (strittig).

3 Die objektive Klagehäufung ist erst im Anschluss an die Zulässigkeit zu erörtern, da die Rechtsfolge des Fehlens ihrer Voraussetzungen nicht Unzulässigkeit, sondern Trennung der Verfahren ist.

4 Wenn andere Gesetze von „Rücknahme“ oder „Widerruf“ sprechen, ist in der Regel die Terminologie der §§ 48, 49 (L)VwVfG gemeint. – Kein Fall der Aufhebung liegt vor, wenn ein Verwaltungsakt, z.B. eine Subventionsbewilligung, wegen einer derzeit ungewissen Sach- oder Rechtslage (Rechtmäßigkeitsvoraussetzung!) unter dem Vorbehalt einer endgültigen Entscheidung ergeht und später diese vorläufige Regelung rückwirkend durch eine gegenteilige Entscheidung, den sog. Schlussbescheid, ersetzt wird. Da sich hier nur der anfängliche Vorbehalt (als Regelungsinhalt in Abgrenzung zu Befristung, Bedingung oder Widerrufsvorbehalt als Nebenbestimmungen) aktualisiert, greifen §§ 48, 49 (L)VwVfG nicht ein. Eine etwaige Rückforderung ist gleichwohl auf § 49a (L)VwVfG analog zu stützen. Lehrreich BVerwGE 135, 238.

hebung eines rechtswidrigen, den A begünstigenden Verwaltungsakts, das heißt eine Rücknahme nach § 48 Abs. 1 LVwVfG in Betracht.

■ **Einschub:** Die Notwendigkeit einer eigenständigen Aufhebung rechtswidriger Verwaltungsakte ist Ausdruck der für das gesamte Verwaltungsrecht kennzeichnenden Unterscheidung von **Fehler** und **Fehlerfolge**. Für Verwaltungsakte gilt die Regel, dass sie auch bei erkannten Rechtsfehlern grundsätzlich wirksam und höchstens ausnahmsweise nichtig (§ 44 (L)VwVfG) sind. Ihr Regelungsgehalt ist daher solange zu beachten, bis sie von der Behörde (Rücknahme) oder dem Gericht (Anfechtungsklage) aufgehoben worden sind. Einschränkend kommt hinzu, dass manche Fehler vom Gesetz für unbeachtlich erklärt werden (z.B. im Fall der Heilung nach § 45 (L)VwVfG) oder trotz ihrer Beachtlichkeit im konkreten Verfahren nicht geltend gemacht werden können (z.B. mangels Betroffenheit in eigenen Rechten).[5] ■

2) Formelle Rechtmäßigkeit einer Rücknahme nach § 48 LVwVfG 36

a) Zuständig ist die Denkmalschutzbehörde. Da sie die Subvention als zuständige Behörde bewilligt hat, obliegt ihr auch der actus contrarius der Aufhebung[6].

b) A ist im Verfahren gemäß § 28 LVwVfG angehört worden.

c) Der schriftliche Verwaltungsakt wurde ordnungsgemäß begründet (§ 39 Abs. 1 LVwVfG).

3) Materielle Rechtmäßigkeit einer Rücknahme nach § 48 LVwVfG 37

a) Tatbestand von § 48 LVwVfG: Zu unterscheiden sind – je nach Inhalt der rechtsfehlerhaften Verfügung – drei Kategorien von Rücknahmefällen: § 48 Abs. 1 S. 1 (L)VwVfG ermöglicht die Rücknahme belastender Verwaltungsakte (i.d.R. nicht streitbehaftet), § 48 Abs. 1 i.V.m. Abs. 2 und 4 (L)VwVfG jene begünstigender Bescheide, die eine Geld- oder teilbare Sachleistung gewähren (hierzu sogleich), § 48 Abs. 1 i.V.m. Abs. 3 und 4 (L)VwVfG schließlich jene sonstiger begünstigender Verfügungen (voraussetzungsfrei, aber finanziell auszugleichen).

Hier hat A einen begünstigenden, eine Geldleistung gewährenden Bescheid erhalten, so dass der Tatbestand durch § 48 Abs. 1 i.V.m. Abs. 2 und 4 LVwVfG gebildet wird. Im Einzelnen ist folglich zu prüfen, ob (1) die Bewilligung rechtswidrig war (Abs. 1), ob (2) ein überwiegendes schutzwürdiges Vertrauen entgegensteht (Abs. 2) und ob (3) die Ausschlussfrist eingreift (Abs. 4)[7].

(1) Die Rechtmäßigkeit des Bewilligungsbescheides hängt (a) zunächst davon ab, ob die Subvention ohne gesetzliche Grundlage gewährt werden durfte. Nach dem im Sinne der Wesentlichkeitslehre gehandhabten Gesetzesvorbehalt müssen alle wesentlichen, 38

5 Speziell zur Fehlerfolge bei Mängeln des Verfahrens *Pünder*, Jura 2015, S. 1307 ff.

6 Dabei bildet die sachliche Zuständigkeit zur Rücknahme die Kehrseite ursprünglichen Handelns (unabhängig von der damaligen Zuständigkeit). Die örtliche Zuständigkeit folgt aus § 48 Abs. 5 (L)VwVfG (unabhängig davon, wer ursprünglich gehandelt hat).

7 Abs. 2 und 4 müssen nicht zwingend als Tatbestandsvoraussetzungen verstanden werden, sondern können mit gleicher Berechtigung und ohne Unterschiede im Ergebnis auch als Ermessensgrenzen geprüft werden.

insbesondere alle grundrechtserheblichen Entscheidungen im Parlamentsgesetz getroffen werden.[8] Die Gewährung von Subventionen ist jedoch keine wesentliche Frage, es sei denn, sie berührt ausnahmsweise Grundrechte der Adressaten oder Dritter[9]. Da dies hier nicht der Fall ist, greift der Gesetzesvorbehalt nicht ein[10]. Es genügt die Bereitstellung der Mittel im Haushaltsplan.

(b) Der Bewilligungsbescheid ist formell rechtmäßig.

(c) In materieller Hinsicht stellt sich allerdings die Frage, ob der Bewilligungsbescheid wegen Missachtung der Förderrichtlinie, einer Verwaltungsvorschrift, „rechtswidrig" im Sinne von § 48 LVwVfG ist.

39 ■ Wichtig für das Verständnis der Rechtsnatur von Verwaltungsvorschriften (Richtlinien) ist die Unterscheidung von staatlichem Innen- und Außenverhältnis. Letzterem, in dem sich Staat und Bürger begegnen, ist die Handlungsform des materiellen Gesetzes zugewiesen, das als abstrakt-generelle Regelung mit Außenwirkung definiert werden kann. Hingegen sind Verwaltungsvorschriften grundsätzlich interne Dienstanweisungen der Exekutive, die sich nur an die nachgeordneten Behörden, nicht an den Bürger richten. Art. 80 GG gilt für sie nicht. Dennoch können Verwaltungsvorschriften mittelbar auch Außenwirkungen erzeugen, wobei im Einzelnen nach dem Verhältnis der Richtlinie zum Gesetz zu differenzieren ist.

40 (1) In gesetzesabhängigen Bereichen, das heißt in Bereichen, in denen ein Gesetz existiert, das in Einzelheiten durch eine Verwaltungsvorschrift ergänzt wird, ist entsprechend der Normstruktur des Gesetzes nach Richtlinien auf Tatbestands- und Rechtsfolgenseite zu unterscheiden.

(a) Auf Tatbestandsseite finden sich sog. *norminterpretierende* Verwaltungsvorschriften, welche den Inhalt des Gesetzes auslegen. Bindungswirkung haben sie grundsätzlich nur verwaltungsintern, das heißt gegenüber nachgeordneten Behörden, nicht aber im Außenverhältnis zum Bürger. Die Gerichte prüfen allein die Gesetzmäßigkeit der Verwaltung. Ihr Prüfungsmaßstab ist daher nur das materielle Gesetz, das letztverbindlich auszulegen Aufgabe der Gerichte ist. Norminterpretierende Verwaltungsvorschriften sind folglich ein unverbindlicher Auslegungsversuch der Verwaltung ohne Bindungswirkung für den Richter, der sich der Meinung der Verwaltung anschließen kann, aber nicht muss.

(b) Auf Rechtsfolgenseite sind bei gebundenen Entscheidungen keine Verwaltungsvorschriften nötig und üblich, da ohnehin nur eine Entscheidung vorgesehen ist. Hingegen kann die Ausübung behördlichen Ermessens, bei der die Verwaltung nach Maßgabe der Intention des Gesetzes eigene Erwägungen der Gerechtigkeit und Zweckmäßigkeit anstellen darf, durch sog. *ermessensleitende* Richtlinien gelenkt werden, die bewirken, dass alle Verwaltungsstellen ihr Ermessen einheitlich ausüben. Die Verwaltung gibt auf diese Weise zu erkennen, dass sie in allen vergleichbaren Fällen so handeln will. Sie begründet damit eine ständige Verwaltungspraxis und bindet sich dadurch selbst, da sie wegen Art. 3 GG nicht mehr ohne sachlichen Grund von ihrer eigenen Verwaltungspraxis abweichen darf.

---

8 Zum Vorbehalt des Gesetzes *Detterbeck*, Jura 2002, S. 235 ff.

9 Eine solche Grundrechtsrelevanz besteht insbesondere, wenn eine Subvention eine berufsregelnde Tendenz annimmt oder falls grundrechtlich besonders sensible Empfänger (Religionsgemeinschaften, Pressebetriebe) gefördert werden.

10 Die zum gegenteiligen Ergebnis führende Lehre vom „Totalvorbehalt" hat sich nicht durchsetzen können.

Eine etwaige Nichtbeachtung der Richtlinie im Einzelfall ist daher zwar für sich betrachtet unbeachtlich, weil die Verwaltungsvorschrift nur im Staatsinternum gilt, jedoch sind alle ohne sachlichen Grund von der Richtlinie abweichenden Entscheidungen gleichheitswidrig. Das Ermessen der Behörde wird also regelmäßig auf Null reduziert. Die Richtlinie erzeugt folglich mittelbare Außenwirkungen kraft Selbstbindung der Verwaltung.[11] Dies soll sogar für den ersten Fall ihrer Anwendung gelten (antizipierte Selbstbindung).

(2) In gesetzlich nicht geregelten (und nicht dem Gesetzesvorbehalt unterfallenden) Bereichen verfügt die Verwaltung über einen weiten Entscheidungsspielraum, der strukturell mit einem entsprechenden Ermessensspielraum verglichen werden kann. Verwaltungsvorschriften, zum Beispiel Subventionsrichtlinien, können hier über den Gleichheitssatz ebenfalls zu einer Selbstbindung der Verwaltung führen. **41**

(3) Problematisch sind die sog. *normkonkretisierenden* Verwaltungsvorschriften[12]. Sie beruhen auf der Prämisse, der Tatbestand eines Gesetzes sei bewusst unvollständig formuliert, damit die Exekutive entsprechende Lücken eigenverantwortlich schließen könne[13]. Nach einem immer häufiger vertretenen Ansatz sollen hierzu ergangene Verwaltungsvorschriften unmittelbare Außenwirkung genießen. Richtigerweise und im Einklang mit herkömmlichem Verständnis kommt hingegen nur eine mittelbare Bindung über den Gleichheitssatz in Betracht, wenn und soweit das Gesetz der Behörde einen Spielraum zur letztverantwortlichen Entscheidung überantwortet hat (Beurteilungs- oder Ermessensspielraum). Die unmittelbar außenwirksame Handlungsform zur untergesetzlichen rechtssatzförmigen Normergänzung bleibt die Rechtsverordnung, deren Anforderungen, insbesondere das Gebot einer hinreichend bestimmten Ermächtigung im Sinne von Art. 80 Abs. 1 GG, nicht umgangen werden dürfen.[14] ■ **42**

Die Frage lautet, ob die Nichtbeachtung der Förderrichtlinie zur Rechtswidrigkeit im Sinne von § 48 LVwVfG führt. Hierzu ist zu klären, welche Form der Rechtswidrigkeit § 48 LVwVfG meint, die Verletzung von Außenrecht oder auch die bloße Binnenrechtswidrigkeit. Da die Norm bezweckt, den Grundsatz der Gesetzmäßigkeit der Verwaltung abzusichern, zielt sie auf die Wahrung materieller Gesetze ab. Folglich ist allein das Außenrecht maßgeblich. **43**

Vorliegend handelt die Behörde im gesetzesfreien Bereich. Die Förderrichtlinie bewirkt hier eine Selbstbindung der Verwaltung, die über Art. 3 Abs. 1 GG auch außenrechtswirksam ist. Da im konkreten Fall keine Umstände vorliegen, die ein Abweichen von der ständigen Förderpraxis rechtfertigen könnten, wurde A gleichheitswidrig gegenüber

---

11 Vertiefend zur Selbstbindung der Verwaltung *Kluckert*, JuS 2019, S. 536 ff.

12 Siehe BVerwGE 72, 300 (320 f.) (Sonderfall). – Eine weitere Besonderheit gilt für Verwaltungsvorschriften nach § 48 BImSchG (TA Luft, TA Lärm), die mit Blick auf diese spezielle Ermächtigung ausnahmsweise als bindend anerkannt worden sind; BVerwG, NVwZ 2008, S. 76 ff.

13 Diskutiert wird eine solche normkonkretisierende Funktion (über die in der vorigen Fußnote genannten Sonderfälle hinaus) beispielsweise zum Steuer- und zum Sozialrecht, deren Gesetze in größerem Umfang durch exekutive Ausführungsbestimmungen mit nicht selten pauschalierendem Inhalt ergänzt werden. Die Frage lautet dann konkret, ob ein Richter auch einen höheren steuerlichen Abzug anerkennen darf. Vgl. z.B. BVerwG, DVBl. 2005, S. 766 ff. (Publikationsgebot).

14 Zur Wiederholung und Vertiefung *Erichsen/Klüsche*, Jura 2000, S. 540 ff.

anderen Eigentümern denkmalgeschützter Gebäude bevorzugt. Die Abweichung von der Richtlinie ist folglich mittelbar außenrechtswirksam und macht den Bewilligungsbescheid rechtswidrig.

44 (2) Des Weiteren darf der Bewilligungsbescheid, der als begünstigender Verwaltungsakt eine Geldleistung gewährt hat, nicht zurückgenommen werden, soweit der Begünstigte auf den Bestand des VA *vertraut* hat und dieses Vertrauen unter Abwägung mit dem öffentlichen Interesse an einer Rücknahme *schutzwürdig* ist (§ 48 Abs. 2 LVwVfG).

45 ■ § 48 (L)VwVfG ist in besonderem Maße Ausdruck des Rechtsstaatsprinzips, das sich in dieser Vorschrift in zwei Ausprägungen begegnet: Die Norm verwirklicht den Grundsatz der Gesetzmäßigkeit der Verwaltung, indem sie hilft, rechtswidrige Verwaltungsakte zu berichtigen. Zugleich dient sie (nur zugunsten des Bürgers[15]) dem Prinzip der Rechtssicherheit in Gestalt des Vertrauensschutzgedankens. Beide Ausprägungen des Rechtsstaatsprinzips stehen sich diametral gegenüber und sind gegeneinander abzuwägen. Der Grundgedanke von § 48 (L)VwVfG besteht darin, diese Abwägung zu kodifizieren.

Ausgangspunkt ist § 48 Abs. 1 S. 1 (L)VwVfG, nach dem ein rechtswidriger Verwaltungsakt zurückgenommen werden kann. Als Grundregel gilt mithin die Gesetzmäßigkeit der Verwaltung. Abs. 1 S. 2 normiert hingegen sogleich Einschränkungen für begünstigende Verwaltungsakte, die nur unter den Voraussetzungen der Abs. 2 bis 4 zurückgenommen werden dürfen, weil bei ihnen der Vertrauensschutz als entgegenstehende Regel greift. (Der Vertrauensschutzgedanke greift nur bei Begünstigungen. Der Bürger vertraut nicht auf den Bestand von Belastungen. Ein anderes gilt nur, soweit in ihnen auslegungsfähig die begünstigende Zusage mitenthalten ist, dass keine weitergehende Belastung als die ausgesprochene zu erwarten ist. Im Falle einer späteren Verschärfung der Belastung wäre Abs. 1 S. 2 dann insoweit anzuwenden.)

Die einschränkenden Abs. 2–4 unterscheiden zwei Gruppen von begünstigenden Verwaltungsakten. Leistungsbescheide, die Geld- oder Sachleistungen gewähren, sind gemäß Abs. 2 bei überwiegendem schutzwürdigen Vertrauen überhaupt nicht (oder nur teilweise) rücknehmbar. Sonstige begünstigende Verwaltungsakte[16] dürfen nach Abs. 3 grundsätzlich auch bei schutzwürdigem Vertrauen zurückgenommen werden, jedoch ist, soweit ein solches reicht, der eingetretene Vermögensnachteil zu entschädigen. Bei beiden Gruppen ist zudem die Frist nach Abs. 4 zu berücksichtigen.

Im Einzelnen ist Abs. 2 wie folgt zu prüfen. Seine Grundaussage lautet gemäß S. 1, dass bei überwiegendem schutzwürdigen Vertrauen keine Rücknahme möglich ist. Dies setzt zum einen voraus, dass der Bürger tatsächlich vertraut hat (Tatsachenfrage). Zum anderen muss dieses Vertrauen unter Abwägung mit dem öffentlichen Interesse an einer Rücknahme schutzwürdig sein (rechtliche Wertung). Genau diese Abwägung ist in Abs. 2 kodifiziert. Sie ist in drei Schritten vorzunehmen, wobei die S. 1–3 von hinten nach vorne zu lesen sind. S. 3 normiert Ausschlussgründe, also Fälle, in denen nie ein schutzwürdiges Vertrauen vorliegt. S. 2 liefert hiernach ein Regelbeispiel: Das Vertrauen ist in der Regel (nicht immer) schutzwürdig, wenn der Begünstigte die gewährte Leistung verbraucht oder nicht mehr rückgängig zu machende Vermögensdispositionen getroffen hat. S. 1 verlangt sodann nach einer abschließenden Abwägung im Einzelfall zwischen dem Vertrauen und

15 Träger der öffentlichen Verwaltung können sich, selbst wenn sie ausnahmsweise Begünstigte eines Verwaltungsaktes sind, nicht auf Vertrauensschutz berufen; OVG Lüneburg, NVwZ-RR 2013, S. 584 f.

16 Wichtigster Anwendungsfall ist die Baugenehmigung.

dem öffentlichen Interesse an einer Rücknahme, die von der Regelvermutung angeleitet wird, bei besonderen Umständen des Einzelfalls aber auch von ihr abweichen kann.[17] ■

Der Subventionsempfänger A hat tatsächlich auf den Bestand der Bewilligung vertraut. **46**
Dieses Vertrauen müsste zudem schutzwürdig sein. Ein Ausschlussgrund im Sinne von Abs. 2 S. 3 greift nicht. Weder ist A eine arglistige Täuschung, Drohung oder Bestechung vorzuwerfen (Nr. 1), noch hat er den Bescheid durch (objektiv[18]) unrichtige oder unvollständige Angaben erwirkt (Nr. 2). Auch war ihm der Fehler ohne grobe Fahrlässigkeit unbekannt (Nr. 3). Gemäß dem Regelbeispiel nach S. 2 ist sein Vertrauen grundsätzlich schutzwürdig, da er das Geld bereits verbraucht hat, und steht somit einer Rücknahme des Bewilligungsbescheides entgegen. Die abschließende Abwägung im Einzelfall gemäß S. 1 gibt keinen Anlass, von der Regel abzuweichen. Die das öffentliche Interesse an einer Rücknahme stützenden Argumente, das heißt das Gesetzmäßigkeitsprinzip, der Gleichheitssatz[19] sowie fiskalische Interessen, sind nicht in einer über den typischen Fall hinausgehenden Art und Weise berührt. Sie überwiegen also nicht gegenüber dem Vertrauensschutz, vor allem weil die Abwägung maßgeblich von der Entscheidung des Gesetzgebers aus S. 2 geprägt wird, nach der im Regelfall von einem überwiegend schutzwürdigen Vertrauen auszugehen ist, die lediglich in begründeten Ausnahmefällen durchbrochen wird. Folglich ist die Rücknahme des Bewilligungsbescheides rechtswidrig.

(3) Schließlich ist (hilfsweise) die Ausschlussfrist nach § 48 Abs. 4 LVwVfG zu prü- **47**
fen[20]. Der Fristbeginn richtet sich nach dem Zeitpunkt, zu dem die Behörde von den maßgeblichen „Tatsachen“ Kenntnis erlangt hat. Vorliegend kannte die Behörde von Anfang an sämtliche Tatsachen, hat aber die rechtlich falschen Schlüsse aus ihnen gezogen. Nach dem Wortlaut der Vorschrift wäre die Frist damit nicht anwendbar. Der Verwaltungsakt könnte also zeitlich unbefristet zurückgenommen werden. Jedoch ist es Sinn und Zweck der Fristenregelung, einen Ausgleich zwischen dem Grundsatz der Gesetzmäßigkeit der Verwaltung und dem Gedanken der Rechtssicherheit (Vertrauensschutz) zu leisten. Dieser Gedanke greift nach Ansicht des BVerwG[21] auch bei bloßen Rechtsanwendungsfehlern, bei denen § 48 Abs. 4 LVwVfG daher ebenfalls anzuwenden ist. Hier ist die Frist gewahrt.

■ § 48 Abs. 4 (L)VwVfG normiert keine absolute Ausschlussfrist, sondern beschränkt das **48**
Rücknahmerecht in bestimmten Fällen behördlicher Untätigkeit und gibt damit Anlass zu weiteren Fragen.

17 Am Rande: § 50 (L)VwVfG kann die Vertrauensschutzregelungen des § 48 Abs. 1 S. 2 i.V.m. Abs. 2-4 (L)VwVfG (und parallel jene des § 49 Abs. 2-4 und 6 (L)VwVfG – hierzu Variante 1) versperren. Der Adressat eines begünstigenden Verwaltungsakts genießt hiernach während (aber außerhalb!) des Widerspruchsverfahrens eines belasteten Dritten keinen Vertrauensschutz. Dies soll aber nur gelten, soweit der Widerspruch des Dritten zulässig und – strittig – begründet ist.

18 Bei Nr. 2 kommt es allein auf die objektive Unrichtigkeit der Angaben an. Wie sich im Vergleich zu Nr. 1 und 3 zeigt, ist es unerheblich, ob dies dem Begünstigten bekannt war (eine Ausnahme gilt bei irreführenden Antragsformularen).

19 Andere Bürger erhalten ebenfalls keine rechtswidrige Begünstigung.

20 Auch vertretbar ist, § 48 Abs. 4 LVwVfG als Ermessensgrenze zu prüfen.

21 Grundlegend BVerwGE 70, 356 (357 ff.).

Der Klärung bedarf zunächst der Begriff „Behörde“ im Sinne der Vorschrift. Allgemein gilt gemäß § 1 (L)VwVfG ein weiter funktionaler Behördenbegriff. Behörde ist hiernach jede Stelle, die Aufgaben der öffentlichen Verwaltung wahrnimmt. Dies ist bei Anwendung von § 48 (L)VwVfG insoweit zu modifizieren, als nicht ausreichen kann, dass irgendeine Stelle der Behörde Kenntnis hat, dass vielmehr der konkret zuständige Amtswalter (bzw. sein Vertreter) die maßgeblichen Tatsachen kennen muss. Hierfür spricht der Sinn und Zweck der Norm, die zwar einerseits dem Bürgerschutz dient, andererseits aber vor allem auch eine Entscheidungsfrist der Behörde sein soll, deswegen auf den ersten Zeitpunkt der Entscheidbarkeit abstellt[22].

Ferner ist zu fragen, welche und wie viele Umstände bekannt sein müssen. Der Wortlaut der Norm spricht von jenen „Tatsachen, die die Rücknahme rechtfertigen“. Dies meint die Kenntnis aller für die Rücknahme erforderlichen Tatsachen einschließlich etwa der Umstände des Vertrauensschutzes. Argument ist auch insoweit die Funktion der Frist als Entscheidungsfrist, die erst beginnen soll, wenn die Behörde in der Lage ist, den Fall zu entscheiden[23]. ■

49 **b) Rechtsfolge der Ermächtigungsgrundlage (Hilfsgutachten):** § 48 Abs. 1 S. 1 LVwVfG stellt die Rücknahme in das Ermessen der Behörde. Ermessensfehler sind jedoch nicht ersichtlich.[24]

Zwischenergebnis: Der Rücknahmebescheid ist rechtswidrig.

50 **II. Verletzung in eigenen Rechten:** Der Rücknahmebescheid verkürzt rechtswidrig die dem A zuvor mit dem Bewilligungsbescheid eingeräumte Rechtsposition.

Ergebnis: Die Anfechtungsklage gegen den Rücknahmebescheid ist zulässig und begründet. Das Verwaltungsgericht wird den Bescheid mit Wirkung ex tunc aufheben.

51 **2. Klage gegen den Erstattungsbescheid**

I. Rechtswidrigkeit des Rückforderungsbescheides

1) Ermächtigungsgrundlage für den Erstattungsbescheid ist § 49a LVwVfG.[25]

2) Formelle Rechtmäßigkeit: a) Die Zuständigkeit liegt bei der Ausgangsbehörde. b) Eine Anhörung nach § 28 LVwVfG wurde durchgeführt. c) Der schriftliche Verwaltungsakt wurde ordnungsgemäß begründet; § 39 Abs. 1 LVwVfG. Ferner bestätigt § 49a Abs. 1 S. 2 LVwVfG deklaratorisch die Verwaltungsaktbefugnis der Behörde.

---

22 BVerwGE 70, 356 (362 ff.).

23 BVerwGE 70, 356 (362 ff.). In der Regel beginnt die Frist damit erst nach der Anhörung des Betroffenen (mit angemessener Frist zur Stellungnahme), weil mit ihr für die Abwägung relevante Umstände ermittelt werden. Vgl. auch BVerwG, NJW 2001, S. 1440 ff. (zum Fristbeginn beim Widerruf eines Verwaltungsaktes wegen Nichterfüllung einer Auflage).

24 Vertiefte Ermessenserwägungen sind an dieser Stelle i.d.R. nicht erforderlich, weil die Interessen des Bürgers schon beim Vertrauensschutz abgewogen wurden. Vgl. aber OVG Münster, NVwZ-RR 2013, S. 250 ff. (eine Rücknahme ist 52 Jahre nach Erlass des Verwaltungsaktes auch ohne Eingreifen der Frist nach Abs. 4 ermessensfehlerhaft).

25 § 49a (L)VwVfG ist nur anwendbar, wenn die staatliche Leistung (wie hier) unmittelbar auf der Grundlage des Verwaltungsaktes gewährt wurde, nicht aber bei anschließender Ausgestaltung durch einen zivil- oder öffentlich-rechtlichen Vertrag (Zweistufentheorie); BVerwG, NJW 2006, S. 536 ff.

3) Materielle Rechtmäßigkeit: a) Der Tatbestand von § 49a Abs. 1 S. 1 LVwVfG setzt die Rücknahme eines Verwaltungsakts mit Wirkung für die Vergangenheit voraus. Hieran fehlt es im vorliegenden Fall, da der Rücknahmebescheid soeben mit Wirkung ex tunc aufgehoben worden ist[26]. Damit ist zwangsläufig auch der Erstattungsbescheid rechtswidrig.

b) Hilfsweise: § 49a Abs. 1 S. 1 LVwVfG sieht als Rechtsfolge eine gebundene Entscheidung vor („sind“). Einschränkend ist der in Abs. 2 ausgesprochene Rechtsfolgenverweis auf §§ 818 ff. BGB zu beachten.

II. Verletzung in eigenen Rechten: Die Zahlungspflicht greift rechtswidrig in Art. 2 Abs. 1 GG ein.

Ergebnis: Die Anfechtungsklage gegen den Rückforderungsbescheid ist zulässig und begründet.

■ **Exkurs:** Große Bedeutung in der Praxis hat die Rückforderung europarechtswidriger[27] Wirtschaftssubventionen.[28] Sie lässt sich nicht auf eine europarechtliche Ermächtigungsnorm stützen, weil das Europarecht insoweit – wie regelmäßig – kein eigenes Vollzugsrecht bereithält, sondern von staatlichen Behörden unter Anwendung ihres nationalen Verfahrensrechts zu vollziehen ist.[29] In Deutschland ist auf § 48 (L)VwVfG zurückzugreifen, der allerdings erheblichen Modifikationen zu unterwerfen ist. Dies betrifft zunächst die in Abs. 2 kodifizierte Abwägung, die einer Rücknahme regelmäßig entgegenstünde. So liegt zumeist kein Ausschlussgrund nach S. 3 vor, insbesondere wenn und weil dem Subventionsempfänger mangels einer Verpflichtung zur Überwachung der Gesetzmäßigkeit der Verwaltung keine Sorgfaltspflichtverletzung, erst recht keine grob fahrlässige Unkenntnis (Nr. 3) angelastet werden kann. Ferner haben die Empfänger die Beihilfe durchweg verbraucht, so dass die Regelvermutung nach S. 2 greift, die im Normalfall nicht durch die Abwägung nach S. 1 überwunden werden kann. Hiernach wäre die Rücknahme des Bewilligungsbescheides trotz Verletzung des Europarechts an sich ausgeschlossen. Jedoch ist der Gesamtstaat Bundesrepublik europarechtlich zur Rückforderung verpflichtet[30], und verlangt das Gebot bundesfreundlichen Verhaltens vom Land, die Außenbindung des Bundes zu beachten. Deswegen sind die rechtsstaatlichen Schutzstandards des deutschen Verwaltungsrechts im Konflikt mit Unionsrecht zurückzunehmen. Demgemäß verschiebt sich die Abwägung nach Abs. 2 S. 1 in Fällen europarechtswidriger Subventionen. Der Vertrauensschutz ist geringer zu gewichten, weil kein Notifikationsverfahren durchgeführt wurde (was insbesondere für große Unternehmen auch erkennbar ist). Das öffentliche Interesse an der Rücknahme ist um der 52

26 Siehe 1. Klage.

27 Den europarechtlichen Maßstab bilden Art. 107 ff. AEUV i.V.m. der Verordnung (EU) 2015/1589 vom 13.7.2015. Staatliche Beihilfen müssen hiernach materiell mit dem gemeinsamen Markt vereinbar sein. Zudem müssen sie in formeller Hinsicht einem Notifikationsverfahren unterzogen werden, vor dessen Abschluss der Mitgliedstaat die Maßnahme nicht durchführen darf, dessen bloße Nichtbeachtung die Kommission berechtigen kann, eine Verpflichtung des Staates zur (einstweiligen) Rückforderung auszusprechen.

28 Dieser Fragenkreis benennt den für die Ausbildung wichtigsten Anwendungsfall der Europäisierung des Verwaltungsrechts; allgemein zu dieser Entwicklung: *Voßkuhle/Schemmel*, JuS 2019, S. 347 ff.

29 Allerdings finden sich zunehmend punktuelle europäische Verfahrensregelungen (z.B. zum Agrarrecht), die die nationalen Regelungen zum Vertrauensschutz verdrängen.

30 Bei Nichtbeachtung droht der Bundesrepublik ein von der Kommission eingeleitetes Vertragsverletzungsverfahren vor dem EuGH.

Durchsetzung des Unionsrechts willen höher zu bewerten. Entgegen der Regel des § 48 Abs. 2 (L)VwVfG besteht ausnahmsweise kein überwiegendes schutzwürdiges Vertrauen. Es lässt sich sogar die umgekehrte Regel aufstellen, dass das Vertrauensschutzinteresse in der Regel zurücktritt, wenn die staatliche Beihilfe ohne Beachtung des europarechtlichen Beihilfeverfahrens gewährt wurde, dass zudem das behördliche Rücknahmeermessen durchgängig auf Null reduziert ist. Diese Argumentation wird auf andere Teilfragen einer Rücknahme übertragen. So sollen ein Überschreiten der Frist nach § 48 Abs. 4 (L)VwVfG, ein Wegfall der Bereicherung (§ 49a Abs. 2 (L)VwVfG) und selbst ein „Verstoß gegen Treu und Glauben" unbeachtlich sein[31]. ■

Variante 1: Vorgehen gegen die Zahlungspflicht

53 **A.** Die **Sachurteilsvoraussetzungen** liegen parallel zum Ausgangsfall vor. Auch an dieser Stelle sind zwei Anfechtungsklagen zu erheben und (**B.**) im Rahmen einer **objektiven Klagehäufung** zu verbinden.

54 **C. Begründetheit**

1. Klage gegen den Aufhebungsbescheid

I. Rechtmäßigkeit des Aufhebungsbescheides

1) Ermächtigungsgrundlage für den Aufhebungsbescheid: Hier kommt ein Widerruf gemäß § 49 Abs. 3 Nr. 1 LVwVfG wegen zweckwidriger Verwendung der zugewandten Geldleistung in Betracht. Dabei ist, auch wenn der Wortlaut von § 49 LVwVfG nur von „rechtmäßigen" Verwaltungsakten spricht, nicht erheblich, ob der ursprüngliche Bescheid rechtmäßig war. Insbesondere ist keine Abgrenzung zu § 48 LVwVfG erforderlich. Auch rechtswidrige Verwaltungsakte können erst recht widerrufen werden, wenn zusätzlich ein Widerrufsgrund vorliegt.

55 **2)** Die **formelle Rechtmäßigkeit** des Widerrufs nach § 49 LVwVfG ist wie jene der Rücknahme im Ausgangsfall zu beurteilen.

56 **3) Materielle Rechtmäßigkeit des Widerrufs**

a) Der **Tatbestand** von § 49 Abs. 3 Nr. 1 LVwVfG setzt voraus, dass die „Leistung nicht für den im Verwaltungsakt bestimmten Zweck verwendet" worden ist. A hat das Geld nicht wie von der Behörde vorgesehen für den Erhalt der denkmalgeschützten Substanz, sondern für diese beeinträchtigende Modernisierungsarbeiten, also zweckwidrig ausgegeben. Auch die gemäß § 49 Abs. 3 S. 2 LVwVfG entsprechend anzuwendende Jahresfrist nach § 48 Abs. 4 LVwVfG wurde beachtet.

57 **b)** § 49 Abs. 3 Nr. 1 LVwVfG räumt der Behörde als **Rechtsfolge** ein Ermessen ein, ob sie den Verwaltungsakt widerrufen will. Die Ermessensprüfung folgt § 40 LVwVfG.

31 EuGH, DVBl. 1997, S. 951 ff., nach Vorlage von BVerwGE 106, 328 ff. (Alcan). – Zum Problemkreis auch EuGH, NVwZ 2008, S. 985 ff.; zum Anspruch konkurrierender Unternehmen auf Rückzahlung BVerwGE 138, 322 ff.

(1) Die Behörde müsste ihr Ermessen entsprechend dem Zweck der Ermächtigung ausgeübt haben. Sie hielt sich jedoch irrigerweise für rechtlich verpflichtet, den Bescheid aufzuheben. Deshalb hat sie kein Ermessen ausgeübt. Es handelt sich um einen Fall von Ermessensnichtgebrauch. Dies könnte (nur) dann unschädlich sein, wenn im konkreten Fall eine Ermessensreduzierung auf Null eingetreten sein sollte. Voraussetzung einer solchen ist, dass jede andere Entscheidung rechtswidrig wäre, dass also umgekehrt nur noch eine einzige rechtmäßige Entscheidung übrig bleibt. Dann wäre die Ermessensnorm wie eine gebundene Entscheidung zu behandeln. Folglich wäre auch kein Ermessensfehler mehr möglich. Im vorliegenden Fall hat A sein Geld immerhin für die Modernisierung des Hauses ausgegeben, die Mittelverwendung förderte damit zugleich den Erhalt des Gebäudes. Des Weiteren ist eine differenzierte Betrachtung geboten, wie stark die denkmalgeschützte Substanz konkret beeinträchtigt ist. Es ist daher nicht eindeutig, dass nur noch eine Entscheidung vertretbar ist. Es bleibt noch ein Ermessen der Behörde. Folglich liegt im Ermessensnichtgebrauch ein Ermessensfehler.

Der ursprüngliche Ermessensfehler könnte durch ein Nachschieben von Gründen im Verwaltungsprozess geheilt worden sein. Diesen Gedanken bestätigt prozessrechtlich § 114 S. 2 VwGO, nach dem die Verwaltungsbehörde ihre Ermessenserwägungen auch noch im verwaltungsgerichtlichen Verfahren ergänzen kann[32]. Jedoch lassen sich auf diese Weise grundsätzlich nur zusätzliche Ermessenserwägungen einführen. Zulässig ist im Regelfall nur das „Ergänzen" einer zunächst unzureichenden Ermessensbetätigung, nicht aber eine erstmalige oder vollständig neue Ausübung des Ermessens.[33] Die nachgeschobenen Gründe müssen außerdem schon bei Erlass des Verwaltungsakts vorgelegen haben, dürfen diesen nicht in seinem Wesen verändern und dürfen schließlich die Rechtsverteidigung des Betroffenen nicht unzulässig beeinträchtigen. Da hier ein Ermessensausfall vorlag, wäre das Nachschieben eine erstmalige Ermessensbetätigung, welche den Fehler nicht kompensieren kann.

(2) Hilfsweise ist noch nach der Beachtung der gesetzlichen Grenzen des Ermessens zu fragen, die vor allem durch die Grundrechte und das Verhältnismäßigkeitsprinzip gebildet werden. Insoweit ergeben sich hier keine Bedenken.

Zwischenergebnis: Der Widerrufsbescheid ist ermessensfehlerhaft und damit rechtswidrig.

---

32 Zur Vertiefung BVerwGE 106, 351 (362 ff.): Die Zulässigkeit des Nachschiebens von Gründen richte sich nach materiellem Recht. § 114 S. 2 VwGO bestätige die frühere Rspr. zum materiellen Recht und stelle zugleich klar, dass ein Nachschieben prozessual kein Austauschen des Streitgegenstandes ist.

33 Dies gilt für Entscheidungen, die – wie hier – von vornherein im Ermessen der Behörde stehen. Eine Ausnahme kommt in Betracht, wenn geänderte Umstände nach der Klageerhebung erstmalig eine Ermessensentscheidung erfordern; siehe BVerwGE 141, 253 (Anerkennung eines ausgewiesenen Straftäters während des Klageverfahrens als Flüchtling; dadurch Übergang von der zwingenden Ausweisung zum besonderen Ausweisungsschutz).

58 **II. Verletzung in eigenen Rechten:** Der rechtswidrige Widerrufsbescheid entzieht dem A das Recht aus dem Bewilligungsbescheid und verletzt ihn dadurch in einem eigenen Recht.

Ergebnis: Die Anfechtungsklage gegen den Widerrufsbescheid ist zulässig und begründet. Das Verwaltungsgericht wird den Bescheid mit Wirkung ex tunc aufheben.

59 **2. Klage gegen den Rückforderungsbescheid:**

Die Anfechtungsklage gegen den Rückforderungsbescheid ist (wie im Ausgangsfall) zulässig und begründet.

Anmerkung: Die Behörde kann ungeachtet der erfolgreichen Klagen des A einen neuen, nunmehr ermessensfehlerfreien Widerrufsbescheid erlassen. Der Erfolg vor Gericht wird dem A also im Ergebnis möglicherweise wenig nutzen.[34]

Variante 2: Bemühen um eine (erneute) behördliche Entscheidung

A. Sachurteilsvoraussetzungen

60 Statthafte Klageart: A möchte die Behörde zu einer erneuten Entscheidung in der Sache veranlassen.[35] Allerdings hilft das herkömmliche Rechtsschutzinstrumentarium ihm nicht weiter, da Widerspruch und Anfechtungsklage verfristet und damit unzulässig wären. Seine letzte Möglichkeit liegt darin, ein Wiederaufgreifen des Verfahrens anzustreben, das heißt eine erneute sachliche Prüfung des Rücknahme- und des Zahlungsbescheides mit dem Fernziel ihrer anschließenden Rücknahme. Auf dem Weg dorthin muss A zunächst eine behördliche Entscheidung über den Einstieg in eine neuerliche Prüfung erwirken. Dieser – hier mit der Bitte um „wohlwollende Prüfung“ angestrebte – formale Schritt wäre ein begünstigender Verwaltungsakt mit rein verfahrensrechtlichem Inhalt. A muss daher Verpflichtungsklage, gerichtet auf Wiedereintritt in das Verfahren sowohl hinsichtlich des Rücknahme- als auch des Zahlungsbescheides, erheben.[36]

---

34 Zur Wiederholung und Vertiefung: *Maurer/Waldhoff*, Allgemeines Verwaltungsrecht, § 11 (Rücknahme und Widerruf); Fälle hierzu bei *Krausnick*, JuS 2010, S. 594 ff., 681 ff., 778 ff. – Siehe ferner (außerhalb des hiesigen Problemkreises) BVerwG, NVwZ 2012, S. 506 ff. zum Erlass eines (wirksamen, aber rechtswidrigen) Verwaltungsaktes durch einen auf Veranlassung der Behörde handelnden Privaten.

35 Genau genommen handelt es sich auch hier um zwei Begehren, weil mit dem Aufhebungs- und Zahlungsbescheid zwei Verwaltungsakte vorliegen, deren Prüfung je eigenständig wiederaufzugreifen ist. Angesichts identischer Maßstäbe können beide Begehren nachfolgend zusammen betrachtet werden.

36 Eine im Erfolgsfall folgende Entscheidung in der Sache – günstigstenfalls eine Aufhebung beider Bescheide – hätte dann ebenfalls Verwaltungsaktscharakter. Im hiesigen Fall ist hierüber aber noch nicht zu entscheiden, da erkennbar noch ein behördliches Ermessen hinsichtlich des vorherigen Wiederauftretens besteht. In anderen Fällen, insbesondere sofern eine Ermessensreduzierung in Betracht kommt, mag es hingegen sinnvoll sein, sogleich eine Verpflichtungsklage unmittelbar auf Rücknahme hinzuzufügen. Die Praxis verfährt insofern pragmatisch und gestattet, beide Anliegen von vornherein zu verbinden.

Vorverfahren[37]: Ein gemäß § 68 Abs. 2 VwGO an sich erforderliches[38] Widerspruchsverfahren ist nicht durchgeführt worden. Die Klage könnte dennoch gemäß § 75 VwGO zulässig sein, falls über den Antrag auf Erlass eines Verwaltungsaktes ohne zureichenden Grund innerhalb einer angemessenen Frist nicht entschieden worden ist. Die Dauer der „angemessenen Frist" ist je nach den Umständen des Einzelfalls zu bestimmen, deckt sich aber regelmäßig mit der in S. 2 normierten Sperrfrist von drei Monaten. Vorliegend wurde die Klage bereits nach zwei Monaten und drei Wochen erhoben, ohne dass besondere Gründe für eine kürzere Frist vorliegen. Die Klage war somit im Zeitpunkt ihrer Erhebung unzulässig. Allerdings wäre mit Ablauf der drei Monate eine neue Klage zulässig, so dass der Mangel als geheilt angesehen werden darf. Fraglich ist indes, ob die hiernach ergangene Antwort der Behörde, die als versagender Bescheid auszulegen ist, das Erfordernis eines Vorverfahrens wiederaufleben lässt. Jedoch wird eine einmal zulässige Klage nicht durch einseitiges Handeln des Beklagten unzulässig.[39] Allenfalls könnte das Gericht erwägen, das Verfahren analog § 75 S. 3 VwGO auszusetzen, um ein Widerspruchsverfahren nachzuholen. Die Klage wäre dann derzeit nicht zulässig (so dass im Folgenden ein Hilfsgutachten anzustellen wäre).[40] 61

B. Begründetheit (ggf. hilfsweise)

Als Anspruchsgrundlage käme zunächst § 51 Abs. 1 LVwVfG in Betracht. Die Voraussetzungen von Abs. 1 sind jedoch nicht gegeben. Weder hat sich die Sach- oder Rechtslage geändert noch liegen neue Beweise oder ein Wiederaufnahmegrund vor. 62

Gemäß § 51 Abs. 5 LVwVfG bleibt § 48 Abs. 1 S. 1 LVwVfG (ebenso wie § 49 Abs. 1 LVwVfG) unberührt. Die Vorschrift kann sich als letzter Rettungsanker erweisen, wenn fristgemäßer Rechtsschutz gegen einen belastenden Verwaltungsakt versäumt wurde. Denn sie erlaubt der Behörde, rechtswidrige Verwaltungsakte auch nach Eintritt der Bestandskraft[41] zurückzunehmen. Logische Voraussetzung einer solchen Aufhebung ist

---

37 Das Widerspruchsverfahren kann – gestützt auf § 68 Abs. 1 S. 2 VwGO – durch Gesetz ausgeschlossen sein. Hiervon haben die Länder in unterschiedlichem Maße Gebrauch gemacht. Siehe z.B. § 15 AGVwGO BW (insbesondere bei Verwaltungsakten des Regierungspräsidiums); weitergehend Art. 15 AGVwGO Bay. (partiell fakultativ); § 16a AGVwGO Hess. (mit Anlage); § 80 NdsJG; § 110 JustG NRW. – Für Bayern ist die teilweise Abschaffung des Widerspruchsverfahrens mit der Landesverfassung vereinbar; BayVerfGH, NVwZ 2009, S. 716 ff.

38 Ein Widerspruchsverfahren ist ausnahmsweise (über § 68 Abs. 1 S. 2 VwGO hinaus) entbehrlich, wenn seinem Zweck bereits Rechnung getragen ist oder dieser ohnehin nicht mehr erreicht werden kann; BVerwGE 138, 1 (Fall, in dem die Ausgangs- zugleich Widerspruchsbehörde war und zusätzlich auf Grund einer sie bindenden aufsichtsrechtlichen Weisung handelte).

39 Vgl. BVerwG, NJW 1983, S. 2276; NVwZ 1987, S. 969. – Ein anderes gilt für von vornherein „auf Vorrat" eingelegte Klagen.

40 In materieller Hinsicht ist in Fällen behördlicher Untätigkeit auch an § 42a (L)VwVfG zu denken, nach dem eine beantragte, aber nicht ausdrücklich verweigerte Genehmigung i.d.R. mit Ablauf von drei Monaten als erteilt gilt, so dass sich eine Untätigkeitsklage erübrigt. Vorliegend begehrt A indes keine Genehmigung.

41 Dies gilt jedenfalls bei bloßer Bestandskraft. Hingegen kann die Rechtskraft eines Gerichtsurteils (§ 121 VwGO) bedingen, dass ein zuvor erfolglos mit der Anfechtungsklage angegriffener Verwaltungsakt zwischen den Beteiligten als rechtmäßig gilt. Dann kommt statt einer Rücknahme nach § 48 allenfalls ein Widerruf nach § 49 (L)VwVfG in Betracht.

ein vorheriges Wiederaufgreifen des Verfahrens, das heißt ein verfahrensrechtlicher Wiedereintritt in die sachliche Prüfung. Genauso wie die Entscheidung über eine anschließende Rücknahme steht folgerichtig auch jene über das vorgelagerte formale Wiederaufgreifen im Ermessen der Behörde. Dabei führt nicht jede Rechtswidrigkeit des Verwaltungsakts zu einer Ermessensreduzierung, denn sie verwirklicht nur eine Tatbestandsvoraussetzung des § 48 LVwVfG, an die sich die Ermessensbetätigung anschließt. Das Ermessen ist erst reduziert, wenn eine Aufrechterhaltung des Bescheides „schlechthin unerträglich" wäre, insbesondere falls er „offensichtlich rechtswidrig" sein sollte. Bei alledem ist der Rechtscharakter der Norm zu bedenken, deren Missachtung die Rechtswidrigkeit des Verwaltungsakts begründet: Vermittelt sie ein subjektives Recht, erstreckt sich dieses auf die Rücknahmeentscheidung und folglich auch auf die vorgelagerte Wiederaufgreifensentscheidung. Insgesamt kann sich so – außerhalb von § 51 LVwVfG – ein Anspruch auf fehlerfreie Ermessensentscheidung über ein Wiederaufgreifen des Verfahrens ergeben, ggf. auch anschließend ein Recht auf fehlerfreie Ermessensentscheidung über eine Rücknahme. In Ausnahmefällen mag es sich zu einem Anspruch auf Wiederaufgreifen und anschließende Rücknahme verdichten.[42]

Vorliegend waren die Aufhebung des Bewilligungsbescheides und die Rückforderung der Fördergelder rechtswidrig. Diese Fehler waren aber noch nicht „unerträglich" im Sinne der strengen Voraussetzungen eines Anspruchs auf Wiederaufgreifen. Im Ergebnis hat A lediglich einen Anspruch auf ermessensfehlerfreie Entscheidung über ein Wiederaufgreifen. Dieser erweist sich jedoch als „stumpfes Schwert". Denn die Behörde kann eine erneute Prüfung unter Berufung auf die eingetretene Bestandskraft ermessensfehlerfrei verweigern.

Ergebnis: Sofern man die Klage nicht als derzeit unzulässig ansieht, ergeht ein Bescheidungsurteil, mit dem die Behörde zur ermessensfehlerfreien Entscheidung über ein Wiederaufgreifen verpflichtet wird (§ 113 Abs. 5 S. 2 VwGO). Im Übrigen (soweit A einen weitergehenden Anspruch geltend gemacht hat) ist die Klage unbegründet.

---

42 Zum Problemkreis BVerwGE 135, 121; ferner BVerwG, NVwZ 2007, S. 709 ff.; VGH Mannheim, VBlBW 2009, S. 32 ff. – Fallbeispiel zum Wiederaufgreifen bei *Seiler*, JuS 2001, S. 263 ff. m.w.N. – Die deutsche Rechtslage wird europarechtlich überlagert in Fällen, in denen der EuGH nachträglich einen Verstoß gegen das Unionsrecht feststellt. Zwar erkennt der EuGH die nationalen Regelungen zur Bestandskraft grundsätzlich an. Auch stellt eine spätere Rechtsprechung (ebenso wie eine Änderung derselben) keine geänderte Rechtslage i.S.v. § 51 Abs. 1 Nr. 1 (L)VwVfG dar. Dennoch soll unter Umständen ein Anspruch auf erneute Prüfung in der Sache (und folgerichtig wohl auch auf anschließende Rücknahme) bestehen. Dies setzt voraus, dass die Behörde nach nationalem Recht befugt ist, den Verwaltungsakt zurückzunehmen, dass der Verwaltungsakt nach einem nationalen Gerichtsurteil bestandskräftig geworden ist, mit dem das Gericht ohne Vorlage nach Art. 267 AEUV vom Europarecht abgewichen ist, und dass der Betroffene dies innerhalb angemessener Frist geltend macht. Siehe EuGH, NVwZ 2004, S. 459 ff. (Kühne & Heitz); konkretisiert in EuGH, NVwZ 2008, S. 870 ff. (Kempter).

Wiederholungs- und Vertiefungsfragen zu Fall 2

1. Wogegen muss sich der Adressat eines rechtswidrigen Erstattungsbescheids typischerweise wehren? Warum?
2. Welchem Grundgedanken folgt § 48 (L)VwVfG? Welche beiden Ausprägungen des Rechtsstaatsprinzips stehen sich dabei gegenüber?
3. Wie ist § 48 Abs. 2 (L)VwVfG zu prüfen?
4. Was besagen Vorbehalt und Vorrang des Gesetzes? Wie verhalten sie sich zur Vergabe von Subventionen?
5. Sind Verwaltungsvorschriften materielle Gesetze? Worin liegt der Unterschied?
6. Können Verwaltungsvorschriften unmittelbar oder mittelbar Außenwirkungen erzeugen? Was bedeutet dies im Verhältnis der Behörde zum Bürger sowie für die gerichtliche Kontrolle?
7. Wie ist § 48 Abs. 4 (L)VwVfG zu verstehen? Ist die Vorschrift eine Ausschluss- oder eine Entscheidungsfrist? Welcher Behördenbegriff ist hier gemeint? Was bedeutet „Kenntnis von Tatsachen“?
8. Welche Besonderheiten sind bei der Rücknahme europarechtswidriger Subventionsbewilligungen zu beachten?
9. Welche Fälle regelt § 49 (L)VwVfG?
10. Inwieweit darf die Begründung eines Verwaltungsakts noch während eines Gerichtsverfahrens nachgeschoben werden?
11. Unter welchen Voraussetzungen darf die Behörde ein abgeschlossenes Verwaltungsverfahren wiederaufgreifen? Kann der Bürger dies verlangen? Welche Bedeutung kommt hierbei § 51 (L)VwVfG zu?
12. Was besagt § 75 VwGO?

§ 3 Öffentliches Sachen- und Straßenrecht, Nebenbestimmung

63 ■ **Einführung zum Recht der öffentlichen Sachen** (das systematisch dem allgemeinen Verwaltungsrecht angehört, zugleich in das besondere Verwaltungsrecht hineinreicht): Ausgangspunkt auch des Rechts der öffentlichen Sachen (öffentliches Sachenrecht) ist die grundsätzliche Zuordnung des Sachenrechts zum Privatrecht. Das Eigentum richtet sich prinzipiell nach dem BGB. Eine Ausnahme bildet das sog. öffentliche Eigentum, das aber seltener Sonderfall bleibt[1]. Im Übrigen liegt auch im Bereich des öffentlichen Sachenrechts durchgängig privatrechtliches Eigentum vor. Es wird allerdings durch das öffentliche Recht überlagert, das im Kollisionsfall vorgeht. Man spricht insoweit von modifiziertem Privateigentum.

Eine „öffentliche Sache" ist eine Sache, deren Gebrauch öffentlichen Zwecken dauerhaft zu dienen bestimmt ist. Diese Eigenschaft wird (neben der faktischen Indienststellung) durch eine je spezielle *Widmung* begründet. Regelmäßig ist die Widmung eine Allgemeinverfügung nach §35 S. 2 2. Fall (L)VwVfG, das heißt ein Verwaltungsakt, der „die öffentlich-rechtliche Eigenschaft einer Sache" regelt. Entscheidend ist stets die konkrete Zwecksetzung. Beispielsweise macht die straßenrechtliche Widmung[2] ein Grundstück zur Straße im Rechtssinne[3].

64 Im Einzelnen ist nach verschiedenen Arten von öffentlichen Sachen zu differenzieren:

(1) Keine öffentliche Sache im eigentlichen Sinn, aber wegen wichtiger Gemeinsamkeiten und zugleich ausschlaggebender Unterschiede vorab zu benennen, ist die verwandte Rechtsfigur der öffentlichen Einrichtung.[4] Öffentliche Einrichtung ist jede Sach- oder Dienstleistung, die einem abgrenzbaren Personenkreis durch einen Widmungsakt insbesondere im Rahmen der Daseinsvorsorge zur Verfügung gestellt wird[5]. Entscheidend ist die Indienststellung zu öffentlichen Zwecken, die in vielfältigen Rechtsformen vorgenommen werden kann[6]. Begünstigter der Bereitstellung ist ein abgegrenzter Personenkreis, der jeweils durch einen besonderen Zulassungsakt ausgewählt werden muss[7].

---

1 Beispielsweise besteht nach baden-württembergischem Wasserrecht öffentliches Eigentum am Bett eines Gewässers (§ 5 WG BW).

2 Siehe z.B. §§ 2 Abs. 1, 5 StrG BW; §§ 2 Abs. 1, 6 ThürStrG.

3 Das Beispiel der straßenrechtlichen Widmung erhellt auch das Verhältnis von Zivil- und öffentlichem Recht. Ist ein Privater Eigentümer des Straßengrundstückes, bedarf die Widmung seiner (hoheitlich ersetzbaren) Zustimmung (§ 5 Abs. 1 2. Fall StrG BW; § 6 Abs. 3 2. Fall ThürStrG). Sein fortbestehendes Eigentum ist dann öffentlich-rechtlich überlagert, womit etwa die Berufung auf § 1004 BGB gegen die Benutzer der Straße ausgeschlossen wird.

4 Manche Autoren qualifizieren die öffentliche Einrichtung zusätzlich (in sachenrechtlicher Hinsicht) als öffentliche Sache im Anstaltsgebrauch und damit (bei gleichen Ergebnissen) als weitere Kategorie des öffentlichen Sachenrechts. Dies gilt allerdings nur, sofern das Benutzungsverhältnis öffentlich-rechtlich ausgestaltet ist. – Näheres zur öffentlichen Einrichtung siehe unten § 7 (Kommunalrecht).

5 Beispiele solcher der Daseinsvorsorge, das heißt der sozialen Sorge und kulturellen Erbauung dienenden Einrichtungen sind Schwimmbäder, Theater, Stadthallen, aber auch Volksfeste und Friedhöfe. Vgl. z.B. VG Leipzig, LKV 2006, S. 142 ff.: Leipziger Thomanerchor als öffentliche Einrichtung.

6 Die Widmung kann durch Verwaltungsakt oder Satzung, auch konkludent durch schlichte Überlassung oder durch einfachen Gemeinderatsbeschluss erfolgen.

7 Rechtsgrundlage für die Zulassung zu kommunalen öffentlichen Einrichtungen ist z.B. § 10 Abs. 2 GemO BW; § 14 Abs. 1 ThürKO. Zu beachten ist, dass nicht nur der Nutzer einer öffentlichen Einrichtung, sondern auch derjenige, der dort seine Dienste anbieten will (z.B. Schausteller auf einem Volksfest, Friedhofsgärtner), unter das Zulassungserfordernis fällt und nach abstrakt gleichen Grundsätzen zu behandeln ist.

(2) Letzteres bildet das Unterscheidungsmerkmal zum wichtigsten Unterfall der öffentlichen Sache, zur öffentlichen Sache im Gemeingebrauch, deren prominentestes Beispiel die Straße ist. Gemeingebrauch bedeutet, dass jeder die Sache (Straße) ohne Zulassungsakt benutzen darf. Die Grenzen des Gemeingebrauchs werden jeweils durch die konkrete Widmung gezogen. Im Rahmen der Widmung liegt ein erlaubnisfreier Gemeingebrauch vor. Jede weitergehende Nutzung ist (vom Sonderfall des ebenfalls erlaubnisfreien Anliegergebrauchs abgesehen) eine erlaubnispflichtige Sondernutzung, wobei die Erteilung der Erlaubnis im (grundrechtsgebundenen) Ermessen der Behörde steht und ihre Nichteinholung Anlass eingreifender Maßnahmen sein kann.

(3) Zu nennen sind ferner die öffentlichen Sachen im Sondergebrauch, die von bestimmten Berechtigten nach behördlicher Zulassung zu begrenzten Zwecken genutzt werden können[8], sowie die öffentlichen Sachen im Verwaltungsgebrauch, die nur zum dienstinternen Gebrauch gewidmet sind, also von Privatleuten nicht genutzt werden können[9].

(4) Schließlich ist das bloße Finanzvermögen der öffentlichen Hand von den öffentlichen Sachen abzugrenzen. Es ist nicht modifiziertes Privateigentum ohne Widmung[10]. ■

Fall 3 65

Teil 1: Frau A setzt sich auf einen mitgebrachten Klappstuhl in die Fußgängerzone und fertigt Scherenschnitte von Touristen zum Preis von € 10,– je Stück an. Mangels einer straßenrechtlichen Erlaubnis wird sie nach kurzer Zeit von einem Mitarbeiter des städtischen Ordnungsamtes aufgefordert, sich zu entfernen. Frau A ist jedoch der Ansicht, ihrer Tätigkeit ohne vorherige Genehmigung nachgehen zu dürfen.

Um schon bald wieder Scherenschnitte anfertigen zu können, möchte Frau A die Rechtswidrigkeit der Anordnung gerichtlich festgestellt wissen. Wie wird das Gericht entscheiden? (Gewerberecht ist nicht zu prüfen.)

Teil 2: Um ihre Beliebtheit bei der vermeintlich politikverdrossenen Jugend zu steigern, plant die A-Partei, ein großes Musik- und Tanzfest auf einem städtischen Marktplatz durchzuführen, bei dem der Spaß, nicht die unpopuläre Politik im Vordergrund stehen soll. Der Parteicharakter der Veranstaltung soll nur durch das Partei-Logo oberhalb der Bühne und ein Grußwort des Ortsvorsitzenden deutlich werden. Lediglich für Interessierte sollen Informationsblätter ausliegen. Finanziert werden soll das Fest durch den Verkauf von Speisen und Getränken. Auf Antrag des Ortsvereins der A-Partei wird das Fest straßenrechtlich genehmigt. Allerdings wird eine Gebühr für die Nutzung des Marktplatzes erhoben, deren Höhe deutlich unterhalb des von der Partei erhofften Gewinns bleibt. Des Weiteren wird der Partei aufgegeben, entstehenden Müll zu beseitigen.

8 Z.B. wasserwirtschaftliche Nutzung von Gewässern.
9 Z.B. Büromöbel, Computer etc.
10 Z.B. staatliche Beteiligung an einer privaten AG.

Die A-Partei will nach erfolglosem Vorverfahren Klage gegen die Gebühr und die Pflicht zur Müllbeseitigung erheben. Im Kern stützt sie sich darauf, das Grundgesetz gewähre Zusammenkünften dieser Art einen besonderen Schutz. Mit Erfolg?

Anzuwendende Vorschriften:

Straßenverkehrsordnung (StVO):

§ 29 Übermäßige Straßenbenutzung *(2) [1]Veranstaltungen, für die Straßen mehr als verkehrsüblich in Anspruch genommen werden, insbesondere Kraftfahrzeugrennen, bedürfen der Erlaubnis. ...*

Straßengesetz Baden-Württemberg (StrG BW):

§ 13 Gemeingebrauch *(1) [1]Der Gebrauch der öffentlichen Straßen ist jedermann im Rahmen der Widmung und der Straßenverkehrsvorschriften innerhalb der verkehrsüblichen Grenzen gestattet (Gemeingebrauch). [2]Kein Gemeingebrauch liegt vor, wenn durch die Benutzung einer öffentlichen Straße der Gemeingebrauch anderer unzumutbar beeinträchtigt wird.*

§ 16 Sondernutzung *(1) [1]Die Benutzung einer Straße über den Gemeingebrauch hinaus (Sondernutzung) bedarf der Erlaubnis. ...*

(2) [1]Über die Erteilung der Erlaubnis nach Absatz 1 entscheidet die Straßenbaubehörde nach pflichtgemäßem Ermessen. ...

(6) [1]Ist nach den Vorschriften des Straßenverkehrsrechts eine Erlaubnis für eine übermäßige Straßenbenutzung ... erforderlich ..., so bedarf es keiner Erlaubnis nach Absatz 1. [2]Vor ihrer Entscheidung hat die hierfür zuständige Behörde die sonst für die Sondernutzungserlaubnis zuständige Behörde zu hören. [3]Die von dieser geforderten Bedingungen, Auflagen und Sondernutzungsgebühren sind dem Antragsteller in der Erlaubnis ... aufzuerlegen, soweit Träger der Straßenbaulast eine Gemeinde oder ein Landkreis ist.

(8) [1]Wird eine Straße ohne die erforderliche Erlaubnis benutzt ..., so kann die für die Erteilung der Erlaubnis zuständige Behörde die erforderlichen Maßnahmen zur Beendigung der Benutzung ... anordnen. ...

§ 19 Sondernutzungsgebühren *(1) [1]Für Sondernutzungen, ausgenommen ..., können nach Maßgabe des Absatzes 2 Gebühren erhoben werden. ...*

(2) [1]Gemeinden und Landkreise können die Erhebung der ihnen zustehenden Sondernutzungsgebühren durch Satzung regeln. ... [3]Die Gebührensätze sind nach Art und Ausmaß der Einwirkung auf die Straße und nach dem wirtschaftlichen Interesse der Gebührenschuldner zu bemessen.

§ 42 Beseitigung von Verunreinigungen und Gegenständen *[1]Wer eine Straße über das übliche Maß hinaus verunreinigt, hat die Verunreinigung ohne Aufforderung unverzüglich zu beseitigen. ...*

Lösung zu Fall 3

Teil 1: Feststellung der Rechtswidrigkeit der Anordnung

A. Sachurteilsvoraussetzungen

Vorliegend könnte eine Fortsetzungsfeststellungsklage analog § 113 Abs. 1 S. 4 VwGO statthaft sein. Die Anordnung stellt einen Verwaltungsakt im Sinne von § 35 S. 1 LVwVfG dar, der sich mit seiner Befolgung erledigt hat. Da dies bereits vor Klageerhebung geschehen ist, kommt nur eine analoge Anwendung von § 113 Abs. 1 S. 4 VwGO in Betracht. Allerdings ist fraglich geworden, ob diese Analogie noch aufrechtzuerhalten ist oder ob eine allgemeine Feststellungsklage vorzuziehen ist. Das BVerwG hat Letzteres angedeutet, aber noch nicht endgültig entschieden[11]. Jedenfalls werden die weiteren Sachurteilsvoraussetzungen heute eher parallel zur Feststellungsklage denn in Anlehnung an eine („verlängerte") Anfechtungsklage bestimmt. **66**

So verlangt das BVerwG bei entsprechender Anwendung von § 113 Abs. 1 S. 4 VwGO wohl keine Klagebefugnis mehr. Es genügt demnach ein einfaches Feststellungsinteresse[12]. Da hier eine Verletzung in Art. 5 Abs. 3 GG möglich ist, kann die Frage jedoch dahingestellt bleiben.

Ein Vorverfahren ist, sofern sich der Verwaltungsakt wie in diesem Fall vor Ablauf der Widerspruchsfrist erledigt hat, entbehrlich.

Das BVerwG verzichtet des Weiteren auf eine Klagefrist[13]. Eine zeitliche Grenze setzt erst der Gedanke der Verwirkung.

Auch das Fortsetzungsfeststellungsinteresse wird in Fällen von § 113 Abs. 1 S. 4 VwGO analog durch ein einfaches Feststellungsinteresse ersetzt.[14] Dies kann hier ebenfalls dahingestellt bleiben, da jedenfalls eine konkrete Wiederholungsgefahr gegeben sein dürfte. Die Klage ist mithin zulässig.

B. Begründetheit

Die Fortsetzungsfeststellungsklage ist analog § 113 Abs. 1 S. 4 VwGO begründet, falls die Anordnung rechtswidrig war und Frau A in eigenen Rechten verletzte. **67**

---

11 BVerwGE 109, 203 (208 f.) (obiter dictum). – In der Parallelkonstellation eines erledigten Verpflichtungsbegehrens hat sich das BVerwG hiernach aber wieder für eine Fortsetzungsfeststellungsklage ausgesprochen; BVerwG, NVwZ 2015, S. 986 (987 f.).

12 BVerwGE 109, 203 (209 f.): nur schutzwürdiges Interesse gefordert. Ebenso VGH Mannheim, VBlBW 2011, S. 155 (156).

13 BVerwGE 109, 203 (206 ff.). Bestätigend VGH Mannheim, VBlBW 2011, S. 155 (156).

14 Siehe soeben zum Wegfall der Klagebefugnis. – Nebenbei bemerkt: Auch umgekehrt neigt die Rspr. dazu, das „berechtigte Interesse" i.S.d. Feststellungsklage dem Fortsetzungsfeststellungsinteresse anzunähern, weil beide sich „weitgehend decken"; BVerwG, NVwZ 2007, S. 1431.

68 **I. 1)** Rechtsgrundlage der Anordnung ist die jeweilige landesrechtliche Ermächtigungsnorm zum Einschreiten gegen erlaubnislose Sondernutzungen, z.B. § 16 Abs. 8 StrG BW[15].

2) Die Beachtung der formellen Anforderungen (Zuständigkeit[16], Verfahren einschließlich Anhörung, Form) darf unterstellt werden.

69 **3)** In der Sache setzt die Anordnung voraus, dass Frau A die Fußgängerzone ohne eine hierfür erforderliche straßenrechtliche Erlaubnis benutzt hat.

Die Fußgängerzone ist als Straße eine öffentliche Sache im Gemeingebrauch. Ihre Nutzung ist erlaubnisfrei, soweit sie noch zum Gemeingebrauch[17] zählt, oder erlaubnispflichtig, sofern es sich bereits um eine Sondernutzung handelt[18]. Ausschlaggebend ist jeweils die Reichweite der Widmung. Deren genauer Umfang ist jedoch vorliegend – wie in den meisten Fällen – nicht eindeutig erkennbar. Die Widmung wird häufig nur konkludent, jedenfalls in ihren Grenzen unscharf festgelegt und bedarf daher regelmäßig der Auslegung.

Die Interpretation hat zunächst zu berücksichtigen, dass Straßen bereits von Gesetzes[19] wegen dem „öffentlichen Verkehr" gewidmet sind, womit die Nutzung zum Zwecke der Fortbewegung wie auch der ruhende Verkehr gemeint sind. Diese allgemeine Maßgabe wird sodann im Zusammenspiel von Straßen- und Straßenverkehrsrecht ergänzt: Die konkrete straßenrechtliche Widmung legt die nähere Verkehrsfunktion fest (z.B. Fahrstraße oder Fußgängerbereich). Das Straßenverkehrsrecht füllt sie aus, indem es (als vorrangiges Bundesrecht) die zugehörigen verkehrsbezogenen Verhaltensweisen definiert, denen sich der (landesrechtliche) Gemeingebrauch dann anzuschließen hat.[20] Im Übrigen bleibt zu bedenken, dass die widmende Stelle nur grundrechtsgebunden über die konkrete Zwecksetzung befinden darf. Sie hat bei ihrer Entscheidung die Grundrechte desjenigen zu beachten, der den Gemeingebrauch begehrt, namentlich seine allgemeine Handlungsfreiheit (Art. 2 Abs. 1 GG) und den Gleichheitssatz (Art. 3 Abs. 1 GG), aber auch die Grundrechte anderer.

15 Entsprechendes gilt in anderen Ländern; siehe z.B. § 20 Abs. 1 ThürStrG.

16 § 16 Abs. 8 StrG BW ermächtigt „die für die Erteilung der Erlaubnis zuständige Behörde". Gemäß § 16 Abs. 2 StrG BW ist dies die Straßenbaubehörde. § 50 Abs. 3 Nr. 3 StrG BW benennt die Gemeinde als Straßenbaubehörde für Gemeindestraßen. Hierzu zählen nach § 3 Abs. 1 Nr. 3, Abs. 2 Nr. 4 lit. c StrG BW auch Fußgängerbereiche. – Ähnlich §§ 20 Abs. 1, 18 Abs. 1 S. 2, 47 Abs. 2, 43 Abs. 1 S. 2, § 3 Abs. 1 Nr. 3 ThürStrG.

17 Geregelt z.B. in § 13 StrG BW; § 14 ThürStrG.

18 Siehe z.B. § 16 StrG BW (Abs. 2: Erlaubniserteilung nach Ermessen); § 18 ThürStrG.

19 Z.B. § 2 Abs. 1 StrG BW; § 2 Abs. 1 ThürStrG.

20 Grundlegend BVerfGE 67, 299 (320 ff.): Nichtigkeit einer landesrechtlichen Regelung, die das straßenverkehrsrechtlich zum „ruhenden Verkehr" zählende Parken von Kfz vom Gemeingebrauch ausnehmen wollte. – Als problematisch können sich Fälle einer zugleich gewerblichen Motivation der Verkehrsteilnahme erweisen; vgl. z.B. zum Abstellen von Mietfahrrädern OVG Hamburg, NVwZ-RR 2010, S. 34 ff. (Gemeingebrauch) einerseits und OVG Münster, NJW 2020, S. 3797 ff. (Sondernutzung) andererseits. Lehrreicher Grenzfall: OVG Münster, NVwZ-RR 2012, S. 422 ff. („Partybike" als Sondernutzung).

Im hier zu beurteilenden Fall hat die zuständige Gemeinde die Verkehrsfunktion „Fußgängerzone" gewählt. Ob hierzu auch das Niederlassen mit einem Klappstuhl zum Zwecke der Anfertigung von Scherenschnitten zählt, lässt sich dem insofern aussagearmen Straßenverkehrsrecht nicht entnehmen. Zu fragen bleibt aber, inwiefern die Grundrechte fordern, ein solches Verhalten noch als Gemeingebrauch zu definieren.

■ Die Fragestellung spricht den unter dem Stichwort „kommunikativer Verkehr" in Fußgängerzonen diskutierten Problemkreis an, ob und in welchem Umfang eine extensive Auslegung des Widmungsakts und damit eine Ausweitung des Gemeingebrauchs um der Verwirklichung grundrechtlicher Wertentscheidungen willen geboten ist. Als mögliche Anknüpfungspunkte für eine derartige erweiternde Interpretation kommen insbesondere Art. 4 GG, Art. 5 Abs. 1 und 3 GG sowie Art. 12 GG in Betracht. Im Einzelnen sind Art und Umfang ihrer Berücksichtigung jedoch umstritten. **70**

Einigkeit besteht überwiegend insoweit, als rein kommerzielle (Art. 12 GG) Nutzungen öffentlicher Räume (jenseits einer bloßen straßenverkehrsrechtlichen Verkehrsteilnahme, selbst wenn sie gewerblich motiviert ist) Sondernutzungen darstellen.[21] Auch handelt es sich immer dann um eine Sondernutzung, wenn Dritte in der Ausübung ihrer Grundrechte behindert werden. Hauptbeispielsfall ist das Aufstellen ortsfester Hilfsmittel (Tische, Stühle, Lautsprecher, Kunstwerke), welches anderen die Möglichkeit nimmt, diese Stelle der Straße zu nutzen. In der Konsequenz ist eine Ermessensentscheidung über die Sondernutzungserlaubnis einzuholen. Dabei kann das behördliche Ermessen je nach Sachverhalt auf Null reduziert sein, was insbesondere bei Anträgen von Parteien im Wahlkampf regelmäßig anzunehmen sein wird. Hingegen ist das Ausdrücken politischer Meinungen, insbesondere das Verteilen politischer (nicht gewerblicher) Flugblätter, im Lichte von Art. 5 Abs. 1 GG als Gemeingebrauch anzuerkennen, also erlaubnisfrei zu gestatten. Über diese überwiegend gleich beantworteten Einzelfragen der Abgrenzung von Gemeingebrauch und Sondernutzung hinaus bestehen erhebliche Meinungsunterschiede in Rechtsprechung und Literatur über Berechtigung und Einzelaussagen der Rechtsfigur des „kommunikativen Verkehrs".[22] ■

Die Scherenschneiderin kann sich auf die Garantie der Kunstfreiheit (Art. 5 Abs. 3 GG) **71**
berufen. Die kommerzielle Nutzung ihrer Kunstfertigkeit steht nicht entgegen, weil Art. 5 GG den Werk- wie den Wirkbereich der Kunst schützt. Fraglich ist jedoch, ob man hieraus schließen kann, dass es sich auch um Gemeingebrauch handelt („kommunikativer Verkehr"). Hierbei ist zu berücksichtigen, dass regelmäßig auch Grundrechte Dritter betroffen sind, namentlich jene der Passanten, die Durchgang begehren, anderer Künstler, die günstige Plätze für ihre Darbietungen suchen, sowie der Anwohner, die durch Lärm belästigt werden könnten. Erforderlich sind also ein Ausgleich zwischen den verschiedenen grundrechtlich geschützten Verhaltensweisen und somit auch ein Verfahren, in dem

---

21 Einen Grenzfall betrifft das Ansprechen von Passanten durch Scientology-Mitglieder zu Verkaufszwecken. Siehe einerseits VGH Mannheim, NVwZ-RR 2002, S. 740 (Sondernutzung), und andererseits OVG Hamburg, DVBl. 2012, S. 504 (nach äußerem Erscheinungsbild kommunikativer Verkehr).

22 Ein Beispiel für die Schwierigkeit einer trennscharfen Abgrenzung: Das Verteilen meinungsrelevanten Informationsmaterials ist wegen Art. 5 Abs. 1 GG erlaubnisfrei zu stellen; BVerfG, NVwZ 1992, S. 53 f. Dagegen ist der Straßenverkauf von Zeitungen als erlaubnispflichtige Sondernutzung eingeordnet worden, was zwar in die Pressefreiheit eingreift, aber gerechtfertigt werden kann (§ 16 StrG BW als allgemeines Gesetz i.S.v. Art. 5 Abs. 2 GG); BVerfG, NVwZ 2007, S. 1306 ff.

dieser Ausgleich gefunden werden kann. Genau hierin liegt die Bedeutung der Sondernutzung, die nicht der Verhinderung bestimmter Freiheitsbetätigungen dient, sondern eine Verteilungsfunktion zur verträglichen Abstimmung verschiedener Freiheitsberechtigter und -rechte übernimmt. Aus diesem Grunde handelt es sich vorliegend um eine erlaubnispflichtige Sondernutzung. Diese ist indes grundsätzlich erlaubnisfähig. Sofern – was häufig der Fall sein dürfte – keine konkret konkurrierenden Grundrechte entgegenstehen, verdichtet sich das Ermessen der über die Erlaubnis entscheidenden Behörde sogar zu einer gebundenen Entscheidung (Ermessensreduzierung auf Null).

Da § 16 Abs. 8 StrG allein auf das Fehlen einer Erlaubnis abstellt („nur formelle Illegalität"), es jedoch nicht darauf ankommt, ob eine solche hätte erteilt werden können (oder müssen) und auch keine sonstigen Rechtsfehler ersichtlich sind, war die Anordnung rechtmäßig. Sie verletzte Frau A folglich auch nicht in ihren Rechten **(II.)**. Die Klage ist somit zulässig, aber unbegründet.[23]

Wiederholungs- und Vertiefungsfragen zu Fall 3, Teil 1

1. Welche Sachurteilsvoraussetzungen müssen bei einer in entsprechender Anwendung von § 113 Abs. 1 S. 4 VwGO erhobenen Fortsetzungsfeststellungsklage gegeben sein?
2. Wie wird eine Sache zur öffentlichen Sache?
3. Was kennzeichnet den straßenrechtlichen Gemeingebrauch? Was unterscheidet ihn von der Sondernutzung? Welche Funktion hat die Sondernutzungserlaubnis?
4. Wie wirken Straßen- und Straßenverkehrsrecht zusammen?

23 Zum Fall BVerwGE 84, 71 ff.; ähnlich VGH Mannheim, NJW 2019, S. 2876 ff.; zur Vertiefung *Kment/Weber*, JA 2013, S. 119 ff. (Überblick); *Mager/Sokol*, Jura 2012, S. 913 ff.; *Peine/Siegel*, Allgemeines Verwaltungsrecht, §§ 29-31.

Teil 2: Begleitentscheidungen zur Genehmigung der Veranstaltung

1. Streitgegenstand: Abwehr der Gebührenfestsetzung

A. Sachurteilsvoraussetzungen

Der Verwaltungsrechtsweg ist eröffnet, weil die streitentscheidenden Normen dem Straßen- und Straßenverkehrsrecht, das heißt dem öffentlichen Recht, angehören (§ 40 Abs. 1 VwGO). Die A-Partei ist gemäß § 3 ParteienG beteiligungs- und, vertreten durch ihren Vorsitzenden, auch prozessfähig (§§ 61 Nr. 2, 62 Abs. 3 VwGO). 72

Statthafte Klageart ist die Anfechtungsklage gemäß § 42 Abs. 1 1. Fall VwGO. Die Gebührenfestsetzung ist als eigenständiger Verwaltungsakt isoliert anfechtbar. Ihr Regelungsgehalt liegt in der Zahlungspflicht als Entgelt für die tatsächliche Inanspruchnahme der Straße (Benutzungsgebühr; abzugrenzen von einer Verwaltungsgebühr als Entgelt für die Verwaltungskosten). Diese begleitende Zusatzentscheidung zur straßenverkehrsrechtlichen Genehmigung, welche hier die straßenrechtliche Genehmigung ersetzt, ist trotz des äußeren Zusammenhanges nicht unmittelbar an Erlass und Bestand der Hauptsacheentscheidung gebunden (keine Nebenbestimmung).[24] Insbesondere ist das Ermessen jeweils getrennt auszuüben.

Die Klagebefugnis (§ 42 Abs. 2 VwGO) folgt aus Art. 2 Abs. 1 GG, da die Zahlungspflicht in den durch dieses Grundrecht verbürgten Schutz des Vermögens eingreift.

Die übrigen Zulässigkeitsvoraussetzungen liegen vor. Ein Vorverfahren wurde durchgeführt (§§ 68 ff. VwGO). Form und Frist sind gewahrt. Die Klage ist zulässig.

B. Begründetheit

Die Anfechtungsklage ist begründet gemäß § 113 Abs. 1 S. 1 VwGO, falls der Gebührenbescheid rechtswidrig und der Kläger dadurch in seinen Rechten verletzt ist. 73

I. Rechtmäßigkeit der Gebühr

1) Ermächtigungsgrundlage: Als verbundene Rechtsgrundlagen kommen § 29 Abs. 2 StVO und die einschlägigen Vorschriften des Landesstraßenrechts, die auf diese Norm verweisen und die Gebührentatbestände für Sondernutzungen einführen, etwa §§ 16 Abs. 6 S. 3, 19 StrG BW[25], in Betracht. 74

---

24 *Axer*, Straßenrecht, in: *Schoch*, Besonderes Verwaltungsrecht, § 6, Rdnr. 121: Eine Benutzungsgebühr kann auch dann erhoben werden, wenn die Straße ohne Sondernutzungserlaubnis tatsächlich in Anspruch genommen wird. – Umgekehrt besteht die Zahlungspflicht aus der Gebührenentscheidung auch dann, wenn von einer Erlaubnis nicht Gebrauch gemacht wird.

25 Ähnlich ist die Rechtslage in anderen Ländern; z.B. §§ 19 S. 3, 21 ThürStrG.

75 Als Vorfrage ist zunächst nach der Anwendbarkeit dieser Bestimmungen zu fragen. Das insoweit abschließende Versammlungsrecht kann das Straßenrecht verdrängen, um die strengen Anforderungen der Versammlungsfreiheit (Art. 8 GG) zu wahren[26]. Das Versammlungsgesetz darf und will die Versammlung um der Freiheit willen nur von einer vorherigen Anmeldung abhängig machen, aber keine weiteren Hürden aufstellen, insbesondere keine Genehmigungspflicht vorsehen. Gleiches muss für die finanziellen Folgen einer Versammlung gelten[27]. Soweit also das Versammlungsgesetz reicht, das seinerseits durch die Reichweite des Versammlungsbegriffs nach Art. 8 GG determiniert wird, tritt das Straßenrecht zurück[28].

Die Kernfrage ist folglich jene nach dem Versammlungsbegriff[29]. Eine Versammlung im Sinne des Grundrechts wie des Gesetzes ist eine Zusammenkunft mehrerer[30] Personen zum Zwecke gemeinsamer Meinungsbildung und -kundgebung. Nicht genügen soll nach herrschender Meinung irgendein gemeinsamer Zweck. Nach Ansicht des BVerfG[31] muss die Meinungskundgebung zusätzlich auf die Teilhabe an der öffentlichen Meinungsbildung gerichtet sein, nicht zuletzt weil die Kommunikationsgrundrechte auch funktionell im Lichte ihrer Bedeutung für die Demokratie zu interpretieren sind. Hierfür spricht insbesondere die Bindung von Art. 8 GG an die Staatsbürgerschaft.

Vorliegend handelt es sich im Schwerpunkt eindeutig um eine Spaßveranstaltung. Zwar können Meinungen auf vielfältige Art und Weise und damit auch durch Musik und Tanz kundgetan werden[32]. Hier sind Musik und Tanz aber nicht Mittel des Ausdrucks. Der parteipolitische Charakter der Veranstaltung ist nur eine Begleiterscheinung[33]. Insgesamt wird keine gemeinsame Meinungsbildung und -kundgebung bezweckt. Es handelt sich daher nicht um eine Versammlung[34]. § 29 Abs. 2 StVO und die Vorschriften über die Sondernutzung bleiben anwendbar.

---

26 BVerwGE 82, 34 (38); *Axer*, Straßenrecht, in: *Schoch*, Besonderes Verwaltungsrecht, § 6 Rdnr. 112; *Schenke*, Polizei- und Ordnungsrecht, Rdnr. 454.

27 Im Fall von BVerwGE 82, 34 ging es insbesondere um Haftungsfragen.

28 Der Unterschied zu Teil 1 liegt darin, dass sich dort die Frage nach einer grundrechtskonformen Interpretation des Straßenrechts stellte, gewissermaßen nach seiner freiheitsgeleiteten Modifikation „von innen", hier hingegen die Frage zu beantworten ist, ob das gesamte Rechtsgebiet um der Freiheit willen unanwendbar ist, also eher „von außen" verdrängt wird.

29 Zum nach herrschender Meinung deckungsgleichen verfassungsrechtlichen und einfachgesetzlichen Versammlungsbegriff *Enders*, Jura 2003, S. 34 (35 ff.); *Kniesel*, NJW 2000, S. 2857 ff.; *Laubinger/Repkewitz*, VerwArch 92 (2001), S. 585 ff.

30 Nach Ansicht des VGH Mannheim, VBlBW 2008, S. 60 ff., können bereits zwei Personen eine Versammlung bilden.

31 BVerfG, NJW 2001, S. 2459 (Love Parade); BVerfGE 104, 92 (104) (Wackersdorf).

32 BVerfG, NVwZ 2017, S. 461 (468 f.) (Heidenspaß).

33 BVerfG, NJW 2001, S. 2459 (2461) (Love Parade): Meinungskundgabe nur gelegentlich der Veranstaltung genügt nicht. – Ein anderes soll für „gemischte" Veranstaltungen gelten, die Elemente der öffentlichen Meinungsbildung mit anderen Zwecken verbinden. Bei ihnen entscheidet das „Gesamtgepräge", wobei der Grundrechtsschutz im Zweifel eine Anerkennung als Versammlung fordert; BVerwG, NVwZ 2007, S. 1431 (1432 f.).

34 Ein anderes ist (nur) vertretbar, wenn man nicht nur auf den vom BVerfG einschränkend geforderten öffentlichen Charakter der Meinungskundgabe, sondern auf jeden Meinungsbezug verzichten will.

2) Formelle Rechtmäßigkeit: a) Zuständig ist die Straßenverkehrsbehörde (§ 44 Abs. 1 S. 1, Abs. 3 StVO), das heißt je nach Landesrecht die untere Verwaltungsbehörde oder eine sonstige hierfür spezialgesetzlich zuständige Behörde.[35] b) Die A-Partei müsste angehört worden sein (§ 28 LVwVfG); ein etwaiger Mangel wäre spätestens mit dem Widerspruchsverfahren geheilt (§ 45 Abs. 1 Nr. 3, Abs. 2 LVwVfG). Des Weiteren müsste je nach Landesrecht[36] auch die für die Sondernutzungserlaubnis zuständige Behörde (Straßenbaubehörde) gehört worden sein. Dies ist zu unterstellen; jedenfalls ist die Regelung nicht drittschützend, ihre Missachtung würde die A-Partei also nicht in eigenen Rechten verletzen. c) Ein schriftlicher Verwaltungsakt muss auch schriftlich begründet werden (§ 39 LVwVfG). **76**

3) Materielle Rechtmäßigkeit: a) Tatbestandlich setzen § 29 Abs. 2 StVO und die zugehörige Bestimmung des Landesstraßenrechts, etwa § 16 Abs. 6 StrG BW, zunächst eine übermäßige Straßenbenutzung voraus, die hier im Verdrängen anderer Verkehrsteilnehmer liegen dürfte[37]. Zudem müssten die Anforderungen des Landesstraßenrechts an eine Sondernutzungsgebühr, beispielsweise nach § 19 StrG BW, gegeben sein. Prüfungsbedürftig ist vorliegend allein die Frage, ob es sich um eine Sondernutzung in Abgrenzung zum Gemeingebrauch handelt[38]. Da die A-Partei öffentlichen Straßenraum durch die Errichtung einer Bühne und von Verkaufsständen belegen will, bedarf es der Verteilungsfunktion des Zulassungsverfahrens, weshalb eine Sondernutzung anzunehmen ist. **77**

b) Das Gesetz stellt die Gebührenerhebung in das Ermessen der Behörde, von dem sie auch zweckentsprechend Gebrauch gemacht hat. Einfachgesetzliche Leitlinie der Gebührenhöhe können – zu begründen etwa in Entsprechung zu § 19 Abs. 2 S. 3 StrG BW – Art und Ausmaß der Einwirkung auf die Straße sowie das wirtschaftliche Interesse des Gebührenschuldners sein.[39] Im gegebenen Fall werden der Marktplatz vollständig in Anspruch genommen und die wirtschaftlichen Interessen der Partei grundsätzlich gewahrt. Die Gebühr ist nicht überhöht, also auch nicht unverhältnismäßig.

Ergebnis: Die Gebühr ist rechtmäßig. Die Frage einer Verletzung eigener Rechte (II.) stellt sich daher nicht. Die Klage ist zulässig, aber unbegründet.

---

35 Z.B. ist in Baden-Württemberg (mangels Ausnahme nach § 3 StVOZuVO) die untere Verwaltungsbehörde zuständig (§ 15 LVG). In Thüringen richtet sich die Zuständigkeit nach § 2 StVRZustÜV.

36 Z.B. § 16 Abs. 6 S. 2 StrG BW; § 19 S. 2 ThürStrG.

37 Vgl. BVerwGE 82, 34 (35 ff.). – Zur Vermeidung von Missverständnissen: Der Zusatz „insbesondere Kraftfahrzeugrennen" wurde 2017 nachträglich in Abs. 2 S. 1 eingefügt, als der speziell für diese Fälle geltende Abs. 1 aufgehoben wurde. Die Vorschrift ist jedoch, wie der Begriff „insbesondere" verdeutlicht, nicht abschließend und dürfte folglich ebenso wie die Vorgängerregelung unverändert auch andere Fälle der Verdrängung anderer Verkehrsteilnehmer umfassen.

38 Hierzu *Axer*, Straßenrecht, in: *Schoch*, Besonderes Verwaltungsrecht, Rdnr. 82 ff.

39 Bei der Bemessung der Gebührenhöhe ist ggf. auch eine mit der Sondernutzung verbundene besondere Grundrechtsrelevanz (namentlich Art. 4 und 5 GG) zu berücksichtigen.

2. Streitgegenstand: Vorgehen gegen die Pflicht zur Müllbeseitigung

A. Sachurteilsvoraussetzungen

78 Verwaltungsrechtsweg sowie Beteiligten- und Prozessfähigkeit sind wie bei der Klage gegen die Gebühr zu beurteilen.

Fraglich ist jedoch, welche Klageart statthaft ist. In Betracht kommt entweder eine (für den Kläger günstigere) Anfechtungsklage nur der „Auflage" (§ 42 Abs. 1 1. Fall VwGO) oder eine Verpflichtungsklage auf Neubescheidung ohne die „Auflage" (§ 42 Abs. 1 2. Fall VwGO). Es stellt sich somit die Frage nach der isolierten Anfechtbarkeit von Nebenbestimmungen.

79 ■ Zu den verschiedenen Arten von Nebenbestimmungen (1), ihren Rechtmäßigkeitsanforderungen (2) und den zu ergreifenden Rechtsschutzmöglichkeiten (3):

(1) Arten: Die Legaldefinition des § 36 Abs. 2 (L)VwVfG erlaubt eine Einteilung der Nebenbestimmungen in zwei Gruppen. Zum einen benennen die Nr. 1–3 (Nr. 1: Befristung; Nr. 2: Bedingung, entsprechend § 158 BGB; Nr. 3: Vorbehalt des Widerrufs als Spezialfall der Bedingung mit den Folgen aus § 49 (L)VwVfG) sog. *unselbstständige* Nebenbestimmungen, die keine eigene inhaltliche Regelung treffen, sondern nur bestimmen, ob, wann und wie lange der Verwaltungsakt Rechtswirkungen entfaltet. Zum anderen definieren die Nr. 4–5 (Nr. 4: Auflage als Verpflichtung zu einem Handeln, Dulden oder Unterlassen; Nr. 5: Auflagenvorbehalt) sog. *selbstständige* Nebenbestimmungen, die eine zusätzliche Verpflichtung des Adressaten einführen und selbst mit Zwangsmittel durchsetzbar sind, aber in ihrer Wirksamkeit vom Hauptverwaltungsakt abhängig sind, weil sie mit dessen Aufhebung ebenfalls gegenstandslos werden, weil zudem die Verpflichtung aus der Auflage nicht greift, solange von der im Verwaltungsakt ausgesprochenen Begünstigung kein Gebrauch gemacht wird.

Daneben wird nicht selten die sog. „modifizierende Auflage" (BVerwG) als verwandte Handlungsform einbezogen. Der Begriff ist irreführend. Es handelt sich nicht um eine Nebenbestimmung und damit nicht um einen Fall von § 36 (L)VwVfG, sondern um die Genehmigung eines anderen Verwaltungsaktes, also um eine inhaltliche Veränderung gegenüber dem Antrag[40]. Sprachlich vorzugswürdig ist deshalb der Begriff „modifizierende Inhaltsbestimmung".

Diese auf den ersten Blick scheinbar klare Einteilung kann im Einzelfall dennoch gewisse Schwierigkeiten bereiten. So kann die Abgrenzung zwischen Auflage und Bedingung fraglich sein, wenn die Nebenbestimmung ein bestimmtes Verhalten des Begünstigten fordert. Es handelt sich um eine Bedingung, wenn die Maßgabe für die Behörde so wichtig ist, dass die Rechtswirkungen des Verwaltungsakts erst mit dem entsprechenden Verhalten eintreten sollen, ansonsten um eine Auflage. Geboten ist also eine Auslegung der behördlichen Willenserklärung. Ein Indiz (aber auch nicht mehr) ist die von der Behörde gewählte Bezeichnung als „Bedingung" oder „Auflage". Im Zweifel ist eine Auflage anzunehmen, da

40 Zwei Beispiele: (1) Die beantragte Baugenehmigung für eine Betonfabrik wird mit der „Auflage" erteilt, einen gewissen Lärmpegel beim Betrieb nicht zu überschreiten, wodurch eine ganz andere Konstruktion erforderlich wird, es sich also um eine andere Fabrik handelt. (2) Eine Baugenehmigung wird nicht wie beantragt für ein dreigeschossiges Haus, sondern nur für zwei Stockwerke und damit für ein anderes Haus erteilt.

sie – anders als die Bedingung – die Rechtswirkungen des Hauptverwaltungsaktes unberührt lässt und höchstens Anlass zu einem Widerruf nach § 49 Abs. 2 Nr. 2 (L)VwVfG sein kann, deshalb die weniger einschneidende, folglich allein verhältnismäßige Maßnahme ist, welche die Behörde im Lichte ihrer Bindung an das Grundgesetz gewählt haben dürfte[41]. Schwierig kann auch die Abgrenzung zwischen Auflage und modifizierender Inhaltsbestimmung sein, wenn nicht eindeutig ist, ob einem ursprünglichen Verwaltungsakt eine weitere Verpflichtung hinzugefügt wurde oder ob der beantragte Verwaltungsakt inhaltlich verändert wurde[42]. Die Grenzen sind insoweit gelegentlich fließend[43].

Einschub: Die Auslegung behördlicher Willenserklärungen lehnt sich zwar grundsätzlich an ihr zivilrechtliches Vorbild (§§ 133, 157 BGB) an, weist aber auch gewichtige Unterschiede auf. Während das Zivilrecht dem Grundsatz der Parteiautonomie und damit dem subjektiven Willen folgt, wird das Staatshandeln vom Rechtsstaatsprinzip, die Behördentätigkeit vom Grundsatz der Gesetzmäßigkeit der Verwaltung beherrscht. Hieraus folgt ein allgemeiner Auslegungsgrundsatz des öffentlichen Rechts: Entscheidend ist nicht in erster Linie der tatsächliche Wille des handelnden Amtsträgers, sondern der hypothetische Wille eines objektiven und gesetzestreuen Beamten an seiner Stelle. In diesem Sinne kann man von einem objektiven Behördenwillen sprechen. Folglich ist zu unterstellen, dass die Behörde im Zweifel die rechtmäßige, insbesondere verhältnismäßige Maßnahme gewollt hat. **80**

(2) Rechtmäßigkeitsanforderungen: Die Rechtmäßigkeit von Nebenbestimmungen richtet sich, soweit nicht eine speziellere Norm vorgeht, nach § 36 (L)VwVfG.[44] Nebenbestimmungen zu gebundenen, das heißt die Behörde zwingend verpflichtenden[45] Entscheidungen sind gemäß Abs. 1 folgerichtig grundsätzlich unzulässig, soweit sie nicht ausnahmsweise durch eine Rechtsvorschrift zugelassen sind (welche als lex specialis ohnehin vorgeht) oder der Sicherstellung der gesetzlichen Voraussetzungen des Verwaltungsakts dienen[46]. Umgekehrt sind Nebenbestimmungen zu Ermessensverwaltungsakten nach Abs. 2 grundsätzlich zulässig. Da es im Ermessen der Behörde steht, den Verwaltungsakt zu erlassen oder nicht, muss sie ihn auch mit einer Nebenbestimmung versehen können („ja, aber"). Sie unterliegt dabei den allgemeinen Ermessensgrenzen nach § 40 (L)VwVfG. Aus dem Gebot, ihr Ermessen entsprechend dem Zweck der Ermächtigung auszuüben, **81**

---

41 Ein Beispiel: Die beantragte Erlaubnis zum Betrieb einer Gaststätte wird erteilt, allerdings mit der Maßgabe, eine zusätzliche Lärmschutzvorrichtung zum Schutz der Nachbarn anzubringen. Im Falle einer Bedingung wäre der Genehmigungsempfänger erst dann zum Betrieb der Gaststätte berechtigt, wenn er zuvor die Lärmschutzvorrichtung angebracht hat. Einer Auflage könnte er auch parallel oder zeitnah folgend nachkommen. Im Zweifel ist um der Verhältnismäßigkeit willen Letzteres anzunehmen.

42 So kann im obigen Beispiel einer Betonfabrik, deren Bau mit der Maßgabe genehmigt wird, gewisse Lärmvorschriften einzuhalten, je nach Fallkonstellation sowohl eine Auflage als auch eine modifizierende Inhaltsbestimmung vorliegen. Wird ein fester Lärmpegel vorgegeben, zu dessen Erreichung die Anlage anders als geplant gebaut werden muss, handelt es sich um einen anderen Verwaltungsakt. Wird lediglich zusätzlich eine bestimmte Lärmschutzvorrichtung verlangt, wird der ursprüngliche Verwaltungsakt um eine Auflage ergänzt.

43 In der Klausur gilt es dennoch, möglichst sauber herauszuarbeiten, welche Art von Nebenbestimmung gewählt wurde.

44 Als vorrangig erweisen sich auch §§ 48, 49 (L)VwVfG, soweit ein Verwaltungsakt durch die *nachträgliche* Anfügung einer belastenden Nebenbestimmung teilweise aufgehoben wird; VGH Mannheim, VBlBW 2008, S. 383 f. (Widerrufsvorbehalt). Die bei anfänglichem Erlass der Nebenbestimmung geltenden Rechtmäßigkeitsanforderungen (aus § 36 (L)VwVfG oder einer lex specialis) sollten dabei richtigerweise *zusätzlich* geprüft werden.

45 Der irreführende Begriff „Anspruch" meint die objektive Verpflichtung, nicht die subjektive Berechtigung.

46 Ein Beispiel: Ein geplantes Bauvorhaben entspricht dem Baurecht bis auf einen unwesentlichen Punkt. Eine diesen Mangel behebende Auflage oder Bedingung ermöglicht dann die Baugenehmigung.

folgt ein generelles Koppelungsverbot, nach dem die Genehmigung nicht mit Sachfremdem verbunden werden darf. §36 Abs. 3 (L)VwVfG wiederholt diesen Gedanken deklaratorisch. Wichtigste inhaltliche Schranke ist das Verhältnismäßigkeitsprinzip.

82 **(3) Rechtsschutz gegen Nebenbestimmungen:** Rechtswidrige Nebenbestimmungen sind ebenso wie Verwaltungsakte bis zur entsprechend anwendbaren Nichtigkeitsgrenze aus § 44 (L)VwVfG wirksam. Der belastete Bürger muss sich daher im Wege des Widerspruchs oder der verwaltungsgerichtlichen Klage verteidigen. Die sich anschließende Frage nach der statthaften Klageart wird in Rechtsprechung und Literatur schwankend und uneinheitlich beantwortet[47].

83 Der Versuch einer eigenständigen Lösung hat zunächst zu bedenken, dass eine isoliert gegen die Nebenbestimmung erhobene Anfechtungsklage die für den Bürger – unter dem Gesichtspunkt effektiven Rechtsschutzes – günstigste Klageart ist, weil der (begünstigende) Hauptverwaltungsakt bestehen bleibt und lediglich die (belastende) Nebenbestimmung entfällt. Eine alternativ zu erwägende Verpflichtungsklage auf Neuerlass des beantragten Verwaltungsaktes ohne Nebenbestimmung würde hingegen eine neue Entscheidung auch über die Begünstigung, gegebenenfalls auch eine erneute Ermessensbetätigung erforderlich machen. Es empfiehlt sich daher, stets vorrangig zu fragen, ob eine isolierte Anfechtung der Nebenbestimmung zulässig ist. Im Übrigen ist die Verpflichtungsklage zu wählen.

Die Suche nach den Voraussetzungen einer isolierten Anfechtung muss zwei Überlegungen einbeziehen: Erstens ist die Abtrennbarkeit der angefochtenen Teilregelung vom übrigen Verwaltungsakt als logische Voraussetzung einer gesonderten Aufhebung festzustellen. Zweitens ist im Lichte des Gewaltenteilungsprinzips zu fragen, ob eine gerichtliche Teilaufhebung das Ermessen der Verwaltung unzulässig beschneiden würde. Die Funktionengliederung nach Art. 20 Abs. 2 S. 2 GG zeigt sich so als verfassungsrechtliche Grenze der verwaltungsgerichtlichen Kompetenz zur isolierten Aufhebung[48].

84 Hinsichtlich des ersten Gesichtspunkts, der Trennbarkeit von Verwaltungsakt und Nebenbestimmung, ist zwischen den verschiedenen Arten von Nebenbestimmungen zu differenzieren.

Selbstständige Nebenbestimmungen (Auflage und Auflagenvorbehalt) sind jedenfalls vom übrigen Verwaltungsakt abtrennbar. Dabei darf dahingestellt bleiben, ob Auflage und Auflagenvorbehalt selbst Verwaltungsakte sind (umstritten), so dass § 42 Abs. 1 1. Alt. VwGO direkt zur Anwendung käme. Selbst wenn man ihre Verwaltungsaktsqualität unter Hinweis auf ihre Abhängigkeit vom Hauptverwaltungsakt ablehnt, mit dessen Aufhebung sie ohne weiteres selbst aufgehoben sind, dessen Ausnutzung zudem Bedingung ihrer eigenen Beachtlichkeit ist, können auch einzelne Teile eines Gesamtverwaltungsaktes als abtrennbar anerkannt werden. So regelt § 113 Abs. 1 S. 1 VwGO ausdrücklich („soweit") den Fall teilweiser Rechtswidrigkeit und folglich teilweiser Aufhebung eines Verwaltungsaktes. Ebenso geht § 44 Abs. 4 (L)VwVfG von der Möglichkeit der Teilnichtigkeit eines Verwaltungsaktes aus. Das Gesetz sieht mithin vor, dass einzelne Teile eines einheitlichen Verwaltungsaktes unterschiedlich Bestand haben können. Maßgeblich ist folglich nicht die Rechtsnatur einer Nebenbestimmung, sondern die Möglichkeit, sie inhaltlich vom Hauptverwaltungsakt abzutrennen. Für Auflage und Auflagenvorbehalt ist diese gegeben.

47 In Fällen derart ungeklärter Dogmatik ist zu empfehlen, sich in der Klausur eher an der Rechtsprechung zu orientieren.

48 Vgl. oben Fall 1 zur normativen Ermächtigungslehre: Das Gesetz kann den Behörden gewisse Fragen zur endgültigen Beantwortung zuweisen. Die Gerichte dürfen diese gesetzliche Entscheidung nicht übergehen.

Unselbstständige Nebenbestimmungen (Befristung, Bedingung und Widerrufsvorbehalt) treffen keine eigene inhaltliche Regelung, sind also eindeutig keine Verwaltungsakte. Ihre Abtrennbarkeit ist umstritten. Zum Teil wird sie unter Rückgriff auf § 113 Abs. 1 S. 1 VwGO („soweit") bejaht, zum Teil auch wegen ihres unselbstständigen Charakters verneint. Das BVerwG hat eine isolierte Anfechtbarkeit früher durchgängig abgelehnt. Dann hat es überraschend die Anfechtung einer Befristung zugelassen[49]. Ob sich diese Entscheidung verallgemeinern ließ, blieb zunächst fraglich, da seinerzeit ein anderer Senat als bisher ohne nähere Begründung[50] entschied, sich das Gericht seines Richtungswechsels also möglicherweise nicht bewusst war. Seither war die Rechtsprechung undeutlich, wobei die genannte Entscheidung häufig als generelle Anerkennung der isolierten Anfechtungsklage gedeutet worden ist[51]. In diesem Sinne hat das Gericht schließlich allgemein festgestellt, belastende Nebenbestimmungen könnten isoliert angefochten werden, was „insbesondere" für Auflage und Auflagenvorbehalt gelte, im Übrigen aber nur ein obiter dictum darstellt[52]. Auch wenn dieser und sonstige Fälle in der Rechtsprechung regelmäßig Auflagen[53] betrafen, lässt sich doch gut vertreten, die isolierte Anfechtung aller, das heißt auch der unselbstständigen Nebenbestimmungen sei nun anerkannt[54].

Die modifizierende Inhaltsbestimmung ist als Genehmigung eines anderen Verwaltungsakts keinesfalls abtrennbar vom beantragten, aber nicht genehmigten Verwaltungsakt. Sie gibt unstreitig Anlass zur Verpflichtungsklage[55].

Der zweite Gesichtspunkt, die Funktionengliederung (Gewaltenteilung), betrifft – unter der **85**
Voraussetzung der Abtrennbarkeit einer Nebenbestimmung – die Zulässigkeit etwaiger mit einer isolierten Anfechtung verbundener Eingriffe der Rechtsprechung in die Kompetenzen der Verwaltung. Diese Frage stellt sich nicht bei gebundenen Entscheidungen, bei denen die Verwaltung nicht zur letztverbindlichen Entscheidung ermächtigt worden ist, die vielmehr einer vollumfänglichen Kontrolle durch die Gerichte unterliegen.

Das Problem stellt sich hingegen bei Ermessensentscheidungen. Bei ihnen hat, sofern eine Nebenbestimmung rechtswidrig ist, die Behörde mehrere Entscheidungsalternativen. Sie kann auf den Verwaltungsakt verzichten, ihn mit einer anderen oder ohne jede Nebenbestimmung erlassen. Eine isolierte Aufhebung hätte jedoch zur Konsequenz, dass der Verwaltungsakt ohne Nebenbestimmung bestehen bliebe, dass das Gericht der Behörde also die Entscheidung abnähme. Hieraus wird zum Teil gefolgert, bei Ermessensentscheidungen sei stets die Verpflichtungsklage statthaft. Hingegen lässt die wohl herrschende Meinung einschließlich des BVerwG die Anfechtungsklage auch gegen Auflagen zu, die als Nebenbestimmungen zu Ermessensentscheidungen ergangen sind. Jedoch bedarf dieses Ergebnis einer Korrektur nach materiellem Recht. § 49 Abs. 2 Nr. 2 (L)VwVfG, der einen Widerruf des Grundverwaltungsakts bei Nichterfüllung einer Auflage ermöglicht, soll entsprechend anzuwenden sein, wenn die Auflage durch eine erfolgreiche Anfechtung

---

49 BVerwGE 60, 269 (das Gericht ließ dabei die genaue Abgrenzung zwischen den verschiedenen Arten der unselbstständigen Nebenbestimmung dahingestellt; S. 275).

50 Auch hat das Gericht auf den ansonsten üblichen Zusatz „unter Aufgabe der bisherigen ständigen Rechtsprechung" verzichtet.

51 BVerwGE 85, 24 (26) ließ die Frage offen.

52 BVerwGE 112, 221 (224) (unter Bezugnahme auf BVerwGE 60, 269).

53 Vgl. aber z.B. BVerwGE 144, 341 (342) (isolierte Anfechtbarkeit einer aufschiebenden Bedingung).

54 So auch weite Teile der Literatur; siehe *Maurer/Waldhoff*, Allgemeines Verwaltungsrecht, § 12, Rdnr. 27. – In der Praxis zeigt sich in der Regel kein Problem, da das Gericht einen Hinweis gibt, welche Klageart es bevorzugt, oder jedenfalls den Klageantrag entsprechend auslegt. Die Frage ist deshalb regelmäßig kein Streitpunkt. Folglich war bislang auch keine Grundsatzentscheidung erforderlich.

55 BVerwGE 65, 139 (141).

weggefallen ist und daher nicht mehr erfüllt zu werden braucht. Die Behörde kann so die Initiative ergreifen und ihr Ermessen zurückgewinnen. Einschränkend ist allerdings noch eine Grenze der isolierten Anfechtbarkeit hinzuzufügen. Wenn der nach der Teilaufhebung verbleibende Restverwaltungsakt nicht mehr sinnvoll oder gar rechtswidrig ist[56], kommt keine gesonderte Aufhebung in Betracht. Die Anfechtungsklage ist dann nach einer Meinung unzulässig. Nach herrschender, auch vom BVerwG vertretener Ansicht ist sie dagegen, weil es sich um eine Frage des materiellen Rechts handelt, unbegründet[57]. Eine dritte Auffassung hält die Klage dennoch für begründet; die Behörde könne aber nach §§ 48, 49 (L)VwVfG vorgehen.

86 **Merke:** Unselbstständige Nebenbestimmungen (Befristung, Bedingung, Widerrufsvorbehalt) wurden zunächst als nicht abtrennbar angesehen und waren daher mit der Verpflichtungsklage, gerichtet auf Neuerlass des gewünschten Verwaltungsaktes ohne Nebenbestimmung, anzugreifen. Inzwischen ist das Gegenteil sehr gut vertretbar, wenn nicht sogar herrschende Meinung. Es gilt dann das Gleiche wie für selbstständige Nebenbestimmungen.

Selbstständige Nebenbestimmungen (Auflage, Auflagenvorbehalt) sind abtrennbar, weil sie eine eigene inhaltliche Regelung enthalten. Die isolierte Anfechtungsklage ist statthaft. Dies gilt auch bei Ermessensentscheidungen (strittig), bei denen der Behörde aber die Möglichkeit einer Korrektur analog § 49 Abs. 2 Nr. 2 (L)VwVfG bleibt. Ist der nach der Teilaufhebung verbleibende Restverwaltungsakt jedoch nicht mehr sinnvoll oder gar rechtswidrig, ist die zulässige Anfechtungsklage unbegründet.

Bei der modifizierenden Inhaltsbestimmung ist stets eine Verpflichtungsklage zu wählen. ■

87 **Zum Fall:** Als Vorfrage der Auswahl der statthaften Klageart ist zunächst die Rechtsnatur der „Auflage“ zu bestimmen[58]. Die Behörde hat eine selbstständig durchsetzbare Handlungspflicht angeordnet, die inhaltlich vom Bestand und von der Inanspruchnahme der im Grundverwaltungsakt ausgesprochenen Begünstigung abhängt (Müllbeseitigung im Fall der Durchführung der erlaubten Veranstaltung), also eine Auflage im Sinne von § 36 Abs. 2 Nr. 4 LVwVfG. Diese lässt sich von anderen Nebenregelungen abgrenzen. Es handelt sich nicht um eine Bedingung, weil die Rechtswirkungen der Erlaubnis nicht von der Beachtung der Pflicht zur Müllbeseitigung abhängen sollen. Auch liegt keine modifizierende Inhaltsbestimmung vor, weil keine „andere“ Veranstaltung genehmigt wurde, ihr Charakter vielmehr unberührt bleibt. Schließlich ist noch ein bloßer Hinweis auf die gesetzliche Müllbeseitigungspflicht (§ 42 S. 1 StrG BW[59]) auszuschließen. Die Auflage knüpft zwar an die gesetzliche Handlungspflicht an, geht aber insoweit über diese hinaus, als sie zusätzlich einen vollstreckbaren Titel liefert.

Die Auflage ist isoliert anfechtbar[60]. Zum einen ist sie als selbstständige Nebenbestimmung abtrennbar. Zum anderen wird, auch wenn es sich um eine Nebenbestimmung zur straßenverkehrsrechtlichen Ermessensentscheidung über die Erlaubnis zur Straßenbe-

56 Nach BVerwG, NVwZ 2021, 163 (164) soll dies nicht nur gelten, wenn der Restverwaltungsakt infolge der Teilaufhebung rechtswidrig wird, sondern auch wenn er bereits aus anderen Gründen rechtswidrig ist.

57 Bestätigt in BVerwGE 112, 221 (224).

58 Zu Nebenbestimmungen im Straßenrecht vgl. auch VGH Mannheim, VBlBW 1997, S. 107 ff. (durch Verpflichtung zur Neubescheidung anzugreifende Bedingung).

59 Inhaltsgleich z.B. § 17 Abs. 1 S. 1 1. Halbsatz ThürStrG.

60 A.A. vertretbar (Verpflichtungsklage).

nutzung handelt, nicht unzulässig in das behördliche Ermessen eingegriffen, da der Behörde die Möglichkeit zur Korrektur entsprechend § 49 Abs. 2 Nr. 2 LVwVfG bleibt.

Die übrigen Sachurteilsvoraussetzungen liegen vor. Die Klage ist zulässig.

B. Begründetheit

Die Anfechtungsklage ist begründet gemäß § 113 Abs. 1 S. 1 VwGO, falls die Auflage rechtswidrig und der Kläger dadurch in seinen Rechten verletzt ist. 88

I. Rechtmäßigkeit der Auflage

1) Die Auflage findet ihre **Rechtsgrundlage** in §§ 29 Abs. 2 StVO, 16 Abs. 6 S. 3 StrG BW[61] als speziellere Regelung zu § 36 Abs. 2 Nr. 4 LVwVfG[62]. 89

2) Die **formellen Voraussetzungen** sind gegeben. Die Zuständigkeit folgt der Hauptsacheentscheidung. Im Verfahren ist gemäß § 28 LVwVfG (bei Verneinung der Verwaltungsaktsqualität: analog) eine Anhörung geboten. Für die Form gilt § 39 LVwVfG (analog). 90

3) Materielle Rechtmäßigkeit: Der Tatbestand der Rechtsgrundlage setzt eine Erlaubnis nach § 29 Abs. 2 StVO sowie eine Sondernutzung voraus. 91

Das behördliche Ermessen (Rechtsfolge) ist nur einer Rahmenprüfung unterzogen (§ 40 LVwVfG). Aus dem Gebot zweckentsprechender Ermessensausübung folgt insbesondere ein Koppelungsverbot, nach dem die Entscheidung nicht mit sachfremden Erwägungen verbunden werden darf[63]. Vorliegend konkretisiert die Auflage lediglich die gesetzliche Pflicht zur Müllbeseitigung (§ 42 S. 1 StrG BW)[64], stützt sich also auf einen gesetzlich ausgewählten und damit sachgerechten Zweck. Dessen Berücksichtigung wäre, selbst wenn es sich um eine Versammlung im Sinne von Art. 8 GG handeln sollte, nicht versammlungsrechtlich verdrängt. Das Versammlungsgesetz stünde einer Inanspruchnahme zur Müllbeseitigung nicht entgegen, weil diese nicht auf die Durchführung der Versammlung selbst bezogen ist[65]. Entscheidend für die Handhabung von § 42 StrG BW ist das Kriterium der Verantwortlichkeit, der unmittelbaren Verursachung des Mülls[66]. Anzuwenden sind die Grundsätze der polizei- und ordnungsrechtlichen Handlungshaftung[67], womit ein straßenbezogenes Element der Gefahrenabwehr eingeführt wird. Eine solche Verursachung ist wohl gegeben, wenn der Veranstalter die Teilnehmer – wie hier – mit Speisen und Getränken versorgt und Flugblätter austeilt[68]. Allerdings berechtigt die bloße Eigenschaft als Versammlungsleiter noch nicht zur Inanspruchnah-

---

61 Ebenso z.B. § 19 S. 3 ThürStrG.
62 Zum Folgenden siehe oben zum 1. Streitgegenstand (Gebühr).
63 Deklaratorisch § 36 Abs. 3 (L)VwVfG: Die Auflage darf dem Zweck des Verwaltungsakts nicht zuwiderlaufen.
64 Hierzu BVerwGE 80, 164 (166 ff.).
65 BVerwGE 80, 158 (159); E 80, 164 (168).
66 BVerwGE 80, 158 (162); E 80, 164 (168 f.).
67 BVerwGE 80, 164 (168 f.).
68 BVerwGE 80, 158 (162); *Schenke*, Polizei- und Ordnungsrecht, Rdnr. 455.

me[69]. Einschränkend ist noch hinzuzufügen, dass die Müllbeseitigung nur aus straßenrechtlichen oder mit dem Straßenrecht zusammenhängenden Gesichtspunkten aufgegeben werden darf, insbesondere um Störungen der Straßennutzung zu vermeiden, nicht hingegen etwa aus allgemeinen Gründen des Umweltschutzes. Sachfremd wäre beispielsweise eine Auflage, Mehrweggeschirr zu verwenden, um Abfälle zu vermeiden, da dies straßenrechtlich irrelevant ist[70]. Hier sind keine derartigen Ermessensfehler ersichtlich. Sonstige gesetzliche Grenzen des Ermessens wurden nicht überschritten. Insbesondere wahrt die Auflage das Verhältnismäßigkeitsprinzip.

Anmerkung: Wäre die Auflage rechtswidrig, müsste, weil es sich um einen Ermessenverwaltungsakt handelt, vor dem Ausspruch ihrer isolierten Aufhebung noch gefragt werden, ob der verbleibende Restverwaltungsakt nicht mehr sinnvoll oder gar rechtswidrig ist. In diesem (hier nicht gegebenen) Fall[71] wäre die Anfechtungsklage dennoch unbegründet (BVerwG). Dem Bürger bliebe indes noch die Möglichkeit einer Verpflichtungsklage auf Neubescheidung[72].

Ergebnis: Die Auflage ist rechtmäßig, so dass sich die Frage einer Rechtsverletzung **(II.)** nicht stellt. Die Klage ist folglich zulässig, aber unbegründet[73].

Wiederholungs- und Vertiefungsfragen zu Fall 3, Teil 2:

1. Was ist eine Versammlung i.S.d. VersG? Welche Bedeutung hat das Vorliegen einer Versammlung für die Anwendung des StrG?
2. Welche Arten von Nebenbestimmungen kennen Sie? Wie grenzt man eine Auflage von einer Bedingung ab?
3. Welche rechtlichen Voraussetzungen gelten für den Erlass von Nebenbestimmungen? Können Nebenbestimmungen auch nachträglich hinzugefügt werden?
4. Können Nebenbestimmungen isoliert angefochten werden? Worauf ist bei Nebenbestimmungen zu behördlichen Ermessensentscheidungen zu achten?

---

69 BVerwGE 80, 164 (169).

70 Beispiel nach OVG Schleswig, NVwZ-RR 1994, S. 553 f.: Abfallvermeidung ist kein zulässiger Ermessensgesichtspunkt des Straßenrechts.

71 Auch wenn der Restverwaltungsakt Bestand haben kann (Regelfall in der Klausur), empfiehlt es sich, dies in der Niederschrift kurz festzustellen, um die eigene Kenntnis von der Rechtsprechung zu offenbaren.

72 In der Praxis würde das Gericht einen Hinweis erteilen. Gegebenenfalls wären ein Hauptantrag auf isolierte Anfechtung und ein Hilfsantrag auf Neubescheidung zu stellen.

73 Zu Nebenbestimmungen siehe auch *Axer*, Jura 2001, S. 748 ff. (Einführung); *Hufen/Bickenbach*, JuS 2004, S. 867 ff., 966 ff. (fallorientiert); *Maurer/Waldhoff*, Allgemeines Verwaltungsrecht, § 12 (Vertiefung).

§ 4 Vorläufiger Rechtsschutz

Fall 4: A möchte eine nach Immissionsschutzrecht genehmigungspflichtige Anlage betreiben. Die zuständige Behörde verweigert die Genehmigung, weil sie irrig annimmt, von der Anlage gingen erhebliche schädliche Umwelteinwirkungen aus. Die sonstigen Voraussetzungen liegen vor. 92

Kann A die Genehmigung im Wege einer nach erfolglosem Vorverfahren form- und fristgerecht eingelegten verwaltungsgerichtlichen Klage erlangen? Kann er vorab eine beschleunigende Entscheidung des Verwaltungsgerichts erhalten?

Variante: A hat den Betrieb einer immissionsschutzrechtlich nicht genehmigungspflichtigen Anlage aufgenommen. Die zuständige Behörde hält irrtümlich die Gesundheit der Bevölkerung für gefährdet und untersagt den Betrieb. Die entsprechende Verfügung wird mit der Begründung, derartige Gefahren könnten nicht hingenommen werden, für sofort vollziehbar erklärt.

Welche Rechtsschutzmöglichkeit hat A? Kann er seine Rechtsposition vorläufig absichern?

Lösung zu Fall 4

Ausgangsfall: Erwirken einer immissionsschutzrechtlichen Genehmigung

1. Frage: Hauptsacheverfahren

A. Sachurteilsvoraussetzungen[1]

Statthafte Klageart ist die Verpflichtungsklage nach § 42 Abs. 1 2. Fall VwGO, gerichtet 93
auf eine Verpflichtung der Behörde zum Erlass des abgelehnten Verwaltungsakts, hier der immissionsschutzrechtlichen Genehmigung. Die weiteren Voraussetzungen liegen vor. Insbesondere ist A gemäß § 42 Abs. 2 VwGO klagebefugt, da der konkret einschlägige § 6 BImSchG ihm ein subjektives Recht vermitteln kann. Ferner ist ein Widerspruchsverfahren (§ 68 Abs. 2 VwGO) erforderlich, nach dessen Durchführung innerhalb eines Monats Klage zu erheben ist (§ 74 Abs. 2 VwGO).

Insgesamt zeigt sich die Verpflichtungsklage als genaues Spiegelbild der Anfechtungsklage. Beide unterscheiden sich ausschließlich dadurch, dass Erstere die in die Zukunft gerichtete Antwort auf bisheriges Unterlassen sucht, während Letztere vergangenheitsbezogen auf bereits erfolgtes Handeln blickt.

---

1 Die Zulässigkeitsvoraussetzungen sollen hier nur verkürzt betrachtet werden. Vgl. bereits Fälle 1–3.

B. Begründetheit

94 ■ Der Prüfungsaufbau einer Verpflichtungsklage sollte sinnvollerweise nach ihren beiden Unterfällen differenzieren. Sie kann auf die Verpflichtung zum Erlass eines Verwaltungsakts gerichtet sein, soweit ein Anspruch, das heißt eine gebundene Entscheidung eingefordert wird (Verpflichtungsklage i. e. S.). Sie kann jedoch auch eine bloße behördliche Neubescheidung anstreben, sofern die Sache noch nicht spruchreif ist, weil noch eine behördliche Entscheidung oder Sachverhaltsermittlung aussteht, insbesondere bei Ermessensentscheidungen (Bescheidungsklage).

Bei der auf eine gebundene Entscheidung gerichteten Verpflichtungsklage sind zwei Aufbaumöglichkeiten denkbar. Als einfacher zu prüfende (aber nicht logisch vorrangige) Variante ist ein „Anspruchsaufbau" vorzugswürdig. Zu fragen ist, ob ein Anspruch auf den begehrten Verwaltungsakt besteht, was bei Vorliegen aller Tatbestandsvoraussetzungen der Anspruchsnorm bejaht werden kann. Alternativ kommt ein „Rechtmäßigkeitsaufbau" in Betracht, der fragt, ob die Unterlassung des begehrten Verwaltungsakts rechtswidrig ist und den Kläger in eigenen Rechten verletzt. Da die Sache spruchreif ist, besteht der Anspruch. Beide Aufbauvarianten sind logisch gleichwertig, weil sie sich spiegelbildlich entsprechen.

Bei der auf eine Ermessensentscheidung gerichteten Bescheidungsklage kann sich der Kläger nicht auf eine als gebundene Entscheidung formulierte Anspruchsnorm stützen, weshalb der Anspruchsaufbau ungünstiger ist. Die für einen Anspruch erforderliche Ermessensreduzierung auf Null lässt sich einfacher begründen, wenn man zuvor festgestellt hat, wogegen eine versagende Entscheidung verstoßen würde. Empfehlenswert ist daher insoweit der Rechtswidrigkeitsaufbau, der sich erst nach festgestellter Rechtswidrigkeit des Unterlassens der Frage der Spruchreife widmet und dort die Frage einer Ermessensreduzierung erörtert. ■

95 Vorliegend ist, weil der maßgebliche § 6 BImSchG („Die Genehmigung ist zu erteilen, wenn …") als gebundene Entscheidung formuliert ist, der Anspruchsaufbau vorzugswürdig.

1) Anspruchsgrundlage ist § 6 BImSchG.

2) Die **formellen Voraussetzungen** sind bei der Verpflichtungsklage regelmäßig unerheblich, da im Kern nicht eine bereits getroffene Entscheidung der Behörde überprüft, sondern eine künftige von ihr verlangt wird. Ausreichend ist zumeist, dass ein Antrag an die zuständige Behörde gerichtet wurde.

3) Materielle Voraussetzungen: Der Tatbestand von § 6 BImSchG verweist auf die konkret einzuhaltenden Vorschriften und damit insbesondere auf § 5 Abs. 1 Nr. 1 BImSchG, nach dem schädliche Umwelteinwirkungen (§ 3 Abs. 1 BImSchG) zu vermeiden sind. Laut Sachverhalt sind hier keine solchen gegeben. Es handelt sich um einen Irrtum der Behörde. Auch die sonstigen Voraussetzungen liegen vor. A hat einen Anspruch auf Erteilung der Genehmigung.

Ergebnis: Die Verpflichtungsklage ist zulässig und begründet.

2. Frage: Vorläufiger Rechtsschutz

A. Zulässigkeit

■ Die Prüfung der Zulässigkeit vorläufigen Rechtsschutzes ähnelt jener einer Klage. Allerdings ist eine abweichende Terminologie zu wählen: Es handelt sich um einen *Antrag*. 96

Wichtig ist die Auswahl der statthaften Antragsart, die zwischen den verschiedenen Formen des vorläufigen Rechtsschutzes abzugrenzen hat. Ansatzpunkt ist § 123 VwGO mit seinen Absätzen 1 und 5. Im *Regelfall* gilt: Soweit der Bürger sich gegen einen *belastenden Verwaltungsakt* wehrt, das heißt wenn in der Hauptsache eine *Anfechtungsklage* statthaft ist, geschieht dies wegen § 123 Abs. 5 VwGO nach §§ 80 ff. VwGO. In *allen übrigen Fällen* richtet sich der vorläufige Rechtsschutz nach § 123 Abs. 1 VwGO (oder nach § 47 Abs. 6 VwGO als Spezialfall).

Eine Besonderheit findet sich im Ausländerrecht. Beantragt ein sich bislang rechtmäßig im Inland aufhaltender Ausländer einen (neuen) Aufenthaltstitel und wird der Antrag abgelehnt, müsste der Ausländer an sich ausreisen. Hiergegen wäre in der Hauptsache eine Verpflichtungsklage statthaft, um den gestattenden Verwaltungsakt zu erwirken. Der vorläufige Rechtsschutz richtet sich dennoch nicht nach § 123 VwGO, sondern nach § 80 Abs. 5 VwGO. Den Grund liefert § 81 Abs. 3, 4 AufenthG, der den Aufenthaltstitel bis zur Bescheidung des Antrags fingiert („gilt als erlaubt"). Die Ablehnung des Verwaltungsaktes zerstört diese Fiktion („bis zur Entscheidung"), so dass der Ausländer Deutschland verlassen muss. Folglich hat der Nichterlass des begünstigenden Verwaltungsaktes in Fällen dieser Art zusätzlich eine eigenständige belastende Wirkung. Da Widerspruch und Klage hiergegen gemäß § 84 AufenthG keine aufschiebende Wirkung haben, muss der Ausländer über einen Antrag auf Anordnung der aufschiebenden Wirkung nach § 80 Abs. 5 VwGO versuchen, die Fiktion vorläufig wiederherzustellen. Die Verpflichtungsklage in der Hauptsache geht also wegen der ungewöhnlichen Verknüpfung von nicht gewährter Begünstigung und eigenständiger Belastung ausnahmsweise mit einem vorläufigen Rechtsschutz nach § 80 Abs. 5 VwGO einher. ■ 97

Vorliegend ist, da es sich in der Hauptsache um eine Verpflichtungsklage handelt, eine einstweilige Anordnung nach § 123 Abs. 1 VwGO statthaft. § 123 Abs. 1 VwGO kennt dabei zwei Arten der einstweiligen Anordnung, die Sicherungsanordnung zur Sicherung des status quo (S. 1) und die Regelungsanordnung zum Zwecke der vorläufigen Gestaltung der Rechtslage (S. 2). Ihre Abgrenzung ist oft schwierig, teilweise auch unmöglich[2]. Hier handelt es sich um eine Regelungsanordnung. 98

Die weiteren Zulässigkeitsvoraussetzungen sind, weil der vorläufige Rechtsschutz das Hauptsacheverfahren absichern soll und dessen Voraussetzungen daher auch bei der einstweiligen Anordnung zu beachten sind, ähnlich jenen einer Klage zu bestimmen. Insbesondere sind der Verwaltungsrechtsweg, die Beteiligten- und Prozessfähigkeit, die Antragsbefugnis (§ 42 Abs. 2 VwGO analog), das Rechtsschutzbedürfnis und auch der richtige Antragsgegner (§ 78 VwGO analog) festzustellen.

2 In Grenzfällen kann die Bestimmung der Anordnungsart auch dahingestellt bleiben und schlicht von einer „einstweiligen Anordnung" gesprochen werden. In der Sache unterliegen beide gleichen Anforderungen.

B. Begründetheit

99 ■ **Vorüberlegung:** Im vorläufigen Rechtsschutz ist eine „summarische Prüfung der Hauptsache" geboten. Theoretisch erfordert dies eine *volle* Überprüfung der *Rechtslage* (ebenso wie bei einer Klage), auch wenn dies in der Praxis oft zu zeitaufwendig für den einstweiligen Rechtsschutz und daher nicht immer einfach durchzuhalten ist. Jedoch sind die zugrunde liegenden *Tatsachen* nur *eingeschränkt* zu überprüfen. § 123 Abs. 3 VwGO verweist unter anderem auf § 920 Abs. 2 ZPO, nach dem die maßgeblichen Tatsachen lediglich glaubhaft zu machen sind. Erforderlich ist nur eine überwiegende Wahrscheinlichkeit, nicht die volle richterliche Überzeugung. Im theoretischen Idealfall lässt sich folglich die Rechtslage eindeutig feststellen, wohingegen einer gewissen tatsächlichen Unsicherheit Rechnung zu tragen bleibt, weshalb (nur) insofern allein die wahrscheinlichen Erfolgsaussichten beurteilt werden können. Dabei bleibt indes zu betonen, dass es sich hierbei um eine rein theoretische Unterscheidung handelt, da Tatsachen- und Rechtsfragen oft untrennbar verbunden sind. Gleichwohl hat sie für die akademische Ausbildung und insbesondere für die Klausur im ersten Staatsexamen eine zu beachtende Auswirkung: Weil dort regelmäßig alle Tatsachen als bewiesen gelten, besteht im praktischen Ergebnis kein Unterschied zwischen der summarischen Prüfung eines Eilantrags und der Prüfung einer Klage. Das Ergebnis muss in beiden Fällen stets eindeutig und nicht nur wahrscheinlich sein. Gleichwohl müssen Darstellung und Aufbau der Prüfung berücksichtigen, dass die Entscheidungsfindung des Verwaltungsgerichts in der Praxis offener gehalten sein muss.

100 Der Aufbau der Prüfung folgt (bei der Sicherungs- ebenso wie bei der Regelungsanordnung) als Leitlinie der Funktion des vorläufigen Rechtsschutzes, welcher der *Sicherung der Entscheidung in der Hauptsache* dient. Zu fragen ist also nach der Berechtigung des Anliegens in der Hauptsache sowie nach der Gefährdung der Hauptsacheentscheidung durch eine besondere Eilbedürftigkeit. Seine Grenzen findet der einstweilige Rechtsschutz hingegen, wo er seinerseits die Hauptsacheentscheidung gefährden könnte. Dieser Gedanke bestimmt die *Voraussetzungen* der einstweiligen Anordnung ebenso wie die in ihr ausgesprochene *Rechtsfolge*. Im Einzelnen sind drei Prüfungspunkte zu beachten.

101 (1) Zunächst ist die Rechtsfrage in der Hauptsache zu prüfen (volle Rechtsprüfung): Der vom Antragsteller geltend gemachte Anspruch[3] muss gegeben sein (sofern man die glaubhaft gemachten Tatsachen unterstellt). Man spricht insoweit vom Anordnungsanspruch.

102 (2) Sodann ist zu prüfen, ob besondere Umstände vorliegen, die eine vorläufige Sicherung oder Regelung erforderlich machen, ob also ein Anordnungsgrund besteht. Dabei sind die berührten Interessen gegeneinander abzuwägen. Das Interesse am Erlass der Anordnung ist mit dem öffentlichen Interesse an ihrem Nichterlass zu vergleichen. Jeweils sind hypothetisch die Folgen für den Antragsteller bei Nichterlass trotz späteren Erfolges in der

---

3 Gemeint sind in erster Linie gebundene Entscheidungen. Nicht ganz einfach zu behandeln ist dagegen der bloße Anspruch auf ermessensfehlerfreie Entscheidung. Denn er belässt der Behörde die Möglichkeit, das Begehren des Antragstellers aus vertretbaren Gründen abzulehnen. Eine gerichtliche Anordnung könnte ihr hingegen eine Entscheidung aufdrängen, also in ihr Ermessen übergreifen. Eine einstweilige Anordnung kann daher ohne Weiteres nur bei einer Ermessensreduzierung auf Null ergehen. Dennoch wird sie nicht (mehr) auf diesen Fall beschränkt. Ausschlaggebend ist stattdessen Art. 19 Abs. 4 GG, der auch (nach Möglichkeit: vorläufige) Maßnahmen zur Sicherung der fehlerfreien Ermessensausübung und ausnahmsweise sogar weitergehende Anordnungen erfordern kann; siehe z.B. OVG Lüneburg, NVwZ-RR 2008, S. 792 (793). In der Klausur sollte eine solche Anordnung sorgfältig begründet werden.

Hauptsache und der Folgen bei Erlass trotz späteren Unterliegens zu prüfen. Zu beachten sind die Intensität der Auswirkungen, die jeweilige Eilbedürftigkeit und die konkreten Erfolgsaussichten. Ein solcher Anordnungsgrund ist insbesondere gegeben, wenn die Klage in der Hauptsache eindeutig erfolgreich sein wird. Hingegen besteht kein Grund, wenn die Klage in der Hauptsache sicher keinen Erfolg haben wird. In der Klausur wird jedoch, weil die Rechtslage zuvor (Anordnungsanspruch) abschließend geprüft wurde und die verbleibende Unsicherheit vor allem auf der Unterstellung lediglich glaubhaft gemachter, aber nicht bewiesener Tatsachen beruht, der Ausgang in der Hauptsache durchgängig eindeutig sein. Der Klausurbearbeiter hat deswegen zwischen den beteiligten Interessen abzuwägen, dabei aber festzustellen, dass eine überwiegende Aussicht auf Erfolg besteht (oder nicht), die letztlich als entscheidendes Abwägungskriterium dient.

(3) Schließlich ist eine Einschränkung aus der Funktion des einstweiligen Rechtsschutzes geboten. Das Gericht darf nur Maßnahmen ergreifen, welche die Hauptsacheentscheidung sichern. Hieraus folgt ein grundsätzliches *Verbot der Vorwegnahme der Hauptsache*, da ansonsten keine Hauptsacheentscheidung mehr möglich wäre. Gestattet sind also regelmäßig nur vorläufige Maßnahmen, die bei abweichendem Ergebnis der nachfolgenden Klage wieder rückgängig gemacht werden können. Dieser Gedanke ist als dritter Prüfungspunkt in die Begründetheit[4] aufzunehmen. **103**

Einschränkung: Diese Grundstruktur verschiebt sich, wenn der vorläufige Rechtsschutz die Anwendung von EU-Recht berührt. Die Rechtsschutzgarantie tritt partiell hinter das Gebot praktischer Wirksamkeit des Unionsrechts („effet utile") zurück. Deshalb ist im Rahmen der Abwägung (Anordnungsgrund) anders zu gewichten: Soweit Zweifel an der Gültigkeit eines europäischen Rechtsakts bestehen, ist vorrangig eine Vorlage an den EuGH gefordert. Im Übrigen müssen kumulativ weitere Voraussetzungen einstweiligen Rechtsschutzes gegeben sein. Es müssen erhebliche Zweifel an der Rechtmäßigkeit des angegriffenen Rechtsaktes bestehen. Der Fall muss zudem eine besondere Dringlichkeit aufweisen, die nur anzunehmen ist, wenn dem Antragsteller ein schwerer und nicht wiedergutzumachender Schaden droht. Schließlich sind die Interessen der Gemeinschaft besonders zu berücksichtigen. ■ **104**

Zum Fall: Der Antrag ist begründet gemäß § 123 Abs. 1 S. 2 VwGO, wenn (1.) der A die begehrte Genehmigung verlangen kann, d.h. wenn ein Regelungsanspruch besteht, wenn (2.) diese Regelung, um wesentliche Nachteile abzuwenden oder drohende Gewalt zu verhindern oder aus anderen Gründen nötig erscheint, das heißt wenn ein Regelungsgrund vorliegt, und falls (3.) das Verbot der Vorwegnahme der Hauptsache nicht entgegensteht. **105**

I. Regelungsanspruch: An dieser Stelle ist inzident eine normale Rechtsprüfung durchzuführen. Im hiesigen Fall besteht ein Anspruch des A[5]. **106**

4 Auch vertretbar wäre, das Verbot der Vorwegnahme der Hauptsache als Frage der Zulässigkeit, genauer des Rechtsschutzbedürfnisses, anzusehen. Jedoch betrifft es die mit der Anordnung auszusprechenden Rechtsfolgen und damit eine Frage der Begründetheit; siehe sogleich.

5 Siehe soeben zum Hauptsacheverfahren.

107 **Anmerkung:** Sollte kein Anspruch bestehen, bliebe noch kurz festzustellen, dass bei Abwägung der widerstreitenden Interessen auch kein Grund für eine Regelung vorliegt. (Ein Obsiegen in der Hauptsache ist ja immer noch denkbar, falls andere Tatsachen bewiesen werden.)

108 **II. Regelungsgrund:** Ferner ist zu prüfen, ob die Regelung zur Abwendung wesentlicher Nachteile oder aus anderen Gründen erforderlich ist, das heißt ob ein Regelungsgrund vorliegt. Dies ist der Fall, wenn sich bei der Abwägung der widerstreitenden Interessen ein überwiegendes Interesse des A am Erlass der einstweiligen Anordnung ergibt.

Im gegebenen Fall ist mit einem Obsiegen des A in der Hauptsache zu rechnen. Die Intensität der Folgen und die Eilbedürftigkeit des Falls sind nicht ersichtlich. Insgesamt besteht ein Regelungsgrund.

109 **III. Einschränkung: Keine Vorwegnahme der Hauptsache.** Folge der beantragten einstweiligen Anordnung wäre hier, dass die Anlage nach Erteilung der immissionsschutzrechtlichen Genehmigung gebaut und in Betrieb genommen würde. Die Hauptsache wäre vorweggenommen.

Dennoch sind seltene Ausnahmen vom Verbot der Vorwegnahme möglich. Eine solche ist anzuerkennen, wenn der nach Art. 19 Abs. 4 GG gebotene effektive Rechtsschutz ohne den Erlass einer einstweiligen Anordnung mit Vorwegnahmecharakter leer liefe und die zu erwartenden Nachteile für den Antragsteller unzumutbar wären[6]. Hier ist kein solcher Ausnahmefall gegeben.

Ergebnis: Der Antrag auf Erlass der einstweiligen Anordnung ist zulässig, aber unbegründet.

110 ■ **Allgemein**: Sofern ein Antrag auf Erlass der einstweiligen Anordnung begründet ist, bleibt dem Gericht in der Regel ein Ermessen, welchen Inhalt es der einstweiligen Anordnung gibt (§ 123 Abs. 3 VwGO, § 938 Abs. 1 ZPO).

Demgemäß hat das Verbot der Vorwegnahme der Hauptsache zwei Zielrichtungen: Es betrifft zum einen das „ob“ einer Anordnung, indem es regelmäßig ihren Erlass als solchen untersagt. Zum anderen normiert es auch ihr „wie“ und begrenzt den zulässigen Inhalt, der auch bei ausnahmsweiser Zulässigkeit soweit möglich einzuschränken ist[7]. ■

6 In der Praxis anerkannt sind beispielsweise die Zuteilung von Stellplätzen für Wahlplakate an eine Partei kurz vor einer Wahl oder die Gewährung von Sozialhilfe bei Existenzbedrohung. Abgelehnt wurden hingegen einstweilige Anordnungen gerichtet auf die Erteilung einer Baugenehmigung oder auf eine Einbürgerung.

7 Zum Beispiel wird im Sozialrecht nicht die volle Höhe der Sozialhilfe, sondern nur das Existenzminimum zugesprochen. Weitergehende Ansprüche müssen in der Hauptsache erstritten werden. Ähnliches gilt im Zivilrecht für Unterhaltsleistungen. An dieser Stelle bestätigt sich die Einordnung als dritter Prüfungspunkt der Begründetheit, da es um die Begrenzung des zulässigen Inhaltes einer einstweiligen Anordnung mit Konsequenzen für ihren Tenor geht.

Wiederholungs- und Vertiefungsfragen zu Fall 4, Ausgangsfall

1. Wie kann man die Begründetheit einer Verpflichtungsklage aufbauen? Wann empfiehlt sich welche Vorgehensweise?
2. Welche Funktion hat der vorläufige Rechtsschutz?
3. Wie grenzen sich die Anwendungsbereiche von § 123 VwGO einerseits und §§ 80, 80a VwGO andererseits ab?
4. Welche Arten der einstweiligen Anordnung kennt § 123 VwGO? Wie kann man mit etwaigen Abgrenzungsschwierigkeiten umgehen?
5. Welche Zulässigkeitsvoraussetzungen sind an einen Antrag nach § 123 VwGO zu stellen?
6. Wie prüft man die Begründetheit eines Antrags nach § 123 VwGO? Inwiefern ist die materielle Rechtslage zu berücksichtigen? Welchem Bedürfnis der Praxis ist hierbei Rechnung zu tragen?
7. Kann eine einstweilige Anordnung auch dann ergehen, wenn die Entscheidung in der Sache im Ermessen der Behörde steht?
8. Was meint das „Verbot der Vorwegnahme der Hauptsache"? Welche zwei Folgen hat es? Woraus können sich Ausnahmen ergeben?
9. Was ist zu beachten, falls ein vorläufiger Rechtsschutz nach § 123 VwGO die Anwendung von EU-Recht betrifft?

Variante: Abwehr immissionsschutzrechtlichen Einschreitens

1. Frage: Hauptsacheverfahren

A. Sachurteilsvoraussetzungen

Statthaft ist eine gegen die Untersagungsverfügung gerichtete Anfechtungsklage. Die **111**
Klagebefugnis (§ 42 Abs. 2 VwGO) folgt jedenfalls aus Art. 2 Abs. 1 GG. Die weiteren Zulässigkeitsvoraussetzungen sind zu unterstellen.

B. Begründetheit

Zu fragen ist gemäß § 113 Abs. 1 S. 1 VwGO, ob der Verwaltungsakt rechtswidrig ist **112**
(I.) und den A in eigenen Rechten verletzt (II.).

I. Ermächtigungsgrundlage der Untersagungsverfügung gegen eine nicht genehmigungsbedürftige Anlage ist § 25 Abs. 2 BImSchG. Die formelle Rechtmäßigkeit darf unterstellt werden. In materieller Hinsicht ist der Tatbestand der Norm unter anderem erfüllt, wenn Gefahren für die Gesundheit von Menschen drohen. Dies wurde hier von der Behörde rechtsfehlerhaft angenommen. Die hilfsweise zu prüfende Rechtsfolgenwahl (Soll-Vorschrift) offenbart keine weiteren Fehler.

II. A ist in eigenen Rechten verletzt, da jedenfalls ein rechtswidriger Eingriff in Art. 2 Abs. 1 GG vorliegt.

Ergebnis: Die Anfechtungsklage ist zulässig und begründet.

2. Frage: Vorläufiger Rechtsschutz

A. Zulässigkeit

113 Die Prüfung der Zulässigkeit ähnelt auch an dieser Stelle jener einer Klage. Begrifflich ist ebenfalls von einem *Antrag* zu sprechen. Die statthafte Antragsart ist wiederum gemäß § 123 Abs. 5 VwGO abzugrenzen. Da hier in der Hauptsache eine Anfechtungsklage zu erheben ist, richtet sich der einstweilige Rechtsschutz nach § 80 Abs. 5 VwGO. Statthaft ist ein Antrag nach § 80 Abs. 5 S. 1 2. Alt. VwGO auf Wiederherstellung der aufschiebenden Wirkung, da es sich um einen Fall von § 80 Abs. 2 S. 1 Nr. 4 VwGO (Anordnung der sofortigen Vollziehung durch die Behörde) handelt.

114 ■ Allgemein: Grundgedanke des § 80 VwGO ist eine Abwägung zwischen dem öffentlichen Interesse am sofortigen Vollzug und dem Interesse des belasteten Bürgers an der aufschiebenden Wirkung. § 80 VwGO kodifiziert diese Abwägung. Einerseits liefert er gesetzliche Typisierungen, was im Regelfall gelten soll. Andererseits bleibt er offen für die Besonderheiten des Einzelfalles. Diese Abwägung lässt sich in mehrere Stufen einteilen.

115 Als vorausliegende Ausgangsregel mitzudenken ist der Grundsatz, dass auch rechtswidrige Verwaltungsakte um der Rechtssicherheit willen bis zur Grenze der Nichtigkeit (§ 44 (L)VwVfG) wirksam und damit vollziehbar sind. Hieran knüpft die gestufte Abwägung nach § 80 VwGO an:

116 (1) § 80 Abs. 1 VwGO liefert die Grundregel, dass Widerspruch und Anfechtungsklage aufschiebende Wirkung haben („Suspensiveffekt"). Der belastende Verwaltungsakt darf einstweilen nicht vollzogen, insbesondere nicht vollstreckt werden. Hierin liegt die gesetzliche Typisierung, dass im Regelfall ein überwiegendes Interesse des Zweifel an der Rechtmäßigkeit äußernden Bürgers besteht.

117 (2) § 80 Abs. 2 VwGO regelt sodann die Ausnahmefälle, in denen kein Suspensiveffekt eintreten soll. Die Nr. 1–3a definieren als gesetzliche Typisierungen jene Fälle, in denen regelmäßig von einem überwiegenden öffentlichen Interesse am Sofortvollzug auszugehen ist.

Nr. 1 ordnet die sofortige Vollziehbarkeit bei öffentlichen Abgaben sowie den Kosten eines förmlichen Verwaltungsverfahrens[8] an, damit Widerspruch und Anfechtungsklage nicht allein um gewünschter Zinsvorteile willen eingelegt werden. Nr. 2 betrifft unaufschiebbare Anordnungen und Maßnahmen von Polizeivollzugsbeamten; die Norm ist analog auf Verkehrsschilder anzuwenden. Nr. 3 verweist auf andere gesetzlich vorgesehene Fälle, zu denen insbesondere § 212a BauGB (Widerspruch und Anfechtungsklage eines Dritten gegen die bauaufsichtliche Zulassung eines Vorhabens) sowie der (vor allem landesrechtliche[9]) Ausschluss des Suspensiveffekts bei Maßnahmen der Verwaltungsvollstreckung zählen. Nr. 3a ordnet schließlich den Sofortvollzug von Vorhaben an, die Bundesverkehrswege und Mobilfunknetze zum Gegenstand haben. Hervorzuheben ist, dass es sich bei diesen Vorschriften um Typisierungen handelt, die also auf den Regelfall zugeschnitten sind. Im abweichenden Sonderfall bleibt ein überwiegendes Interesse an der aufschiebenden Wirkung möglich (über das dann nach Abs. 4 oder 5 zu befinden ist). Die von den Nr. 1–3a strukturverschiedene Nr. 4 öffnet die Abwägung für Einzelfälle, in denen die Behörde entgegen der Regel des Abs. 1 ein überwiegendes Interesse am Sofortvollzug feststellt und dies ausdrücklich anordnet. Die gemeinsame ratio aller Fälle des § 80 Abs. 2 VwGO liegt darin, dass die Regel des Abs. 1 – teils verallgemeinernd, teils einzelfallbezogen – überwunden wird.

(3) § 80 Abs. 4 VwGO ermöglicht der Behörde sodann, die nach Abs. 2 gegebene Rechts- **118**
lage zu korrigieren[10].

(4) Gemäß § 80 Abs. 5 VwGO kann das Gericht der Hauptsache schließlich die aus Abs. 2 **119**
folgende sofortige Vollziehbarkeit berichtigen. Es kann erstens nach § 80 Abs. 5 S. 1 1. Alt. VwGO in Fällen von Abs. 2 S. 1 Nr. 1–3a die aufschiebende Wirkung anordnen (erstmalige *Anordnung*, da nie eine gesetzliche Regel „Suspensiveffekt" bestand). Oder es kann zweitens gemäß § 80 Abs. 5 S. 1 2. Alt. VwGO in Fällen von Abs. 2 S. 1 Nr. 4 die aufschiebende Wirkung wiederherstellen (*Wiederherstellung*, da die Regel des Abs. 1 zwar den Suspensiveffekt vorsah, die Behörde jedoch ausnahmsweise den Sofortvollzug angeordnet hat).[11]

Anmerkung: Die Systematik des § 80 VwGO ist auf Verfahren mit zwei Beteiligten, Ver- **120**
waltung und belasteter Bürger, zugeschnitten. Es finden sich jedoch auch Sonderfälle mit drei Beteiligten, Verwaltung, begünstigter Bürger und belasteter Bürger. Ein Beispiel bieten die Nachbarstreitigkeiten im Baurecht. Für solche Fälle gilt nach § 80a VwGO grundsätzlich das Gleiche wie bei § 80 VwGO[12]. Ausgangspunkt ist stets ein Widerspruch des jeweils Belasteten. Sodann sind die nächsten Stufen der gesetzlich kodifizierten Abwägung entsprechend anzuwenden. Es kann immer der von einer Entscheidung auf niedrigerer Stufe Belastete auf der nächsthöheren Stufe tätig werden. Auf jeder Stufe ist dann eine Abwägung der widerstreitenden Interessen geboten, welche die gesetzlichen Typisierungen sowie die besonderen Umstände des Einzelfalles berücksichtigt. ■

8 Nicht hierunter fallen insbesondere die Kosten einer Verwaltungsvollstreckungsmaßnahme.

9 Z.B. § 12 LVwVG BW; § 30 ThürVwZVG.

10 Entscheidungen nach § 80 Abs. 4 VwGO sind in der Regel nicht Gegenstand des ersten Staatsexamens, werden daher vorliegend nicht vertieft dargestellt.

11 § 80 Abs. 5 VwGO kann zudem analoge Anwendung finden, wenn die Behörde einen Verwaltungsakt vollziehen will, obwohl an sich die aufschiebende Wirkung eines Rechtsbehelfs entgegensteht (z.B. weil die Behörde die Reichweite von § 80 Abs. 2 VwGO verkennt). Der Antrag richtet sich dann auf Feststellung der aufschiebenden Wirkung (strittig; a.A.: Antrag nach § 123 VwGO, gerichtet auf Unterlassung).

12 In der Klausur gilt es vor allem, das Gesetz sorgfältig zu lesen, das insoweit detaillierte Antworten gibt.

121 **Zum Fall:** Die weiteren Zulässigkeitsvoraussetzungen (Verwaltungsrechtsweg, Beteiligten- und Prozessfähigkeit, Antragsbefugnis analog § 42 Abs. 2 VwGO, Rechtsschutzbedürfnis, Antragsgegner etc.) sind ähnlich jenen der abzusichernden Klage zu prüfen und vorliegend als gegeben zu unterstellen.[13]

B. Begründetheit

122 ■ **Vorüberlegung:** Die Prüfung der Begründetheit eines Antrags nach § 80 Abs. 5 VwGO hat zwei Aspekte zu bedenken. Zum einen muss sie dem Grundprinzip der Norm Rechnung tragen und zwischen dem Interesse an der aufschiebenden Wirkung und dem Interesse am Sofortvollzug *abwägen*. Zum anderen ist (wie bei § 123 VwGO) nur eine *summarische Prüfung* anzustellen, also eine grundsätzlich vollständige *rechtliche* Würdigung auf der Grundlage *glaubhaft* gemachter Tatsachen. Die damit in der Praxis verbleibende Unsicherheit über die Erfolgsaussichten in der Hauptsache liefert den Grund, weshalb der Kern der Entscheidung notwendig eine Abwägung sein muss.

Zu beachtende Abwägungskriterien sind auch hier (parallel zu § 123 VwGO) primär die Wahrscheinlichkeit der Erfolgsaussichten, ferner eine Doppelhypothese der zu erwartenden Auswirkungen, welche jeweils die Folgen beider Entscheidungen für den Fall vergleicht, dass sich nachher herausstellt, dass die jeweilige Entscheidung falsch war, sowie schließlich die Eilbedürftigkeit des Falls. Dabei sind drei Konstellationen denkbar: Ist die Klage in der Hauptsache sicher erfolgreich, besteht kein öffentliches Interesse am Vollzug, da der Staat keine rechtswidrigen Verwaltungsakte vollziehen darf. Bleibt die Klage in der Hauptsache sicher erfolglos, fehlt ein schutzwürdiges Interesse am Erlass der aufschiebenden Wirkung, da der Bürger rechtmäßige Belastungen hinnehmen muss. Sind die Erfolgsaussichten jedoch unsicher, bleibt zwischen den widerstreitenden Interessen abzuwägen. Dann stellt sich die Frage nach dem maßgeblichen Wahrscheinlichkeitsgrad des Obsiegens oder Unterliegens in der Hauptsache. Der Gesetzgeber gibt hierzu hilfreiche Hinweise, die letztlich aus der Funktion des § 80 VwGO als kodifizierte gestufte Abwägung folgen. Im Einzelnen ist nach den Fällen von § 80 Abs. 2 VwGO zu differenzieren: (1) Die Nr. 1–3a typisieren ein überwiegendes öffentliches Interesse am Sofortvollzug. Deshalb sind besondere Umstände erforderlich, um diese gesetzliche Vermutung zu entkräften. § 80 Abs. 4 S. 3 VwGO verlangt demgemäß für Fälle der Nr. 1 „ernstliche Zweifel an der Rechtmäßigkeit“ oder eine „unbillige, nicht durch überwiegende öffentliche Interessen gebotene Härte“. Auch in den Fällen der Nr. 2-3a lässt sich dem gesetzlichen Ausschluss des Suspensiveffekts zumindest die gleichgerichtete Wertung entnehmen, dass dem öffentlichen Vollzugsinteresse im Rahmen der gebotenen Abwägung ein „erhebliches

---

13 Hinzuweisen bleibt auf zwei Standardprobleme zum Rechtsschutzbedürfnis: (1) Ist ein Antrag nach § 80 Abs. 5 VwGO auch dann zulässig, wenn noch kein Widerspruch eingelegt wurde? Antwort: Strittig. Einerseits fehlt ohne Widerspruch der Rechtsbehelf, dessen Suspensiveffekt gewährleistet werden soll. Andererseits gestattet § 80 Abs. 5 S. 2 VwGO einen Antrag schon vor Erhebung der Anfechtungsklage. Entsprechendes könnte dann auch für den Widerspruch gelten. In der Klausur sind beide Meinungen vertretbar. (2) Muss vor dem Antrag nach § 80 Abs. 5 VwGO generell ein Antrag bei der Behörde auf Anordnung oder Wiederherstellung der aufschiebenden Wirkung gestellt werden? Antwort: Nein. Der Umkehrschluss aus Abs. 6 zeigt, dass außerhalb von Abs. 2 S. 1 Nr. 1 kein solcher Antrag erforderlich ist.

Gewicht" zukommen soll.[14] Teile der Rechtsprechung[15] erkennen in Abs. 4 S. 3 sogar ein gesetzliches Prinzip, das für alle Fälle von Abs. 2 S. 1 Nr. 1–3a gelten soll. (2) Abs. 2 S. 1 Nr. 4 normiert hingegen keine gesetzliche Typisierung des öffentlichen Interesses, sondern spricht Einzelfälle an, in denen die Behörde aufgrund besonderer Umstände ein öffentliches Interesse angenommen hat. Deshalb ist jeweils eine Gewichtung des Einzelfalls, also eine bloße Abwägung geboten.

In der Klausur des ersten Staatsexamens gilt (für alle Fälle von § 80 Abs. 2 VwGO) die Besonderheit, dass alle Tatsachen unbestritten sind, insofern also keine Unsicherheit verbleibt. Die aufgeworfenen Rechtsfragen sind vom Bearbeiter zweifelsfrei zu klären. Die Niederschrift der Klausurlösung sollte daher zu erkennen geben, dass eine Abwägung erforderlich, diese dann aber wegen der „überwiegenden Erfolgsaussichten" so wie die Hauptsache zu entscheiden ist.

Einschränkung: Der vorläufige Rechtsschutz ist (parallel zu § 123 VwGO) zu verkürzen, **123**
sofern die Anwendung von EU-Recht berührt wird. Soweit Zweifel an der Gültigkeit eines EU-Rechtsakts bestehen, ist die Frage vorrangig dem EuGH vorzulegen. Im Übrigen werden auch hier kumulativ mehrere Voraussetzungen einstweiligen Rechtsschutzes aufgestellt. Erforderlich sind erhebliche Zweifel an der Rechtmäßigkeit, eine besondere Dringlichkeit, die nur gegeben ist, wenn dem Antragsteller ein schwerer und nicht wiedergutzumachender Schaden droht, sowie eine besondere Berücksichtigung der Interessen der Gemeinschaft. Zur Begründung dient auch insoweit der Gedanke des „effet utile".

Zum Aufbau: Die Gliederung der Begründetheitsprüfung hat zwischen den beiden Alter- **124**
nativen von § 80 Abs. 5 S. 1 VwGO zu differenzieren.

§ 80 Abs. 5 S. 1 1. Alt. VwGO knüpft an Abs. 2 S. 1 Nr. 1–3a an, wonach der Sofortvollzug durch das Gesetz angeordnet wird. Zu prüfen ist, ob das Gericht diese generelle Wertung korrigiert. Es handelt sich um eine originäre Entscheidung des Gerichts, bei der die Umstände des Einzelfalls erstmalig berücksichtigt werden. Im Kern handelt es sich um eine bloße Abwägung. Als Maßstab mag man den Rechtsgedanken des § 80 Abs. 4 S. 3 VwGO bemühen. Inzident ist dann die Rechtmäßigkeit des Verwaltungsakts zu prüfen[16].

§ 80 Abs. 5 S. 1 2. Alt VwGO setzt voraus, dass die Behörde die sofortige Vollziehbarkeit nach Abs. 2 S. 1 Nr. 4 angeordnet hat. Das Gericht kontrolliert die Entscheidung der Behörde, die als eigenständige belastende Maßnahme an formellen und materiellen Anforderungen zu messen ist. Im Rahmen der Prüfung der materiellen Voraussetzungen der Vollzugsanordnung sind die betroffenen Interessen abzuwägen. Eine Besonderheit liegt darin, dass die behördliche Abwägung in vollem Umfang durch eine eigene gerichtliche

---

14 BVerwG, NVwZ 2007, S. 1207 (1209).

15 Z.B. VGH Mannheim, NVwZ-RR 1991, S. 287 (strittig).

16 Ein Formulierungsvorschlag: „Der Antrag ist begründet gemäß § 80 Abs. 5 S. 1 1. Alt. VwGO, wenn das Interesse des Antragstellers an der Anordnung der aufschiebenden Wirkung gegenüber dem öffentlichen (oder privaten) Interesse an der sofortigen Vollziehung überwiegt. Dies könnte insbesondere der Fall sein, wenn ein Obsiegen des Antragstellers in der Hauptsache wahrscheinlich ist, weil der Verwaltungsakt rechtswidrig ist und den Antragsteller in seinen Rechten verletzt. Im Einklang mit dem Rechtsgedanken aus § 80 Abs. 4 S. 3 VwGO ist daher zu fragen, ob ernstliche Zweifel an der Rechtmäßigkeit des Verwaltungsakts bestehen, der mithin auf der Grundlage der glaubhaft gemachten Tatsachen summarisch zu überprüfen ist." Hiernach ist der Verwaltungsakt „wie gewohnt" zu prüfen. Bei Bedarf sollte auch auf die subjektive Rechtsbetroffenheit eingegangen werden. Die abschließende Abwägung kann das festgestellte Ergebnis als entscheidendes Argument verarbeiten.

Abwägung ersetzt wird. Dies geht über die ansonsten im Verwaltungsprozess übliche Rechtmäßigkeitsprüfung hinaus, die auf eine bloße Fehlerkontrolle beschränkt ist. Inzident ist dabei die Rechtmäßigkeit des Verwaltungsakts zu prüfen, um die Erfolgsaussichten in der Hauptsache zu bestimmen[17]. ■

125 **Zum Fall:** Der Antrag ist begründet gemäß § 80 Abs. 5 S. 1 2. Alt. VwGO, wenn (1.) die auf § 80 Abs. 2 S. 1 Nr. 4 VwGO gestützte Vollzugsanordnung als eigenständige belastende Maßnahme formell fehlerhaft ist oder (2.) das Interesse des Antragstellers an der Wiederherstellung der aufschiebenden Wirkung gegenüber dem öffentlichen (oder privaten) Interesse an der sofortigen Vollziehung überwiegt.

1) Formelle Voraussetzungen der Vollzugsanordnung

126 a) Zuständig ist die Ausgangs-, im Vorverfahren auch die Widerspruchsbehörde.

b) Verfahrensrechtliche Anforderungen sind nicht zu beachten. Insbesondere ist § 28 (L)VwVfG nicht (auch nicht analog) anwendbar, weil § 80 VwGO eine abschließende Aussage zur formellen Rechtmäßigkeit enthält, welche Zuständigkeit (Abs. 2 S. 1 Nr. 4) und Begründungspflicht (Abs. 3) regelt, aber zur Anhörung schweigt.[18]

c) Form: § 80 Abs. 3 S. 1 VwGO fordert eine schriftliche Begründung der Vollzugsanordnung. Hier liegt eine solche an sich vor. Jedoch ist fraglich, ob diese genügen kann, da die Behörde lediglich darauf hinweist, dass ein öffentliches Interesse am Erlass des Verwaltungsakts besteht. Erforderlich ist vielmehr eine auf den konkreten Fall und seine Eilbedürftigkeit bezogene, nicht bloß formelhafte Begründung. Dabei ist unerheblich, ob diese Begründung den Sofortvollzug in der Sache rechtfertigt. Es handelt sich um ein rein *formales* Erfordernis. Vorliegend ist gut vertretbar, dass die behördliche Begründung nicht ausreicht. Die Anordnung des Sofortvollzugs ist dann rechtswidrig und bereits aus diesem Grunde aufzuheben[19]. Der Antrag nach § 80 Abs. 5 S. 1 2. Alt. VwGO ist begründet.

---

17 Auch insoweit ein Formulierungs- und Aufbauvorschlag: „Der Antrag ist begründet gemäß § 80 Abs. 5 S. 1 2. Alt. VwGO, wenn (1.) die auf § 80 Abs. 2 S. 1 Nr. 4 VwGO gestützte Vollzugsanordnung als eigenständige belastende Maßnahme formell fehlerhaft ist oder (2.) das Interesse des Antragstellers an der Wiederherstellung der aufschiebenden Wirkung gegenüber dem öffentlichen (oder privaten) Interesse an der sofortigen Vollziehung überwiegt." Die damit eingeforderte (zuvor behördliche, nun originär gerichtliche) Abwägung zwischen Aussetzungs- und Vollzugsinteresse hat (wie bei § 80 Abs. 2 S. 1 Nr. 1–3a, aber ohne Berufung auf § 80 Abs. 4 S. 3 VwGO) maßgeblich die Erfolgsaussichten in der Hauptsache zu berücksichtigen. Alles Weitere entspricht § 80 Abs. 5 S. 1 1. Alt. VwGO.

18 Eine Ausnahme (Pflicht zur Anhörung) gilt, wenn die Behörde die sofortige Vollziehung erst nachträglich anordnet. Dann ist zu vermuten, dass sich die Umstände aus Sicht der Behörde seit Erlass der Grundverfügung geändert haben, wozu der Betroffene eigenständig zu hören ist. Allerdings kommt eine Heilung analog § 45 Abs. 1 Nr. 3 (L)VwVfG in Betracht. Siehe VGH Mannheim, VBlBW 2018, S. 467.

19 Umstritten ist, wie der Tenor der Gerichtsentscheidung bei bloß formeller Rechtswidrigkeit der Vollzugsanordnung zu lauten hat, das heißt ob lediglich die behördliche Anordnung aufzuheben oder die aufschiebende Wirkung wiederherzustellen ist. Diese Differenzierung bleibt im ersten Staatsexamen bedeutungslos.

2) Hilfsweise: Abwägung der widerstreitenden Interessen

§ 80 Abs. 2 S. 1 Nr. 4 VwGO setzt voraus, dass die sofortige Vollziehung im überwiegenden „öffentlichen Interesse" steht. (Gleichgestellt ist bei Verwaltungsakten mit Drittwirkung das überwiegende Interesse eines Beteiligten, zum Beispiel des Nachbarn im Baurecht.) Das Gericht kann diese behördliche Wertung ersetzen und muss hierzu eine eigene Abwägung vornehmen, die von den Erfolgsaussichten in der Hauptsache beherrscht wird. Hier handelt es sich um einen rechtswidrigen, den A in eigenen Rechten verletzenden Verwaltungsakt. Deswegen wird das Gericht die aufschiebende Wirkung der Anfechtungsklage nach § 80 Abs. 5 S. 1 2. Alt. VwGO wiederherstellen. **127**

Ergebnis: Der Antrag ist zulässig und begründet.

■ **Allgemein:** Vergleicht man beide Formen des einstweiligen Rechtsschutzes, zeigt sich, dass § 80 Abs. 5 VwGO für den Bürger günstiger ist als § 123 VwGO. Vor allem ergeht grundsätzlich keine einstweilige Anordnung, wenn diese die Hauptsache vorwegnehmen würde, wohingegen § 80 VwGO keine derartige Einschränkung kennt. Dies belegt gerade der hier betrachtete Fall: Obwohl sich die Sachverhalte im Ausgangsfall und der Variante ähneln, unterliegt A bei Anwendung von § 123 VwGO, während er nach § 80 Abs. 5 VwGO obsiegen kann. Des Weiteren ist die Rechtsfolge des § 123 Abs. 3 VwGO zu nennen, der unter anderem auf die Schadensersatzpflicht nach § 945 ZPO verweist, aber keine Parallele in § 80 VwGO findet. **128**

Hintergrund dieser Differenzierungen ist (wenn auch nicht deckungsgleich) die Unterscheidung von Eingriffs- und Leistungsverwaltung. § 80 Abs. 5 VwGO dient der Abwehr von Belastungen durch eingreifende Verwaltungsakte und steht damit in engem Zusammenhang zur Abwehrfunktion der Grundrechte, die prozessual besonders sorgfältig abzusichern sind. § 123 Abs. 1 VwGO ist darauf gerichtet, ein aktives staatliches Handeln zu erwirken, das jedenfalls partiell der Leistungsverwaltung zugerechnet werden kann. Bei näherer Betrachtung zeigt sich jedoch, dass § 123 VwGO auch der Abwehr grundrechtsrelevanter Belastungen dienen kann, etwa soweit sie nicht in der Rechtsform des Verwaltungsakts, sondern durch Realakt ergehen.

Deutlich werden die Verwandtschaft der geregelten Rechtsschutzinteressen wie auch die rechtspolitische Fragwürdigkeit ihrer unterschiedlichen Ausgestaltung in Fällen, in denen die Trennlinie zwischen der Abwehr einer Belastung und dem Erstreben eines Vorteils allein auf einer legislativen Ausgestaltung des Verfahrens beruht. Auch dies belegt der hiesige Fall, in dem allein die gesetzliche Entscheidung, ein Vorhaben genehmigungsfrei zu stellen, das andere jedoch um einer vorherigen Kontrolle willen von einer Genehmigung abhängig zu machen, über die statthafte Antragsart einstweiligen Rechtsschutzes, letztlich sogar über dessen Erfolg entscheidet. Immerhin liegt dieser Differenzierung die ratio zugrunde, dass genehmigungspflichtige Vorhaben gefahrenträchtiger und daher im Vergleich kritischer zu beurteilen sind. Jedoch sind solche Verfahrensunterschiede nicht immer mit materiellen Unterschieden verbunden, vor allem soweit das Genehmigungsverfahren ausschließlich Kontrollfunktion hat.

Ein gutes Beispiel hierfür bietet das Baurecht. Bei genehmigungspflichtigen Vorhaben **129**
kann der Bauherr einstweiligen Rechtsschutz gegen die Versagung einer Baugenehmigung nur nach § 123 VwGO erlangen, was regelmäßig erfolglos bleiben wird, da es sich durchgängig um eine unzulässige Vorwegnahme der Hauptsache handeln würde. Der vor-

läufige Rechtsschutz des Nachbarn gegen eine erteilte Baugenehmigung richtet sich nach §§ 80, 80a VwGO und hat häufig gute Erfolgsaussichten, ohne dass dem Bauherrn ein Schadensersatzanspruch gegen den Nachbarn zustünde. Insgesamt ist die Rechtsstellung des Bauherrn geschwächt. Bei genehmigungsfreien oder kenntnisgabepflichtigen Vorhaben kann der Bauherr gegen eine baupolizeiliche Anordnung vorläufigen Rechtsschutz nach § 80 VwGO anstreben. Der auf Einschreiten gegen den Bau gerichtete einstweilige Rechtsschutz des Nachbarn folgt dagegen § 123 VwGO und ist mit dem Risiko einer Schadensersatzklage des Bauherrn behaftet. Insgesamt hat der Bauherr also eine stärkere Rechtsstellung. Dieser Vergleich offenbart Unterschiede, die gerade im Baurecht rechtspolitisch fragwürdig sind, weil das Genehmigungsverfahren dort eine untergeordnete Funktion einnimmt. De lege lata ist diese Ungleichbehandlung jedoch nicht anzuzweifeln[20]. ■

Wiederholungs- und Vertiefungsfragen zu Fall 4, Variante

1. Welcher Grundgedanke liegt § 80 VwGO zugrunde? Wie ist er ausgestaltet?
2. Welche beiden Fälle unterscheidet § 80 Abs. 5 S. 1 VwGO? Warum?
3. Welche Zulässigkeitsvoraussetzungen sind an einen Antrag nach § 80 Abs. 5 S. 1 VwGO zu stellen?
4. Wie prüft man die Begründetheit eines Antrags nach § 80 Abs. 5 S. 1 VwGO? Inwiefern unterscheiden sich die beiden Alternativen?
5. Was gilt bei mehr als zwei Beteiligten?
6. Was ist zu beachten, falls ein vorläufiger Rechtsschutz nach § 80 Abs. 5 S. 1 VwGO die Anwendung von EU-Recht betrifft?

20 Zur Wiederholung und Vertiefung des einstweiligen Rechtsschutzes *Schoch*, Jura 2001, S. 671 ff.; Jura 2002, S. 37 ff.; S. 318 ff.

Zweiter Teil

Besonderes Verwaltungsrecht

§ 5 Polizei- und Ordnungsrecht, Verwaltungsvollstreckungsrecht

■ **Einführung:** Das Polizei- und Ordnungsrecht ist das Recht der Gefahrenabwehr. Es **130**
wird von zwei widerstreitenden Maßgaben angeleitet, dem öffentlichen Interesse an einer effektiven Gefahrenabwehr auf der einen und dem Schutz der Rechtspositionen des Einzelnen, insbesondere seiner Grundrechte, auf der anderen Seite. Die Aufgabe des Polizei- und Ordnungsrechts liegt stets darin, einen Ausgleich zwischen beiden Anforderungen zu finden.

Die normtechnische Grundstruktur des Polizei- und Ordnungsrechts wird durch die Unter- **131**
scheidung von lex generalis und lex specialis beherrscht. Die generellen Regelungen finden sich in manchen Bundesländern in einem einzigen Polizeigesetz, das Behörden und Vollzugsdienst gleichermaßen anspricht[1], in anderen Ländern in zwei parallelen Gesetzen für Behörden und Vollzugsdienst[2], wobei der Unterschied primär rechtstechnischer Natur ist und vor allem über die Auswahl des anzuwendenden allgemeinen Gesetzes entscheidet, ohne Konsequenzen in der Sache nach sich zu ziehen. Zu diesen generellen Regelungen kommt noch das besondere Polizei- und Ordnungsrecht, das sich in einer Vielzahl spezieller Gesetze findet, etwa in den Bauordnungen der Länder („Baupolizeirecht") oder in der Gewerbeordnung („Gewerbepolizeirecht").

Die erste Aufgabe des Rechtsanwenders besteht im Polizei- und Ordnungsrecht regelmä- **132**
ßig darin, die einschlägige Ermächtigungsgrundlage aufzufinden. Dabei gibt namentlich der Grundsatz „lex specialis derogat legi generali" folgende Prüfungsreihenfolge vor:

(1) Vorrangig sind (wegen Art. 31 GG) bundesgesetzliche Spezialregelungen, etwa im BImSchG, GaststättenG, GewO, KrW-/AbfG, VersG[3], zu untersuchen, ob sie eine passende Rechtsgrundlage enthalten.

(2) Hiernach sind die in Betracht kommenden landesgesetzlichen Spezialregelungen, zum Beispiel des Abfallrechts, der Landesbauordnung oder des Wasserrechts, zu prüfen.

(3) Soweit bundes- oder landesgesetzliche Spezialgesetze im konkreten Fall keine Ermächtigungsgrundlage anbieten, ist auf das allgemeine Polizei- und Ordnungsrecht zurückzugreifen, das seinerseits besondere Ermächtigungen für bestimmte Einzelmaßnahmen, die sogenannten Standardmaßnahmen, enthält, die beispielsweise die Beschlagnahme von Sachen oder die Durchsuchung von Wohnungen gestatten können[4].

---

1 So zum Beispiel die Rechtslage in Baden-Württemberg, dessen Polizeigesetz (PolG BW) für Polizeibehörden und Polizeivollzugsdienst gilt.

2 So beispielsweise in Thüringen, wo das Ordnungsbehördengesetz (OBG) für die Ordnungsbehörden neben dem Polizeiaufgabengesetz (PAG) für den Vollzugsdienst gilt.

3 Das VersG des Bundes gilt gemäß Art. 125a Abs. 1 GG einstweilen fort, bis es durch Landesrecht ersetzt worden ist. In den meisten Ländern (so auch in Baden-Württemberg) ist dies bislang nicht geschehen.

4 Siehe zum Beispiel §§ 27 ff. PolG BW; §§ 15 ff., 39 ff. OBG Thür; §§ 13 ff. PAG Thür.

(4) Sollte es auch hieran fehlen, ist auf die polizei- und ordnungsrechtliche Generalklausel[5] zurückzugreifen. Sie besagt – in allen Bundesländern – sinngemäß, dass die Polizei/Ordnungsbehörde bei Gefahren für die öffentliche Sicherheit oder Ordnung die erforderlichen Maßnahmen treffen kann[6].

133 Im Detail wirft die Auswahl der einschlägigen Bestimmungen nicht selten Probleme auf.

(1) Zunächst kann die Reichweite einer speziellen Ermächtigungsgrundlage ungewiss sein. Fraglich kann insbesondere sein, ob eine Norm jenseits ihres ausdrücklichen (gewissermaßen „positiven") Regelungsgehaltes schweigt, mithin mangels eigener Regelung einen Rückgriff auf das allgemeine Polizei- und Ordnungsrecht erlaubt oder ob sie stillschweigend die („negative") Aussage mitenthält, dass im Übrigen nichts gelten soll, dass der Fall also spezialgesetzlich vollständig geregelt ist und die Behörden insoweit nicht unter Rückgriff auf die Generalklausel tätig werden dürfen. Geboten ist jeweils eine an ihrem Sinn und Zweck ausgerichtete *Auslegung* der spezialgesetzlichen Regelung, ob und inwieweit diese den Sachverhalt *abschließend* regelt. Insoweit entfaltet die Norm dann Sperrwirkung, so dass unterhalb der Schwelle ihrer tatbestandlichen Anforderungen oder jenseits der in ihr ausgesprochenen Rechtsfolge nicht eingeschritten werden darf[7].

(2) Ein weiteres Problem kann darin liegen, den Charakter einer Vorschrift als *Befugnis*norm zu erkennen. Hintergrund ist zum einen die wichtige verwaltungsrechtliche Unterscheidung zwischen Aufgaben- und Befugnisnormen[8]. Aufgabennormen verpflichten die Behörde, geben ihr aber nicht die nötigen Mittel, um ihre Aufgaben zu erfüllen. Befugnisnormen gestatten der Behörde, bestimmte Maßnahmen (zur Erfüllung ihrer anderweitig vorgesehenen Aufgaben) zu treffen. Nur Befugnisnormen können Ermächtigungsgrundlage für Grundrechtseingriffe sein. Keinesfalls darf vom bloßen Vorliegen einer Aufgabe auf die Befugnis zu ihrer Durchsetzung geschlossen werden. Gegebenenfalls kommt aber ein Rückgriff auf die allgemeine Generalklausel in Betracht. Zum anderen finden sich sonstige Vorschriften, welche materielle Rechtspflichten der Behörden wie der Bürger normieren („Es ist verboten, ..."), ohne selbst zu regeln, wie sie durchgesetzt werden sollen, also ohne der Behörde eine Befugnis zu erteilen („Die Behörde kann Maßnahmen ergreifen, um ..."). Solche Fälle lösen sich im Wege des Rückgriffs auf die polizei- und ordnungs-

---

5 § 3 PolG BW (Befugnisnorm) i.V.m. § 1 PolG BW (Aufgabennorm); § 5 Abs. 1 OBG Thür; § 12 Abs. 1 PAG Thür.

6 Historische Grundlage dieser deutschlandweit inhaltsgleichen Generalklauseln ist § 10 Teil II Titel 17 des Allgemeinen Landrechts für die preußischen Staaten von 1794.

7 Ein – nicht dem geltenden Recht entnommenes – Beispiel: Angenommen, eine fiktive Ermächtigungsgrundlage des Bauordnungsrechts besagte, dass ein Gebäude bei erheblichen bauartbedingten Sicherheitsrisiken, speziell bei Einsturzgefahr, abgerissen werden darf. Zu fragen ist nun, ob auch andere baurechtliche Fehler eine Abrissverfügung rechtfertigen können, ob namentlich (a) ein Einschreiten mangels baurechtlicher Genehmigung („Schwarzbau") und (b) ein Abriss wegen anderer, weniger gewichtiger bautechnischer Mängel zulässig sind. Beide Fälle werden vom Wortlaut der Ermächtigung nicht erfasst. Im Wege der teleologischen Interpretation lässt sich jedoch begründen, dass das Bauen ohne Baugenehmigung (a) nicht mitgeregelt ist, der Rückgriff auf eine allgemeinere Ermächtigung also möglich bleibt, dass hingegen eine Abrissverfügung wegen unwesentlicherer baulicher Mängel (b) unzulässig sein soll, die insoweit abschließende Spezialnorm mithin die Anwendung der lex generalis sperrt.

8 Deutlich wird die Unterscheidung von Aufgaben- und Befugnisnormen am Beispiel der polizeilichen Generalklausel in §§ 3, 1 PolG BW. § 3 PolG BW ermächtigt die Polizei, Maßnahmen „zur Wahrnehmung ihrer Aufgaben" zu treffen. § 1 PolG BW definiert die polizeiliche Aufgabe der Gefahrenabwehr und füllt so den Tatbestand des § 3 PolG BW aus, der die eigentliche Ermächtigungsgrundlage bildet. Ähnlich §§ 2, 5 Abs. 1 OBG Thür, §§ 2, 12 Abs. 1 PAG Thür.

rechtliche Generalklausel oder eine gleich strukturierte spezielle Ermächtigung, die tatbestandlich den unbestimmten Rechtsbegriff der „öffentlichen Sicherheit" aufnimmt, der wiederum auf in der übrigen Rechtsordnung angelegte Rechtspflichten Bezug nimmt[9].

Schließlich liegen nicht selten spezielle Ermächtigungen vor, die aber nur einzelne der konkret aufgeworfenen polizei- und ordnungsrechtlichen Fragen beantworten, zum Beispiel nicht besagen, gegen wen vorgegangen werden darf. Diese Lücken sind unter Rückgriff auf das allgemeine Polizei- und Ordnungsrecht zu schließen. Das Verhältnis von lex specialis und lex generalis beschränkt sich folglich nicht auf die Auswahl der anzuwendenden Vorschrift, sondern kann grundsätzlich bei jedem einzelnen Prüfungspunkt erheblich werden[10].

Zum Prüfungsaufbau im Polizei- und Ordnungsrecht: Polizeiverfügungen sind grundsätzlich wie alle Maßnahmen der Eingriffsverwaltung zu prüfen. Im Anschluss an die (1) Auswahl der Ermächtigungsgrundlage ist (2) die formelle Rechtmäßigkeit zu betrachten. (a) Die Zuständigkeit richtet sich jeweils nach der einschlägigen Rechtsgrundlage. Allerdings finden sich in Bundesgesetzen häufig keine Zuständigkeitsregeln, weil die Verwaltung und damit auch die Behördenorganisation gemäß Art. 30, 83 ff. GG grundsätzlich in der Kompetenz der Länder liegt. Der Bund trifft deswegen nur ausnahmsweise (mit Zustimmung des Bundesrates) eigene Zuständigkeitsregelungen (Art. 84 Abs. 1, 85 Abs. 1 GG). Im Einzelnen ist zunächst das ermächtigende Bundes- oder Landesgesetz, sodann ein eventuelles Bundes- oder Landesausführungsgesetz, möglicherweise auch eine Zuständigkeitsverordnung des Bundes oder Landes zu durchsuchen. Findet sich dort keine Zuständigkeitsregelung, kommt ein Rückgriff auf die Vorschriften zur allgemeinen Behördenstruktur des Polizei- und Ordnungsrechts in Betracht, nach denen grundsätzlich die Gemeinde zuständig ist[11]. (b) Im Verfahren vor Erlass einer Polizeiverfügung sind, soweit keine Spezialregelung eingreift, die Anforderungen des (L)VwVfG zu beachten. Insbesondere ist der Betroffene gemäß § 28 (L)VwVfG anzuhören. (c) Gemäß § 10 (L)VwVfG gilt, soweit keine lex specialis vorliegt, der Grundsatz der Nichtförmlichkeit des Verwaltungsverfahrens. 134

(3) Die materielle Rechtmäßigkeit einer Polizeiverfügung ist nach allgemeinen Grundsätzen zu prüfen, das heißt nach Tatbestand und Rechtsfolge gegliedert. Zunächst müssen die gesetzlichen Voraussetzungen behördlichen Handelns („ob") vorliegen. Die Polizei- und Ordnungsgesetze stellen die hiernach auszuwählende Rechtsfolge durchgängig in das Ermessen der Behörde. Die gesetzlichen Grenzen des Ermessens beschränken die Behörde in der Auswahl sowohl des Adressaten ihrer Maßnahme („gegen wen")[12] wie auch des einzusetzenden Mittels („wie")[13]. Dabei ist an jeder Stelle der Prüfung getrennt zu fragen, ob eine speziellere Norm Regelungen anbietet. Fehlt es hieran, ist ergänzend auf die Grundsätze des allgemeinen Polizei- und Ordnungsrechts zurückzugreifen[14]. 135

9 Siehe sogleich.

10 In der Klausur empfiehlt es sich, jeweils festzustellen, dass das speziellere Gesetz insoweit nicht abschließend ist.

11 Z. B. §§ 104 ff. PolG BW, insbesondere §§ 105 Abs. 1, 111 Abs. 2, 107 Abs. 4 S. 1 PolG BW: grundsätzliche Zuständigkeit der Gemeinde als Ortspolizeibehörde; ähnlich §§ 1, 4 Abs. 1 OBG Thür.

12 Die dogmatische Einordnung der Adressatenauswahl als Ermessensgrenze (nicht Tatbestandsvoraussetzung) bleibt folgenlos, wenn nur ein potentieller Adressat zur Verfügung steht. Bedeutung gewinnt sie bei mehreren Störern, zwischen denen ermessensfehlerfrei ausgewählt werden muss.

13 Als Merkregel hilfreich ist der (verkürzende) Dreiklang: „Ob", „gegen wen" und „wie".

14 Beispielsweise enthalten spezielle Gesetze des Polizei- und Ordnungsrechts häufig keine Adressatenregelung. Sie sind dann unter Rückgriff auf die allgemeinen Regeln der Verhaltens-, Zustands- und Nichtstörerhaftung (z.B. §§ 6, 7, 9 PolG BW; §§ 10, 11, 13 OBG Thür. und §§ 7, 8, 10 PAG Thür.) auszufüllen. Auch die übrigen Schritte der Prüfung folgen der gleichen Struktur von lex specialis und lex generalis.

136 (a) Im Einzelnen setzen die speziellen Ermächtigungen, die Standardmaßnahmen wie auch die Generalklausel tatbestandlich regelmäßig eine Gefährdung oder sogar Störung (das heißt eine bereits realisierte Gefahr) der öffentlichen Sicherheit oder Ordnung voraus[15].

Der zentrale Begriff der „öffentlichen Sicherheit" offenbart die besondere Verweisstruktur des Polizei- und Ordnungsrechts, indem er alle Individualrechte und -rechtsgüter, alle Kollektivrechtsgüter[16], die Einrichtungen und Veranstaltungen des Staates sowie die in der objektiven Rechtsordnung begründeten Verhaltenspflichten umfasst. Letzteres bezieht insbesondere (aber nicht nur) alle Vorschriften des Straf- und Ordnungswidrigkeitenrechts ein, deren Missachtung immer auch eine Störung der öffentlichen Sicherheit bedeutet[17]. Die „öffentliche Ordnung" meint die Gesamtheit der ungeschriebenen Regeln, deren Beachtung für ein gedeihliches Zusammenleben schlechthin unerlässlich ist. Sie hat praktisch geringe Bedeutung, da die entsprechenden Regeln zumeist bereits über die öffentliche Sicherheit erfasst werden[18].

Eine wichtige Funktion übernimmt auch der differenzierend zu handhabende Begriff der „Gefahr".[19] Er bezeichnet eine Sachlage, die bei ungehindertem Ablauf den Eintritt eines Schadens mit hinreichender Wahrscheinlichkeit erwarten lässt. Die geforderte „hinreichende" Wahrscheinlichkeit ist dabei je nach Rechtsgut verschieden zu bemessen: Je höher der Wert des gefährdeten Rechtsgutes ist, desto geringer muss die Wahrscheinlichkeit sein, um eine „Gefahr" zu begründen. Zu differenzieren ist ferner zwischen konkreten und abstrakten Gefahren. Eine konkrete Gefahr meint einen nach Ort und Zeit bestimmten Sachverhalt, dem mit dem Handlungsmittel der Polizeiverfügung (Verwaltungsakt) zu begegnen ist. Eine abstrakte Gefahr ist hingegen ein Sachverhalt, bei dem ein Schaden nach allgemeiner Lebenserfahrung generell mit hinreichender Wahrscheinlichkeit zu erwarten ist. Einzusetzen ist dann das Handlungsmittel der Polizeiverordnung (Rechtsverordnung). Bedeutsam ist schließlich die Perspektive der Beurteilung, ob eine Gefahr vorliegt. Das Prinzip der effektiven Gefahrenabwehr erfordert jeweils eine verständige und sachgerechte Beurteilung der Situation aus der Sicht ex ante anhand objektiver Kriterien.

137 (b) Das Polizei- und Ordnungsrecht räumt den handelnden Stellen aus Gründen der Effektivität der Gefahrenabwehr ein im Ausgangspunkt grundsätzlich weites Ermessen ein (Opportunitätsprinzip). Dies umfasst ein Entschließungsermessen, ob sie überhaupt tätig werden wollen, und ein Auswahlermessen, gegen wen und wie sie einschreiten wollen. Die wichtigste Ermessensgrenze hinsichtlich der Auswahl des einzusetzenden Mittels liefert das in Verbindung mit den Grundrechten anzuwendende Verhältnismäßigkeitsprinzip.

---

15 In manchen Ländern sind die nachfolgend dargestellten Grundbegriffe eigens gesetzlich definiert, z.B. in § 54 OBG Thür.

16 Beispiele bieten das Grundwasser oder die Sicherheit und Leichtigkeit des Straßenverkehrs.

17 In der Klausur empfiehlt es sich, soweit möglich auf die in der objektiven Rechtsordnung begründeten Verhaltenspflichten abzustellen, die zumeist einfacher festzustellen sind, im Übrigen auch über die Subsidiarität des Polizei- und Ordnungsrechts (z.B. § 2 Abs. 2 PolG BW, § 2 Abs. 2 OBG Thür. und § 2 Abs. 2 PAG Thür.) hinweghelfen.

18 In jüngerer Zeit hat die öffentliche Ordnung allerdings eine gewisse Renaissance erfahren; vgl. unten Fall 7.

19 Unterhalb der Gefahrenschwelle findet das spezifische Gefahrenabwehrrecht keine Anwendung. Ein Handeln zur „Gefahrenvorsorge" bleibt aber möglich, sofern eine Vorschrift präventive Maßnahmen im Vorfeld tatsächlicher Gefahren gestattet (siehe Fall 1 zur straßenverkehrsrechtlichen Gefährlichkeit von Alkohol auch außerhalb des Straßenverkehrs) oder eine Maßnahme mangels Eingriffscharakters keiner Ermächtigungsgrundlage bedarf (z.B. Streifenfahrt des Polizeivollzugsdienstes). Vorrangig gilt es jedoch zunächst zu hinterfragen, ob nicht doch eine „Gefahr" im Sinne des situationsabhängig differenzierenden Gefahrenbegriffs vorliegt.

Dessen differenzierender Charakter erlaubt und verlangt, die Vielfalt der tatbestandlich erfassten Sachverhalte ausgleichend zu verarbeiten. So müssen namentlich die Wertigkeit des gefährdeten Schutzgutes sowie der Grad und die Wahrscheinlichkeit seiner Gefährdung Berücksichtigung finden[20]. Einer größeren Unsicherheit auf Tatbestandsseite ist gegebenenfalls auf Rechtsfolgenseite durch eine Beschränkung auf Eingriffe zur Erforschung der Sachlage Rechnung zu tragen[21]. ■

Fall 5: Die Eheleute A streiten sich seit längerer Zeit häufig und heftig. Nachbarn haben mehrfach beobachten können, dass Frau A nach lautstarken Meinungsverschiedenheiten mit ihrem wegen Körperverletzung vorbestraften Mann erhebliche Verletzungen aufwies. Nach einem neuerlichen Streit informiert daher ein besorgter Nachbar die Polizei. Auf deren Frage nach dem Vorfall und insbesondere nach den Ursachen einer sichtbaren Gesichtsverletzung von Frau A antwortet Herr A, seine Frau sei am Vortag die Kellertreppe hinuntergefallen. Frau A verweigert jede Antwort. Die zuständige Behörde ist sehr besorgt und ordnet am nächsten Tag zum Schutze der Gesundheit von Frau A an, dass Herr A die gemeinsame Wohnung bis auf weiteres nicht mehr betreten darf. Die Verfügung wird für sofort vollziehbar erklärt und für den Fall ihrer Missachtung mit der Androhung eines Zwangsgeldes verbunden. Da A gleichwohl hat erkennen lassen, sich nicht an das Verbot halten zu wollen, wird sicherheitshalber zusätzlich der Wohnungsschlüssel beschlagnahmt. **138**

Herr A fragt nun seinen Rechtsanwalt, ob und wie er die Rückkehr in seine Wohnung erreichen könne. Was wird der Anwalt raten? Prüfen Sie die sinnvollerweise zu ergreifenden Rechtsschutzmöglichkeiten auf ihre Erfolgsaussichten!

Variante: Herr A ist erstmalig gewalttätig geworden. Da der Streit mit seiner Frau jedoch noch nicht geklärt scheint, befürchtet die zuständige Behörde weitere Vorfälle und ordnet an, dass Herr A die Wohnung befristet für zwei Wochen nicht mehr betreten darf, um Frau A in der Zwischenzeit von der Notwendigkeit gerichtlicher Schritte überzeugen zu können.

Wie ist die Rechtslage?

Gesetz zum zivilrechtlichen Schutz vor Gewalttaten und Nachstellungen (Gewaltschutzgesetz – GewSchG) vom 11.12.2001 (BGBl. I, S. 3513)

§ 1 Gerichtliche Maßnahmen zum Schutze vor Gewalt und Nachstellung

(1) [1]Hat eine Person vorsätzlich den Körper, die Gesundheit oder die Freiheit einer anderen Person widerrechtlich verletzt, hat das Gericht auf Antrag der verletzten Person die zur Abwendung weiterer Verletzungen erforderlichen Maßnahmen zu treffen. ... [3]Das Gericht kann insbesondere anordnen, dass der Täter es unterlässt,

20 Auf diese Weise können die häufig zu vermeintlich eigenen Kategorien verselbständigten Problemkreise „Gefahrenverdacht“ und „Verdachtstörer“ in die allgemeine Dogmatik eingebettet und zugleich flexibel gelöst werden.

21 Zur Vertiefung *Schoch*, Grundfälle zum Polizei- und Ordnungsrecht, JuS 1994, S. 391 ff., 479 ff., 570 ff., 667 ff., 754 ff., 849 ff., 932 ff., 1026 ff., JuS 1995, S. 30 ff., 215 ff., 307 ff., 504 ff.

1. die Wohnung der verletzten Person zu betreten, ...

§ 2 Überlassen einer gemeinsam genutzten Wohnung

(1) Hat die verletzte Person zum Zeitpunkt einer Tat nach § 1 Abs. 1 Satz 1 ... mit dem Täter einen auf Dauer angelegten gemeinsamen Haushalt geführt, so kann sie von diesem verlangen, ihr die gemeinsam genutzte Wohnung zur alleinigen Benutzung zu überlassen.

Lösung zu Fall 5

139 **Vorbemerkung:** Es handelt sich um eine „Anwaltsklausur", in der nicht nach den Erfolgsaussichten einer bereits erhobenen Klage gefragt ist, sondern nach sinnvollen Rechtsschutzmöglichkeiten. Die verfahrensrechtliche Durchsetzbarkeit eventuell zu ergreifender Schritte ist dabei abhängig von der materiellen Rechtslage, die folglich zuerst zu prüfen ist.

1. Maßnahme: Verweis aus der Wohnung

A. Materielle Rechtslage: Zur Rechtmäßigkeit des Verweises

140 **1) Rechtsgrundlage:** Das GewSchG kommt nicht als Ermächtigungsgrundlage in Betracht, da es lediglich Maßnahmen des Zivilgerichts auf Antrag der verletzten Person vorsieht, nicht aber ein behördliches Einschreiten. Sonstige bundes- oder landesgesetzliche Spezialgesetze sind nicht ersichtlich. Daher ist das allgemeine Polizei- und Ordnungsrecht heranzuziehen.

Das GewSchG entfaltet keine Sperrwirkung gegenüber dem allgemeinen Polizei- und Ordnungsrecht, da es eine zivilrechtliche Regelung mit unterschiedlicher Ausrichtung einführt und nicht dem Recht der Gefahrenabwehr angehört. Beide Rechtsmaterien stehen konkurrenzfrei nebeneinander, wobei sich das Polizei- und Ordnungsrecht für kurzfristige Maßnahmen bis zu einer zivilgerichtlichen Entscheidung nutzen lässt.

Die einschlägigen Rechtsgrundlagen unterscheiden sich an dieser Stelle je nach Bundesland. Die meisten Länder haben den polizeilichen Verweis aus der eigenen Wohnung (mit seinen untrennbar verbundenen Bestandteilen eines Entfernungsgebotes und eines einstweiligen Rückkehrverbotes) als Standardmaßnahme ausgestaltet[22]. In Ländern

22 § 30 Abs. 3 PolG BW; § 29a ASOG Bln; § 16a BbgPolG; § 12 BremPolG; § 12b Abs. 1 SOG Hbg.; § 31 Abs. 2 HSOG; § 52 Abs. 2 SOG M-V; § 17 Abs. 1 i.V.m. Abs. 2 NdsPOG; § 34a PolG NRW; § 13 Abs. 2 POG RhPf; § 12 Abs. 2 SPolG; § 21 Abs. 3 SächsPolG; § 36 Abs. 3 SOG LSA; § 201a LVwG SH; § 18 Abs. 2 PAG Thür. – Die einzelnen landesrechtlichen Regelungen unterscheiden dabei mit wechselnder Deutlichkeit zwischen einem Entfernungsgebot und einem Rückkehrverbot, ggf. noch ergänzt um ein Annäherungsverbot (vgl. z.B. S. 1 und 2 von § 27a Abs. 3 PolG BW). Da diese Differenzierung jedoch in erster Linie von der gewählten Formulierung abhängt und beide Teilmaßnahmen untrennbar zusammenhängen, erscheint eine gemeinsame Prüfung als gerechtfertigt.

ohne eine solche Regelung kommt ein Rückgriff auf die allgemeinere Regelung zum Platzverweis[23] oder auch auf die polizei- und ordnungsrechtliche Generalklausel[24] in Betracht.

Vorab sind jedoch zwei Fragenkreise zu erörtern, die einer Anwendung des allgemeinen Polizei- und Ordnungsrechts widersprechen könnten, jene nach der Gesetzgebungskompetenz des Landes und – je nach landesgesetzlicher Ausgestaltung – nach der Reichweite des Gesetzesvorbehalts.

Erstens ist die Landeskompetenz zu hinterfragen. Art. 73 Abs. 1 Nr. 3 1. Fall GG weist dem Bund die ausschließliche Gesetzgebungskompetenz für die „Freizügigkeit" zu. Der Begriff der Freizügigkeit im Sinne dieser Vorschrift wird überwiegend an Art. 11 GG ausgerichtet[25], wenn auch ohne Beschränkung auf Deutsche sowie unter Einbeziehung grenzüberschreitender Sachverhalte. Dennoch fragt sich, ob beide Begriffe zwingend gleichzusetzen oder im Detail zu modifizieren sind. Im Falle ihrer Identität wäre vorliegend, weil Art. 11 GG auch das Recht zum dauerhaften Aufenthalt am Ort der eigenen Wohnung schützt, selbst bei schwerwiegenden Gefahren jeder Rückgriff auf das Landesrecht ausgeschlossen. Nach herrschender Meinung ist der Begriff der Freizügigkeit in Art. 73 Abs. 1 Nr. 3 1. Fall GG jedoch enger auszulegen als jener des Art. 11 GG. Bei systematischer Interpretation im Zusammenhang der anderen Fälle von Art. 73 Abs. 1 Nr. 3 GG (Passwesen, Ein- und Auswanderung, Auslieferung[26]) wird deutlich, dass jeweils Fälle mit Bezug zur Ein- und Ausreise in die Bundesrepublik, das heißt zum Aufenthalt im Bundesgebiet insgesamt, gemeint sind. Bei teleologischer Auslegung ist ferner zu beachten, dass verschiedenartige Maßnahmen grundsätzlich anderer Zielrichtung das Grundrecht auf Freizügigkeit berühren können, vor allem wenn man die Weite des modernen Eingriffsbegriffs einbezieht, der auch faktische und mittelbare Eingriffe anerkennt[27]. Eine vollständige Gleichsetzung des Begriffs der „Freizügigkeit" in Art. 11 GG und Art. 73 GG würde daher das vom Verfassunggeber historisch in Länderzuständigkeit vorgefundene Recht der Gefahrenabwehr in nicht geringem Umfang dem Bund überantworten, ein Ergebnis das sicher nicht gewollt ist[28]. Insgesamt ist zwar die genaue Reichweite der Zuständigkeit nach Art. 73 Abs. 1 Nr. 3 1. Fall GG noch nicht abschließend geklärt. Jedoch lässt sich eindeutig feststellen, dass Fälle dieser Art nicht erfasst sein sollen. Die Zuständigkeit der Länder für das Recht der Gefahrenabwehr bleibt vorliegend mithin unberührt[29]. **141**

Zweitens sind die Anforderungen des Gesetzesvorbehaltes zu wahren[30]. Diese Frage ließe sich zwar auch bei Ausgestaltung des Wohnungsverweises als Standardmaßnahme **142**

23 Art. 16 PAG Bay.
24 So z.B. die Rechtslage in Baden-Württemberg bis einschließlich 2008 (§ 3 i.V.m. § 1 PolG BW).
25 Siehe z.B. *Jarass/Pieroth*, Grundgesetz, Art. 73, Rdnr. 8.
26 Das „Melde- und Ausweiswesen" (Art. 73 Abs. 1 Nr. 3 2. Fall GG) wurde erst mit der Föderalismusreform 2006 eingefügt, ohne auf die Interpretation der vorhandenen Fälle von Nr. 3 zurückzuwirken.
27 Zum Eingriffsbegriff *Seiler*, JuS 2002, S. 156 (158).
28 Siehe OVG Bremen, NVwZ 1999, S. 314 (316).
29 Ebenso VGH Mannheim, NJW 2005, S. 88 f.
30 Zum Gesetzesvorbehalt *Detterbeck*, Jura 2002, S. 235 ff.

stellen. Ihre volle Bedeutung gewinnt sie jedoch dort, wo eine allgemeinere Regelung zum Platzverweis (oder theoretisch sogar die polizei- und ordnungsrechtliche Generalklausel) herangezogen wird. Zu bedenken sind insofern sowohl die Intensität als auch die Häufigkeit der gewählten Maßnahme.

Zum einen handelt es sich um einen einschneidenden Grundrechtseingriff. Nach der Wesentlichkeitslehre des Bundesverfassungsgerichts muss der Gesetzgeber insofern alle wesentlichen, insbesondere alle grundrechtserheblichen Fragen im förmlichen Gesetz regeln, womit das grundsätzliche Erfordernis gesetzlicher Normierung („ob") und die konkret gebotene Regelungsdichte („wie bestimmt") definiert werden. Allerdings ist nicht der Wortlaut der Ermächtigungsgrundlage entscheidend, sondern ihr auslegungsfähiger Inhalt, der zudem im Zusammenhang des gesamten Gesetzes zu ermitteln ist. Vorliegend finden sich ergänzende gesetzliche Prinzipien, die das legislativ Gewollte interpretationsfähig erkennen lassen. So fordert das Opportunitätsprinzip eine Ausrichtung an der Effektivität der Gefahrenabwehr, wodurch in vielen Fällen eindeutig ist, welche Maßnahme als sachgerecht erlaubt sein soll. Das Verhältnismäßigkeitsprinzip engt als wirksame Schranke zum Schutz der Grundrechte den Kreis denkbarer Reaktionen nicht unerheblich ein. Beides zusammen lässt selbst bei einer sprachlich offeneren Gestaltung noch hinreichend deutlich erkennen, was gesetzlich gestattet ist.

Zum anderen könnte es (in Ländern ohne eine genau dies regelnde Standardmaßnahme) erheblich sein, dass die Praxis Wohnungsverweise mittlerweile standardisiert ausspricht, sie also nicht auf untypische Einzelfälle beschränkt. Jedoch darf auch eine allgemeinere Rechtsgrundlage (und sogar die Generalklausel) zur Bewältigung regelhaft vorkommender Gefahrensituationen eingesetzt werden[31], solange die standardisierte Maßnahme nicht „von einer verwickelten, in das Gebiet der Weltanschauungen hineinreichenden, abwägenden Wertung einer Mehrzahl verschiedener Schutzinteressen"[32] abhängt, was hier aber wohl nicht in Betracht kommen dürfte.

Insgesamt dürfte der Vorbehalt des Gesetzes selbst bei Anwendung einer allgemein gehaltenen Rechtsgrundlage noch gewahrt sein[33]. Da es sich jedoch um einen unsicheren Grenzfall handelt, haben die meisten Landesgesetzgeber die Standardmaßnahme vorgezogen.

143 Die einschlägigen Rechtsgrundlagen wahren schließlich, soweit erforderlich[34], auch das Zitiergebot gemäß Art. 19 Abs. 1 S. 2 GG[35].

31 So BVerwG, NVwZ, 2007, S. 1439 (1441) zur polizeilichen Meldeauflage.

32 BVerwGE 115, 189 (194) (Laserdrome).

33 Vgl. zur früheren Gesetzeslage (Rückgriff auf die Generalklausel) VGH Mannheim, NJW 2005, S. 88 (89). – Rechtsfolge einer gegenteiligen Auffassung wäre nicht die Nichtigkeit der Generalklausel, sondern ihre verfassungskonform enge Auslegung, dass Fälle dieser Art nicht umfasst sein sollen.

34 Art. 6 GG, Art. 14 GG stehen nicht unter einem Einschränkungsvorbehalt im technischen Sinne und müssen deshalb nicht zitiert werden.

35 § 4 PolG BW nennt Art. 11 GG (und Art. 13 GG). Ebenso § 14 OBG Thür.

2) Formelle Rechtmäßigkeit: Laut Sachverhalt hat die nach Landesrecht[36] zuständige Stelle gehandelt. Herr A wurde angehört (§ 28 LVwVfG). Falls der Platzverweis (wie in der Praxis üblich) schriftlich erging, bedarf er der Begründung (§ 39 LVwVfG). 144

3) Materielle Rechtmäßigkeit 145

a) Tatbestand: Die (je nach Landesrecht[37] in unterschiedlicher Formulierung vorausgesetzte, teilweise durch einschränkende Eigenschaftswörter verengte) Gefahr für die öffentliche Sicherheit liegt hier in der drohenden Begehung von Körperverletzungsdelikten nach §§ 223 ff. StGB und ist angesichts der besonderen Bedeutung des Rechtsguts Gesundheit hinreichend wahrscheinlich.

Es schließt sich allerdings das Problem der Subsidiarität des Polizei- und Ordnungsrechts an. Im Kern handelt es sich vorliegend um einen Eingriff in die private Sphäre der Eheleute und damit um den Schutz eigener Rechte. Dieser ist jedoch grundsätzlich zivilgerichtlich durchzusetzen, wofür hier ein Anspruch aus dem GewSchG zur Verfügung steht. Polizei- und ordnungsbehördlicher Schutz ist deswegen nach der jeweiligen landesrechtlichen Subsidiaritätsklausel[38] nur auf Antrag und nur unter engen Voraussetzungen zu erhalten. Im gegebenen Fall schweigt Frau A, so dass ein Einschreiten an sich ausgeschlossen scheint. Jedoch greift die Subsidiaritätsregel nur, soweit ausschließlich private Rechte berührt sind, nicht sofern zugleich objektive Aussagen des Rechts ein Handeln erfordern. Vorliegend besteht eine aus Art. 2 Abs. 2 GG abzuleitende staatliche Schutzpflicht für die Gesundheit von Frau A, die in den §§ 223 ff. StGB gesetzlich konkretisiert wird. Aus diesem Grund (und insoweit) steht die Subsidiarität nicht entgegen[39]. 146

■ **Allgemein:** Ratio der Subsidiarität ist es, die Kompetenzordnung zu wahren.[40] Beispielsweise werden private Rechte nach dem BGB als vertragliche Ansprüche zumeist auch von Art. 2 Abs. 1 GG (Privatautonomie als Schutzgut der Handlungsfreiheit), als dingliche Rechte in der Regel auch von Art. 14 GG (eigentumsausgestaltende Funktion der Privatrechtsordnung) geschützt. Es handelt sich also jeweils um von der öffentlichen Sicherheit umfasste Individualrechtsgüter. Dennoch sind sie nicht bei der Polizei, sondern vor den Zivilgerichten durchzusetzen. Ausnahmen sind nur unter den strengen Voraussetzungen der landesrechtlichen Subsidiaritätsklauseln zulässig, die grundsätzlich über den Anwendungsbereich der polizei- und ordnungsrechtlichen Generalklausel hinaus für das 147

36 In Baden-Württemberg ist dies die Gemeinde als Ortspolizeibehörde (§§ 105 Abs. 1, 111 Abs. 2, 107 Abs. 4 S. 1 PolG BW), in Thüringen zumeist ebenfalls die Gemeinde als Ordnungsbehörde (§§ 1, 4 Abs. 1 OBG).

37 Beispielsweise setzt § 30 Abs. 3 PolG BW für den Wohnungsverweis eine „unmittelbar bevorstehende erhebliche Gefahr" (S. 1) und für das Rückkehrverbot deren Fortbestehen (S. 2) voraus. Geschützte Rechtsgüter sind (bei einschränkender Interpretation des insoweit offenen Normtextes) jeweils Leib und Leben einer anderen Person.

38 Z.B. § 2 Abs. 2 PolG BW, § 2 Abs. 2 OBG Thür.

39 Hier bestätigt sich die obige Empfehlung, in der Klausur bei gleichzeitigem Verstoß gegen eine Gebots- oder Verbotsnorm des öffentlichen Rechts (insbesondere Strafnormen, Vorschriften des Ordnungswidrigkeitenrechts, sonstige Ge- und Verbote des öffentlichen Rechts) auf die „in der objektiven Rechtsordnung begründeten Verhaltensanforderungen" abzustellen, da auf diese Weise das Problem der Subsidiarität vermieden wird.

40 Zur Subsidiarität polizeilichen Einschreitens siehe auch VGH Mannheim, NJW 2011, S. 2532.

gesamte Polizei- und Ordnungsrecht Beachtung verlangen. Als ungeschriebene Ermessensgrenze ist zusätzlich eine grundsätzliche Beschränkung der zu ergreifenden Rechtsfolgen auf vorläufige Maßnahmen mitzudenken, sofern nicht die abzusichernde Verwirklichung eigener Rechte ansonsten vereitelt oder wesentlich erschwert würde. ■

148 **b) Rechtsfolge:** (1) Herr A kann als Adressat einer Verfügung herangezogen werden, da er als Verursacher der Gefahr Handlungs- oder Verhaltensstörer ist[41]. (2) Das ausgewählte Mittel, ihn aus seiner eigenen Wohnung zu verweisen, ist an den Grundrechten in Verbindung mit dem Verhältnismäßigkeitsprinzip zu messen.

149 (a) Als thematisch einschlägiges Freiheitsrecht drängt sich zunächst Art. 11 GG auf, der allen Deutschen Freizügigkeit verbürgt, also das Recht, an jedem Ort im Bundesgebiet Aufenthalt und Wohnsitz zu nehmen[42]. Der Wohnsitz des A wird vorliegend durch seine nur vorübergehende Abwesenheit noch nicht aufgehoben. Indes wird ihm der (nicht ganz kurzfristige) Aufenthalt in seiner Wohnung verwehrt. Rechtfertigen lässt sich dies nur unter den engen Voraussetzungen des qualifizierten Gesetzesvorbehalts in Art. 11 Abs. 2 GG. Hier handelt die Behörde, „um strafbaren Handlungen vorzubeugen“ (§§ 223 ff. StGB).

Auch Art. 6 Abs. 1 GG ist zu beachten. Bei Verheirateten beschränkt ein Verweis aus der ehelichen Wohnung das Recht, das eheliche Leben frei zu gestalten. Gleiches gilt für die vorherige Ausforschung der ehelichen Verhältnisse. Falls der Betroffene Kinder hat, ist auch der Schutz der Familie angesprochen. Art. 6 Abs. 1 GG ist ein vorbehaltlos gewährleistetes Grundrecht, weshalb Beschränkungen nur durch kollidierendes Verfassungsrecht gerechtfertigt werden können. Als solches ist hier Art. 2 Abs. 2 S. 1 GG, der Schutz des Lebens und der körperlichen Unversehrtheit, heranzuziehen. Soweit sich die Gewalt gegen Kinder richtet, tritt noch Art. 6 Abs. 2 S. 2 GG hinzu.

Hingegen ist Art. 13 GG[43] nicht einschlägig. Das Grundrecht schützt nicht unmittelbar den Besitz und die Nutzung der Wohnung, sondern deren Privatheit. Garantiert wird eine räumliche Sphäre, in deren Schutz sich das Privatleben entfalten kann. Typische Eingriffe sind daher das körperliche Eindringen in die Wohnung oder das Ausforschen der Räume mit technischen Hilfsmitteln. Hier bleibt diese vertrauliche Sphäre unverletzt. A kann sich lediglich nicht in sie begeben. Dies ist ähnlich zu beurteilen wie beispielsweise eine ebenfalls nicht an Art. 13 GG zu messende Haftstrafe[44].

---

41 § 30 Abs. 3 PolG BW spricht nur von „einer Person“, meint damit aber den Verursacher i.S.v. § 6 PolG BW. Siehe auch § 10 OBG Thür.

42 Als nicht einschlägig abzugrenzen ist Art. 2 Abs. 2 S. 2 GG, die Freiheit der Person. Die Vorschrift meint die körperliche Bewegungsfreiheit. Historisch folgt sie aus dem habeas-corpus-Gedanken, der vor unberechtigten Verhaftungen schützt. Die Norm verbürgt daher den Schutz vor Beschränkungen auf einen bestimmten Ort, nicht aber das Recht, sich an einem bestimmten Ort aufzuhalten.

43 Siehe BVerfGE 89, 1 (11 ff.) (Mieterschutz). Vgl. auch BVerfGE 7, 230 (238).

44 In anderen Fallkonstellationen können gleichwohl (begleitende) Eingriffe in Art. 13 GG in Betracht kommen, etwa wenn Polizeibeamte eine Wohnung zur Gefahrerforschung oder zur Durchsetzung von Gefahrenabwehrmaßnahmen betreten. In dringenden Fällen lassen sie sich gemäß Art. 13 Abs. 7 GG rechtfertigen.

Art. 14 GG vermittelt dem dinglich Berechtigten und nach der Rechtsprechung sogar dem Mieter[45] das Recht zur Nutzung der eigenen Wohnung. Allerdings erweisen sich die Vorschriften des Polizei- und Ordnungsrechts als Inhalts- und Schrankenbestimmungen, welche als Ausdruck der Sozialpflichtigkeit des Eigentums weitgehende Beschränkungen ermöglichen können.

(b) Ausschlaggebendes Kriterium ist bei allen im konkreten Fall maßgeblichen Grundrechten, namentlich bei Art. 11 und 6 GG, die Vereinbarkeit mit dem Verhältnismäßigkeitsprinzip. Das Mittel, Herrn A aus seiner eigenen Wohnung auszuschließen, dient dem Zweck, Leib und Leben seiner Frau zu schützen (Art. 2 Abs. 2 S. 1 GG). Es ist geeignet und, da kein milderes, gleich wirksames Mittel verfügbar ist, auch erforderlich, um den Zweck zu erreichen. Die Angemessenheitsprüfung hat die hohe Wertigkeit der beiderseits berührten Rechtsgüter zu berücksichtigen, von denen keine Seite einen generellen Vorrang beanspruchen kann. Auch sind die verschiedenen Rechtsgüter jeweils intensiv betroffen, wobei die Folgen für die Opfer im Falle erheblicher Körperverletzungen wohl schwerer wiegen dürften. In die Abwägung sind als weitere Kriterien die konkrete Intensität und Wahrscheinlichkeit der Gefahr, die Verantwortung des Gewalttäters kraft Verursachung wie auch etwaige Ausweichmöglichkeiten des Pflichtigen einzustellen. Auch ist zu berücksichtigen, ob ein Gewaltopfer eigenverantwortlich auf Schutz verzichtet hat. Im Ergebnis ist ein polizei- und ordnungsrechtlicher Verweis aus der eigenen Wohnung je nach den Besonderheiten des Einzelfalls zulässig, wenn auch nur bei hinreichend wahrscheinlichen und unmittelbar drohenden schweren Körperverletzungen i.S.d. StGB.[46] Eine etwaige gerichtliche Überprüfung der behördlichen Entscheidung beschränkt sich dabei auf eine bloße Vertretbarkeitskontrolle[47]. 150

Einschränkend ist hinzuzufügen, dass als Rechtsfolge nur befristete Maßnahmen zugelassen werden dürfen. Die Obergrenze liegt hier wohl bei 14 Tagen. So sehen die Polizei- und Ordnungsgesetze der meisten Bundesländer im Rahmen der entsprechenden Standardmaßnahme ausdrückliche Höchstfristen zwischen 10 und 14 Tagen vor, wobei teilweise eine einmalige Verlängerung zugelassen wird, sofern ein Antrag nach dem GewSchG gestellt worden ist[48]. In Ermangelung einer ausdrücklichen Regelung käme auch in Betracht, die jeweilige Obergrenze für die Ingewahrsamnahme[49] von Gewalttätern entsprechend anzuwenden, welche den Betroffenen ebenfalls von seiner Wohnung fern hält, dabei eine intensivere Rechtsfolge bei im Ausgleich stärkerem rechtsstaatlichen Schutz durch einen Richtervorbehalt ausspricht.

---

45 BVerfGE 89, 1 (5 ff.) (Mieterschutz).

46 Für eine verfassungskonform enge Handhabung der einschlägigen Befugnisnorm im Lichte von Art. 11 Abs. 2 GG („um strafbaren Handlungen vorzubeugen") VGH Mannheim, NJW 2005, S. 88 (89).

47 Sachfremd wäre zum Beispiel ein Verweis aus individual- oder generalpräventiven Gründen; VG Stuttgart, VBlBW 2002, S. 43 (44).

48 Vgl. § 30 Abs. 4 S. 1 PolG BW (14 Tage); § 29a Abs. 3 S. 1 ASOG Bln (14 Tage); § 12 Abs. 4 S. 1 BremPolG (10 Tage); § 12b Abs. 1 S. 2 SOG Hbg. (10 Tage); § 31 Abs. 2 S. 3 HSOG (14 Tage); § 52 Abs. 2 S. 3 SOG M-V (14 Tage); § 34a Abs. 5 S. 1 PolG NRW (10 Tage); § 12 Abs. 2 S. 4 SPolG (10 Tage); § 21 Abs. 3 SächsPolG (14 Tage); § 36 Abs. 3 S. 3 SOG LSA (14 Tage); § 18 Abs. 2 S. 2 PAG Thür. (10 Tage); strenger § 201a Abs. 1 LVwG SH (4 Wochen).

49 Z.B. § 33 Abs. 3 S. 5 HS 2 PolG BW: zwei Wochen; § 22 Nr. 3 S. 2 HS 2 PAG Thür.: 10 Tage.

Im vorliegenden Fall wird der Verweis aus der Wohnung ohne zeitliche Beschränkung ausgesprochen. Es handelt sich insofern um einen rechtswidrigen Eingriff in Art. 11 GG und Art. 6 Abs. 1 GG.

B. Prozessuale Durchsetzung

151 A ist zu empfehlen, **(I.)** Widerspruch gegen den Verweis einzulegen und zusätzlich **(II.)** einen Antrag nach § 80 Abs. 5 S. 1 2. Alt. VwGO auf Wiederherstellung der aufschiebenden Wirkung zu stellen. Beide Rechtsbehelfe müssten, um Aussicht auf Erfolg zu haben, zulässig und begründet sein.

I. Widerspruch gegen den Wohnungsverweis

152 Der Widerspruch ist geregelt in §§ 68 ff. VwGO. Das mit ihm eingeleitete Vorverfahren ist Bestandteil des Verwaltungsverfahrens, nicht des gerichtlichen Verfahrens. Dennoch ist es zugleich Sachurteilsvoraussetzung einer Anfechtungs- oder Verpflichtungsklage, an deren Aufbau und Maßstäbe sich die Prüfung eines Widerspruchs anlehnt.

Zulässigkeit: Es handelt sich um eine verwaltungsrechtliche Streitigkeit (§ 40 VwGO analog). Der Widerspruch ist auch statthaft, da er auf die Aufhebung eines Verwaltungsakts gerichtet ist (§ 68 Abs. 1 S. 1 VwGO). A ist in diesem Verfahren beteiligten- und handlungsfähig (§§ 11, 12 LVwVfG). Die zu fordernde Widerspruchsbefugnis (§ 42 Abs. 2 VwGO analog) folgt aus Art. 11 GG und Art. 6 Abs. 1 GG. Der Widerspruch ist form- und fristgerecht einzulegen (§ 70 VwGO).

Begründetheit: Zu prüfen sind die Recht- und, soweit der Behörde ein Ermessen eingeräumt ist, die Zweckmäßigkeit des angegriffenen Verwaltungsaktes.[50]

Der Wohnungsverweis ist rechtswidrig und verletzt A in eigenen Rechten (§ 113 Abs. 1 VwGO analog). Einwände mangelnder Zweckmäßigkeit sind jedoch nicht ersichtlich. Der Widerspruch des A wäre zulässig und begründet.

II. Antrag auf Wiederherstellung der aufschiebenden Wirkung

153 Ferner sollte A seinen Widerspruch mit einem Antrag auf Wiederherstellung der aufschiebenden Wirkung (§ 80 Abs. 5 S. 1 2. Alt. VwGO) verbinden. Auf diese Weise könnte er die mit der Vollzugsanordnung und der Zwangsgeldandrohung (eigener Verwaltungsakt) gegebene Beschwer angreifen. Beide Annexmaßnahmen sind vom Grundverwaltungsakt und seiner Vollstreckbarkeit abhängig. Demgemäß würde eine gerichtliche Entscheidung nach § 80 Abs. 5 S. 1 2. Alt. VwGO die Anordnung der sofortigen Vollziehbarkeit unmittelbar überwinden und der Zwangsgeldandrohung die Vollstreckungsvoraussetzung der formellen Vollstreckbarkeit[51] nehmen.

Der Antrag wäre ebenfalls zulässig und begründet.[52]

---

50 Achtung: In Selbstverwaltungsangelegenheiten darf nur die Selbstverwaltungskörperschaft, nicht aber eine Rechtsaufsichtsbehörde über die Zweckmäßigkeit befinden.

51 Z.B. § 2 Nr. 2 LVwVG BW; § 19 Nr. 2 ThürVwZVG.

52 Siehe Fall 4.

2. Maßnahme: Beschlagnahme des Wohnungsschlüssels

A. Materielle Rechtslage

1) Rechtsgrundlage: Die Beschlagnahme (je nach Landesrecht auch Sicherstellung) ist in den Polizei- und Ordnungsgesetzen der Länder[53] als Standardmaßnahme[54] ausgestaltet. 154

2) Die **formellen Anforderungen** sind (grundsätzlich parallel zum Wohnungsverweis) gewahrt. 155

3) In **materieller Hinsicht** formulieren die entsprechenden Landesgesetze im Ergebnis gleichlaufende Anforderungen, indem sie etwa eine „unmittelbar bevorstehende Störung der öffentlichen Sicherheit"[55] voraussetzen oder eine Sicherstellung erlauben, „um eine gegenwärtige Gefahr abzuwenden"[56]. 156

Vorliegend drohen weitere Körperverletzungen. Allerdings muss eine hierauf gestützte unbefristete Beschlagnahme der Wohnungsschlüssel kraft der untrennbaren inneren Verbindung beider Maßnahmen ebenso unverhältnismäßig sein wie ein unbefristeter Wohnungsverweis.

Zugleich droht die ursprüngliche Verfügung (Verwaltungsakt im Sinne von § 35 S. 1 LVwVfG) missachtet zu werden. Der Wohnungsverweis normiert Verhaltenspflichten, deren Nichtbeachtung nach § 133 Abs. 1 PolG ordnungswidrig wäre und damit einen eigenständigen Verstoß gegen die öffentliche Sicherheit zur Folge hätte. Dass der Verwaltungsakt rechtswidrig ist, bleibt unerheblich, solange er wirksam, das heißt nicht nichtig (§ 44 LVwVfG) ist. Die Tatbestandswirkung der (sanktionsbewehrten) Ausgangsverfügung überspielt mithin den Einwand der grundsätzlichen Unzulässigkeit unbefristeter Maßnahmen[57]. Solange der Wohnungsverweis als wirksam beachtet werden muss, darf er auch durch begleitende Schritte abgesichert werden. Allerdings beseitigt ein erfolgreiches Vorgehen gegen den Ausgangsverwaltungsakt auch dessen Tatbestandswirkung für die Beschlagnahme. Vorliegend führt eine Entscheidung nach § 80 Abs. 5 S. 1 2. Alt. VwGO zum Vollzugshemmnis der aufschiebenden Wirkung. Damit ist gemeint, dass die Rechtswirkungen des Verwaltungsakts, hier des Wohnungsverweises, vorerst nicht eintreten. Folglich liegen auch die Voraussetzungen der Beschlagnahme derzeit nicht vor.

---

53 Z.B. § 38 PolG BW (Beschlagnahme); § 22 Abs. 1 OBG Thür., § 27 PAG Thür. (Unterfall der Sicherstellung).

54 Standardmaßnahmen verbinden häufig einen Verwaltungsakt mit – als unselbstständiger Annex – einem Realakt (str.). Namentlich die Beschlagnahme enthält richtigerweise ein regelndes (Anordnung der Beschlagnahme) und ein vollziehendes (tatsächliches Ansichnehmen der Sache) Element. Einer Vollstreckung bedarf sie nur, falls ein entgegenstehender Wille des Adressaten zu überwinden ist. Andere Standardmaßnahmen können sich aber auch in einem Verwaltungsakt erschöpfen, sofern sie ausschließlich ein Verhalten des Adressaten anordnen (z.B. Platzverweis). Siehe *Schenke*, Polizei- und Ordnungsrecht, Rdnr. 128 f. m.w.N.

55 § 38 Abs. 1 Nr. 1 PolG BW.

56 § 22 Abs. 1 Nr. 1 OBG Thür., § 27 Nr. 1 PAG Thür.

57 Bildlich gesprochen schiebt sich der wirksame Verwaltungsakt „über" das Gesetz. Die an *dieser Stelle* maßgebliche Rechtsfolge ist ihm, nicht den bei seinem Erlass anzuwendenden Normen zu entnehmen.

Es handelt sich also – je nach Eigentum am Schlüssel – um einen rechtswidrigen Eingriff in Art. 14 GG oder Art. 2 Abs. 1 GG.

B. Prozessuale Durchsetzung

157 Da die Beschlagnahme eine eigenständige Maßnahme (Verwaltungsakt) und nicht lediglich ein Vollzug des Wohnungsverweises ist, sind auch gegen sie ein Widerspruch und, sofern die Behörde die sofortige Vollziehbarkeit auch für die Beschlagnahme angeordnet hat, ein Vorgehen nach § 80 Abs. 5 S. 1 2. Alt. VwGO zu empfehlen.

Die körperliche Herausgabe des Schlüssels kann dann gemäß § 80 Abs. 5 S. 3 VwGO erreicht werden. Letzteres erfordert einen materiell-rechtlichen Folgenbeseitigungsanspruch, den die aufschiebende Wirkung der Beschlagnahme (Rechtsgrund für den behördlichen Besitz) nach sich zieht.

Variante: Befristeter Verweis bei erstmaligem Vorfall

158 Materielle Rechtmäßigkeit: Die Rechtslage ähnelt jener im Ausgangsfall. Zusätzlich bedarf auf Tatbestandsseite das Vorliegen der „hinreichenden Wahrscheinlichkeit" einer Gefahr besonderer Betrachtung. Diese ist graduell verschieden je nach Wertigkeit des geschützten Rechtsgutes zu bestimmen. Hier geht es um den Schutz von Leib und Leben, weshalb bereits ein geringer Wahrscheinlichkeitsgrad ausreicht, um die Schwelle vom (allenfalls spezialgesetzlich beachtlichen) Risiko zur Gefahr i.S.d. PolG zu überschreiten und ein polizeiliches Handeln dem Grunde nach zu ermöglichen.

159 Die verbleibende Unsicherheit ist auf Rechtsfolgenseite bei der Verhältnismäßigkeitsprüfung zu verarbeiten. Die gewählte Zweiwochenfrist ist zwar als solche nicht zu beanstanden[58]. Jedoch weist die Maßnahme auch mit dieser Einschränkung noch eine große Intensität auf, so dass sich die Frage stellt, welche Wahrscheinlichkeit der Gefahr bestehen muss, um einen solchen Grundrechtseingriff zu rechtfertigen. Anders als auf Tatbestandsseite, wo Wahrscheinlichkeit und geschütztes Rechtsgut verglichen werden, um festzustellen, ob überhaupt ein polizeiliches Handeln in Betracht kommen kann, ist an dieser Stelle ein Vergleich von Wahrscheinlichkeit und beeinträchtigtem Rechtsgut anzustellen, um die Frage zu beantworten, welche Rechtsfolge ausgewählt werden darf. Die hinreichende Wahrscheinlichkeit in diesem Sinn wird durch die Intensität des Eingriffs mitgeprägt. Vorliegend handelte es sich um einen einmaligen Vorfall ohne weitere Anzeichen einer Wiederholungsgefahr. Diese geringe Wahrscheinlichkeit rechtfertigt einen derart schwerwiegenden Eingriff nicht[59].

Ergebnis: Die Verfügung ist ebenfalls rechtswidrig[60].

---

58 Siehe soeben zum Ausgangsfall.

59 Zur Gefahrenprognose VG Stuttgart, VBlBW 2002, S. 43 (44 f.): einmaliger Vorfall in der Vergangenheit genügt nicht.

60 Zum Fall VGH Mannheim, NJW 2005, S. 88 f.; siehe ferner OVG Münster, NJW 2002, S. 2195 f.

■ Der vorstehende Fall greift mit der Gefährlichkeit der Anwesenheit einer bestimmten Person an einem bestimmten Ort eine wiederkehrende Konstellation der Gefahrenabwehr auf. Teils geht es darum, dass diese Person sich von besagter Stelle entfernt (Platzverweis)[61] oder nicht an sie begibt (Aufenthaltsverbot)[62], teils dass sie ihren aktuellen Aufenthaltsort nicht verlässt und dadurch nicht an ein anderes Ziel gelangen kann (Meldeauflage[63], Beschränkungen der Ausreise[64] oder sogar Präventivgewahrsam[65]). Umgekehrt kann der Aufenthalt an einem Ort auch Mittel zur Gefahrenabwehr sein (z.B. Einweisung von Obdachlosen in eine Wohnung). All diese Fälle folgen dem üblichen Grundmuster des Polizeirechts. Stets sind die konkrete Gefahrensituation (Bedeutung des Schutzgutes, Art und Intensität seiner Gefährdung), die polizeirechtliche Verantwortung hierfür („Störer" oder Unbeteiligter) und die beeinträchtigten (Grund-) Rechte des Adressaten herauszuarbeiten und diese Teilinformationen dann in Relation zueinander zu setzen. Wie in einem System kommunizierender Röhren beeinflusst dabei ein „Mehr" oder „Weniger" an einer Stelle die Argumentation an anderer Stelle. So schlägt sich etwa die Schwere der Gefahr auch in der Verhältnismäßigkeit der Maßnahme nieder. Eine unklare Gefahrensituation oder Verantwortlichkeit kann hingegen für eine eher behutsame Reaktion sprechen.[66] ■ 160

Wiederholungs- und Vertiefungsfragen zu Fall 5

1. Welche beiden widerstreitenden Prinzipien sind im Polizeirecht zum Ausgleich zu bringen?
2. In welchem Verhältnis stehen die verschiedenen Ermächtigungsgrundlagen des Polizei- und Ordnungsrechts zueinander? Was folgt daraus für ihre praktische Handhabung?
3. Definieren Sie die Begriffe „öffentliche Sicherheit", „öffentliche Ordnung", „Störung" und „Gefahr". Worin liegt der Unterschied zwischen einer konkreten und einer abstrakten Gefahr?

---

61 Platzverweise ergehen insbesondere nach Auflösung von Demonstrationen. Siehe Fall 7, Teil 2.

62 Siehe auch die Aufenthaltsverbote für die Drogenszene (OVG Bremen, NVwZ 1999, S. 314 ff.) oder für sog. Hütchenspieler (VGH Kassel, NVwZ 2003, S. 1400 ff.) sowie die Stadionverbote für Hooligans (hierzu wie zu weiteren Maßnahmen *Barczak*, Jura 2014, S. 888 ff.).

63 Als Rechtsgrundlage für Meldeauflagen genügt (mangels Ausformung zur Standardmaßnahme wie z.B. in Art. 16 Abs. 2 S. 2 BayPAG) die polizei- und ordnungsrechtliche Generalklausel; §§ 3, 1 PolG BW; § 5 Abs. 1 OBG Thür. – Siehe BVerwG, NVwZ 2007, S. 1439 ff.

64 Namentlich durch Versagung oder Entziehung von Pass (§§ 7 f. PassG) oder Personalausweis (§ 6a PAuswG).

65 § 33 PolG BW; § 19 PAG Thür. – Der EGMR unterzieht Fälle dieser Art einer strengen Prüfung am Maßstab von Art. 5 EMRK; EGMR, NVwZ 2012, S. 1089 ff.; NVwZ 2014, S. 43 ff.

66 In Baden-Württemberg tritt die Besonderheit hinzu, dass der Polizeivollzugsdienst außerhalb seiner Eilkompetenz (§ 105 Abs. 2 PolG BW) nur für bestimmte Standardmaßnahmen zuständig ist (§ 105 Abs. 3 PolG BW). Andere Standardmaßnahmen (z.B. Aufenthaltsverbot nach Abs. 2, Wohnungsverweis nach Abs. 3 von § 30 PolG BW) sowie ein Rückgriff auf die Generalklausel sind ihm hingegen in nicht eiligen Fällen verwehrt. Vgl. zu einer hierdurch bedingten Sonderkonstellation (vor Einführung des Vorläufers von § 30 PolG BW) VG Sigmaringen, VBlBW 1995, S. 289; VGH Mannheim, VBlBW 1997, S. 66; VGH Mannheim, VBlBW 2003, S. 31.

4. Aus welcher Perspektive ist im Regelfall zu beurteilen, ob eine polizeirechtlich relevante Gefahrenlage vorliegt und wer für sie verantwortlich ist? Welcher Wahrscheinlichkeitsmaßstab ist dabei anzulegen? In welchen Konstellationen ist eine andere Perspektive zu wählen?
5. Warum enthalten die Polizei- und Ordnungsgesetze eine Subsidiaritätsklausel (z.B. § 2 Abs. 2 PolG BW)? Wie ist sie zu handhaben?
6. Benennen Sie die wichtigsten Grenzen des polizeilichen Ermessens. Unterscheiden Sie dabei zwischen der Auswahl des Adressaten und jener des zu ergreifenden Mittels.
7. Welche Relationen sind bei der Frage nach dem Vorliegen einer Gefährdung eines polizeirechtlichen Schutzgutes sowie bei der Auswahl des zu ergreifenden Mittels jeweils herzustellen? Besteht ein Zusammenhang zwischen beiden Punkten?

161 **Fall 6:** Ein größerer See ist zum beliebten Ziel für Taucher geworden. Nachdem dort jedoch mehrere unerfahrene Taucher schwer verunglückten, erließ die Gemeinde, in deren Gebiet der See liegt, unter Wahrung aller Formerfordernisse eine als „Verordnung“ bezeichnete Regelung, in der das Tauchen im gesamten See generell und unbefristet verboten wird.

T ist ein sehr geübter Taucher. Seine Erfahrungen erlauben ihm, die im See drohenden Gefahren selbst einzuschätzen und vor allem zu vermeiden. Er glaubt deshalb, die nicht auf ihn zugeschnittene Regelung nicht beachten zu müssen, und taucht weiterhin regelmäßig im See. Als das Ordnungsamt der Gemeinde hiervon Kenntnis erhält, erlässt es nach Anhörung des T eine an diesen gerichtete Verfügung, in der ihm „nochmals“ das Tauchen im See verboten und für den Fall der Zuwiderhandlung ein Zwangsgeld angedroht wird. Dabei erkennt die Behörde ausdrücklich die besonderen Erfahrungen des T an, will ihn jedoch als Vorbild für andere Wassersportler in Anspruch nehmen.

Da T sich den Tauchspaß nicht nehmen lassen will, erhebt er nach erfolglosem Widerspruchsverfahren form- und fristgerecht Klage gegen die Verfügung.

Variante: Die Unfälle ereigneten sich nur an einer bestimmten, überdurchschnittlich gefährlichen Stelle des Sees. Die Gemeinde erließ deshalb im Jahre 2017 ein auf den Umkreis von 300 Metern um den durch eine markante Felsformation eindeutig gekennzeichneten Gefahrenpunkt beschränktes allgemeines Tauchverbot. Sie veröffentlichte es mit einer Rechtsmittelbelehrung versehen im lokalen Publikationsorgan. Vor Ort machen seither Hinweisschilder auf das Verbot aufmerksam.

Nachdem sich jedoch an derselben Stelle weitere Unfälle ereigneten, erweiterte die Gemeinde das Verbot im Sommer 2021 auf eine Reichweite von 500 Metern, um den Zugang zur Gefahrenstelle zu erschweren. Man wählte das gleiche Verfahren und veröffentlichte die Gesamtregelung unter der Überschrift „Ergänzung und Neubekanntmachung".

T tauchte kurz danach im gesamten Sperrgebiet, woraufhin ihm von der zuständigen Behörde für den Fall der erneuten Zuwiderhandlung ein Zwangsgeld angedroht wurde. Nach erfolglosem Vorverfahren möchte er sich nun gerichtlich gegen das Tauchverbot insgesamt wehren.

Wassergesetz für Baden-Württemberg (WG BW):

§ 20 Gemeingebrauch (zu § 25 WHG)

(1) [1]Der Gebrauch der oberirdischen Gewässer zum Baden, Schöpfen mit Handgefäßen, Tränken, Schwemmen und zu ähnlichen unschädlichen Verrichtungen, zum Fahren mit kleinen Fahrzeugen ohne eigene Triebkraft und als Eisbahn ist vorbehaltlich einer Regelung auf Grund von § 21 Absatz 2 oder § 39 Absatz 2 als Gemeingebrauch jedermann gestattet. ...

§ 21 Bestimmungen für Gemeingebrauch, Eigentümergebrauch und Anliegergebrauch sowie für das Verhalten im Uferbereich (zu §§ 25 und 26 WHG)

(2) Aus Gründen des Wohls der Allgemeinheit, insbesondere der Ordnung des Wasserhaushalts, der Sicherstellung der Erholung, des Schutzes der Natur oder der Abwehr von Gefahren für die öffentliche Sicherheit oder Ordnung, können die Wasserbehörden und die Ortspolizeibehörde durch Rechtsverordnung oder im Einzelfall

1. die Ausübung des Gemeingebrauchs regeln, beschränken oder verbieten ...

Lösung zu Fall 6

Vorbemerkung: Im vorliegenden Fall ist das Tauchen zweimal verboten worden, **162**
zunächst durch die Verordnung, dann durch den Verwaltungsakt. Das zweite Verbot ist erforderlich, weil die Verordnung nicht unmittelbar vollstreckbar ist. Erst der Verwaltungsakt gibt der Behörde einen vollstreckbaren Titel.

A. Sachurteilsvoraussetzungen

Statthafte Klageart ist die Anfechtungsklage, da das Verbot gegenüber T ein Verwal- **163**
tungsakt ist. Die Klagebefugnis folgt jedenfalls aus Art. 2 Abs. 1 GG[67]. Die übrigen Sachurteilsvoraussetzungen sind gegeben.

67 Nicht eingegangen werden sollte auf die Streitfrage, ob und inwieweit ein subjektives Recht auf Gemeingebrauch an öffentlichen Gewässern besteht, da jedenfalls ein Eingriff in die allgemeine Handlungsfreiheit vorliegt.

B. Begründetheit

164 ■ **Zum Aufbau:** Die Prüfung der Begründetheit ist in solchen Fällen eines gestuften Vorgehens mittels Verordnung und Verwaltungsakt wie folgt zu gliedern:

I. Rechtmäßigkeit des Verwaltungsakts
1) Ermächtigungsgrundlage für den Verwaltungsakt
2) Formelle Rechtmäßigkeit des Verwaltungsakts (Zuständigkeit, Verfahren, Form)
3) Materielle Rechtmäßigkeit des Verwaltungsakts
a) Gesetzliche Voraussetzung: Konkrete Gefahr für die öffentliche Sicherheit, gegeben mit dem Verstoß gegen die Verordnung.
Inzidente Prüfung der Polizeiverordnung:
(1) Ermächtigungsgrundlage für die Verordnung
(2) Formelle Rechtmäßigkeit der Verordnung (Zuständigkeit, Verfahren, Form)
(3) Materielle Rechtmäßigkeit der Verordnung
(a) Gesetzliche Voraussetzung: Abstrakte Gefahr für die öffentliche Sicherheit.
(b) Zulässiger Inhalt: Adressatenwahl, Grundrechte, Verhältnismäßigkeit.
b) Rechtsfolge der Ermächtigung zum Erlass des Verwaltungsakts: Ermessen.
Grenzen: Störerauswahl, Grundrechte, Verhältnismäßigkeit.
II. Verletzung in eigenen Rechten ■

I. Rechtmäßigkeit des Verwaltungsakts

165 **1) Ermächtigungsgrundlage für die Verfügung:** Zunächst ist zu fragen, ob eine spezielle, hier insbesondere wasserrechtliche[68] Ermächtigung zur Verfügung steht oder ob auf die Generalklausel des allgemeinen Polizei- und Ordnungsrechts zurückzugreifen ist.

Das Wasserhaushaltsgesetz (WHG) des Bundes hält keine konkret einschlägige Regelung bereit.[69] Damit bleiben die Landeswassergesetze anwendbar. Sie kennen eigene Ermächtigungen zur Gefahrenabwehr[70], die den vorliegenden Fall je nach Landesrecht regeln können, vor allem sofern sie den aus der polizei- und ordnungsrechtlichen Generalklausel übernommenen Verweisbegriff der „öffentlichen Sicherheit" verwenden, der eine Vielzahl unterschiedlicher Schutzgüter einbezieht. Hier kommen namentlich die entsprechenden Regelungen zum wasserrechtlichen Gemeingebrauch in

---

68 Bei der Klausurlösung kann es in Fällen dieser Art ratsam sein, in Gedanken Schlagwörter zu bilden, um die in Betracht kommenden Rechtsgebiete einzugrenzen. Hier lautet das zentrale Stichwort „Wasser".

69 Das Wasserhaushaltsgesetz des Bundes regelt als konkurrierendes Bundesgesetz (Art. 74 Abs. 1 Nr. 32 GG mit landesrechtlicher Abweichungsmöglichkeit nach Art. 72 Abs. 3 Nr. 5 GG) in erster Linie Fragen der Gewässerbewirtschaftung (§§ 1, 6 ff. WHG). „Benutzungen" i.S.d. WHG sind folgerichtig nur Einwirkungen auf Bestand und Zusammensetzung des Gewässers (§ 9 WHG). Der landesrechtliche Gemeingebrauch wird ausdrücklich vorausgesetzt (§ 25 WHG).

70 So existieren in manchen Ländern eine eigene wasserrechtliche Generalklausel (z.B. § 75 Abs. 1 WG BW, § 74 Abs. 3 ThürWG) sowie spezielle wasserrechtliche Ermächtigungen.

Betracht[71]. Dann stellt sich jeweils die ebenfalls landesrechtlich zu beantwortende Frage, ob die einschlägige Spezialnorm nach Maßgabe des Regelungszwecks des Wasserrechts eng zu interpretieren ist, will das Wasserrecht doch primär die Reinheit des Wassers und den Schutz der Wasserwirtschaft durch eine verträgliche Wassernutzung gewährleisten. Es ist daher gut vertretbar, die jeweilige Vorschrift nur bei Gefahren für die öffentliche Sicherheit anzuwenden, die aus einer Gefährdung des Wassers resultieren. Da hier keine Gefahr für das Wasser, sondern durch das Wasser vorliegt, wäre die wasserrechtliche Ermächtigung nicht einschlägig. Mangels Sperrwirkung des Wasserrechts wäre dann auf die polizei- und ordnungsrechtliche Generalklausel zurückzugreifen. Jedoch kann der Landesgesetzgeber auch bezweckt haben, eine einheitliche Ermächtigung für alle beim wasserrechtlichen Gemeingebrauch auftretenden Gefahren zu schaffen (auch jene ohne wasserwirtschaftlichen Bezug), welche die allgemeine polizei- und ordnungsrechtliche Generalklausel verdrängen soll[72]. Die anzuwendende Vorschrift ist also je nach Landesrecht differenziert zu bestimmen, ohne dass sich die inhaltliche Rechtmäßigkeit der auf sie zu stützenden Maßnahmen unterscheiden würde.

2) Die **formelle Rechtmäßigkeit** der Verfügung richtet sich nach dem einschlägigen Gesetz[73]. Zuständig ist hiernach in der Regel entweder die Wasserbehörde oder die nach allgemeinem Polizei- und Ordnungsrecht zuständige Behörde[74]. A wurde gemäß § 28 LVwVfG angehört. Es gilt der Grundsatz der Formfreiheit (§ 10 LVwVfG), bei schriftlichen Verwaltungsakten ist eine Begründung erforderlich (§ 39 LVwVfG). **166**

3) Materielle Rechtmäßigkeit des Verwaltungsakts: **167**

a) Tatbestand: Die landesrechtlichen Ermächtigungsgrundlagen setzen (bei im Einzelnen unterschiedlichen Formulierungen) durchgängig eine „Gefahr für die öffentliche Sicherheit oder Ordnung"[75] (als Konkretisierung der sprachlich allgemeineren Bezugnahme auf das „Allgemeinwohl"[76]) voraus. Hieran ließe sich vorliegend zweifeln, da dem T unbestritten keine Gefahren für Leben und Gesundheit drohen. Auch Dritte wer-

71 In Baden-Württemberg wäre vorliegend § 21 Abs. 2 WG BW, genauer dessen Nr. 1, heranzuziehen (ähnlich z.B. § 25 Abs. 4 Nr. 1 ThürWG), der Beschränkungen des Gemeingebrauchs an öffentlichen Gewässern regelt. Zum wasserrechtlichen Gemeingebrauch zählen gemäß der Legaldefinition in § 20 Abs. 1 WG BW auch das „Baden" sowie „ähnliche unschädliche Verrichtungen", worunter auch das (für Gewässer unschädliche) Tauchen fällt (vgl. § 25 Abs. 1 ThürWG). Der Begriff des Gemeingebrauchs i. S. d. Wasserrechts ist – auch wenn seine Herleitung und seine Reichweite eigenständig zu bestimmen sind – in Anlehnung an das Straßenrecht zu verstehen, wo die jedermann ohne weitere Zugangserlaubnis mögliche Nutzung öffentlicher Straßen und Plätze gemeint ist.

72 So – vor dem Hintergrund der Entstehungsgeschichte der Norm – VGH Mannheim, NVwZ 1988, S. 168 (170) zur nahezu wortlautgleichen Vorgängernorm von § 21 Abs. 2 WG BW (§ 28 Abs. 2 WG BW a.F.).

73 Aus diesem Grund empfiehlt es sich stets, zunächst die maßgebliche Rechtsgrundlage herauszuarbeiten, bevor anschließend deren formelle und materielle Anforderungen geprüft werden können.

74 Nach § 21 Abs. 2 WG BW sind die Wasserbehörde (§ 80 Abs. 2 WG BW) und die Ortspolizeibehörde (§ 107 Abs. 4 S. 1 PolG BW: Gemeinde) alternativ zuständig. In Thüringen läge die Zuständigkeit bei Anwendung von § 25 Abs. 4 ThürWG bei der Wasserbehörde (geregelt in §§ 59, 61 ThürWG), bei Rückgriff auf das allgemeine Ordnungsrecht bei der Gemeinde (§ 4 Abs. 1 OBG Thür.).

75 So § 21 Abs. 2 WG BW.

76 In anderen Ländern findet sich – bedeutungsgleich – nur diese allgemeinere Formulierung; z.B. § 25 Abs. 4 Nr. 1 ThürWG.

den nicht unmittelbar gefährdet. Allerdings hat A in der Vergangenheit gegen die Verordnung verstoßen, die jedermann das Tauchen verbietet, und würde dies ohne die Verfügung vermutlich wieder tun. Folglich missachtet er eine in der objektiven Rechtsordnung begründete Verhaltenspflicht.

Den Verstoß gegen die Verordnung als Störung der öffentlichen Sicherheit anzusehen setzt allerdings voraus, dass die Verordnung wirksam ist.

168 ■ Die Polizeiverordnung hat abstrakt-generellen Charakter und ist abzugrenzen von einer Allgemeinverfügung gemäß § 35 S. 2 LVwVfG, deren ratio darin liegt, eine konkrete Situation zu regeln, die räumlich, zeitlich oder persönlich abgrenzbar ist. In Grenzfällen verfügt der Urheber über eine gewisse Gestaltungsfreiheit, welches Instrument er wählen will.

169 Hinsichtlich der Auswirkungen etwaiger Rechtsmängel einer Verordnung sind zwei Gesichtspunkte zu unterscheiden. Zum einen ist nach der Fehlerfolge, das heißt nach den materiell-rechtlichen Konsequenzen einer Rechtswidrigkeit zu fragen. Insoweit gilt die Regel, dass rechtsfehlerhafte Rechtsnormen (von im hiesigen Zusammenhang vernachlässigbaren Ausnahmen abgesehen) nichtig und damit unbeachtlich sind[77]. Sollte sich eine Verordnung als rechtsfehlerhaft erweisen, könnte ihre Missachtung folglich grundsätzlich keinen Verstoß gegen die öffentliche Sicherheit begründen. Zum anderen stellt sich die Frage, wer darüber entscheiden darf, ob eine Norm nichtig ist, wer also über die „Verwerfungskompetenz" verfügt. Im Umkehrschluss aus Art. 100 Abs. 1 GG, nach dem nachkonstitutionelle förmliche Gesetze nur vom BVerfG verworfen werden dürfen, ergibt sich, dass alle übrigen Normen im Falle ihrer Nichtigkeit von jedem Gericht unbeachtet bleiben dürfen und müssen. Die Konsequenz lautet: Sollte eine Verordnung einen Rechtsfehler aufweisen, dürfte das Gericht, falls nicht eine Ausnahme eingreift, seine Entscheidung nicht auf sie stützen. Deswegen ist in Fällen der hier zu beurteilenden Art grundsätzlich inzident die Rechtmäßigkeit der Polizeiverfügung zu prüfen. ■

170 **Zur Rechtmäßigkeit der Polizeiverordnung[78]:**

(1) Als **Ermächtigungsgrundlage** für die Polizeiverordnung kommt entweder die zum Verordnungserlass ermächtigende polizei- und ordnungsrechtliche Generalklausel[79] oder eine vorrangige lex specialis[80] in Betracht.

---

77 Für Verwaltungsakte gilt eine umgekehrte Regel: Sie sind auch bei erkannten Rechtsfehlern grundsätzlich wirksam und höchstens ausnahmsweise nichtig nach § 44 (L)VwVfG. Ihre Rechtswirkungen entfallen daher erst im Fall einer besonderen Aufhebung (hierzu Fall 2).

78 Die Prüfung einer Polizeiverordnung ist grundsätzlich ebenso aufzubauen wie jene einer Polizeiverfügung. Im Rahmen der einzelnen Prüfungspunkte ist dann jeweils der Unterschied von abstrakt-generellem und konkret-individuellem Handeln zu verarbeiten.

79 Z.B. § 17 i.V.m. § 1 PolG BW, § 27 OBG Thür.; diese Generalklausel ist zu unterscheiden von der polizei- und ordnungsrechtlichen Generalklausel zum Erlass von Verwaltungsakten, z.B. §§ 3, 1 PolG BW; § 5 Abs. 1 OBG Thür.

80 Als spezielle Rechtsgrundlage kommt hier ebenfalls Nr. 1 von § 21 Abs. 2 WG BW in Betracht, der (ebenso wie z.B. § 25 Abs. 4 ThürWG) zu Maßnahmen „durch Rechtsverordnung oder im Einzelfall" ermächtigt. Parallel zur Einzelfallentscheidung ist allerdings zu fragen, ob die Ermächtigung eng zu interpretieren und auf das Schutzgut „Wasser" zu beschränken ist.

(2) In **formeller Hinsicht** sind die je nach Landesrecht unterschiedliche Verbands-[81] und Organkompetenz[82] der rechtsetzenden Stelle, die hiervon abhängigen Verfahrensregelungen sowie etwaige Formerfordernisse wie etwa das für Rechtsverordnungen geltende Zitiergebot[83] oder die Ausfertigung der Verordnung zu wahren. 171

(3) Die **materielle Rechtmäßigkeit** der Verordnung setzt (a) je nach landesrechtlicher Formulierung (parallel zum Tatbestand der einzelfallbezogenen Ermächtigung) eine „Gefahr für die öffentliche Sicherheit oder Ordnung“ (oder allgemeiner, aber gleichbedeutend „Gründe des Allgemeinwohls“) voraus. Dabei ist ein wichtiger Unterschied von polizei- und ordnungsrechtlichen Verwaltungsakten und Rechtsverordnungen zu bedenken: Während die Einzelverfügung eine *konkrete* Gefahr voraussetzt (hier: Fall von Taucher T), knüpft die Polizeiverordnung an eine *abstrakte* Gefahr an (hier: übliche Fälle des Tauchens). Eine Polizeiverordnung ergeht mithin, wenn in Fällen der geregelten Art typischerweise Gefahren bestehen, unabhängig davon, ob im Einzelfall eine Gefahr eintritt. Vorliegend ist das Tauchen im gesamten See generell gefährlich für die polizei- und ordnungsrechtlich zu schützenden Rechtsgüter „Leib und Leben“ der Taucher, da sich bereits mehrere schwere Unfälle ereigneten. 172

Hinsichtlich des zulässigen Inhalts (b) einer Polizeiverordnung verfügt der zuständige Normurheber über einen gesetzlich eingeräumten Gestaltungsspielraum (der dem Ermessen als einzelfallbezogene Rechtsfolge entspricht). Zu fragen ist allein nach den rechtlichen Schranken zulässiger Gestaltungen. Dabei sind die allgemeinen polizei- und ordnungsrechtlichen Grundsätze heranzuziehen und auf die abstrakt-generelle Situation der Rechtsetzung zu übertragen. Die Adressatenwahl ist vorliegend nicht zu beanstanden, da die Taucher die zu vermeidenden Gefahren durch ihr Verhalten verursachen[84]. Das ausgewählte Mittel eines generellen Tauchverbots zum Schutz von Leib und Leben ist inhaltlich an den Grundrechten in Verbindung mit dem Verhältnismäßigkeitsprinzip, das heißt hier an Art. 2 Abs. 1 GG (allgemeine Handlungsfreiheit), zu messen. Das Mittel ist geeignet und erforderlich, den Zweck zu fördern. Die sich anschließende Frage nach der Angemessenheit der Regelung hat zu berücksichtigen, dass auch eine eigenverantwortliche Selbstgefährdung Freiheitsgebrauch sein kann. Das Grundprinzip freier Selbstbestimmung vermittelt auch das Recht, im Rahmen der Gesetze eigenverantwortlich Gefahren auf sich zu nehmen[85]. Jedoch ist auch ein solcher Freiheitsgebrauch um 173

81 Zuständig ist in der Regel entweder die Gemeinde oder die Wasserbehörde; vgl. etwa § 21 Abs. 2 WG BW (alternativ), § 25 Abs. 4 ThürWG (nur Wasserbehörde).

82 Ist die Gemeinde zuständig, richtet sich die Organkompetenz nach Kommunalrecht. Beispielsweise bestimmt § 44 Abs. 3 S. 1 2. HS GemO BW: „abweichend hiervon ist der Gemeinderat für den Erlass von Satzungen und Rechtsverordnungen zuständig, soweit Vorschriften anderer Gesetze nicht entgegenstehen.“ (Mit VGH Mannheim, VBlBW 2019, S. 194 (195) ist § 21 S. 2 PolG n.F., die inhaltsgleiche Nachfolgeregelung zu § 13 S. 2 PolG BW a.F., nicht auf § 21 Abs. 2 WG BW anwendbar.) Hingegen besagen §§ 3, 29 Abs. 2 Nr. 2 ThürKO, dass der Bürgermeister derartige Aufgaben im übertragenen Wirkungskreis übernimmt.

83 Z.B. Art. 61 Abs. 1 S. 3 LV BW, Art. 84 Abs. 1 S. 3 Verf Thür.

84 Auch bei Anwendung des Wasserrechts ist (insoweit) mangels spezialgesetzlicher wasserrechtlicher Adressatenregelung auf die allgemeinen Regelungen zurückzugreifen, z.B. § 6 PolG BW, § 10 OBG Thür.

85 Beispielsweise wird das Rauchen durch die allgemeine Handlungsfreiheit geschützt, obwohl es unbestritten mit hohen Gesundheitsrisiken belastet ist.

entgegenstehender Rechtsgüter willen durch verfassungsmäßige Gesetze (hier die Wasser- sowie die Polizei- und Ordnungsgesetze) beschränkbar. Geboten ist mithin eine Abwägung zwischen den berührten verschiedenen Rechtsgütern. Vorliegend steht namentlich Art. 2 Abs. 2 GG entgegen, einerseits zum Schutz von Leben und Gesundheit unerfahrener Taucher vor für sie nicht erkennbaren Gefahren (z.B. durch besondere Strömungen), andererseits als staatliche Schutzpflicht zugunsten Dritter, die durch eine Selbstgefährdung risikobereiter Taucher zu gefährlichen Rettungsmaßnahmen (so z.B. die Wasserschutzpolizei) oder zu fahrlässiger Nachahmung veranlasst werden könnten. Vor diesem Hintergrund erscheint ein Verbot als grundsätzlich zulässig. Es bleibt allein die Frage, ob die allgemeine Handlungsfreiheit gebietet, eine Ausnahme für erfahrene Taucher zu machen. Hiergegen lässt sich anführen, dass sich ein generelles Verbot einfacher durchsetzen lässt, dass zudem erfahrene Taucher eine Vorbildfunktion für weniger geübte Taucher übernehmen. Wichtig ist dabei die Kontrolldichte. Mit der Ermächtigung zum Verordnungserlass wird dem Verordnungsgeber ein gewisser Gestaltungsspielraum eingeräumt, der hier wohl noch nicht überschritten worden ist[86].

Zwischenergebnis: Die Polizeiverordnung ist rechtmäßig und damit wirksam (Ende der inzidenten Prüfung).

174 **Zurück zur materiellen Rechtmäßigkeit der Einzelverfügung:** Mit dem Verstoß gegen die wirksame Polizeiverordnung ist zugleich eine Störung der öffentlichen Sicherheit gegeben. Die Voraussetzungen polizei- und ordnungsrechtlichen Einschreitens liegen mithin vor.

175 **b) Rechtsfolge:** Die jeweils einschlägigen landesrechtlichen Ermächtigungen stellen die konkrete Entscheidung in das Ermessen der Behörde. Die Handhabung ihres Entscheidungsspielraumes ist lediglich einer Fehlerkontrolle zu unterziehen. Im Unterschied zur Prüfung der Polizeiverfügung ist an dieser Stelle die konkret-individuelle Situation (Fall des T) maßgeblich. Da T aktiv gegen die Verordnung verstößt, ist er Handlungsstörer und damit möglicher Adressat der Verfügung. Inhaltlich ist seine allgemeine Handlungsfreiheit (Art. 2 Abs. 1 GG) in Verbindung mit dem Verhältnismäßigkeitsprinzip als Maßstab heranzuziehen. Geschützt werden sollen Leib und Leben sowohl des T als auch sonstiger Taucher, die seinem Vorbild folgen könnten. Allerdings ist das Mittel eines konkreten Tauchverbots nur partiell geeignet, diesen Zweck zu fördern. Es vermag den T nicht zu schützen, da ihm als erfahrenem Taucher ohnehin keine Gefahren drohen. Jedoch ist die Vorbildwirkung seines Verhaltens zu beachten. Die Durchsetzung des generellen Verbots auch T gegenüber kann andere weniger erfahrene Taucher davon abhalten, ebenfalls zu tauchen. Das Mittel ist also zum Schutz von Leib und Leben Dritter geeignet. Auch ist es erforderlich, da kein gleich wirksames milderes Mittel zur Verfügung steht. Im Rahmen der Angemessenheit bleibt zu fragen, ob die allgemeine Handlungsfreiheit gebietet, das grundsätzlich gegenüber jedermann gel-

86 Ein anderes Ergebnis ist gut vertretbar. Im Originalfall hatte die Behörde eine Ausnahmeregelung vorgesehen. VGH Mannheim, NJW 1998, S. 2235 (2236) (Teufelstisch), deutet an, dass eine solche Regelung für die Verhältnismäßigkeit erforderlich sein könnte. Indes ist diese Argumentation nicht zwingend.

tende Verbot dem T gegenüber nicht durchzusetzen. Ausschlaggebend ist auch insoweit die Kontrolldichte. Vorliegend ist der Ermessensspielraum der Behörde wohl nicht überschritten[87].

Ergebnis: Das Tauchverbot ist rechtmäßig und kann den T daher nicht in eigenen Rechten (**II.**) verletzen. Die Anfechtungsklage ist zulässig, aber unbegründet.

Variante: Nachträgliche Erweiterung des örtlich begrenzten Verbots

Vorbemerkung: Der Sachverhalt weist einen wichtigen Unterschied zum Ausgangsfall auf: Zwar handelt es sich ebenfalls um ein zweistufiges Vorgehen, das jedoch andersartig strukturiert ist. Während im Ausgangsfall eine abstrakt-generelle Verordnung und eine konkret-individuelle Verfügung verbunden wurden, die sich nach ihrem Adressatenkreis unterschieden (weshalb das Zwangsgeld erst beim zweiten Akt, dem vollstreckbaren Titel, angedroht wurde), liegen hier zwei Verbote mit gleichem Adressatenkreis, aber unterschiedlicher Reichweite (erst 300 m, dann 500 m) vor (weshalb die Behörde davon ausgeht, keinen weiteren Verwaltungsakt für die Androhung des Zwangsgeldes zu benötigen). 176

A. Sachurteilsvoraussetzungen

Als statthafte Klageart kommt hier eine Anfechtungsklage in Betracht, was voraussetzt, dass das Verbot ein Verwaltungsakt ist. Hier handelt es sich um eine Allgemeinverfügung nach § 35 S. 2 3. Fall LVwVfG, welche die Benutzung des öffentlichen Gewässers durch die Allgemeinheit regelt. Der Urheber des Verbots hat, wie insbesondere die beigefügte Rechtsmittelbelehrung zu erkennen gibt, eindeutig eine solche Allgemeinverfügung und keine Rechtsverordnung gewählt[88]. Folglich ist die Anfechtungsklage zu wählen. 177

Es bleibt aber die Frage, ob das mehraktige Vorgehen der Behörde einen oder zwei Verwaltungsakte und damit einen oder zwei anzugreifende Streitgegenstände hervorgebracht hat. Das Verhältnis der beiden Verfügungen zueinander kann auf zweierlei Art und Weise gedeutet werden. Entweder könnte der zweite Bescheid den gesamten Sachverhalt neu geregelt und damit den ersten Bescheid vollständig ersetzt haben. Es handelte sich dann um einen so genannten Zweitbescheid. In der Konsequenz wäre das gesamte Verbot Gegenstand einer einheitlichen Überprüfung. Vor allem aber liefe mit Erlass der zweiten Verfügung eine neue Anfechtungsfrist hinsichtlich der gesamten 178

87 Die Frage ist konsequenterweise wie bei der Prüfung der Polizeiverordnung zu entscheiden. Wenn eine flexible Handhabung im Einzelfall geboten sein sollte, wäre diese schon auf Normebene für mehrere besondere Fälle vorzustrukturieren. Sachgerechtes Instrument wäre dann eine Ausnahmeregelung in der Verordnung.

88 Allgemein lässt sich festhalten, dass eine Rechtsverordnung dann vorzuziehen ist, wenn die Rechtslage für einen größeren räumlichen Geltungsbereich und eine längere Geltungsdauer geregelt werden soll. § 35 S. 2 3. Fall (L)VwVfG ist dagegen auf Regelungen für konkrete „Sachen" zugeschnitten. In Grenzfällen (wie hier) hat der Normurheber ein Wahlrecht. Vgl. aber auch VGH Mannheim, NVwZ-RR 2005, S. 243 ff. (eine Rechtsverordnung, die inhaltlich eine Allgemeinverfügung mit von vornherein beschränktem Adressatenkreis darstellt, ist nichtig).

Regelung. Oder aber der zweite Bescheid könnte selbst nur den zusätzlichen Teil des Verbots geregelt haben. Im Übrigen wäre er lediglich als Hinweis auf das bisherige Verbot zu verstehen. Insoweit läge dann eine bloße „wiederholende Verfügung“[89] vor. Folglich könnte eine Überprüfung der zweiten Verfügung nur den zusätzlichen Teil des Verbotes zum Gegenstand haben. Das ursprüngliche Verbot wäre in Bestandskraft erwachsen, also unanfechtbar. Eine Klage wäre insoweit unzulässig.

Im gegebenen Fall ist deshalb zu fragen, ob die Behörde den Regelungsgegenstand des ersten Verbotes mit einem Zweitbescheid neu aufrollen oder ob sie eine wiederholende Verfügung im Sinne eines bloßen Hinweises auf die alte Rechtslage wählen wollte. Für eine Auslegung der Behördenerklärung im zweiten Sinne spricht ihr Wortlaut. Die Formulierung „Ergänzung und Neubekanntmachung“ lässt erkennen, dass nur der zusätzliche Teil geregelt werden sollte. Die gemeinsame Neubekanntmachung hat wohl nur die Funktion, die Übersichtlichkeit für die Bürger zu wahren. Da keine sonstigen Hinweise vorliegen, dass die Behörde die gesamte Problematik wiederaufgreifen wollte, ist davon auszugehen, dass die bisherige Regelung unverändert bleiben sollte[90]. Folglich handelt es sich um eine wiederholende Verfügung hinsichtlich des bisherigen Verbots, verbunden mit einem neuen Verbot hinsichtlich der erstmals geregelten Bestandteile.

Als Konsequenz dessen ist, weil eine Anfechtungsklage gegen das ursprüngliche Verbot verfristet wäre, der Klageantrag so auszulegen, dass dieses nicht mit angefochten werden soll[91]. Die Anfechtungsklage richtet sich also ausschließlich gegen die Erweiterung des Verbots (300–500 m).

Die weiteren Zulässigkeitsvoraussetzungen liegen vor.

B. Begründetheit

179 Die Anfechtungsklage ist begründet, falls der Verwaltungsakt rechtswidrig ist und den Kläger in eigenen Rechten verletzt (§ 113 Abs. 1 S. 1 VwGO).

I. Rechtmäßigkeit des Verbotes

180 1) Die **Ermächtigungsgrundlage** für das Verbot ist wie im Ausgangsfall zu wählen[92].

181 2) Auch die **formelle Rechtmäßigkeit** der Verfügung kann entsprechend festgestellt werden. Ergänzend ist zu erwähnen, dass die Anhörung bei einer Allgemeinverfügung entbehrlich ist (§ 28 Abs. 2 Nr. 4 LVwVfG), dass zudem die gewählte öffentliche Bekanntgabe gemäß § 41 Abs. 3 S. 2 LVwVfG zulässig ist, da eine Bekanntgabe an die Betroffenen untunlich wäre.

89 Der (allgemein eingebürgerte) Begriff ist sprachlich missverständlich, da es sich mangels Regelung nicht um eine Verfügung handelt.
90 Mit entsprechender Begründung ist auch ein anderes Ergebnis vertretbar.
91 Vgl. § 86 Abs. 3 VwGO: Der Vorsitzende wirkt darauf hin, dass sachdienliche Anträge gestellt werden.
92 Siehe soeben, z.B. § 21 Abs. 2 Nr. 1 WG BW; ähnlich § 25 Abs. 4 Nr. 1 ThürWG.

3) Die **materielle Rechtmäßigkeit** des Verbots setzt nach dem Tatbestand der Ermächtigung eine „Gefahr für die öffentliche Sicherheit oder Ordnung" voraus. 182

An dieser Stelle ist vorab zu fragen, ob und inwieweit dies noch geprüft werden darf, da die erste Verfügung bereits die Betroffenheit eines polizei- und ordnungsrechtlichen Schutzgutes wie auch die Gefährlichkeit des untersagten Verhaltens festgestellt und damit bestandskräftig vorgegeben haben könnte. Die Antwort auf diese Frage richtet sich nach der Wirkungsweise sowie der Reichweite der Bestandskraft der ersten Verfügung.

Allgemein sind zwei Konsequenzen der Bestandskraft zu benennen. In formeller Hinsicht bewirkt sie den Ausschluss von Rechtsbehelfen[93]. Materiell schneidet sie dem Adressaten eines bestandskräftigen Verwaltungsakts den Einwand ab, der Verwaltungsakt sei rechtswidrig. Die Bestandskraft erzeugt mithin eine materielle Duldungspflicht.

Hier darf T auf den ersten 300 m nicht mehr tauchen und kann insoweit auch in anderem Zusammenhang nichts anderes mehr einwenden[94].

Indes beschränkt sich die Reichweite der Bestandskraft jeweils auf den Regelungsgegenstand des Verwaltungsakts und damit auf eine ausgesprochene Rechtsfolge auf der Grundlage eines Lebenssachverhaltes. Die Gründe eines Verwaltungsakts erwachsen dagegen nicht in Bestandskraft. Vorliegend handelt es sich um einen anderen Gegenstand. Nicht die ersten 300 m, sondern allein der Raum zwischen 300 m und 500 m werden geregelt. Die Bestandskraft wirkt sich damit nicht aus. Geboten ist folglich eine eigenständige (wenn auch inhaltlich parallele) Prüfung der Voraussetzungen des zweiten Verbotes.

In der Sache zeigt sich in der hier zu beurteilenden Variante kein Unterschied zum Ausgangsfall. Das Tauchen darf also auch insoweit untersagt werden. Eine Verletzung eigener Rechte des T **(II.)** scheidet aus.

Ergebnis: Die Anfechtungsklage ist zulässig, aber unbegründet[95].

---

93 Siehe soeben zur Zulässigkeit.

94 Bildlich gesprochen legt sich der Verwaltungsakt insoweit über das Gesetzesrecht. Dem T gegenüber gelten die Rechtsfolgen aus dem Verwaltungsakt, selbst wenn das Gesetz ein anderes vorsehen sollte.

95 Zur Vertiefung *Schenke*, Polizei- und Ordnungsrecht, § 11 (zur Polizeiverordnung). Zum Fall: VGH Mannheim, NJW 1998, S. 2235 (Teufelstisch); ergänzend: VGH Mannheim, VBlBW 2001, S. 324. Verwandte Problemkreise: VGH Mannheim, VBlBW 2013, S. 12 ff. (Konstanzer Glasverbot) in Abgrenzung zu OVG Münster, NVwZ-RR 2012, S. 470 ff. (Glasverbot im Kölner Karneval durch Allgemeinverfügung); VGH Mannheim, NVwZ-RR 2012, S. 939 ff. („Benutzungsordnung" für öffentliche Spiel- und Sportplätze).

Wiederholungs- und Vertiefungsfragen zu Fall 6

1. Wie lässt sich eine Verordnung von einer Allgemeinverfügung abgrenzen? Was gilt in Grenzfällen?
2. Können Ge- oder Verbote einer Verordnung unmittelbar vollstreckt werden?
3. Wann ergeht eine polizeiliche Einzelverfügung, wann eine Polizeiverordnung?
4. Wie wirken sich Rechtsmängel auf die Wirksamkeit einer Verordnung aus? Wer darf über die Nichtigkeit einer Verordnung entscheiden?
5. Welche Arten von Allgemeinverfügungen regelt § 35 S. 2 VwVfG?
6. Was ist der Unterschied zwischen einem Zweitbescheid und einer wiederholenden Verfügung? Warum ist der Begriff der wiederholenden Verfügung missverständlich?
7. Welche beiden Wirkungen hat die Bestandskraft eines Verwaltungsakts?

183 **Fall 7**

Teil 1: Die unbestritten rechtsradikale, aber nicht verbotene A-Partei hat für den 27. Januar, dem vom früheren Bundespräsidenten Herzog ausgerufenen Tag des Gedenkens an die Opfer des Nationalsozialismus, eine Demonstration in der Innenstadt der kreisfreien Stadt S angemeldet. Die Teilnehmer vergangener Aufzüge der vorgesehenen Art traten regelmäßig in Marschformation unter Mitführen schwarz-weiß-roter Fahnen und in Begleitung lauter Trommelschläge auf.

Nachdem die Vertreter der A-Partei die von den Verantwortlichen der Stadt vorgeschlagene, organisatorisch mögliche Verlegung der Veranstaltung auf den nächsten Tag abgelehnt haben, entschließt sich die Stadt, dieses Anliegen ordnungsrechtlich durchzusetzen. Sie erteilt daher der A-Partei die mit der Anordnung ihrer sofortigen Vollziehbarkeit verbundene „Auflage", die Demonstration am 28. Januar am gleichen Ort und um die gleiche Zeit durchzuführen. In der schriftlichen Begründung heißt es, die Wahl gerade dieses Termins missachte rechtliche Verbote oder verletze jedenfalls als bewusste Provokation die für ein gedeihliches Zusammenleben unerlässlichen Regeln des Anstands.

Ist die Maßnahme rechtmäßig?

Teil 2: Die A-Partei führt ihre Demonstration nun doch am 28. Januar durch. Spontan finden sich einige Gegner der A-Partei zusammen, die der Polizei bereits in der Vergangenheit als gewaltbereit aufgefallen sind und die nun offensichtlich die Versammlung der A-Partei handgreiflich verhindern möchten. Der Leiter des Polizeieinsatzes wendet sich daher über Lautsprecher an die Gegendemonstranten:

„Ihre Versammlung ist aufgelöst. Bitte entfernen Sie sich. Anderenfalls werden wir den Platz räumen." Weil die Angesprochenen der Aufforderung nicht nachkommen, werden sie jeweils von zwei Beamten des Polizeivollzugsdienstes weggetragen. Anschließend stellen die Beamten die Identität der Betroffenen fest.

X, der jede Form von Gewalt ablehnt, ist zufällig in die Gruppe der gewaltbereiten Demonstranten geraten. An sich wollte er nur gemeinsam mit einigen anwesenden Freunden seinen Unmut über die Ansichten der A-Partei kundgeben. Von den Polizisten wird er jedoch in der unübersichtlichen und hektischen Situation zu den möglicherweise gewaltbereiten Demonstranten gerechnet und wie diese behandelt. Wenige Tage später erhält X ein Schreiben der zuständigen Stelle, in dem er zur Zahlung der Kosten für den Einsatz der Polizeivollzugsbeamten herangezogen wird.

Da X das Polizeihandeln für rechtswidrig hält, erhebt er (nach erfolglosem Vorverfahren) fristgerecht Klage gegen den Platzverweis, seine Vollstreckung und den Kostenbescheid. Mit Erfolg?

Lösung zu Fall 7

Teil 1: Rechtmäßigkeit der „Auflage", die Demonstration zu verlegen

■ Die speziellen Ermächtigungsgrundlagen nach dem (in den meisten Ländern einstweilen fortgeltenden[96]) VersG des Bundes setzen jeweils das Vorliegen einer „Versammlung" voraus. Der Begriff als solcher wird in Art. 8 GG und im VersG inhaltsgleich im Sinne einer Zusammenkunft mehrerer Personen zum Zweck der gemeinsamen Meinungsbildung und -äußerung in öffentlichen Angelegenheiten verstanden[97]. Allerdings erfasst das VersG nur *öffentliche* Veranstaltungen[98]. Die wichtigsten Ermächtigungsgrundlagen des VersG können nach zwei Differenzierungskriterien eingeteilt werden. Zum einen ist erheblich, ob die Versammlung in geschlossenen Räumen (§§ 5, 13 VersG) oder unter freiem Himmel (§ 15 VersG) stattfindet[99]. Zum anderen entscheidet der Zeitpunkt der behördlichen Maßnahme, das heißt ob vor (§§ 5, 15 Abs. 1–2 VersG) oder nach (§§ 13, 15 Abs. 3–4 VersG) Beginn der 184

96 Das Versammlungsrecht fällt seit der Föderalismusreform (2006) in die ausschließliche Gesetzgebungskompetenz der Länder (vgl. Art. 74 Abs. 1 Nr. 3 GG n.F.). Das VersG des Bundes gilt gemäß Art. 125a Abs. 1 GG fort, bis es durch Landesrecht ersetzt worden ist. Bislang haben nur einzelne Länder (Bayern, Niedersachsen, Sachsen, Sachsen-Anhalt, Schleswig-Holstein; punktuelle Spezialregelungen finden sich in Berlin und Brandenburg) hiervon Gebrauch gemacht. Zum Bayerischen Versammlungsgesetz siehe BVerfG, NVwZ 2012, S. 818 ff., nach BVerfGE 122, 342 (354 ff.).

97 Zum Versammlungsbegriff siehe oben Fall 3, Teil 2. – Zum Sonderproblem der Versammlung auf dem Gelände eines gemischtwirtschaftlichen Unternehmens in Privatrechtsform BVerfGE 128, 226 (243 ff.) (Frankfurter Flughafen).

98 Vgl. § 1 VersG.

99 Entgegen dem Wortlaut von GG und VersG ist für die Abgrenzung beider Versammlungsarten nicht das Dach, sondern die Abgeschlossenheit nach außen maßgeblich. Grund hierfür ist das höhere Gefahrenpotential einer für jedermann ohne Kontrolle zugänglichen Versammlung.

Versammlung eingegriffen werden soll. *Nicht*öffentliche Versammlungen können mangels Sperrwirkung des insofern nicht abschließenden VersG auf der Grundlage der allgemeinen polizei- und ordnungsrechtlichen Generalklausel beschränkt werden[100]. Dabei ist zu beachten, dass sie durch Art. 8 GG ebenso geschützt werden wie öffentliche Versammlungen. Dessen strenge Voraussetzungen müssen daher bei der Anwendung der Generalklausel berücksichtigt werden. Insbesondere gestattet Art. 8 Abs. 1 GG[101] als vorbehaltlos gewährleistetes Grundrecht Eingriffe nur aus Gründen kollidierenden Verfassungsrechts, weshalb insoweit nicht alle Schutzgüter der öffentlichen Sicherheit und Ordnung entgegnet werden können[102]. ■

185 **1) Ermächtigungsgrundlage:** Der Aufzug der A-Partei ist eine öffentliche Versammlung im Sinne des VersG. Anzuwenden ist § 15 Abs. 1 VersG, nach dem Versammlungen unter freiem Himmel (neben ihrem vollständigen Verbot) von einer „Auflage“ abhängig gemacht werden können.[103] Es handelt sich nicht um eine Auflage im Sinne von § 36 (L)VwVfG, da kein zu ergänzender Hauptverwaltungsakt existiert, sind doch Versammlungen nicht genehmigungs-, sondern nur anmeldepflichtig. Eine solche „Auflage“ ist vielmehr eine eigenständige Verfügung, deren Inhalt der Intensität nach hinter einem Verbot zurückbleibt[104].

186 ■ **Exkurs:** Parallele Erwägungen sind in folgendem Fall anzustellen: Eine Demonstration veranlasst eine Gegendemonstration, die beide friedlich verlaufen. Die Polizei befürchtet allerdings, die Situation könnte eskalieren. Sie will deshalb die Gegendemonstration um 100 Meter verlegen, um beide Gruppen räumlich zu trennen. Als Ermächtigungsgrundlage kommt, weil auch die Gegendemonstration eine (friedliche) Versammlung unter freiem Himmel ist, § 15 VersG in Betracht. Dessen Abs. 1 und 2 erlauben nur Maßnahmen im Vorfeld der Versammlung. Einschlägig ist daher Abs. 3, der seinem Wortlaut nach aber nur die (dem vorherigen Verbot entsprechende) vollständige Auflösung einer Versammlung kennt, die hier nicht gewollt ist. Jedoch umfasst § 15 Abs. 3 VersG (parallel zur Auflage nach Abs. 1) über den Wortlaut hinaus als milderes Mittel („wesensgleiches Minus“) auch andere Maßnahmen wie beispielsweise die hier erwogene Verfügung, die Gegendemonstration an einen anderen Ort zu verlegen. Dass sich die Maßnahme gegen eine (bislang) friedliche Versammlung rich-

---

100 So die h. M.; *Schenke*, Polizei- und Ordnungsrecht, Rdnr. 415, 432 m.w.N. – In Niedersachsen und Schleswig-Holstein fallen auch nichtöffentliche Versammlungen unter das VersG; vgl. § 2 NVersG; § 2 Abs. 3 VersFG SH.

101 Ein weiteres Problem stellt sich bei Art. 8 Abs. 2 GG. Obwohl dieses Grundrecht dem Zitiergebot nach Art. 19 Abs. 1 S. 2 GG unterfällt, wird es nicht in allen einschlägigen Landesgesetzen benannt (vgl. etwa § 4 Nr. 3 PolG BW: nur Art. 8 Abs. 1 GG zitiert; § 14 OBG Thür.). Als Lösungsversuch käme ein Erst-recht-Schluss in Betracht: Wenn Eingriffe in den strengeren Abs. 1 (der nach h.M. nicht unter Art. 19 Abs. 1 S. 2 GG fällt) gestattet sind, muss Entsprechendes erst recht für Abs. 2 von Art. 8 GG gelten (jedenfalls soweit verfassungsimmanente Schranken durchgesetzt werden sollen).

102 Die vorstehenden Ausführungen sprechen einen oft mit dem Schlagwort „Polizeifestigkeit der Versammlung“ belegten Problemkreis an. Der etwas irreführende Begriff zielt letztlich nur auf das Verhältnis von lex specialis und lex generalis ab. Soweit das VersG eine abschließende Regelung trifft, darf nicht auf das allgemeine Polizeirecht zurückgegriffen werden. Soweit das VersG dagegen nicht abschließend ist (insbesondere bei nicht versammlungsspezifischen Eingriffen), kann das PolG zwar zur Anwendung gelangen, ist aber gleichwohl im Lichte des Art. 8 GG vorsichtiger zu handhaben. Siehe zusammenfassend BVerwG, NVwZ 2019, S. 1281 f. (Anwendbarkeit polizeirechtlicher Vollstreckungsregeln).

103 Spezielle Ermächtigungen für Fälle dieser Art finden sich in Art. 15 Abs. 2 BayVersG; § 8 Abs. 4 NVersG; § 13 Abs. 2-3 VersG LSA; § 13 Abs. 4 VersFG SH.

104 Sprachlich unglücklich, aber einprägsam wird gelegentlich auch von einer „Minusmaßnahme“ gesprochen.

tet, ist im Rahmen der Adressatenauswahl zu berücksichtigen. Mangels spezieller Störerregelung ist das VersG, das als Recht der Gefahrenabwehr dem besonderen Polizei- und Ordnungsrecht angehört, insoweit unter Rückgriff auf die Adressatenregelungen des allgemeinen Polizei- und Ordnungsrechts[105] zu ergänzen. Gegen die Gegendemonstration darf daher nur eingeschritten werden, falls sie Zweckveranlasser sein sollte oder sofern die strengen Voraussetzungen der Inanspruchnahme von Nichtstörern vorliegen[106]. ■

Zum Fall: Der Erlass einer „Auflage" nach § 15 Abs. 1 VersG könnte allerdings ausscheiden, falls die Anwendung des VersG durch das Feiertagsrecht der Länder[107] versperrt würde. Das BVerfG hat eine solche Sperrwirkung jedenfalls erwogen[108]. Jedoch ist fraglich, ob das Landesrecht überhaupt eine solche Sperrwirkung gegenüber vorrangigem Bundesrecht entfalten könnte. In Betracht käme wohl allein, das Bundesgesetz gerade mit Rücksicht auf eine vom Grundgesetz anerkannte Landeskompetenz eng auszulegen. Letztlich kann dies aber dahingestellt bleiben, da das Feiertagsrecht ohnehin nicht eingreift. Der Tag des Gedenkens an die Opfer des Nationalsozialismus ist weder nach Bundes- noch nach Landesrecht ein gesetzlicher Feiertag, sondern lediglich ein inoffizieller Gedenktag, der nicht normativ verankert ist. **187**

2) Formelle Rechtmäßigkeit: Das VersG spricht in § 15 VersG schlicht „die zuständige Behörde" an, ohne selbst die Zuständigkeit (a) zu regeln[109]. Die Behördenorganisation richtet sich daher wegen Art. 84 Abs. 1 GG nach Landesrecht, das im Fall einer (wie hier) kreisfreien Stadt regelmäßig diese für zuständig erklärt[110]. Die A-Partei wurde ferner angehört gemäß § 28 LVwVfG (b). Der schriftliche Verwaltungsakt wurde auch begründet (c). **188**

3) Materielle Rechtmäßigkeit: a) Der **Tatbestand** von § 15 Abs. 1 VersG setzt eine unmittelbare Gefährdung der öffentlichen Sicherheit oder Ordnung voraus. Eine solche könnte vorliegend höchstens durch die Wahl des Veranstaltungstermins am Gedenktag für die Opfer des Nationalsozialismus begründet sein. Die öffentliche Sicherheit wird hierdurch jedoch nicht berührt, da die A-Partei weder gegen das Feiertagsrecht noch gegen sonstige Verbote verstößt. **189**

In Betracht kommt mithin allein die öffentliche Ordnung, zu verstehen als „Gesamtheit der ungeschriebenen Regeln, deren Befolgung nach den jeweils herrschenden sozialen und ethischen Anschauungen als unerlässliche Voraussetzung eines geordneten menschli- **190**

---

105 Z.B. §§ 6, 7, 9 PolG BW, §§ 7, 8, 10 PAG Thür.

106 Vgl. auch BVerfG, NVwZ 2006, S. 1049 f.; BVerfG, NVwZ-RR 2010, S. 625, zum Verhältnis von friedlicher Demonstration und gewalttätiger Gegendemonstration sowie VGH Mannheim, VBlBW 2014, 147 zum polizeilichen Notstand im Versammlungsrecht.

107 In Betracht käme, die Maßnahmen nach z.B. §§ 5 ff. FTG BW, §§ 4 ff. ThürFtG als vorrangig anzusehen. – Vgl. auch BVerfG, NVwZ 2017, S. 461 ff. zur sicherheitsbehördlichen Durchsetzung eines Veranstaltungsverbotes nach dem BayFTG.

108 BVerfG, NJW 2001, S. 2075.

109 Vgl. aber z.B. § 13 VersG, der mit dem Begriff „Polizei" auf das Landespolizeirecht verweist.

110 Z.B. ist in Baden-Württemberg gemäß § 1 Abs. 1 Nr. 1 VersGZuVO BW die Kreispolizeibehörde zuständig, das heißt nach § 107 Abs. 3 PolG BW die untere Verwaltungsbehörde und damit gemäß § 15 Abs. 1 Nr. 2 LVG BW in Stadtkreisen die Gemeinde. § 15 Abs. 1 InMinZustV benennt die thüringischen Landkreise und kreisfreien Städte als zuständige Stellen.

chen Zusammenlebens innerhalb eines bestimmten Gebiets angesehen wird“[111]. Die Durchführung einer rechtsradikalen Versammlung am Gedenktag für die Opfer des Nationalsozialismus provoziert die sittlichen Empfindungen der Angehörigen wie der Allgemeinheit in besonderem Maße. Dennoch sollte die öffentliche Ordnung hier aus zwei Gründen nur zurückhaltend als Grundlage polizei- und ordnungsrechtlichen Einschreitens herangezogen werden. Zum einen dürfen die engen gesetzlichen Schranken der Meinungsfreiheit nicht erweitert werden. Die öffentliche Ordnung ist daher im Lichte von Art. 5 GG restriktiv auszulegen. Was dem Einzelnen als Meinungsäußerung nicht verboten werden dürfte, kann auch nicht als zur Versammlung verbundene Meinungskundgabe untersagt werden.[112] Zum anderen genießt die A-Partei das Parteienprivileg nach Art. 21 GG, da sie nicht nach dessen Abs. 4 vom Bundesverfassungsgericht verboten worden ist. Sie darf daher nicht als verfassungswidrig behandelt werden. Die politische Ausrichtung der Partei allein kann folglich noch nicht genügen, ein Einschreiten zu rechtfertigen (was einen anderweitig begründeten Rückgriff auf die öffentliche Ordnung nicht versperrt). Richtigerweise sollte die öffentliche Ordnung daher allenfalls dann Anwendung finden, wenn die Provokation gerade durch Art und Umstände der Versammlung, nicht allein durch den Inhalt der Meinungen oder durch die Ausrichtung der Partei begründet wird. Zudem ist eine besondere Gefahrenprognose erforderlich, bloße Vermutungen reichen nicht aus[113]. Hier trat die Partei in der Vergangenheit in Marschformation auf und benutzte Fahnen aus der Kaiserzeit sowie Trommeln. All dies ist je für sich nicht verboten. Insgesamt wird dennoch ein besonders symbolträchtiger Stil gewählt, der eine gewisse Nähe zu den Aufmärschen im Nationalsozialismus offenbart. Dieser Eindruck wird durch das besondere Datum nochmals verstärkt. Es ist daher gut vertretbar, bei Gesamtwürdigung aller Umstände eine besondere Provokation im Sinne der öffentlichen Ordnung zu erkennen[114]. Dabei bleibt zu bedenken, dass es sich um einen Grenzfall handelt, was auf Rechtsfolgenseite zu berücksichtigen sein wird.

191 **b) Rechtsfolge:** § 15 Abs. 1 VersG erteilt der Behörde einen eigenen Ermessensspielraum. Dieser ist durch die Auswahl der A-Partei als Störer nicht überschritten, da sie für die Gefährdung der öffentlichen Ordnung verantwortlich ist. Im Rahmen der anschließenden Verhältnismäßigkeitsprüfung stellt sich die Frage, ob das geeignete und erforderliche Mittel einer solchen „Auflage“ als im Lichte von Art. 8 GG angemessen angesehen werden kann. Nach Ansicht des BVerfG genügt eine Gefährdung der öffentlichen Ordnung regelmäßig nicht, um ein Versammlungsverbot zu rechtfertigen[115], sondern könne allenfalls (inhaltlich neutrale[116]) „Auflagen“ ermöglichen. Diese Erwägun-

---

111 BVerfGE 69, 315 (352) (Brokdorf).

112 Ein Verbot bestimmter Meinungsinhalte kann versammlungsrechtlich nicht allgemein auf die öffentliche Sicherheit und Ordnung gestützt, sondern nur zum Schutze eines Schrankengesetzes i.S.v. Art. 5 Abs. 2 GG (insbesondere §§ 185 ff. StGB) durchgesetzt werden. Vgl. BVerfGE 111, 147 (154 ff.) (Verbot einer rechtsradikalen Versammlung).

113 Vgl. BVerfG, NJW 2001, S. 1407 (1408).

114 Auch ein gegenteiliges Ergebnis ist gut vertretbar.

115 Grundlegend BVerfGE 69, 315 (353) (Brokdorf).

116 Auflagen i. S. v. § 15 Abs. 1 VersG dürfen das inhaltliche Anliegen einer Versammlung nicht verändern; BVerfG, NVwZ 2004, S. 1111.

gen greifen auch im vorliegenden Fall, in dem die Versammlung nur verlegt, nicht aber grundsätzlich verhindert werden soll[117]. Die Maßnahme erscheint daher als verhältnismäßig[118].

Ergebnis: Die Verfügung ist rechtmäßig[119].

■ **Zur Störerproblematik:** Die Auswahl des Polizeipflichtigen ist vor dem Hintergrund der allgemeinen Grundgedanken des Polizei- und Ordnungsrechts zu verstehen[120]. Im Kern geht es stets um einen angemessenen Ausgleich zwischen dem öffentlichen Interesse an einer effektiven Gefahrenabwehr und den Rechten des Einzelnen, insbesondere seinen Grundrechten. Dabei werden beide Gegenpositionen an verschiedener Stelle berücksichtigt. So verarbeitet der Prüfungspunkt der „Gefährdung der öffentlichen Sicherheit und Ordnung" Umstände der Gefahrenabwehr einschließlich ihrer konkreten Dringlichkeit. Nicht zuletzt die „hinreichende Wahrscheinlichkeit" der Gefahr dient diesem Anliegen. Dagegen schützen die Grundrechte in Verbindung mit dem Verhältnismäßigkeitsprinzip als Ermessensgrenze die Rechte des Einzelnen. Der verbleibende Ermessensspielraum kann wiederum im Interesse der Effektivität der Gefahrenabwehr genutzt werden (Opportunitätsprinzip). Insoweit lassen sich die widerstreitenden Leitgedanken also verschiedenen Gesichtspunkten zuordnen und klar abschichten. Gewissermaßen „dazwischen" liegt der als Ermessensgrenze dienende Störerbegriff, der beide Elemente in sich verbindet. Die polizei- und ordnungsrechtlichen Adressatenregelungen bedürfen daher einer verfassungsgeleiteten Interpretation im Lichte eines verhältnismäßigen Ausgleichs von Gefahrenabwehr und Grundrechten. Im Einzelnen ist Folgendes zu beachten: **192**

(1) Grund der **Handlungs- oder Verhaltensstörerhaftung**[121] ist, dass der Verursacher in der Regel in der Lage ist, die Gefahr zu beseitigen. Weil das Polizei- und Ordnungsrecht lediglich eine effektive Gefahrenabwehr bezweckt, ohne einen Vorwurf vorauszusetzen oder auszusprechen, ist ausschließlich die „Verursachung" entscheidend, nicht aber ein etwaiges Verschulden. Demgemäß können auch Schuldunfähige (z.B. Kleinkinder) verpflichtet werden. **193**

Dabei ist ein eigenständiger polizei- und ordnungsrechtlicher Begriff der „Verursachung" zu finden, der im Wege der Abwägung zwischen dem Prinzip effektiver Gefahrenabwehr und den Grundrechten zu konkretisieren ist. Erforderlich ist eine Formel, die offen für die Umstände des Einzelfalles bleibt, da die Effektivität der Gefahrenabwehr wie auch die Grundrechtsrelevanz und -beschränkbarkeit je nach Sachverhalt differenzierend zu beurteilen sind. Geboten ist mithin eine je konkrete Wertung, welche durch die „Theorie der

---

117 Im Ergebnis ebenso BVerfG, NJW 2001, S. 2069 (2071); BVerfG, NJW 2001, S. 2072 (2074). An „normalen" Tagen wäre ein derartiger Aufzug dagegen zulässig; vgl. z.B. BVerfG, NVwZ 2006, S. 585 f. (bloße zeitliche Nähe zum Gedenktag genügt nicht).

118 Vertretbar wäre auch, die Maßnahme als Verbot der konkreten Demonstration (bei Erlaubnis einer anderen) einzuordnen, da auch die Terminierung durch die Versammlungsfreiheit verbürgt ist. So verstanden wäre der Verwaltungsakt wohl als unverhältnismäßig anzusehen.

119 Zum Fall BVerfG, DVBl. 2001, S. 558; BVerfG, NJW 2001, S. 2075; zur Auseinandersetzung von BVerfG und OVG Münster *Gröpl*, Jura 2002, S. 18 (23 ff.); vgl. auch BVerwG, NVwZ 2014, S. 883 ff. – Überblick zum Versammlungsrecht bei *Gröpl/Leinenbach*, JA 2018, S. 8 ff.; *Enders*, Jura 2020, S. 569 ff. – Vgl. auch BVerfG, NVwZ 2008, S. 414 zur Vereinbarkeit der für eine versammlungsrechtliche „Auflage" erhobenen Gebühr mit Art. 8 GG; BVerfGE 128, 226 (243 ff.) zur Bindung an Art. 8 GG bei zivilrechtlicher Handlungsform.

120 Zum Folgenden vgl. oben die Einführung zum Polizei- und Ordnungsrecht sowie die Variante zu Fall 5.

121 Z.B. § 6 PolG BW, § 10 OBG Thür., § 7 PAG Thür.

unmittelbaren Verursachung" ermöglicht wird. Sie ist im Sinne einer wertenden, nicht formaljuristischen Auswahl unter allen nach der conditio-sine-qua-non-Formel feststellbaren Bedingungen zu handhaben. Maßgeblich ist jeweils die Bedingung, durch welche *unmittelbar* die Gefahrenschwelle überschritten wird. Der Begriff der Unmittelbarkeit meint also nicht die logisch letzte Bedingung, sondern ist als schwimmende Grenze durch Wertung zu bestimmen. In der Regel wird es dabei auf das zeitlich letzte Glied in der Kausalkette hinauslaufen. Jedoch ist auch eine andere Bewertung möglich, insbesondere wenn ein zeitlich davor liegender Umstand eine erhöhte Gefahrentendenz aufweist. Als Wertungskriterien mag man hierbei die Gesichtspunkte der „Pflichtwidrigkeit" (erlaubtes oder verbotenes Verhalten) oder der „Risikosphäre" heranziehen.

194 Ausdruck dieses Denkens ist die Rechtsfigur des „Zweckveranlassers", nach welcher auch derjenige polizeipflichtig ist, der zwar nicht selbst das letzte Glied der Kausalkette gesetzt hat, der aber ein *Verhalten anderer bewirkt* hat und der die hierdurch verursachte *Störung bezweckt* oder zumindest *billigend in Kauf genommen* hat. Auf diese Weise wird ein wertender Ausgleich zwischen der Effektivität der Gefahrenabwehr und dem Grundrechtsschutz bewirkt, was am Beispiel zweier Mindermeinungen zum „Zweckveranlasser" deutlich wird, die jeweils die eine oder andere Seite überbetonen. Einerseits soll eine „*objektive* Bezweckung des Erfolges" maßgeblich sein, die eingetretene Gefahrenlage müsse *typische Folge* der Veranlassung sein, da das verschuldensunabhängige Polizei- und Ordnungsrecht keine subjektiven Kriterien kenne[122]. Dieser Ansatz ist zu weit, da er nur die Effektivität der Gefahrenabwehr als die eine Seite der Abwägung einbezieht. Die Adressatenregelungen sind jedoch zugleich Grundrechtsschranken und müssen daher berücksichtigen, dass nicht jede typische Folge eigenen Verhaltens Grundrechtseingriffe rechtfertigt. Ein subjektives Kriterium der Verantwortlichkeit kann dagegen einen Eingriff rechtfertigen helfen[123]. Andererseits wird vertreten, die Rechtsfigur des „Zweckveranlassers" sei ganz abzulehnen, in Betracht komme nur eine Inanspruchnahme als Nichtstörer, da der „Zweckveranlasser" nur von seinen Grundrechten Gebrauch mache, seine Freiheit aber nicht beschränkt werden dürfe, nur weil andere stören[124]. Diese Ansicht übersieht indes, dass die Polizeipflichtigkeit gerade eine Grundrechtsschranke ist. Aus der Tatsache, *dass* ein bestimmtes Verhalten grundrechtlich geschützt ist, folgt noch nicht, *wo* die Schranken der Freiheit liegen. Die Handlungsstörerhaftung ist vielmehr stets zugleich im Lichte der effektiven Gefahrenabwehr auszulegen. Dies wird deutlich am Beispiel des Aufeinandertreffens von Demonstranten und Gegendemonstranten[125], die (solange sie beide friedlich bleiben) jeweils von ihrer Freiheit (Art. 8 GG) Gebrauch machen, deswegen beide nicht Störer sind. Sobald jedoch eine Seite Gegenreaktionen provoziert oder jedenfalls billigend in Kauf nimmt, erweist sich eine Freiheitsbeschränkung als verhältnismäßig. Unterhalb dieser Schwelle muss die Polizei gegebenenfalls freiheitschonende Maßnahmen ergreifen, beispielsweise die Gruppen räumlich trennen, darf aber allenfalls unter den strengen Voraussetzungen der Nichtstörerhaftung einschreiten (ultima ratio).

195 Störer ist nach alledem derjenige, der bei wertender Betrachtung selbst die entscheidende Ursache für die Störung setzt. Hierunter fällt auch, wer es billigend in Kauf nimmt, dass ein anderer die Gefahr verursacht. Die Rechtsfigur des „Zweckveranlassers" ist keine Ausnahme von der Regel, sondern Ausdruck des Grundprinzips.

---

122 Z.B. OVG Lüneburg, NVwZ 1988, S. 638 (639).
123 Siehe VGH Mannheim, DVBl. 1996, S. 564.
124 *Erbel*, JuS 1985, S. 257 ff.; *Muckel*, DÖV 1998, S. 18 ff.
125 Siehe den Exkurs eingangs zu Fall 7.

(2) **Der Zustandsstörer**[126] wird in Anspruch genommen, wenn die Gefahr von einer Sache (oder einem Tier) ausgeht, weil (und sofern) er als Eigentümer die *rechtliche* oder als Inhaber der Sachherrschaft die *tatsächliche Einwirkungsmöglichkeit* auf die Sache hat. Auch dies hat seinen Grund im Prinzip der effektiven Gefahrenabwehr und findet seine Grenze in den Grundrechten, ist die Zustandsstörerhaftung doch Inhalts- und Schrankenbestimmung im Sinne von Art. 14 Abs. 1 S. 2 GG. Zu beachten ist daher das Übermaßverbot, was insbesondere in Altlastenfällen Bedeutung gewinnen kann[127]. **196**

(3) **Die Auswahl zwischen mehreren Störern** richtet sich nach dem Opportunitätsprinzip.[128] Die Polizei (Ordnungsbehörde) darf denjenigen auswählen, von dem sie sich die effektivste Gefahrenabwehr verspricht. Insbesondere ist sie grundsätzlich nicht verpflichtet, einen verantwortlichen Verhaltensstörer vor einem Zustandsstörer heranzuziehen[129]. ■ **197**

■ **Weitere Problemkreise des jüngeren Polizei- und Ordnungsrechts** betreffen u.a.[130] die präventive polizeiliche Rasterfahndung[131], die Praxis sog. Gefährderanschreiben[132], die Videoüberwachung öffentlicher Räume[133], die Zulässigkeit vorsorglicher Alkoholverbote auf öffentlich zugänglichen Plätzen[134], die Beschlagnahme von Pressefotos eines SEK-Einsatzes[135], die längerfristige Observation nach einer Sicherungsverwahrung[136], die „Gehsteigberatung" schwangerer Frauen durch Abtreibungsgegner[137], Maßnahmen gegen gewaltbereite Fußballfans[138], die Problematik des „Racial Profiling"[139], die Kfz-Kennzeichenerfassung[140] sowie aktuell die zahlreichen Maßnahmen zur Pandemiebekämpfung[141]. ■ **198**

---

126 § 7 PolG BW; § 11 OBG Thür., § 8 PAG Thür.

127 Hierzu unten Fall 8. – Einen lehrreichen Grenzfall der (im Ergebnis abgelehnten) Zustandsstörerhaftung erörtert VGH Mannheim, DVBl. 2013, S. 119 ff.

128 Zur Auswahlentscheidung bei Störermehrheit *Schoch*, Jura 2012, S. 685 ff.

129 In der Klausur ist deswegen Vorsicht vor allgemeinen Gerechtigkeitserwägungen bei der Überprüfung einer Störerauswahl geboten. Ein anderes kann allerdings bei der sich anschließenden Frage gelten, wer etwaige Kosten der Gefahrenabwehr zu tragen hat (hierzu Teil 2 von Fall 7 sowie Fall 8).

130 Siehe ferner zur formellen Polizeipflichtigkeit von Hoheitsträgern (Immissionsschutzrecht) BVerwG, NVwZ 2003, S. 346; VGH Mannheim VBlBW 2001, S. 496; zum Problem der „Bettelsatzung" *Kube*, JuS 1999, S. 176 ff. (aus studentischer Perspektive: Beschränkung auf den materiellrechtlichen Teil).

131 Hierzu BVerfG, NJW 2006, S. 1939 ff.

132 Hierzu OVG Lüneburg, NJW 2006, S. 391 ff. – Vgl. § 29 PolG BW n.F.

133 Hierzu BVerfG, NVwZ 2007, S. 688.

134 Hierzu VGH Mannheim, NVwZ-RR 2010, S. 55 ff.; anders OVG Lüneburg, NdsVBl. 2013, S. 68 ff. – Vgl. § 18 PolG BW n.F.

135 Hierzu BVerwG, NJW 2012, S. 2676 ff. nach VGH Mannheim, DVBl. 2010, S. 1569 ff.

136 Hierzu VG Freiburg, VBlBW 2011, S. 239 ff.; hiergegen BVerfG, LKV 2013, S. 30.

137 Hierzu VGH Mannheim, NJW 2011, S. 2532 ff.; VGH Mannheim, DÖV 2013, S. 80 ff.

138 Überblick bei *Barczak*, Jura 2014, S. 888 ff.

139 Hierzu OVG Münster, NVwZ 2018, S. 1497 ff.

140 Hierzu BVerfGE 150, 244 (263 ff.) nach BVerfGE 120, 378 (397 ff). – Vgl. § 51 PolG BW n.F.

141 Überblick bei *Kingreen*, Jura 2020, S. 1019 ff.

Wiederholungs- und Vertiefungsfragen zu Fall 7, Teil 1

1. Was ist eine Versammlung im Sinne des VersG? Wann findet sie „unter freiem Himmel“ statt? Was gilt für nicht öffentliche Versammlungen?
2. In welchem Verhältnis steht das VersG zum allgemeinen Polizeirecht? Was verbirgt sich hinter dem Schlagwort „Polizeifestigkeit der Versammlung“?
3. Welche Arten von Maßnahmen erlaubt § 15 VersG? Was ist eine „Auflage“ i.S.v. Abs. 1? Gilt Ähnliches auch bei Abs. 3?
4. Was meint das Schutzgut der „Öffentlichen Ordnung“? Wie ist es zu handhaben?
5. Wie ist die polizeirechtliche Verantwortlichkeit geregelt? Wie ist der Begriff der „Verursachung“ i.S. der Verhaltensstörerhaftung (z.B. § 6 PolG BW) zu verstehen? Was meint die Zustandsverantwortlichkeit (z.B. § 7 PolG BW)? Unter welchen Voraussetzungen kann ein Nichtverantwortlicher in Anspruch genommen werden?
6. Welcher Gedanke leitet die Störerauswahl an? Was folgt hieraus für die Beurteilung, ob eine Gefahr oder eine Verantwortlichkeit vorliegt (Primärebene)?

199 ■ **Allgemein: Verwaltungsvollstreckungsrecht und unmittelbare Ausführung.** Verwaltungsrechtliche Vollstreckungsmaßnahmen setzen (ebenso wie im Zivilrecht) einen zu vollstreckenden Titel voraus. Als solcher kann (neben einem vollstreckbaren Urteil, §§ 167 ff. VwGO) ein Verwaltungsakt dienen. Die Behörde schafft sich also ihren eigenen Titel und vollstreckt ihn anschließend selbst.

200 Als Rechtsgrundlagen der Vollstreckung kommen entsprechende Spezialgesetze und insbesondere die Verwaltungsvollstreckungsgesetze des Bundes und der Länder in Betracht. Diese weisen allerdings gewisse Unterschiede auf, die sich kaum einheitlich darstellen lassen. Die nachfolgenden Ausführungen beziehen sich demgemäß exemplarisch und nur begrenzt verallgemeinerungsfähig auf die Rechtslage in Baden-Württemberg.

201 Von besonderer Bedeutung ist – in Baden-Württemberg[142] – die Abgrenzung zwischen der *Verwaltungsvollstreckung* und der *unmittelbaren Ausführung* einer Maßnahme. Ausschlag-

---

142 Länderspezifische Besonderheiten ergeben sich vor allem bei *Fehlen eines zu vollstreckenden Verwaltungsaktes*. Entscheidend ist hier die landesrechtliche Auswahl zwischen den funktionsgleichen Instrumenten der unmittelbaren Ausführung (als polizeirechtliche Maßnahme) und des sofortigen Vollzugs (als Unterfall der Zwangsmittelanwendung): (1) Baden-Württemberg kennt nur die unmittelbare Ausführung (§ 8 PolG BW). Gleiches gilt für Hamburg (§ 7 SOG Hbg.) und Sachsen (§ 6 SächsPolG). (2) Manche Länder sehen beide Instrumente parallel vor (z.B. Art. 9 PAG Bay. ggü. Art. 70 Abs. 2 PAG Bay.; § 15 ASOG Bln ggü. § 8 Abs. 1 S. 1 VwVfG Bln i.V.m. § 6 Abs. 2 VwVG; § 8 HSOG ggü. § 47 Abs. 2 HSOG; § 70a SOG M-V ggü. § 81 SOG M-V; § 6 POG RhPf. ggü. § 61 Abs. 2 LVwVG RhPf.; § 9 SOG LSA ggü. § 53 Abs. 2 SOG LSA; § 12 OBG Thür., § 9 PAG Thür. ggü. § 54 ThürVwZVG). Als Faustformel genießt dort bei Abwesenheit des Pflichtigen die unmittelbare Ausführung Vorrang. (3) Allein dem Modell des sofortigen Vollzugs folgt der Verwaltungszwang nach BundesVwVG, der zur Durchsetzung von Verwaltungsakten (§ 6 Abs. 1), aber auch ohne vorausgehenden Verwaltungsakt (§ 6 Abs. 2) angewendet werden kann. Nur den sofortigen Vollzug kennen ferner § 53 Abs. 2 BbgPolG, § 27 Abs. 1 S. 2 VwVGBbg, § 11 Abs. 2 BremVwVG, § 64 Abs. 2 NdsSOG, § 50 Abs. 2 PolG NRW, § 44 Abs. 2 SPolG, § 230 LVwG SH.

gebend ist, dass (nur) die Verwaltungsvollstreckung einen *Verwaltungsakt*[143] voraussetzt. Die unmittelbare Ausführung einer Maßnahme richtet sich dagegen nach allgemeinem Polizei- und Ordnungsrecht und ist zu wählen, „wenn der polizeiliche Zweck durch Maßnahmen gegen die in §§ 6 und 7 bezeichneten Personen (= Handlungs- und Zustandsstörer) nicht oder nicht rechtzeitig erreicht werden kann"[144]. Dies meint den Fall, dass gegen den Störer sinnvollerweise *kein Verwaltungsakt* erlassen werden kann, etwa weil er unbekannt oder abwesend ist oder weil ein Verwaltungsakt die Gefahr nicht effektiv beseitigen würde. An die Stelle einer Polizeiverfügung tritt dann die unmittelbare Ausführung als „regelungsersetzender *Realakt*". Sie ist dabei nur subsidiär zulässig („wenn nicht"). Hintergrund ist die im Verhältnismäßigkeitsprinzip wurzelnde Erwägung, dem Störer zunächst die (regelmäßig kostengünstigere) Möglichkeit zu geben, die Störung selbst zu beseitigen, wozu er durch Verwaltungsakt aufzufordern ist. In der Konsequenz all dessen geht die Verwaltungsvollstreckung von einem *zweistufigen* Vorgang aus, dem Erlass des Verwaltungsaktes und seiner späteren Vollstreckung, wohingegen die unmittelbare Ausführung *einstufig* konzipiert ist. Dies ist beim Aufbau juristischer Gutachten zu berücksichtigen.[145]

Die Verwaltungsvollstreckung kennt als Maßnahmen zur Durchsetzung von Verwaltungs- 202
akten, die zu einem Handeln, Dulden oder Unterlassen verpflichten, die beiden Beugemittel *Zwangsgeld* und *Zwangshaft*, sodann die *Ersatzvornahme* als Ausführung einer vertret-

143 § 1 Abs. 1 S. 1 LVwVG BW: „Dieses Gesetz gilt für die Vollstreckung von Verwaltungsakten, …"; § 18 Abs. 1 ThürVwZVG.

144 § 8 Abs. 1 S. 1 PolG BW. Sinngemäß ebenso § 12 Abs. 1 S. 1 OBG Thür., § 9 Abs. 1 S. 1 PAG Thür.

145 Das Schulbeispiel der Abgrenzung zwischen Vollstreckung und unmittelbarer Ausführung liefert (in Baden-Württemberg) das *Abschleppen eines verkehrswidrig geparkten PKW.* – Folgt das umzusetzende Wegfahrgebot aus einem dem Pflichtigen wirksam bekanntgegebenen Verwaltungsakt in Gestalt eines Verkehrsschildes (Allgemeinverfügung nach § 35 S. 2 3. Fall LVwVfG), handelt es sich um eine Vollstreckungsmaßnahme, genauer um eine Ersatzvornahme (§§ 2, 25 LVwVG). Angefallene Kosten können dann nach Vollstreckungsrecht erhoben werden (§ 31 LVwVG BW), wobei inzident die Rechtmäßigkeit der Ersatzvornahme vorauszusetzen ist (vgl. Rdnr. 221 ff. sowie Rdnr. 204 f., 215 ff.). – Fehlt es hingegen an einem wirksam bekanntgegebenen Verkehrsschild, kommt eine unmittelbare Ausführung zur Durchsetzung eines gesetzlichen Halte- oder Parkverbots (§ 12 StVO) als Bestandteil der öffentlichen Sicherheit in Betracht. Der Pflichtige kann dann nach der zugehörigen Kostennorm in Anspruch genommen werden (§ 8 Abs. 2 S. 1 PolG BW), wiederum unter der inzidenten Voraussetzung einer rechtmäßig ausgeführten Maßnahme (vgl. Rdnr. 230 ff.). – Ausschlaggebende Bedeutung gewinnt damit in vielen Fällen die öffentliche Bekanntgabe der Allgemeinverfügung „Verkehrsschild". Zum besonderen straßenverkehrsrechtlichen Bekanntgabebegriff bei Straßenschildern BVerwGE 154, 365 im Anschluss an BVerwGE 102, 316; BVerwGE 138, 21: Wirksamkeit und Fristbeginn gegenüber dem jeweils Betroffenen – ungeachtet einer tatsächlichen Kenntnisnahme – mit erstmaliger individueller Teilnahme am Straßenverkehr im Geltungsbereich des sichtbar aufgestellten Verkehrsschildes; bei erneuter Verkehrsteilnahme beginnt keine neue Anfechtungsfrist. Zusammenfassend *Milker*, Jura 2017, S. 271 ff. – Praktische Konsequenzen hieraus ergeben sich im Spezialfall des nachträglichen Aufstellens mobiler Halteverbotsschilder. Da auch das Parken eine Teilnahme am (ruhenden) Straßenverkehr ist und es nicht auf eine tatsächliche Kenntnisnahme des Verkehrsschildes ankommt, ist eine Bekanntgabe auch gegenüber einem abwesenden Halter oder Fahrer möglich. Dieser hat sich zudem, selbst wenn er sein Fahrzeug zunächst rechtmäßig abgestellt hat, nach mehreren Tagen zu vergewissern, ob das Parken weiterhin erlaubt ist. Wurde das Halteverbotsschild entsprechend rechtzeitig aufgestellt (Vorlaufzeit von mindestens drei *vollen* Tagen), dürfen ihm folglich auch die Kosten des Abschleppens auferlegt werden; anderenfalls kann die Vollstreckungsmaßnahme zwar rechtmäßig, die Kostenforderung aber unverhältnismäßig sein. Siehe VGH Mannheim, NJW 2007, S. 2058 f.; BVerwGE 162, 146 ff. – Hingewiesen sei schließlich auf das Zurückbehaltungsrecht nach § 129 PolG BW, das einen – nicht nach § 80 Abs. 1 VwGO dispensierten (kein Fall von § 80 Abs. 2 Nr. 1 VwGO!) – Kostenerstattungsanspruch voraussetzt; hierzu VGH Mannheim, NJW 2020, S. 701 ff.

baren Handlung durch die Behörde selbst („Selbstvornahme")[146] oder durch einen von der Behörde beauftragten Dritten („Fremdvornahme") sowie den *unmittelbaren Zwang* durch körperliche Einwirkung auf Personen oder Sachen[147].

203 Vollstreckungsmaßnahmen sind jeweils eigene Eingriffe in Freiheit und Eigentum (neben dem Eingriff durch den Grundverwaltungsakt) und bedürfen deshalb stets einer Ermächtigungsgrundlage, die einer lex specialis[148] oder dem (Landes-) Verwaltungsvollstreckungsgesetz[149] zu entnehmen sein kann. Dabei ist das Verhältnis von lex specialis und lex generalis für einzelne Fragen je gesondert zu prüfen, so dass nicht abschließende Spezialgesetze im Übrigen durch das allgemeine Vollstreckungsgesetz zu ergänzen sind[150].

204 Hinsichtlich der Prüfung behördlicher Vollstreckungsmaßnahmen im juristischen Gutachten empfiehlt es sich, je nach der aufgeworfenen Rechtsfrage zu differenzieren, die entweder eine Prüfung der Vollstreckung in ihrer Gesamtheit fordern oder ihre Zerlegung in einzelne Teilakte nahe legen kann. Eine Gesamtbetrachtung ist angezeigt, wenn die Rechtmäßigkeit der Vollstreckung als solche Tatbestandsvoraussetzung der Rechtmäßigkeit einer anderen behördlichen Entscheidung ist. Wichtigster Anwendungsfall ist die inzidente Prüfung der Rechtmäßigkeit einer Vollstreckung im Rahmen des Vorgehens gegen den anschließenden Kostenbescheid. Eine Zerlegung in Teilakte kann hingegen anzuraten sein, wenn diese als solche Gegenstand je gesonderter rechtlicher Zweifel sind, ohne dass ein Fehler bei einem von ihnen den anderen oder sonstige behördliche Maßnahmen infizieren müsste. Ein Beispiel bietet folgender Fall: Eine Demonstration wird durch die Polizei aufgelöst; es ergeht ein Platzverweis; unmittelbarer Zwang wird angedroht und sodann angewandt. Ein Demonstrant ist empört und will die Rechtswidrigkeit all dieser Maßnahmen gerichtlich prüfen lassen. Da bei jedem Einzelakt ein isolierbarer Fehler unterlaufen sein könnte, der den Bürger in eigenen Rechten verletzt haben könnte, ist eine abgeschichtete Prüfung zu empfehlen[151].

205 Die Prüfung einer Vollstreckung in ihrer Gesamtheit kann nach allgemeinen Grundsätzen aufgebaut werden. Im Anschluss an das Auffinden der Ermächtigungsgrundlage (1) sind die formellen Voraussetzungen der Vollstreckung (2) zu prüfen. Die Zuständigkeit (a) zur Vollstreckung liegt regelmäßig bei der Behörde, die den durchzusetzenden Verwaltungsakt erlassen hat[152]. Im Vollstreckungsverfahren (b) bedarf es, auch soweit Einzelakte der Vollstreckung ihrerseits Verwaltungsaktscharakter haben (so zumindest die Androhung), gemäß § 28 Abs. 2 Nr. 5 (L)VwVfG nicht zwingend einer Anhörung. Im Übrigen gilt der Grundsatz der Formfreiheit (c). Die materielle Rechtmäßigkeit der Vollstreckung (3) ist (ähnlich einem gesetzlichen Tatbestand) an gewisse Voraussetzungen gebunden (a). Zunächst muss ein materiell und formell vollstreckbarer Verwaltungsakt (Bekanntgabe!)

---

146 Dies gilt z.B. für Baden-Württemberg und Thüringen, wo die Selbstvornahme ein Unterfall der Ersatzvornahme ist, soweit es um die bloße Ausführung der gebotenen Handlung geht, wohingegen unmittelbarer Zwang vorliegt, wenn das Brechen eines entgegenstehenden Willens im Vordergrund steht. In anderen Ländern gilt die Selbstvornahme bei jeder körperlichen Einwirkung als unmittelbarer Zwang.

147 §§ 23 ff. LVwVG BW, §§ 48 ff. ThürVwZVG.

148 Hervorzuheben sind die vorrangigen Sonderregelungen der Polizeigesetze, z.B. §§ 63 ff. PolG BW, §§ 51 ff. PAG Thür., aber auch sonstige Spezialnormen mit vollstreckungsrechtlichem Gehalt, etwa zur Baueinstellung, z.B. § 64 Abs. 2 LBO BW, § 78 Abs. 2 ThürBO.

149 Z.B. § 2 LVwVG BW, § 19 ThürVwZVG, jeweils in Verbindung mit der Einzelnorm zum konkreten Zwangsmittel.

150 Beispielsweise können die Normen über den Wegfall der aufschiebenden Wirkung von Rechtsbehelfen gegen Maßnahmen der Verwaltungsvollstreckung (z.B. § 12 LVwVG BW, § 30 ThürVwZVG) ergänzend Anwendung finden.

151 Siehe sogleich zu Fall 7, Teil 2.

152 Z.B. § 4 Abs. 1 LVwVG BW; § 43 Abs. 1 ThürVwZVG.

vorliegen (aa). Materiell (d.h. inhaltlich) vollstreckbar sind namentlich Verwaltungsakte, die zu einem Handeln, Dulden oder Unterlassen verpflichten, nicht aber gestaltende, feststellende oder begünstigende Verwaltungsakte. Formelle Vollstreckbarkeit meint, dass die Rechtswirkungen des Verwaltungsakts nicht durch den Suspensiveffekt von Widerspruch und Anfechtungsklage gehemmt werden können. Dies ist gegeben, wenn der Verwaltungsakt unanfechtbar ist (Fristablauf, nicht anfechtbares Urteil, Rechtsmittelverzicht) oder falls er gemäß § 80 Abs. 2 VwGO (ungeachtet etwaiger Rechtsbehelfe) sofort vollziehbar ist[153]. Im Übrigen hat die Behörde die Bestandskraft abzuwarten. Nur in unaufschiebbaren Fällen (Gefahr im Verzug) ist ausnahmsweise eine Vollstreckung bereits vor Bestandskraft möglich[154]. Neben der Existenz eines vollstreckbaren Verwaltungsakts sind noch weitere Voraussetzungen zu prüfen. So muss das Zwangsmittel zuvor in bestimmter Form angedroht (bb) worden sein[155] (sofern nicht Gefahr im Verzug besteht[156]). Die Androhung konkretisiert das zulässige Zwangsmittel, hiernach ist nur noch die Anwendung des angedrohten Zwangsmittels gestattet. Des Weiteren sind die Anforderungen des konkreten Zwangsmittels zu beachten (cc). So muss ein Zwangsgeld eigenständig festgesetzt werden (Verwaltungsakt). Die Ersatzvornahme erfordert eine vertretbare, das heißt nicht notwendig durch den Pflichtigen auszuführende Handlung. Liegen diese Voraussetzungen vor, steht die Vollstreckung im Ermessen der Vollstreckungsbehörde (b), die über ein Entschließungs- und ein Auswahlermessen verfügt[157]. Wichtigste Schranke ist das Verhältnismäßigkeitsprinzip, das durch einfachgesetzliche[158] Vollstreckungshindernisse[159] konkretisiert und ergänzt wird.

Näher zu betrachten ist die Frage, wie sich eine etwaige Rechtswidrigkeit des zu vollstre- **206**
ckenden Grundverwaltungsakts auf die Rechtmäßigkeit der Vollstreckungsmaßnahme auswirkt. Hier ließe sich zunächst vermuten, rechtswidrige Verwaltungsakte dürften, jedenfalls solange sie noch nicht bestandskräftig sind, um der Gesetzmäßigkeit der Verwaltung willen nicht vollstreckt werden („Konnexität"). Um die Rechtmäßigkeit der Vollstreckung festzustellen, wäre dann inzident die Rechtmäßigkeit des Verwaltungsaktes zu prüfen. Im Einzelnen sind jedoch drei Situationen zu unterscheiden:

(1) Sollte der Grundverwaltungsakt *nichtig* sein, ist er unwirksam.[160] Es liegt daher überhaupt kein vollstreckbarer Verwaltungsakt vor und fehlt an einer Vollstreckungsvoraussetzung. Insoweit ist mithin eine Prüfung des Grundverwaltungsakts geboten.

(2) Der – nicht nichtige – Grundverwaltungsakt ist *bestandskräftig*. Prozessual betrachtet kann der Bürger sich dann nicht mehr gegen den Verwaltungsakt verteidigen, eine gerichtliche Klärung ist ausgeschlossen. Materiell wird ihm der Einwand der Rechtswidrigkeit des

---

153 Z.B. § 2 LVwVG BW; § 19 ThürVwZVG.
154 Z.B. § 21 LVwVG BW; § 54 ThürVwZVG.
155 Z.B. § 20 LVwVG BW; § 46 ThürVwZVG.
156 Z.B. § 21 LVwVG BW; § 54 ThürVwZVG.
157 Z.B. § 2 LVwVG BW; § 19 ThürVwZVG („Verwaltungsakte können vollstreckt werden").
158 Z.B. § 11 LVwVG BW.
159 Beispielsfall eines Vollstreckungshindernisses als Ermessensgrenze: Eine gegenüber einem Miterben einer Erbengemeinschaft ohne Bekanntgabe an die anderen Erben erlassene Abrissverfügung darf auch nach Eintritt der Bestandskraft nicht vollstreckt werden, weil der einzelne Miterbe das Haus nicht abreißen dürfte (§§ 2038, 2040 BGB). Der Verwaltungsakt ist aber nicht rechtswidrig. Seine Vollstreckung muss lediglich vorerst unterbleiben, bis die anderen Miterben zugestimmt haben oder durch eine Duldungsverfügung verpflichtet worden sind.
160 Gleichzustellen ist der Fall des Schein-Verwaltungsakts; hierzu VGH Mannheim, VBlBW 2010, S. 198 (von einem Umzugsunternehmer ohne wirksame behördliche Genehmigung aufgestelltes Halteverbotsschild).

Verwaltungsakts abgeschnitten und eine Duldungspflicht auferlegt. Folglich darf der Verwaltungsakt unabhängig von seiner Rechtmäßigkeit vollstreckt werden[161].

(3) Der – nicht nichtige – Grundverwaltungsakt ist noch *nicht bestandskräftig*, aber gemäß § 80 Abs. 2 VwGO sofort vollziehbar (oder seine Vollstreckung ist wegen Gefahr im Verzug ausnahmsweise zulässig). Dann ist dem Gesetz die Entscheidung zu entnehmen, dass der Verwaltungsakt durchgesetzt werden darf, obwohl seine Rechtmäßigkeit noch nicht endgültig geklärt ist, die folglich grundsätzlich auch keinen Einfluss auf die Rechtmäßigkeit der Vollstreckungshandlung haben kann. Ein anderes gilt nur, falls ansonsten Rechtsschutzlücken drohen (Art. 19 Abs. 4 GG). Dies hängt insbesondere davon ab, ob sich der Verwaltungsakt mit der Vollstreckung erledigt hat.

(a) Hat sich der – nicht bestandskräftige – Grundverwaltungsakt mit der Vollstreckung *noch nicht erledigt*, bleiben Widerspruch und Anfechtungsklage möglich[162]. Im Erfolgsfall einer Anfechtungsklage hebt das Gericht den Grundverwaltungsakt mit Wirkung *ex tunc* auf. Im Rechtssinne hat dann nie ein vollstreckbarer Verwaltungsakt vorgelegen. Die Vollstreckungsmaßnahme ist deswegen rückwirkend als rechtswidrig anzusehen[163]. Zur Absicherung bis zum Gerichtsurteil kann der Bürger einen Antrag nach § 80 Abs. 5 VwGO stellen. Stellt das Gericht dann die aufschiebende Wirkung her, ist der Grundverwaltungsakt derzeit nicht vollstreckbar, so dass Entsprechendes gilt. Folglich ist die Rechtmäßigkeit des Grundverwaltungsakts bei der Prüfung der Vollstreckungsmaßnahme grundsätzlich nicht zu prüfen, da keine Rechtsschutzlücken drohen. Dies hat eine wichtige Konsequenz: Will sich ein Bürger gegen eine Vollstreckungsmaßnahme mit der Begründung wehren, der Grundverwaltungsakt sei rechtswidrig, muss er diesen zugleich anfechten, um rückwirkend eine Vollstreckungsvoraussetzung zu beseitigen. Er muss also zwei Klagen erheben. In der Praxis ist sein Klageantrag in derartigen Fällen in diesem Sinne auszulegen, was allerdings voraussetzt, dass sich der Bürger zumindest in seiner Begründung auf die Rechtswidrigkeit des Verwaltungsakts beruft. Die Begründetheitsprüfung sollte zweckmäßigerweise zunächst die Anfechtung des Grundverwaltungsakts untersuchen, um dann, soweit erstere erfolgreich sein sollte, bei der Prüfung der Vollstreckung festzustellen, dass es wegen der rückwirkenden Aufhebung an einer Vollstreckungsvoraussetzung fehlt, so dass die zweite Klage bereits aus diesem Grund erfolgreich ist.

(b) Hat sich der Grundverwaltungsakt vor Bestandskraft *erledigt* (im Falle einer Erledigung nach Bestandskraft ist bereits die Duldungspflicht eingetreten, so dass nichts mehr zu prüfen bleibt), ist die geschilderte Lösung einer Anfechtung mit rückwirkender Vernichtung der Vollstreckungsvoraussetzung nicht mehr möglich. In Betracht kommt nur noch eine Fortsetzungsfeststellungsklage gemäß § 113 Abs. 1 S. 4 VwGO (analog[164]). Diese führt aber nicht zur Aufhebung des Verwaltungsakts, sondern allenfalls zur Feststellung seiner Rechtswidrigkeit, wirkt also nicht auf die Vollstreckung zurück. Damit kann eine Rechtsschutzlücke entstehen, die wegen Art. 19 Abs. 4 GG dergestalt ausgefüllt werden sollte, dass im Rahmen der Überprüfung der Rechtmäßigkeit der Vollstreckung ausnahmsweise inzident die Rechtmäßigkeit des Grundverwaltungsakts geprüft werden kann, sofern sich

---

161 Ein anderes sollte aus rechtsstaatlichen Gründen gelten, falls die Verwaltung *sicher* weiß, dass der Verwaltungsakt rechtswidrig ist. Dogmatisch ließe sich dies im Wege einer Ermessensreduzierung auf Null verarbeiten.

162 Zum Folgenden VGH Mannheim, VBlBW 2022, S. 16 (17 ff.).

163 Dies lässt sich erklären mit dem Bild eines Kartenhauses, bei dem die unterste Karte weggezogen wird, das dann insgesamt einstürzt.

164 Für Fälle der Erledigung vor Klageerhebung ist eventuell auch eine Feststellungsklage zu wählen (strittig), was vorliegend jedoch zum gleichen Ergebnis führen würde.

dieser vor Bestandskraft erledigt hat.[165] Dies gilt unabhängig davon, ob ein Antrag analog § 113 Abs. 1 S. 4 VwGO gestellt worden ist.

Zusammenfassung: Im Vollstreckungsverfahren sind Einwendungen gegen die Rechtmäßigkeit des Grundverwaltungsakts grundsätzlich ausgeschlossen. Ausnahmen gelten nur hinsichtlich der Prüfung auf Nichtigkeit sowie bei drohenden Rechtsschutzlücken, insbesondere bei Erledigung des Verwaltungsakts vor Bestandskraft. ■

Überblick zur Prüfungsreihenfolge (Gesamtbetrachtung): 207

1) Ermächtigungsgrundlage der Vollstreckungsmaßnahme
2) Formelle Rechtmäßigkeit der Vollstreckungsmaßnahme (Zuständigkeit, Verfahren, Form)
3) Materielle Rechtmäßigkeit der Vollstreckungsmaßnahme
   a) Voraussetzungen der Zwangsvollstreckung:
      aa) Vollstreckbarer Verwaltungsakt:
         – Materiell (inhaltlich) vollstreckbar: Verwaltungsakt, der zu einem Handeln, Dulden, Unterlassen verpflichtet.
         – Formell vollstreckbar: unanfechtbar, sofort vollziehbar, Gefahr im Verzug.
         – Wirksamkeit des Verwaltungsakts (Prüfung der Rechtmäßigkeit nur auf Nichtigkeit oder bei Rechtsschutzlücken).
      bb) Androhung der Vollstreckung.
      cc) Voraussetzungen des konkreten Zwangsmittels.
   b) Rechtsfolge: Ermessen. Verhältnismäßigkeitsprinzip, Vollstreckungshindernisse als Ermessensgrenzen.

Lösung zu Fall 7, Teil 2:

1. Streitgegenstand: Platzverweis

A. Sachurteilsvoraussetzungen

Vorliegend kommt eine Anfechtungsklage in Betracht. Der Platzverweis ist Verwal- 208
tungsakt im Sinne von § 35 LVwVfG. Er dürfte sich allerdings nicht bereits mit der (unfreiwilligen) Entfernung des X erledigt haben. Anderenfalls wäre eine Fortsetzungsfeststellungsklage analog § 113 Abs. 1 S. 4 VwGO statthaft.

Der Begriff der Erledigung kann aus zwei Perspektiven interpretiert werden[166]. Aus dem Blickwinkel des materiellen Rechts (§ 43 Abs. 2 (L)VwVfG) liegt es nahe, den Verwaltungsakt als erledigt anzusehen, wenn sein innerer Regelungsgehalt keine

165 Dieser Ausnahmevorbehalt hat indes weitgehend an Bedeutung verloren, da die Rspr. in Fällen dieser Art heute regelmäßig keine Erledigung mehr annimmt (vgl. sogleich Rn. 208). Auf der Grundlage eines noch weiteren Begriffs der Erledigung wie hier VGH Mannheim, VBlBW 1986, S. 299 (302 f.); **a.A.** *Schenke*, Polizei- und Ordnungsrecht, Rdnr. 600.

166 Vgl. *Stelkens/Bonk/Sachs*, VwVfG, § 43, Rdnr. 204 ff. (215 ff.).

Rechtswirkungen mehr entfaltet.[167] Die Rechtsprechung wählt jedoch eine weitere, auch die prozessualen Konsequenzen (Anfechtung oder bloße Feststellung gemäß § 113 Abs. 1 S. 4 VwGO) einbeziehende Perspektive und fragt, ob der Verwaltungsakt noch rechtliche Folgewirkungen erzeugt, die zu beseitigen dem Kläger Vorteile bringen kann, so dass er noch ein Rechtsschutzinteresse an seiner Aufhebung hat.[168] Dies gilt insbesondere, soweit die Existenz eines Verwaltungsakts noch als Rechtmäßigkeitsvoraussetzung einer Vollstreckungsmaßnahme dient und damit für einen nachfolgenden Kostenbescheid erheblich ist.

Im gegebenen Fall steht das im Platzverweis ausgesprochene Entfernungsgebot nicht mehr im Raum, wohl aber die sich anschließende Kostenfrage. Die Frage ist daher entscheidungserheblich. In solchen Fällen empfiehlt es sich, im Zweifel eher der Linie der Rechtsprechung zu folgen (der häufig viele Vertreter des Schrifttums zustimmen). Auf dieser Grundlage hat sich der Verwaltungsakt hier nicht erledigt.[169] Statthaft ist somit eine Anfechtungsklage.[170]

Eine Klagebefugnis folgt hier jedenfalls aus Art. 2 Abs. 1 GG. Ein Vorverfahren wurde durchgeführt. Die Klage ist mithin zulässig.

B. Begründetheit

209 Die Anfechtungsklage ist gemäß § 113 Abs. 1 S. 1 VwGO begründet, falls der Platzverweis rechtswidrig ist und den X in eigenen Rechten verletzt.

---

167 So auch *Enders*, NVwZ 2009, S. 958 (960 f.).

168 BVerwG, NVwZ 2009, S. 122. – Der 10. Senat des VGH Mannheim hat seine vormals gegenteilige Auffassung aufgegeben; VGH Mannheim, VBlBW 2008, S. 305.

169 Diese eher klausurtaktische Empfehlung hindert den Bearbeiter nicht, auch kritische Gegenargumente zu formulieren. So kann man im hiesigen Kontext einwenden, im Vordergrund müssten das materielle Recht und damit der innere Regelungsgehalt des Verwaltungsaktes stehen, nicht seine mittelbaren Konsequenzen. Der Rechtsfolge des Verwaltungsakts ist hier jedoch Genüge getan, weil genau jene Situation gegeben ist, die eingetreten wäre, falls X sich freiwillig entfernt hätte. Die Kostenfolge wird hingegen erst später und außerhalb des vollzogenen Verwaltungsakts durch eine zusätzliche (Ermessens-)Entscheidung geregelt. Auch drohen keine Rechtsschutzlücken, weil das Prozessrecht entsprechend angepasst werden könnte. Im Gegenteil: Die Annahme einer Erledigung vermiede das Problem auseinanderfallender Anfechtungsfristen, das vor allem dann erheblich wird, wenn der Kostenbescheid erst deutlich später nachfolgt. Der Pflichtige ist in derartigen Fällen gehalten, eine ihn aktuell nicht mehr beschwerende Grundverfügung „auf Verdacht" anzugreifen, um eine spätere Kostenfolge abzuwehren. Versäumt er dies, weil er nicht mit einem Kostenbescheid rechnet, schneidet ihm die Bestandskraft seine Einwände ab.

170 Wollte man hingegen eine Erledigung annehmen und folgerichtig eine Fortsetzungsfeststellungsklage wählen, müsste die Rechtmäßigkeit des Platzverweises zur Vermeidung von Rechtsschutzlücken ausnahmsweise im Rahmen der Prüfung der Vollstreckungsmaßnahme Berücksichtigung finden. Siehe sogleich zum 2. Streitgegenstand. – Vgl. auch BVerfG, DVBl. 2004, S. 822 (824 f.) zum (Fortsetzungs-)Feststellungsinteresse im Versammlungsrecht.

I. Rechtmäßigkeit des Platzverweises

1) Ermächtigungsgrundlage ist in manchen Bundesländern eine spezielle Regelung einer Standardmaßnahme.[171] In Ermangelung einer solchen wäre auf die polizei- und ordnungsrechtliche Generalklausel zurückzugreifen. Nicht einschlägig ist das VersG, da die Versammlung der Gegendemonstranten zuvor aufgelöst wurde, wodurch ihre Versammlung zur Ansammlung wurde[172]. 210

■ **Exkurs:** Eine andere Frage ist jene nach der Rechtsgrundlage für die vorherige Auflösung (die X nicht angreift). In Betracht kommt § 15 Abs. 3 VersG, da die Gegendemonstration als Zusammenkunft mehrerer Personen zum Zwecke der gemeinsamen Meinungsbildung und -äußerung bis zu ihrer Auflösung selbst eine „öffentliche Versammlung" ist. Allerdings wollen die Gegendemonstranten die Versammlung der A-Partei gewaltsam verhindern. Sie verlieren dadurch den Schutz des Art. 8 GG, der nur solchen Versammlungen zusteht, die (insgesamt[173]) „friedlich" sind, also keinen gewalttätigen oder aufrührerischen Verlauf nehmen.[174] Da der im Vergleich zum allgemeinen Polizei- und Ordnungsrecht strengere Schutz des VersG einfachrechtlicher Ausdruck des Grundrechtsschutzes ist, ließe sich erwägen, VersG und Art. 8 GG parallel zu handhaben, indem man dem § 15 VersG das ungeschriebene Tatbestandsmerkmal „friedlich" hinzuzufügt. Für unfriedliche Versammlungen wäre dann, weil das VersG im Übrigen nicht als abschließend anzusehen wäre, auf die polizei- und ordnungsrechtliche Generalklausel zurückzugreifen. Die wohl herrschende Meinung wendet jedoch das VersG – insoweit über Art. 8 GG hinaus – auch auf unfriedliche Versammlungen an. So gestatten §§ 5 Nr. 3, 13 Abs. 1 Nr. 2 VersG Maßnahmen gegen (vorbehaltlos geschützte) Versammlungen in geschlossenen Räumen, wenn diese gewalttätig oder aufrührerisch verlaufen. Entsprechendes gilt erst recht für (unter Gesetzesvorbehalt stehende) Versammlungen unter freiem Himmel, bei denen § 15 VersG auch für unfriedliche Versammlungen Anwendung findet. ■ 211

2) Formelle Rechtmäßigkeit: Die Zuständigkeit des Polizeivollzugsdienstes ist entweder im Rahmen der Standardmaßnahme[175] oder einer allgemeinen Kompetenzzuweisung[176] geregelt. Anderenfalls folgt sie aus seiner generellen Eilkompetenz.[177] Eine Anhö- 212

---

171 Z.B. § 30 Abs. 1 PolG BW, § 18 Abs. 1 PAG Thür. (bei Handeln der Ordnungsbehörde § 17 Abs. 1 OBG Thür.). – Platzverweise gehen nicht selten mit Personenfeststellungen einher, die zumeist ebenfalls als Standardmaßnahmen ausgestaltet sind; z.B. § 27 PolG BW, § 14 PAG Thür. (§ 15 OBG Thür.). Sie sollen (mögliche) Störer aus der Anonymität reißen und sie so von (weiteren) Störungen abhalten. Lehrreich VGH Mannheim, VBlBW 2011, S. 155 (157 f.).

172 Im Übrigen normieren §§ 18 Abs. 1, 13 Abs. 2 VersG keine Befugnisnorm, sondern eine materielle Rechtspflicht, die unter Zuhilfenahme anderer Ermächtigungen durchzusetzen ist (siehe sogleich). – Zum Verhältnis von VersG und allgemeinem Polizeirecht in Fällen dieser Art BVerfG, NVwZ 2005, S. 80 f.

173 Die Friedlichkeit einer Versammlung ist grds. kollektiv zu beurteilen. Der Schutz des Art. 8 GG entfällt also erst, wenn die Versammlung im Ganzen einen unfriedlichen Verlauf nimmt oder nehmen soll. Allerdings lässt ein unfriedliches Verhalten Einzelner den Grundrechtsschutz (nur) für sie wegfallen. Siehe BVerfGE 69, 315 (361); BVerfG, NVwZ 2011, S. 422 (423).

174 Gegendemonstranten, die eine andere Versammlung verhindern wollen, sind „unfriedlich" und genießen nicht den Schutz des Art. 8 GG; BVerfGE 84, 203 (209 f.). – Ein anderes gilt bei bloßen Störungen der anderen Versammlung (insbesondere durch Lärm); BVerfG, NVwZ 2007, S. 1180.

175 Z.B. § 18 Abs. 1 PAG Thür.

176 Z.B. § 105 Abs. 3 PolG BW.

177 Siehe z.B. (hier hinter Abs. 3 zurücktretend) § 105 Abs. 2 PolG BW.

rung ist entbehrlich, da es sich um eine Allgemeinverfügung handelt (§ 28 Abs. 2 Nr. 4 LVwVfG).

213 **3) Materielle Rechtmäßigkeit:** a) Die öffentliche Sicherheit umfasst auch die hier missachtete Verhaltenspflicht, sich nach Auflösung der Versammlung zu entfernen. Diese folgt aus §§ 18 Abs. 1, 13 Abs. 2 VersG (sanktioniert nach § 29 Abs. 1 Nr. 2 VersG)[178]. b) Die Polizeibeamten haben ihr Ermessen fehlerfrei ausgeübt. Adressaten der Allgemeinverfügung sind die als Gegendemonstranten erkannten Personen (nicht allein X). Dass dies im Fall des X ein Missverständnis war, schadet nicht, da die Sachlage um der Effektivität der Gefahrenabwehr willen ex ante aus der Sicht eines verständigen Beamten in der Situation des Handelnden beurteilt werden muss, die wahren Anliegen des X für die Polizei aber nicht erkennbar waren (zum Ausdruck gebracht im Begriff des „Anscheinstörers“, der keine eigenständige Rechtsfigur benennt, sondern lediglich Konsequenz der Beurteilungsperspektive ist). Das Mittel des Platzverweises ist hier nur an Art. 2 Abs. 1 GG, nicht an Art. 8 GG zu messen. Zwar können sich grundsätzlich auch Gegendemonstranten auf dieses Grundrecht berufen. Jedoch war ihre Versammlung hier nicht friedlich, zudem bereits aufgelöst. Die Maßnahme wahrte auch den Grundsatz der Verhältnismäßigkeit. Der Platzverweis war rechtmäßig und verletzte den X daher nicht in eigenen Rechten **(II.)**.

Ergebnis: Die Klage ist zulässig, aber unbegründet.

2. Streitgegenstand: Vollstreckung

A. Sachurteilsvoraussetzungen

214 Statthaft ist eine Feststellungsklage gemäß § 43 Abs. 1 1. Alt VwGO, da der angewandte unmittelbare Zwang ein Realakt ist.

Die Feststellungsklage setzt ein konkretes Rechtsverhältnis voraus, das heißt eine aus einem bestimmten Sachverhalt folgende Rechtsbeziehung zwischen Personen oder von einer Person zu einer Sache aufgrund einer (öffentlich-rechtlichen) Norm, hier die Behauptung des X, durch die Vollstreckung in seinem Recht auf allgemeine Handlungsfreiheit verletzt worden zu sein.

Der Kläger muss des Weiteren gemäß § 43 Abs. 1 VwGO ein Feststellungsinteresse haben, das bei vergangenen Rechtsverhältnissen besonderer Begründung bedarf. Hier lässt sich eine Wiederholungsgefahr annehmen. Ob zusätzlich eine Klagebefugnis analog § 42 Abs. 2 VwGO zu fordern ist (strittig), kann dahingestellt bleiben, weil X jedenfalls ein subjektives Recht aus Art. 2 Abs. 1 GG geltend machen kann.

Schließlich ist die Feststellungsklage gemäß § 43 Abs. 2 VwGO nur subsidiär (zur Gestaltungs- oder Leistungsklage) zu wählen. Diese Subsidiaritätsregelung hat zwei Zielrichtungen. Erstens soll sie die Effektivität des Rechtsschutzes fördern, da die Fest-

178 Siehe soeben (Rdnr. 210 f.).

stellungsklage selbst nicht vollstreckbar ist, eine erneute Klage aber vermieden werden soll. Jedoch ist der Staat rechtstreu und wird das Urteil beachten, so dass dieser Gesichtspunkt bei Klagen gegen den Staat vernachlässigt werden darf. Zweitens dürfen die Voraussetzungen anderer Klagearten nicht umgangen werden. Dies ist wichtig (nur) im Verhältnis zur Anfechtungs- und Verpflichtungsklage, bei denen Vorverfahren und Frist beachtet werden müssen. Hier stellt sich dieses Problem nicht, da kein Verwaltungsakt angegriffen wird, also auch keine Umgehung droht. Die Klage ist zulässig.

B. Begründetheit

Die Feststellungsklage ist begründet, falls X durch die Vollstreckung in seinem Recht auf allgemeine Handlungsfreiheit verletzt wurde. Ein Eingriff in die allgemeine Handlungsfreiheit durch die Vollstreckungsmaßnahme liegt vor. Entscheidend ist allein, ob dieser rechtmäßig war. **215**

1) Die **Ermächtigungsgrundlage** ist den jeweiligen Landesregelungen zur polizeilichen Anwendung unmittelbaren Zwanges zu entnehmen[179]. **216**

2) Formelle Rechtmäßigkeit: Der Polizeivollzugsdienst ist zuständig für die Anwendung unmittelbaren Zwangs[180]. Besondere Anforderungen des Verfahrens und der Form sind nicht zu wahren. Insbesondere ist § 28 LVwVfG nicht einschlägig, da die Anwendung unmittelbaren Zwanges mangels Regelungsgehaltes[181] kein Verwaltungsakt ist; jedenfalls aber wäre eine Anhörung gemäß § 28 Abs. 2 Nr. 5 LVwVfG entbehrlich. **217**

3) Materielle Rechtmäßigkeit **218**

a) Voraussetzungen: Der Verwaltungsakt Platzverweis enthält ein inhaltlich vollstreckbares Handlungsgebot. Er ist auch formell vollstreckbar, da die aufschiebende Wirkung von Widerspruch und Anfechtungsklage bei Maßnahmen des Polizeivollzugsdienstes nach § 80 Abs. 2 S. 1 Nr. 2 VwGO entfällt. Die Rechtmäßigkeit des Grundverwaltungsaktes ist grundsätzlich nicht maßgeblich für die Rechtmäßigkeit der Vollstreckung. Vorliegend ist auch keine Ausnahme geboten, insbesondere weil sich der vollstreckte Verwaltungsakt nicht erledigt hat und er deshalb im Anfechtungswege hätte beseitigt werden können.[182] Die weiteren Voraussetzungen der Vollstreckung liegen vor. Insbe-

---

179 Z.B. §§ 63 Abs. 2, 66 PolG BW; § 56 i.V.m. §§ 51 f., 58 ff. PAG Thür.

180 Z.B. § 65 PolG BW (als lex specialis zu § 4 LVwVG BW); § 56 PAG Thür.

181 Die (ältere) Gegenmeinung, die den Regelungsgehalt in einer materiellen Duldungspflicht sah, übersieht, dass eine solche Duldungspflicht bereits aus dem Gesetz folgt.

182 Zur Erinnerung: Rechtsschutzlücken drohen an dieser Stelle nicht, weil alle Einwände gegen den Grundverwaltungsakt im Rahmen der Anfechtungsklage geprüft werden konnten, die ihn im Erfolgsfall kraft rückwirkender Aufhebung als Vollstreckungsvoraussetzung beseitigt und damit auch die Vollstreckungsmaßnahme infiziert hätte. Hier erwies sich der Platzverweis indes ohnehin als rechtmäßig (siehe soeben, 1. Streitgegenstand). – **Alternativ:** Hätte man den Erledigungsbegriff oben gegen die Rspr. bestimmt und eine Erledigung vor Bestandskraft angenommen, wäre die Rechtmäßigkeit des Platzverweises an dieser Stelle zur Vermeidung von Rechtsschutzlücken ausnahmsweise inzident zu prüfen gewesen. Die Rechtmäßigkeit der Vollstreckung wäre aber im Ergebnis gleich zu beurteilen, weshalb der Streit um den Erledigungsbegriff praktisch folgenlos bleibt.

sondere wurde sie ordnungsgemäß angedroht[183]. Auch wurde genau das angedrohte (und damit allein zulässige) Zwangsmittel angewandt.

b) Rechtsfolge: Die Polizei hat ihr Ermessen rechtmäßig ausgeübt, insbesondere die Verhältnismäßigkeit[184] gewahrt. Die Vollstreckungsmaßnahme ist rechtmäßig.

Ergebnis: Die Klage ist zulässig, aber unbegründet.

3. Streitgegenstand: Kostenbescheid gegen X

A. Sachurteilsvoraussetzungen

219 Statthaft ist eine Anfechtungsklage, zu richten gegen den Kostenbescheid als Verwaltungsakt, dessen Zahlungspflicht in Art. 2 Abs. 1 GG des Schuldners eingreift. Vorverfahren, Form und Frist sowie die sonstigen Zulässigkeitsvoraussetzungen liegen vor.

B. Begründetheit

220 Die Anfechtungsklage ist begründet gemäß § 113 Abs. 1 S. 1 VwGO, falls der Kostenbescheid rechtswidrig und der Kläger dadurch in seinen Rechten verletzt ist.

I. Rechtmäßigkeit des Kostenbescheides

221 1) Die **Ermächtigungsgrundlage** zum Erlass des Kostenbescheides ist entweder einer Spezialregelung für die Kosten unmittelbaren Zwanges[185] oder dem allgemeinen Landesvollstreckungsrecht[186] zu entnehmen.

222 **2) Formelle Rechtmäßigkeit:** Zuständig ist die Vollstreckungsbehörde. Die nötige Anhörung (§ 28 LVwVfG) wurde jedenfalls mit dem Widerspruchsverfahren nachgeholt (§ 45 Abs. 1 Nr. 3 LVwVfG). Der schriftliche Verwaltungsakt wurde begründet (§ 39 Abs. 1 LVwVfG).

223 **3) Materielle Rechtmäßigkeit**

a) Tatbestandlich setzen die Kostenregelungen der Landesvollstreckungsgesetze bei im Einzelnen unterschiedlichen Formulierungen durchgängig eine vollstreckungsrechtliche „Amtshandlung“ voraus, vorliegend die Anwendung unmittelbaren Zwanges. Aus rechtsstaatlichen Gründen dürfen nur die Kosten für rechtmäßige Vollstreckungsmaßnahmen überwälzt werden[187]. Den Landesgesetzen ist also das ungeschriebene Tatbestandsmerkmal „rechtmäßig“ hinzuzufügen. Hier wurde die (ansonsten an dieser Stelle inzident zu prüfende) Rechtmäßigkeit der Vollstreckungsmaßnahme bereits[188] bejaht.

183 § 66 Abs. 2 PolG BW (als lex specialis zu § 20 LVwVG BW); §§ 52 Abs. 2, 62 PAG Thür.
184 Einfachgesetzlich konkretisiert z.B. in § 66 Abs. 1 und 3 PolG BW.
185 Z.B. § 56 Abs. 3 i.V.m. § 75 PAG Thür.
186 Z.B. § 31 LVwVG BW, auf den der speziellere § 66 Abs. 4 PolG BW zurückverweist.
187 *Schenke*, Polizei- und Ordnungsrecht, Rdnr. 762.
188 Siehe soeben, 2. Streitgegenstand.

b) Die Rechtsfolge der Kostenerhebung steht, auch wenn nicht alle Gesetzesformulierungen dies auf den ersten Blick zu erkennen geben[189], im Ermessen der Behörde. Als Ermessengrenze dienen insbesondere landesrechtliche Rechtsverordnungen, welche die genaue Kostenhöhe definieren[190]. Als Adressat des Kostenbescheides darf der nach materiellem Recht „Pflichtige"[191] herangezogen werden, also derjenige, dem die vollstreckte Handlung oblag. Vorliegend war X zwar durch den Platzverweis verpflichtet, sich zu entfernen. Allerdings haben sich die Polizisten in der unübersichtlichen Entscheidungssituation geirrt und verkannt, dass X an sich friedlich war. **224**

■ Das Polizei- und Ordnungsrecht verarbeitet das Problem einer **unsicheren Tatsachenlage** differenzierend: **225**

Auf der *Primärebene* der auszuwählenden polizei- und ordnungsrechtlichen Maßnahme steht die Effektivität der Gefahrenabwehr im Vordergrund. Deswegen muss die Perspektive *ex ante* maßgeblich sein. Die Polizei darf handeln, auch wenn die Gefahr oder ihre Verursachung trotz sorgfältiger Beurteilung nicht eindeutig erkannt werden konnte[192].

Auf der *Sekundärebene* der Kostenlast sind hingegen die aus der Perspektive *ex post* zu beurteilenden wahren Verhältnisse maßgeblich[193]. Dies ist in zwei Richtungen beachtlich: Hat die Behörde die Maßnahme durchgeführt, darf der Bürger grundsätzlich nicht in Anspruch genommen werden, falls tatsächlich keine Gefahr vorlag oder er diese nicht verursacht hat.[194] Hat er die gebotene Handlung hingegen selbst ausgeführt, obwohl die Voraussetzungen der Gefahr oder Verursachung fehlten, ist er umgekehrt grundsätzlich wie ein Nichtstörer zu behandeln, so dass ein Entschädigungsanspruch bestehen kann, falls ihm Kosten entstanden sind[195]. In beiden Richtungen greift eine Ausnahme (doch Inanspruchnahme/keine Entschädigung), wenn und soweit der Betroffene die den Anschein oder Verdacht begründenden Umstände selbst zu verantworten hat.[196]

(Diese Erwägungen werden gelegentlich auch unter den Schlagwörtern „Anscheinsgefahr" und „Gefahrenverdacht", „Anscheinstörer" und „Verdachtstörer" diskutiert, die jedoch

189 Vgl. § 31 Abs. 1 LVwVG BW: „Für Amtshandlungen nach diesem Gesetz werden Kosten … erhoben." Die Vorschriften sind als Ermessensnormen auszulegen, da nur so dem Verhältnismäßigkeitsprinzip Rechnung getragen werden kann.

190 Z.B.: § 31 Abs. 4 LVwVG BW i.V.m. § 7 Abs. 2 LVwVGKO BW: 45 € je Beamter und angefangene Stunde; differenzierend § 75 Abs. 2 PAG Thür. i.V.m. § 1 ThürPolVwKostO mit Ziffern 1 und 3.6.2 der Anlage: 15-24 € je Beamter und Viertelstunde, höchstens 3000 €.

191 So die Formulierung in § 31 Abs. 2 LVwVG BW. – Bei mehreren „Pflichtigen" (Vollstreckung einer an mehrere Adressaten gerichteten Verfügung) ist eine ermessenfehlerfreie Auswahl des Kostenschuldners geboten, ggf. auch eine Aufteilung der Kostenlast angezeigt. Als Maßstab kann ein aus Art. 3 Abs. 1 GG hergeleitetes Gebot gerechter Lastenverteilung dienen. Zu berücksichtigen ist nicht zuletzt das Maß der (ex post beurteilten) Verantwortlichkeit. Siehe VGH Mannheim, NVwZ-RR 2012, S. 387 ff.

192 Der Wahrscheinlichkeitsgrad von Gefahr und Verursachung ist dabei auf Rechtsfolgenebene bei der Verhältnismäßigkeit des gewählten Mittels zu verarbeiten (ggf. Beschränkung auf Gefahrerforschungseingriffe).

193 *Schoch*, Polizei- und Ordnungsrecht, in: *Schoch*, Besonderes Verwaltungsrecht, Rdnr. 971.

194 Beispielsfall in VGH Mannheim, VBlBW 2011, S. 350 ff.

195 Hierzu BGHZ 117, 303 (308). Rechtsgrundlage ist z.B. § 100 PolG BW (Entschädigungsanspruch des Nichtstörers) analog; § 68 PAG Thür. analog.

196 Hinter dieser Ausnahme steht der Rechtsgedanke des Mitverschuldens. Vgl. § 100 Abs. 1 S. 3 PolG BW.

keine eigenständigen Rechtsfiguren, sondern nur Ausdruck eines allgemeinen Prinzips sind.[197]) ■

226 Aus im Kostenrecht maßgeblicher ex-post-Perspektive erscheint X als Nichtstörer. Obwohl die Vollstreckungsmaßnahme gefahrenabwehrrechtlich rechtmäßig war, darf er nicht zum Kostenersatz herangezogen werden, weil sich bei nachträglicher Betrachtung ein anderes Bild ergibt. Der Kostenbescheid ist rechtswidrig[198] und **(II.)** verletzt den X in eigenen Rechten (Art. 2 Abs. 1 GG).

Ergebnis: Die Klage ist zulässig und begründet.[199]

Wiederholungs- und Vertiefungsfragen zu Fall 7, Teil 2

1. Wann hat sich ein Verwaltungsakt „erledigt"?
2. Warum ist die Feststellungsklage nur subsidiär zulässig?
3. Welche Zwangsmaßnahmen können zur Durchsetzung eines Verwaltungsaktes ergriffen werden?
4. Welche Anforderungen sind – nach dem LVwVG BW – an eine Vollstreckungsmaßnahme zu stellen? Kommt es für die Rechtmäßigkeit der Vollstreckung auf jene des zu vollstreckenden Verwaltungsakts an?
5. Auf welcher Grundlage können Vollstreckungskosten auferlegt werden? Setzt die entsprechende Norm eine Rechtmäßigkeit der Vollstreckung voraus? Aus welcher Perspektive ist die Kostenpflichtigkeit zu beurteilen?

---

197 In der Klausur mag es gleichwohl sinnvoll sein, diese Begriffe zu verwenden, weil sie typische Konstellationen tatsächlicher Unsicherheiten (einschließlich der Möglichkeit des Irrtums) prägnant zum Ausdruck bringen. Ihre Handhabung sollte indes im Bewusstsein erfolgen, dass sie dieselben Maßstäbe auf leicht verschobene Sachverhalte beziehen und damit Unterfälle derselben Grundgedanken bleiben.

198 Erwägenswert wäre noch, Art. 8 GG hinsichtlich der von X und seinen Freunden gewünschten friedlichen Demonstration zu prüfen. Es stellt sich dann die Frage, inwiefern sich der einzelne Teilnehmer die Unfriedlichkeit anderer zurechnen lassen muss. Richtigerweise kann die Friedlichkeit einer Versammlung wohl auch hier nur in ihrer Gesamtheit beurteilt werden, X sich daher nicht auf Art. 8 GG berufen.

199 Lehrreich zur Wiederholung und Vertiefung VGH Mannheim, VBlBW 2022, S. 16 (17 ff.), zur inhaltsgleichen Vorgängerfassung des PolG BW.

Fall 8: A ist Eigentümer eines an einer Hauptverkehrsstraße gelegenen Einfamilienhauses, das er gemeinsam mit seiner Familie bewohnt. Eines Tages verunglückt vor seiner Haustür ein unzulänglich gewarteter Tanklastwagen. Da in das Erdreich eingedrungenes Benzin das Grundwasser zu verunreinigen droht, verständigt die zuständige Behörde den A, dass die oberen Erdschichten sofort abgetragen und ordnungsgemäß entsorgt werden müssen. Eine von der Verwaltung unverzüglich beauftragte Spezialfirma führt die Arbeiten sogleich durch und berechnet der Behörde hierfür ein Honorar i. H. v. € 20 000,–. 227

Kurze Zeit später wird A schriftlich zur Zahlung von € 5000,– herangezogen. Aus Gründen der Verhältnismäßigkeit wolle man ihm nur einen Teil der angefallenen Kosten auferlegen und den Rest von der unmittelbar verantwortlichen Transportfirma einfordern. A legt hiergegen Widerspruch ein. Die zuständige Widerspruchsbehörde nimmt ihn nun nach Anhörung für die gesamten Kosten i. H. v. € 20 000,– in Anspruch, da das Transportunternehmen in der Zwischenzeit zahlungsunfähig geworden sei.

A sieht ein, um des Allgemeinwohls willen die Beschädigung seines liebevoll gepflegten Vorgartens hinnehmen zu müssen, will sich jedoch gegen die gesamten Kosten wehren. Prüfen Sie die Erfolgsaussichten einer form- und fristgerecht eingelegten Klage.

Variante: Da das ausgelaufene Benzin bereits tiefer in das Erdreich eingedrungen ist, erweisen sich die Sanierungsmaßnahmen als wesentlich aufwendiger. A wird nun zur Zahlung i. H. v. € 120 000,– herangezogen, obwohl sein Grundstück nur € 100 000,– wert ist.

Auszug aus dem Bundes-Bodenschutzgesetz (BBodSchG):

§ 2 Begriffsbestimmungen

(3) Schädliche Bodenveränderungen im Sinne dieses Gesetzes sind Beeinträchtigungen der Bodenfunktionen, die geeignet sind, Gefahren, erhebliche Nachteile oder erhebliche Belästigungen für den Einzelnen oder die Allgemeinheit herbeizuführen.

§ 4 Pflichten zur Gefahrenabwehr

(3) [1]Der Verursacher einer schädlichen Bodenveränderung oder Altlast sowie dessen Gesamtrechtsnachfolger, der Grundstückseigentümer und der Inhaber der tatsächlichen Gewalt über ein Grundstück sind verpflichtet, den Boden und Altlasten sowie durch schädliche Bodenveränderungen oder Altlasten verursachte Verunreinigungen von Gewässern so zu sanieren, dass dauerhaft keine Gefahren, erheblichen Nachteile oder erheblichen Belästigungen für den Einzelnen oder die Allgemeinheit entstehen. …

§ 10 Sonstige Anordnungen

(1) [1]Zur Erfüllung der sich aus §§ 4 und … ergebenden Pflichten kann die zuständige Behörde die notwendigen Maßnahmen treffen. …

§ 24 Kosten

(1) [1]Die Kosten der nach … § 10 Abs. 1, … angeordneten Maßnahmen tragen die zur Durchführung Verpflichteten. …

(2) [1]Mehrere Verpflichtete haben unabhängig von ihrer Heranziehung untereinander einen Ausgleichsanspruch. [2]Soweit nichts anderes vereinbart wird, hängt die Verpflichtung zum Ausgleich sowie der Umfang des zu leistenden Ausgleichs davon ab, inwieweit die Gefahr oder der Schaden vorwiegend von dem einen oder dem anderen Teil verursacht worden ist; § 426 Abs. 1 Satz 2 des Bürgerlichen Gesetzbuches findet entsprechende Anwendung. ...

Lösung zu Fall 8

Ausgangsfall

A. Sachurteilsvoraussetzungen

228 Statthaft ist eine Anfechtungsklage gegen den Kostenbescheid. Genauer Streitgegenstand ist gemäß § 79 Abs. 1 Nr. 1 VwGO der *ursprüngliche* Verwaltungsakt in der *Gestalt*, die er durch den Widerspruchsbescheid erhalten hat[200]. Die Klagebefugnis folgt aus Art. 2 Abs. 1 GG, der auch die Disposition über das eigene Vermögen schützt. Ein Vorverfahren wurde durchgeführt[201]. Passiv prozessführungsbefugt und damit richtiger Klagegegner ist gemäß § 78 Abs. 1 Nr. 1 VwGO die Körperschaft, deren Behörde den angefochtenen Verwaltungsakt erlassen hat, also – weil der (inhaltlich modifizierte) ursprüngliche Verwaltungsakt angefochten ist – der Träger der Ausgangsbehörde (oder – je nach Landesrecht – gemäß Nr. 2 die Ausgangsbehörde selbst). Die Klage ist zulässig.

B. Begründetheit

229 Zu fragen ist gemäß § 113 Abs. 1 S. 1 VwGO, ob der Kostenbescheid rechtswidrig ist (I.) und den A in eigenen Rechten verletzt (II.).

I. Rechtmäßigkeit des Kostenbescheids

230 **1)** Die **Ermächtigungsgrundlage** für den Kostenbescheid findet sich nicht im BBodSchG. Insbesondere trifft § 24 Abs. 1 S. 1 BBodSchG zwar eine materielle Regelung, dass die Kostenlast bei denen verbleibt, die eine Anordnung nach § 10 Abs. 1 BBodSchG auszuführen hatten (dass also kein Erstattungsanspruch besteht), jedoch handelt es sich bei der Vorschrift nicht um eine Befugnisnorm, das heißt nicht um eine taugliche Rechtsgrundlage für Grundrechtseingriffe.

---

200 Gemäß § 79 Abs. 2 S. 1 VwGO kann eine Anfechtungsklage auch nur gegen den Widerspruchsbescheid statthaft sein, soweit dieser – wie hier – eine zusätzliche selbstständige Beschwer enthält. Ferner erlaubt § 79 Abs. 1 Nr. 2 VwGO eine Anfechtungsklage nur gegen den Widerspruchsbescheid, wenn dieser erstmalig eine Beschwer enthält (wichtig bei Verwaltungsakten mit Doppelwirkung, etwa einer Baugenehmigung).

201 Ein zweites Widerspruchsverfahren ist nicht erforderlich; vgl. die ratio von § 68 Abs. 1 S. 2 Nr. 2 VwGO für Fälle einer erstmaligen Beschwer durch den Widerspruchsbescheid.

Geboten ist folglich ein Rückgriff auf die allgemeinen (Landes-)Gesetze, wobei entweder die Kostenregelungen zum Verwaltungsvollstreckungsrecht oder – je nach Landesrecht, hier nach baden-württembergischem Vorbild betrachtet – zur unmittelbaren Ausführung einer Maßnahme heranzuziehen sind[202]. In allen Bundesländern, die eine unmittelbare Ausführung vorsehen, ist bereits an dieser Stelle danach abzugrenzen, ob die Maßnahme der Vollstreckung eines Verwaltungsaktes diente oder ohne einen solchen erfolgte. Vorliegend hat die Behörde bewusst auf eine Verfügung verzichtet und den A lediglich über ihr Vorgehen informiert. Damit handelt es sich um eine unmittelbare Ausführung einer Maßnahme nach allgemeinem Polizei- und Ordnungsrecht[203], weshalb die zugehörige Ermächtigungsgrundlage zur Kostenerhebung anzuwenden ist[204]. Vorab ist jedoch festzustellen, dass das BBodSchG insoweit keine Sperrwirkung entfaltet, weil es diesbezüglich keine abschließende Regelung trifft, namentlich nicht konkludent anordnet, dass die Kostenlast in Fällen dieser Art bei der Behörde verbleiben soll.

2) Im Rahmen der **formellen Rechtmäßigkeit** ist zu berücksichtigen, dass im hiesigen Fall die ursprüngliche Verfügung in Gestalt des Widerspruchsbescheides zu beurteilen ist, dass der endgültige Bescheid mithin in zwei Akten entstand, bei denen jeweils formelle Rechtsfehler aufgetreten sein könnten. **231**

a) Formalia des Ausgangsbescheides: Die Zuständigkeit zum Erlass des Kostenbescheides liegt bei der Behörde, welche die Maßnahme ausgeführt hat. Im Verfahren war der A anzuhören (§ 28 Abs. 1 LVwVfG), wobei ein etwaiger Mangel hier jedenfalls durch das Widerspruchsverfahren geheilt wäre (§ 45 Abs. 1 Nr. 3 LVwVfG). Der schriftliche Verwaltungsakt ist schriftlich zu begründen (§ 39 Abs. 1 LVwVfG; ggf. § 45 Abs. 1 Nr. 2 LVwVfG). **232**

b) Formalia des Widerspruchsbescheides[205]: Gemäß § 73 Abs. 1 S. 2 Nr. 1 VwGO ist regelmäßig die nächsthöhere Behörde zuständig zum Erlass des Widerspruchsbescheides („Devolutiveffekt").[206] Ausschlaggebend ist der Instanzenzug der zur Sachentschei- **233**

---

202 Alle nachfolgenden Ausführungen gelten für jene Länder, in denen nur oder vorrangig eine unmittelbare Ausführung stattfindet (zur Abgrenzung zwischen unmittelbarer Ausführung und sofortigem Vollzug oben Rn. 201). Anders zu beurteilen wäre die Rechtslage in Ländern, welche dem bundesrechtlichen Vorbild eines sofortigen Vollzugs folgen. So greift § 6 VwVG des Bundes sowohl bei Vorliegen (Abs. 1) als auch bei Fehlen (Abs. 2) eines Verwaltungsakts, so dass sich die Kostenfrage einheitlich nach § 19 VwVG richtet.

203 Oft übersehen wird, dass eine unmittelbare Ausführung auch gegenüber Anwesenden möglich ist, sofern ein Handeln durch Verwaltungsakt nicht effektiv genug wäre.

204 Z.B. § 8 Abs. 2 S. 1 PolG BW; § 12 Abs. 2 OBG Thür.

205 Die Formalia des Widerspruchsbescheides sind nur zu prüfen, wenn im Widerspruchsverfahren ein eigenständiger Regelungsgehalt eingeführt wird, hier in Gestalt der für den A nachteiligen Änderung, die er insbesondere nur dann hinnehmen muss, wenn die zuständige Stelle gehandelt hat.

206 Ein anderes gilt für Selbstverwaltungsangelegenheiten. Mit Blick auf Art. 28 Abs. 2 GG erklärt § 73 Abs. 1 S. 2 Nr. 3 VwGO die Selbstverwaltungs- zur Widerspruchsbehörde. Der hinzugefügte Vorbehalt abweichender (landes-)gesetzlicher Regelung ändert dies nur partiell. Soweit er in Anspruch genommen wird (z.B. § 17 Abs. 1 AGVwGO BW, § 10 Abs. 1 Nr. 1 ThürAGVwGO), ist die Zuständigkeit gespalten: Die höhere Behörde erlässt zwar den Widerspruchsbescheid, prüft aber selbst nur die Rechtmäßigkeit. Über die Zweckmäßigkeit zu befinden (d.h. erneut in der Sache zu entscheiden) obliegt dagegen auch hier der Selbstverwaltungskörperschaft.

dung berufenen Stellen, wie er insbesondere in den Regelungen zur Fachaufsicht zum Ausdruck gebracht wird. Hier wurde die Zuständigkeit laut Sachverhalt gewahrt. Fraglich ist, ob eine erneute Anhörung im Widerspruchsverfahren erforderlich ist. § 71 VwGO ordnet dies nur für den Fall einer *erstmaligen* Beschwer im Widerspruchsbescheid an. Auch wenn es sich hier um eine *zusätzliche* Beschwer handelt, welche vom Wortlaut der Vorschrift nicht erfasst wird, greift doch der gleiche rechtsstaatliche Grundgedanke. Eine nochmalige Anhörung ist immer dann geboten, wenn im Widerspruchsverfahren eine eigene belastende Regelung getroffen wird (womit der Beschwerdeführer zugleich die Möglichkeit erhält, den Widerspruch zurückzunehmen). Hier wurde A angehört. Formvorschriften wurden nicht missachtet.

234 **3) Materielle Rechtmäßigkeit**

a) Tatbestand der Ermächtigungsgrundlage: Die einschlägigen landesrechtlichen Vorschriften setzen jeweils voraus, dass durch die unmittelbare Ausführung einer Maßnahme Kosten entstanden sind. Des Weiteren ist – ebenso wie im Verwaltungsvollstreckungsrecht[207] – als ungeschriebenes Tatbestandsmerkmal vorauszusetzen, dass die unmittelbare Ausführung *rechtmäßig* war, weil dem Bürger keine Kosten rechtswidrigen Verwaltungshandelns aufgebürdet werden dürfen[208]. An dieser Stelle ist daher inzident die Rechtmäßigkeit der unmittelbaren Ausführung zu prüfen.

235 ■ **Zum Prüfungsaufbau:** Die Struktur einer unmittelbaren Ausführung unterscheidet sich wesentlich von der Verwaltungsvollstreckung und ähnelt eher jener sonstigen polizei- und ordnungsrechtlichen Handelns. Im „Normalfall" des Polizei- und Ordnungsrechts ergeht ein Verwaltungsakt, und der Bürger verhält sich entsprechend. Im Regelfall der unmittelbaren Ausführung wäre eine an den Bürger gerichtete Verfügung nicht möglich (etwa weil er nicht zu erreichen ist) oder zumindest nicht sinnvoll (weil er die geforderte Maßnahme nicht effektiv umsetzen könnte). Die Behörde führt deshalb selbst die Maßnahme aus, die ansonsten der Bürger aufgrund des Verwaltungsakts vorgenommen hätte. Die unmittelbare Ausführung ersetzt also den Erlass eines Verwaltungsaktes und seine Beachtung durch den Bürger („regelungsersetzender Realakt"). Deswegen ist sie (bei einzelnen Modifikationen im Detail[209]) *wie eine polizei- und ordnungsrechtliche Verfügung* zu prüfen, nicht wie eine Vollstreckungsmaßnahme. ■

236 **Inzidente Prüfung der Sanierungsmaßnahme:**

(1) Ermächtigungsgrundlage für die Sanierungsmaßnahme[210] ist § 10 Abs. 1 S. 1 BBodSchG in Verbindung mit der landesrechtlichen Regelung[211] zur unmittelbaren

207 Siehe soeben zu Fall 7, Teil 2.

208 *Schenke*, Polizei- und Ordnungsrecht, Rdnr. 766.

209 Insbesondere der Prüfungspunkt „Störerauswahl" lässt sich nicht immer sinnvoll übertragen; siehe unten.

210 Handelt es sich hingegen um eine Maßnahme zur bloßen Gefährdungsabschätzung greift § 9 Abs. 2 BBodSchG, dessen Rechtsfolgen aus Gründen der Verhältnismäßigkeit eng zu wählen sind; VGH München, NVwZ 2007, 112 ff.

211 Z.B. § 8 Abs. 1 PolG BW; § 12 Abs. 1 OBG Thür.

Ausführung[212]. Seit Einführung des BBodSchG ist insoweit nicht mehr auf die polizei- und ordnungsrechtliche Generalklausel zurückzugreifen[213].

(2) Formelle Voraussetzungen: Zuständig zur unmittelbaren Ausführung ist jene Stelle, die auch einen entsprechenden Verwaltungsakt hätte erlassen dürfen[214]. § 28 LVwVfG ist im Verfahren (mangels Verwaltungsakt) nicht unmittelbar anwendbar. Es gelten die allgemeinen rechtsstaatlichen Anforderungen an das Behördenhandeln. Vertretbar scheint, hieraus eine Pflicht zur vorherigen Anhörung abzuleiten, soweit eine solche nach den konkreten Umständen angezeigt erscheint (vgl. § 28 Abs. 2 LVwVfG). Jedenfalls ist der Betroffene nach Durchführung der Maßnahme unverzüglich zu unterrichten.[215] Formanforderungen sind nicht zu wahren. **237**

(3) In materieller Hinsicht sind zunächst die (a) tatbestandlichen Voraussetzungen von § 10 Abs. 1 S. 1 BBodSchG in Verbindung mit der jeweiligen landesrechtlichen Regelung zur unmittelbaren Ausführung zu wahren. § 10 Abs. 1 S. 1 BBodSchG verweist auf die Pflichten nach § 4 BBodSchG, zu denen gemäß Abs. 3 eine Sanierungspflicht des Grundstückseigentümers zählt. Voraussetzung ist eine schädliche Bodenveränderung, gesetzlich definiert in § 2 Abs. 3 BBodSchG, die hier infolge der Verunreinigung des Bodens durch ausgelaufenes Benzin gegeben ist. Die landesrechtlichen Regelungen zur unmittelbaren Ausführung erfordern ferner, dass der „Zweck der Maßnahme durch Inanspruchnahme eines Polizeipflichtigen nicht oder nicht rechtzeitig erreicht werden kann". Gemeint ist, dass eine Verpflichtung durch Verwaltungsakt (als i.d.R. milderes, insbesondere kostengünstigeres Mittel) nicht möglich oder nicht ausreichend ist. Häufig mag dies daran liegen, dass der Störer abwesend ist. Gleichzusetzen ist der Fall, dass der Störer zwar erreicht werden kann, aber ein Verwaltungsakt gegen ihn den polizeilichen Zweck nicht hinreichend verwirklichen würde, insbesondere weil eine drohende Verzögerung das zu schützende Rechtsgut gefährden würde. Das polizei- und ordnungsrechtliche Opportunitätsprinzip erlaubt dann ein sofortiges Handeln, ohne dem Verantwortlichen zuvor die Gelegenheit zu geben, die Gefahr selbst zu beseitigen. Diese Voraussetzungen liegen hier vor: A hätte sich erst kundig machen müssen, welche Firma er mit der Sanierung beauftragen könnte, wohingegen die sofortige Beauftragung der Spezialfirma durch die Behörde effektiver war. **238**

(b) Die unmittelbare Ausführung einer Maßnahme nach § 10 Abs. 1 S. 1 BBodSchG steht im Ermessen der Behörde. Die Pflichtigkeit des A (im Sinne einer materiellen Duldungspflicht) folgt aus § 4 Abs. 3 S. 1 BBodSchG, der die Haftung des Grundstücks-

---

212 Die (vorab zu prüfende) Subsidiarität des BBodSchG nach dessen § 3 steht hier nicht entgegen.

213 Das BBodSchG regelt das (materielle) Handlungsinstrumentarium gegenüber Sanierungsverantwortlichen bei Altlasten abschließend; BVerwG, NVwZ 2006, S. 1067 f. Allerdings lässt § 21 BBodSchG auch Raum für Ausführungsregeln der Länder (speziell zum Verfahrensrecht).

214 In Baden-Württemberg sind nach den Umständen des Einzelfalls z.B. gemäß § 16 Abs. 1, Abs. 2 Nr. 3 LBodSchAG BW die unteren Verwaltungsbehörden (Landratsämter und kreisfreie Städte) als untere Bodenschutz- und Altlastenbehörden zuständig. In Thüringen sind gemäß § 11 Abs. 1 i.V.m. § 9 Abs. 3 ThürBodSchG die Landkreise und kreisfreien Städte berufen.

215 Z.B. § 8 Abs. 1 S. 2 PolG BW; § 12 Abs. 1 S. 2 OBG Thür.

eigentümers als Zustandsverantwortlicher[216] anordnet. Die unmittelbare Ausführung ist schließlich geeignet, erforderlich und angemessen zur Zweckerreichung, also verhältnismäßig. Sie ist mithin rechtmäßig.

239 ■ **Anmerkung:** Die Prüfung der Störerauswahl kann bei der unmittelbaren Ausführung Schwierigkeiten bereiten, da sie gerade nicht vergleichbar einer Polizeiverfügung auf die Inanspruchnahme eines Adressaten abzielt. Beispielsweise erfolgen Maßnahmen gegenüber Abwesenden häufig ohne jede Kenntnis des Adressaten, so dass überhaupt keine Störerauswahl möglich ist. In solchen Fällen ist der Prüfungspunkt „Adressat" dann sinnvollerweise zu übergehen. Ersichtliche Konsequenzen für den (unbekannten) Belasteten lassen sich im Rahmen der Verhältnismäßigkeit ausgleichend berücksichtigen. Aus anderen Gründen ähnlich verhält es sich im vorliegenden Fall: Die Transportfirma ist als „Verursacher" ebenfalls verantwortlich gemäß § 4 Abs. 3 S. 1 BBodSchG. Dennoch bleibt die Frage, wer polizeipflichtig ist, für die unmittelbare Ausführung bedeutungslos, da in beiden Fällen dieselbe Maßnahme auszuführen ist.

240 **Allgemein:** § 4 Abs. 3 BBodSchG kodifiziert die Rechtsprechung zur Rechtsnachfolge in Altlastenfällen: Es haften der Verursacher und sein Gesamtrechtsnachfolger sowie der jeweils aktuelle Grundstückseigentümer, Letzterer unabhängig davon, ob die Gefahr zur Zeit seines Eigentums verursacht wurde. Außerhalb des BBodSchG folgt Vergleichbares aus den allgemeinen Grundsätzen zur Rechtsnachfolge in die Polizeipflicht. Erforderlich sind dabei jeweils eine übergangsfähige Verpflichtung und ein gesetzlicher Übergangstatbestand. Im Einzelnen ist zu differenzieren. Wurde die Polizeipflichtigkeit *noch nicht* durch Verwaltungsakt *konkretisiert*, so entsteht die Zustandsstörerhaftung originär beim neuen Eigentümer (kein Fall des Übergangs), wohingegen die abstrakte Verhaltensstörerhaftung, soweit sie höchstpersönlicher Natur ist, keine Rechtsnachfolge erlauben soll, da sie nicht übergangsfähig ist. Ein anderes soll (auch außerhalb des BBodSchG) insbesondere in Altlastenfällen gelten: Der Gesamtrechtsnachfolger eines Unternehmens hafte für vom Rechtsvorgänger verursachte Schäden[217]. Als Argument lässt sich vertreten, dass in Fällen dieser Art die Kostenfrage im Vordergrund stehe, so dass es sich um eine eher vermögensrechtliche als höchstpersönliche Pflicht handele, die daher übergangsfähig sein soll. Wurde die Polizeipflichtigkeit dagegen bereits *vor Rechtsnachfolge* durch Verwaltungsakt *konkretisiert*, ist die in diesem ausgesprochene Rechtsfolge übergangsfähig. Eine Rechtsnachfolge tritt dann ein, sofern eine den Übergang der Verpflichtung regelnde Norm vorliegt. In Entsprechung zum Zivilrecht lassen sich etwa § 1922 BGB oder die Regeln zur Fusion von Unternehmen heranziehen, nach denen alle Rechte und Pflichten übergehen. Ist die Zustandsstörerhaftung eines Grundeigentümers bereits durch Verwaltungsakt konkretisiert (z.B. bauordnungsrechtliche Abrissverfügung), soll sie dem Grundstück gewissermaßen „dinglich" anhaften und bei Veräußerung des Grundstücks mit diesem übergehen.[218] ■

Zurück zum Fall: Prüfung der Rechtmäßigkeit des Kostenbescheides nach festgestellter Rechtmäßigkeit der unmittelbaren Ausführung.

241 **b) Rechtsfolge der Kostenregelungen:** Die einschlägigen Landesgesetze stellen die Kostenerhebung in das Ermessen der ausführenden Behörde. Zwar scheint ihr Wortlaut in manchen Ländern („sind verpflichtet") auf eine gebundene Entscheidung zu deuten,

216 Beispielsfall der Verhaltensverantwortung in BVerwG, NVwZ 2008, S. 684.
217 Hierzu BVerwG, NVwZ 2006, S. 928 ff. (strittig).
218 Vgl. OVG Lüneburg, NJW 2011, S. 2228 f. (zu § 89 Abs. 2 S. 3 NdsBauO).

jedoch verhinderte eine solche Interpretation die Berücksichtigung der Verhältnismäßigkeit sowie atypischer Umstände. Besondere Bedeutung hat dies vor allem für Fälle der Zustandsstörerhaftung, die zwar grundsätzlich verhältnismäßiger Ausdruck der Sozialpflichtigkeit des Eigentums ist, die aber auch in Fällen gilt, in denen die Gefahr durch außergewöhnliche Ereignisse verursacht wird oder die in der Risikosphäre der Allgemeinheit liegen (z.B. Naturkatastrophen). Die entsprechenden Gesetze sind deshalb im Lichte des Verhältnismäßigkeitsprinzips verfassungskonform als Ermessensvorschriften auszulegen[219].

Als Ermessensgrenze kommen zunächst die Regelungen über die Störerauswahl in Betracht, die auch auf der Sekundärebene der Kostenfolge zu beachten sind.[220] § 24 Abs. 1 S. 1 BBodSchG ordnet eine materielle Kostentragungspflicht des Eigentümers (als Pflichtiger i.S.v. §§ 10 Abs. 1 S. 1, 4 Abs. 3 S. 1 BBodSchG) an. Zwar ist auch die Transportfirma als Verursacher im Sinne von § 4 Abs. 3 S. 1 1. Fall BBodSchG, der vom Verweis in § 24 Abs. 1 S. 1 BBodSchG erfasst wird, verantwortlich. Jedoch ist das Auswahlermessen nicht fehlerhaft betätigt, wenn der Eigentümer hier vorrangig in Anspruch genommen wird. Es gibt – so die Rechtsprechung – keinen allgemeinen Grundsatz, dass Verhaltensstörer vor Zustandsstörern heranzuziehen sind. Vorliegend kommt hinzu, dass eine Inanspruchnahme der Transportfirma ohne Aussicht auf Erfolg bliebe.[221] **242**

Als inhaltliche Grenze ist erstens Art. 14 GG in Verbindung mit dem Verhältnismäßigkeitsprinzip zu bedenken. Die Zustandsstörerhaftung ist Ausdruck der Sozialpflichtigkeit des Eigentums gemäß Art. 14 Abs. 2 GG, wonach der Gebrauch des Eigentums nur *zugleich* dem Wohle der Allgemeinheit dienen soll, also keine bedingungslose Unterordnung des Eigentums gestattet. Die grundsätzliche Privatnützigkeit muss gewahrt bleiben. Indes werden Grundstückseigentümern im Umweltrecht (insbesondere in Altlastenfällen) häufig aufwendige Sanierungsmaßnahmen abverlangt. Dies trifft nicht selten Grundstückserwerber, welche die Gefahr weder selbst verursacht noch gekannt haben. Sie sind also gewissermaßen selbst „Opfer", weshalb man fordern könnte, ihre Inanspruchnahme einzuschränken, ihnen etwa nur die Duldung behördlicher Maßnahmen abzuverlangen, nicht aber deren Kosten aufzubürden. Die Rechtsprechung folgt derartigen Erwägungen grundsätzlich nicht. Die Zustandsstörer- **243**

219 VGH Mannheim, NJW 1991, S. 1698. Auf diese Weise wird zugleich die bei mehreren Pflichtigen erforderliche Auswahl des Kostenschuldners ermöglicht, die bei einer gebundenen Entscheidung nicht möglich wäre. Des Weiteren lässt sich eine ex post erkannte mangelnde Gefahr oder Gefahrenverursachung (s. Rn. 225) nur im Rahmen einer Ermessensnorm berücksichtigen; vgl. umgekehrt zum Entschädigungsanspruch bei nicht bestätigtem Verdacht BVerwG, NVwZ 2005, S. 691 ff.

220 Die auf der Primärebene der unmittelbaren Ausführung festgestellten Probleme der Störerauswahl setzen sich an dieser Stelle nicht fort, da eine bewusste Auswahlentscheidung möglich und geboten ist. Allerdings bedarf es einer Prüfung auch nur, sofern dies durch den Sachverhalt veranlasst ist, weil überhaupt mehrere Pflichtige in Betracht kommen.

221 Vgl. indes VGH Mannheim, NVwZ-RR 2012, S. 387 ff. (zur verwandten Frage der Kostenlast nach Vollstreckung einer an mehrere Adressaten gerichteten Verfügung): Die auf der Sekundärebene anzustellende Ermessensauswahl des Kostenschuldners sei an einem aus Art. 3 Abs. 1 GG hergeleiteten Gebot gerechter Lastenverteilung auszurichten; zu berücksichtigen sei insbesondere ein ex post festgestelltes Maß der Verantwortlichkeit.

haftung bleibt Risiko des Eigentümers. Ausnahmen werden nur in seltenen Sonderfällen anerkannt. Vor diesem Hintergrund ist es keinesfalls unverhältnismäßig, den A zur Zahlung von € 20 000,– heranzuziehen.

244 Zweitens können allgemeine rechtsstaatliche Erwägungen eine Ermessensgrenze setzen. Problematisch könnte hier sein, dass der Widerspruchsbescheid gegenüber dem ursprünglichen Bescheid eine zusätzliche Belastung (€ 20 000,– statt € 5000,–) enthält. Es handelt sich damit um eine so genannte *„reformatio in peius"* („Verböserung"). Zu fragen bleibt, ob eine solche im Widerspruchsverfahren zulässig ist. Hiergegen könnte zunächst der Grundsatz des Vertrauensschutzes sprechen, da ein belastender Verwaltungsakt zugleich die Begünstigung enthalten kann, den Bürger nicht weitergehend in Anspruch zu nehmen (wofür allerdings vorrangig die Auslegung erforderlich ist, dass eine solche Begünstigung gewollt ist, dass also der Verwaltungsakt nicht im Übrigen überhaupt keine Regelung trifft). Allerdings stellt der Widerspruchsführer den Verwaltungsakt selbst in Frage, weshalb er mit einer Verschlechterung rechnen muss. Sein Vertrauen in dessen Bestand ist daher nur eingeschränkt schützenswert. Bedenken könnte auch eine Rechtsschutzfunktion des Widerspruchsverfahrens aufwerfen. Das Wissen um die Möglichkeit einer reformatio in peius könnte den Bürger davon abhalten, einen Widerspruch einzulegen, womit eine Voraussetzung der Anfechtungsklage (§ 68 VwGO) entfiele. Jedoch liegt die Funktion des Widerspruchsverfahrens in erster Linie nicht im Rechtsschutzgedanken, sondern in einer Selbstkontrolle der Verwaltung. Größere Bedeutung[222] hat dagegen der Umstand, dass die Gesetze selbst eine Verböserung ermöglichen. Dabei ist nicht primär auf die VwGO abzustellen, die in § 79 Abs. 2 VwGO[223] eine „zusätzliche selbstständige Beschwer" im Widerspruchsbescheid voraussetzt, ohne sie (mangels genereller Gesetzgebungskompetenz des Bundes für das Vollzugsrecht, die über die von Art. 74 Abs. 1 Nr. 1 GG erfassten Voraussetzungen des gerichtlichen Verfahrens hinausreichen würde) selbst regeln zu können. Schlagendes Argument ist vielmehr die Existenz der §§ 48, 49 (L)VwVfG. Rücknahme und Widerruf von Verwaltungsakten sind hiernach auch außerhalb des Widerspruchsverfahrens von Amts wegen möglich. Eine Grenze setzt allein das Vertrauensschutzprinzip. Im Widerspruchsverfahren besteht aber nur ein eingeschränkter Vertrauensschutz, da der Widerspruchsführer selbst die Ursache für die erneute Überprüfung des Verwaltungsaktes und damit für dessen Unbeständigkeit gesetzt hat. Er musste also mit einer neuen Entscheidung in jede Richtung rechnen. Eine reformatio in peius ist deswegen grundsätzlich zulässig. Ein anderes gilt in Sonderfällen, in denen der Vertrauensschutz dennoch durchgreifen muss. Auch sind nur Änderungen der bisherigen Regelung (vor

---

222 Als Zirkelschluss zurückzuweisen ist indes das gelegentlich vorgebrachte Argument, die Widerspruchsbehörde sei an Art. 20 Abs. 3 GG gebunden und dürfe daher keine rechtswidrigen Zustände bestätigen, müsse somit eine Verböserung wählen dürfen. Ob das Recht eine solche gestattet, wie weit also die Bindung nach Art. 20 Abs. 3 GG reicht, ist gerade die hiesige Frage.

223 §§ 68 Abs. 1 S. 2 Nr. 2, 71, 79 Abs. 1 Nr. 2 VwGO sprechen ferner Fälle einer „erstmaligen Beschwer" an, die allerdings vor allem bei Drittwidersprüchen gegen begünstigende Regelungen eintreten dürfte.

allem quantitative Verschlechterungen), nicht aber eine neue Regelung zulässig[224]. Im vorliegenden Fall handelt es sich wohl um einen Grenzfall, ob eine derart massive Verböserung noch zulässig ist. Die Rechtsprechung würde vermutlich dazu neigen, sie zu billigen[225].

Ergebnis: Je nach Rechtsauffassung zu den Grenzen einer reformatio in peius ist der Verwaltungsakt in Gestalt des Widerspruchsbescheides teilweise rechtswidrig und verletzt den Kläger dann insoweit in eigenen Rechten (II.), so dass seine Klage insoweit teilweise begründet wäre. Im Übrigen bleibt sie zulässig, aber unbegründet. 245

Nachtrag: Die soeben im Gesamtzusammenhang des Falls erörterte reformatio in peius war an verschiedenen Stellen des Gutachtens anzusprechen, da sie formelle und materielle Probleme aufwirft. In formeller Hinsicht müssen (noch ohne Blick auf die Inhalte) vor allem die Zuständigkeit der Widerspruchsbehörde, überhaupt eine Entscheidung in der Sache treffen zu dürfen, sowie das von ihr zu beachtende Verfahren (Anhörung) geprüft werden. Dagegen ist die grundsätzliche Zulässigkeit derartiger Verschlechterungen eine inhaltliche, das heißt materielle Frage. Weniger eindeutig zuzuordnen ist die sachliche Begrenzung auf den Gegenstand des Widerspruchsverfahrens (keine andere Regelung). Vorzugswürdig (wenn auch nicht zwingend) erscheint, sie als aus der konkreten Verfahrensart folgende Eingrenzung der zulässigen Inhalte der Entscheidung, mithin als materieller Natur anzusehen (nicht als Frage der Reichweite der Zuständigkeit der Widerspruchsbehörde). 246

Variante: Kosten i. H. v. € 120 000,– bei Grundstückswert von € 100 000,–

Der einzige Unterschied zum Ausgangsfall liegt in der Verhältnismäßigkeit. Das BVerfG[226] hat das Übermaßverbot in Einzelfällen aktualisiert und damit der überaus strengen verwaltungsgerichtlichen Rechtsprechung in Altlastenfällen gewisse Schranken gesetzt (die sich wohl allein auf das Grundstückseigentum beziehen): Im Grundsatz bestätigt das Gericht die verschuldensunabhängige Zustandsstörerhaftung als Kehrseite der Möglichkeit zur Nutzung und Verwertung des Eigentums und damit als verhältnismäßige Inhalts- und Schrankenbestimmung. Als Grenze dienen Kriterien der Zumutbarkeit, für welche der Grundstückswert (i.d.R. der Verkehrswert nach Sanierung) als häufig sachgerechte Obergrenze einen Anhaltspunkt liefert. Eine höhere Kostenbelastung bleibt zumutbar, wenn der Eigentümer das Risiko in Kauf genommen hat (u. U. auch bei Erwerb in Kenntnis früherer Nutzung). Eine niedrigere Obergrenze gilt, wenn das Eigentum Grundlage der privaten Lebensführung des Eigentümers und seiner Familie ist. 247

---

224 Als (wie jede Vereinfachung ungenaue) Merkformel gilt: Der Bescheid darf „in die Tiefe, nicht in die Breite" erweitert werden. Gemeint ist eine Begrenzung auf den Gegenstand des Widerspruchsverfahrens.

225 Zur Vertiefung *Hufen*, Verwaltungsprozessrecht, § 9, Rdnr. 15 ff. (reformatio in peius).

226 BVerfGE 102, 1 (14 ff.) (dort weitere Kriterien der Verhältnismäßigkeit genannt). Das Gericht hat, ohne dies ausdrücklich auszusprechen, mit der Entscheidung einen dogmatischen Schwenk vom Bestandsschutz hin zur Wertgarantie unternommen (bei ähnlicher Tendenz in anderen jüngeren Entscheidungen).

Im vorliegenden Fall überschreitet die Kostenlast den Wert des Grundstücks, das zudem noch als privates Wohnhaus genutzt wird. Insgesamt ist die Belastung wohl teilweise unverhältnismäßig, die Inanspruchnahme insoweit rechtswidrig.

Wiederholungs- und Vertiefungsfragen zu Fall 8

1. Welche Rechtsnatur hat die unmittelbare Ausführung einer Maßnahme (§ 8 PolG BW)? Welche an sich vorrangige Vorgehensweise ersetzt sie? Berücksichtigen Sie bei Ihrer Antwort den Unterschied zwischen einer unmittelbaren Ausführung und einer Ersatzvornahme.
2. Wie ist eine unmittelbar ausgeführte Maßnahme (§ 8 Abs. 1 PolG BW) zu prüfen? Welcher Prüfungspunkt bereitet besondere Schwierigkeiten? Warum?
3. Welche Rechtsfolge ordnet die zugehörige Kostennorm an (§ 8 Abs. 2 S. 1 PolG BW)?
4. Welche Funktionen hat das Widerspruchsverfahren?
5. Was versteht man unter einer reformatio in peius? Ist diese grundsätzlich zulässig?
6. An welchen Stellen des Gutachtens gewinnt das Hinzufügen einer belastenden Entscheidung im Widerspruchsverfahren Bedeutung?
7. Wie verhält sich die Zustandsstörerhaftung zu Art. 14 GG? Welche äußerste Grenze setzt das Übermaßverbot?

§ 6 Baurecht

■ **Einführung:** Das Baurecht verbindet insbesondere drei Normenkomplexe, erstens das vor allem im BauGB niedergelegte *Bauplanungsrecht*, das eine Ordnungsfunktion mit dem Ziel einer geordneten städtebaulichen Entwicklung und verträglichen Bodennutzung übernimmt, zweitens das in den Landesbauordnungen geregelte, dem Polizei- und Ordnungsrecht zugehörige *Bauordnungsrecht* (Baupolizeirecht), welches im Ausgangspunkt das Ziel verfolgt, von baulichen Anlagen ausgehende Gefahren abzuwehren, sowie drittens das beiden Materien zugehörige *Zuständigkeits- und Verfahrensrecht*, das ebenfalls in den Landesbauordnungen geregelt ist.[1] Diese drei Normenkomplexe lassen sich zu fünf typischen Klausurkonstellationen[2] kombinieren: 248

1. Klausurkonstellation: Klage auf Erteilung einer Baugenehmigung

Eine Verpflichtungsklage eines Bauherrn auf Erteilung einer Baugenehmigung findet ihren materiellrechtlichen Maßstab in der landesrechtlichen Anspruchsgrundlage[3] des Bauordnungsrechts. Voraussetzung ist jeweils, dass dem (genehmigungspflichtigen) Vorhaben „keine von der Baurechtsbehörde zu prüfenden öffentlich-rechtlichen Vorschriften entgegenstehen", Rechtsfolge sodann eine gebundene Entscheidung („ist"). Dieses „Verbot mit Erlaubnisvorbehalt" hat – was für die Interpretation baurechtlicher Verfahrensnormen von größter Bedeutung ist – ausschließlich eine Kontrollfunktion und dient lediglich der Prüfung, ob die einschlägigen Vorschriften beachtet wurden. Wenn die rechtlichen Voraussetzungen vorliegen, muss das Vorhaben ermöglicht werden. Jede strengere Handhabung wäre unvereinbar mit Art. 14 GG (Grundsatz der Baufreiheit)[4]. 249

„Von der Baurechtsbehörde zu prüfende öffentlich-rechtliche Vorschriften" sind grundsätzlich[5] alle beim Bau materiell beachtlichen öffentlich-rechtlichen Normen. Ein anderes gilt, wenn ein Spezialgesetz ein eigenes Genehmigungsverfahren vorsieht. Die dort zu beachtenden Vorschriften sind dann von der Baurechtsbehörde nicht zu prüfen[6]. 250

---

1 Grundlegend zur (nur historisch verständlichen) Abgrenzung von Bauplanungs- und -ordnungsrecht BVerfGE 3, 407 (423 ff., 430 ff.) (Baugutachten). Vgl. auch BVerwG, NVwZ 2008, S. 311 ff. (Werbeanlagen im Außenbereich).

2 Einzelheiten hierzu siehe Fälle 9–11.

3 Z.B. § 58 Abs. 1 LBO BW; § 71 Abs. 1 ThürBO.

4 Andere, *funktionsgleich zu handhabende* Ausgestaltungen sind für bestimmte (i.d.R. kleinere) Vorhaben vorgesehen: (1) Bei verfahrensfreien Vorhaben (z.B. § 50 LBO BW; § 60 ThürBO) obliegt es dem Bürger, selbst auf die Einhaltung der Gesetze zu achten. Bei Missachtung droht ein Verbot. (2) Beim Kenntnisgabe-, Anzeige- oder Freistellungsverfahren (z.B. § 51 LBO BW; § 61 ThürBO) ist eine Bebauung innerhalb des rechtlichen Rahmens zulässig, wenn sie zuvor angezeigt wird. Die Behörde erhält dadurch die Möglichkeit, das Vorhaben zu prüfen und ggf. zu verbieten. In beiden Fällen (verfahrensfreie Vorhaben und Kenntnisgabeverfahren) darf der Bürger bei Untätigkeit der Behörde bauen.

5 Einschränkungen gelten beim vereinfachten Baugenehmigungsverfahren (z.B. § 52 LBO BW; § 62 ThürBO – in BaWü wird der Anwendungsbereich gemäß § 51 Abs. 5 2. Halbs. LBO auf Antrag erweitert (vgl. hierzu § 2 Abs. 3-4 LBO BW); insoweit ist zugleich ein reguläres Genehmigungsverfahren ausgeschlossen), das die Regeln für genehmigungspflichtige und verfahrensfreie Vorhaben kombiniert. Die Behörde prüft hier – nur! – den im Gesetz benannten Ausschnitt der maßgeblichen Rechtsvorschriften. Im Übrigen ist der Bürger wiederum selbst für die Einhaltung der rechtlichen Anforderungen verantwortlich. Bei ihrer Missachtung darf die Behörde einschreiten.

6 Siehe z.B. § 58 Abs. 1 S. 2 LBO BW. – Ein Beispiel: Bei Einrichtung einer Gaststätte sind auf die Gasträume bezogene Anforderungen des Bau- und des Gaststättenrechts zu beachten. Für Letzteres ist ein eigenes Verfahren vorgesehen, so dass es im Rahmen der Baugenehmigung nicht zu prüfen ist.

Besondere Beachtung verdient das BImSchG, bei dem zwischen genehmigungspflichtigen und nicht genehmigungsbedürftigen Anlagen zu differenzieren ist. Für Letztere gelten die §§ 22 ff. BImSchG, die kein eigenes Genehmigungsverfahren kennen, über die folglich im baurechtlichen Genehmigungsverfahren zu befinden ist. Hingegen regeln die §§ 4 ff. BImSchG die immissionsschutzrechtlich genehmigungspflichtigen Anlagen (definiert in der 4. BImSchV). Die Genehmigung nach § 6 BImSchG schließt dabei gemäß § 13 BImSchG andere anlagenbezogene Genehmigungen einschließlich der Baugenehmigung ein. In der Konsequenz dessen sind gemäß § 6 Abs. 1 Nr. 2 BImSchG neben dem Immissionsschutzrecht auch „andere öffentlich-rechtliche Vorschriften" zu prüfen, zu denen vor allem das Baurecht zählt[7]. Immissionsschutz- und Baurecht sind mithin materiell immer parallel, aber alternativ entweder im einen oder im anderen Verfahren zu prüfen.

251 Einen Klausurschwerpunkt bildet zumeist die bauplanungsrechtliche Zulässigkeit eines Vorhabens, geregelt in §§ 29 ff. BauGB. Die denkbaren Fallkonstellationen lassen sich nach zwei Einteilungskriterien ordnen: Zum einen ist nach dem Vorhandensein eines Bebauungsplans und seiner Regelungsdichte zu differenzieren (Bebauungsplan, der hinreichend detaillierte Festsetzungen enthält – kein Bebauungsplan – dazwischen: Bebauungsplan mit unvollständigen Festsetzungen). Zum anderen sind Innen- und Außenbereich zu unterscheiden. Hiernach ergeben sich folgende Fallkonstellationen:

252 **1.** Bei Vorliegen eines *qualifizierten Bebauungsplans*, das heißt eines Bebauungsplans, der mindestens Festsetzungen über die Art und das Maß der baulichen Nutzung, die überbaubaren Grundstücksflächen und die örtlichen Verkehrsflächen enthält, gilt § 30 Abs. 1 BauGB. Das Vorhaben ist dann (soweit diese Vorgaben reichen) zulässig, wenn es den Festsetzungen des Bebauungsplans nicht widerspricht (und die Erschließung gesichert ist).

Maßgeblich ist dabei der Bebauungsplan „allein oder gemeinsam mit sonstigen baurechtlichen Vorschriften". Dies bezieht die BauNVO ein, eine aufgrund von § 9a BauGB ergangene Rechtsverordnung, die sich unmittelbar an die planende Gemeinde richtet und dem Bürger gegenüber erst mittelbar über ihre Aufnahme in den Bebauungsplan gilt. So ermöglicht § 1 Abs. 3 BauNVO, im Bebauungsplan eines der in der BauNVO bezeichneten Baugebiete festzusetzen (S. 1), womit (soweit nicht ein anderes bestimmt ist) die §§ 2–14 BauNVO Bestandteil des Bebauungsplans werden (S. 2). Sieht der Bebauungsplan beispielsweise ein „reines Wohngebiet" vor, richtet sich die *Art* der baulichen Nutzung nach § 3 BauNVO, der Bestandteil des Bebauungsplans geworden ist.

> **Beispielsfall:** Im Bebauungsplan wird ein „reines Wohngebiet" festgesetzt. X, bislang arbeitslos, möchte im Plangebiet ein Bräunungsstudio einrichten, um sich eine Lebensgrundlage zu schaffen. Alle sonstigen Voraussetzungen des § 30 Abs. 1 BauGB liegen vor.

Die Zulässigkeit der Art[8] der baulichen Nutzung („Bräunungsstudio") ist grundsätzlich[9] in einem Dreiklang von Regelbebauung, Ausnahmebebauung, Dispensbebauung zu prüfen:

• Gemäß § 30 Abs. 1 BauGB darf zunächst kein Widerspruch zum Bebauungsplan bestehen, dessen Bestandteil auch § 3 BauNVO ist. Alle Baugebiete der §§ 2 ff. BauNVO sind strukturgleich normiert worden. Abs. 1 der Gebietsnorm liefert jeweils eine bloße Zielvor-

---

7 Siehe z.B. BVerwG, NVwZ 2004, S. 1235.

8 Daneben finden sich im Bebauungsplan regelmäßig auch Festsetzungen zum Maß der baulichen Nutzung (§§ 16 ff. BauNVO), zur *Bauweise* sowie zur *überbaubaren Grundstücksfläche*.

9 Einschränkend ist insbesondere an § 15 Abs. 1 BauNVO zu denken (hierzu später).

stellung, die vor allem die Interpretation der folgenden Absätze vorzeichnet. Der wichtige Abs. 2 definiert sodann für jedes Baugebiet die als generell gebietsverträglich anzusehenden Vorhaben, die folglich in der Regel ohne Weiteres zulässig sind *(Regelbebauung)*.[10]

Im Beispielsfall erlaubt § 3 Abs. 2 BauNVO nur „Wohngebäude“ und damit kein Bräunungsstudio, dessen Errichtung folglich grundsätzlich unzulässig ist.

- § 31 Abs. 1 BauGB gestattet hiernach (ebenfalls generell gebietsverträgliche) Ausnahmen von den Festsetzungen eines Bebauungsplans, sofern diese im Plan ausdrücklich vorgesehen sind. Abs. 3 der §§ 2 ff. BauNVO sieht (als Bestandteil des Bebauungsplans) jeweils solche Ausnahmen vor *(Ausnahmebebauung)*.[11]

Vorliegend kommt § 3 Abs. 3 BauNVO in Betracht, dessen Voraussetzungen jedoch nicht vorliegen. Das Bräunungsstudio bleibt unzulässig. (Selbst wenn eine Ausnahme möglich wäre, stünde diese immer noch im Ermessen der Behörde.)

- Unabhängig vom Bebauungsplan kann schließlich nach § 31 Abs. 2 BauGB im Einzelfall eine Befreiung von den Festsetzungen des Bebauungsplanes möglich sein *(Dispensbebauung)*. Eine solche beschränkt sich auf Randkorrekturen („wenn die Grundzüge der Planung nicht berührt werden“).

Hier ließe sich höchstens Nr. 3, die „nicht beabsichtigte Härte“, als Befreiungsgrund erwägen, da X als Arbeitsloser keine sonstigen Verdienstmöglichkeiten hat. Jedoch ist die „Härte“ im Sinne dieser Vorschrift als bauplanungsrechtliche, das heißt grundstücksbezogene Härte zu interpretieren. Sie ist dann gegeben, wenn ein Grundstück bei Einhaltung des Planungsrechts unbeabsichtigterweise nicht mehr bebaut werden kann, etwa weil es zu klein ist. Das Bräunungsstudio darf also nicht errichtet werden.

2. Die Zulässigkeit von Vorhaben in Gebieten, für die *kein Bebauungsplan* besteht, richtet **253**
sich nach §§ 34, 35 BauGB. Entscheidend ist die Abgrenzung von Innen- und Außenbereich. Innenbereich ist der im Zusammenhang bebaute Ortsteil. Er liegt vor, wenn die vorhandene Bebauung den Eindruck der Geschlossenheit und Zusammengehörigkeit erweckt und Ausdruck einer organischen Siedlungsstruktur ist. Außenbereich ist hiernach alles, was nicht Innenbereich ist, einschließlich der sog. Splittersiedlung.

a) Die Zulässigkeit von Vorhaben im *Innenbereich* folgt § 34 BauGB. Gemäß Abs. 1 muss **254**
sich das Vorhaben in die Eigenart seiner Umgebung *einfügen*, sich also im Rahmen der vorhandenen Bebauung halten. Dies gilt für alle Kriterien bauplanungsrechtlicher Zulässigkeit[12]. Für die *Art* der baulichen Nutzung liefert Abs. 2 von § 34 BauGB eine wichtige lex specialis zu Abs. 1. Falls die Art der vorhandenen baulichen Nutzung einem der in der

10 Eine ungeschriebene Einschränkung gilt (in seltenen Fällen) für zwar begrifflich erfasste, aber dennoch generell, d.h. typischerweise gebietsunverträgliche Vorhaben; BVerwG, NVwZ 2008, S. 786 ff. (Dialysezentrum als nicht gebietsverträgliche „Anlage für gesundheitliche Zwecke“ i.S.v. § 4 Abs. 2 Nr. 3 BauNVO). – Diese Lösung über das Kriterium genereller Gebietsverträglichkeit erübrigt einen Rückgriff auf § 15 Abs. 1 BauNVO (Unzulässigkeit im Einzelfall). Die praktische Konsequenz ist eine Aufwertung des Nachbarschutzes (siehe den Exkurs am Ende von Fall 9: Anspruch auf Gebietserhaltung statt Berufung auf das Rücksichtnahmegebot).

11 Ein anderes gilt wiederum bei typischerweise fehlender Gebietsverträglichkeit; BVerwG, NVwZ 2002, S. 1118 f. (Zustellstützpunkt der Post ist nicht als „Anlage für Verwaltung“ i.S.v. § 4 Abs. 3 Nr. 3 BauBVO genehmigungsfähig.); BVerwG, NVwZ 2012, S. 825 ff. (Krematorium mit Abschiedsraum als nicht ausnahmefähige „Anlage für kulturelle Zwecke“ i.S.v. § 8 Abs. 3 Nr. 2 BauNVO). Praktische Folge ist auch hier eine Ausweitung des Nachbarschutzes.

12 Kennt z.B. eine Umgebung zwei- bis viergeschossige Gebäude (Maß der baulichen Nutzung), darf ein neues Haus zwei bis vier Stockwerke haben.

BauNVO genannten Baugebiete entspricht, ist die Zulässigkeit der Art der baulichen Nutzung so zu behandeln, als läge ein entsprechender Bebauungsplan vor. Anders gesagt: Hat sich von selbst ein Zustand ergeben, wie er hätte geplant werden können, so soll dieser behandelt werden, als wäre er so geplant worden.

Dies wird deutlich am obigen Beispiel eines Bräunungsstudios, nunmehr zu prüfen bei Annahme eines unbeplanten Gebietes, das einem reinen Wohngebiet entspricht. Zunächst nimmt § 34 Abs. 2 1. HS BauGB (unter anderem) Bezug auf § 3 Abs. 2 BauNVO, nach dem als Regelbebauung nur Wohngebäude zulässig sind. Sodann verweist § 34 Abs. 2 2. HS 1. Alt. BauGB auf § 31 Abs. 1 BauGB und über diesen auf die Ausnahmebebauung gemäß § 3 Abs. 3 BauNVO. Schließlich erklärt § 34 Abs. 2 2. HS 2. Alt. BauGB die Regeln zur Dispensbebauung nach § 31 Abs. 2 BauGB für anwendbar. Da die Voraussetzungen jeweils nicht vorliegen, ist das Vorhaben exakt so zu behandeln, als läge ein qualifizierter Bebauungsplan vor.

255 **b)** Im *Außenbereich* ist § 35 BauGB anzuwenden. Dabei ist zu differenzieren, ob es sich um ein „privilegiertes" Vorhaben im Sinne der abschließenden Aufzählung in Abs. 1 oder um ein sonstiges Vorhaben nach Abs. 2 handelt. Gemeinsame ratio der Privilegierungen in Abs. 1 ist nicht, dass die Vorhaben im Außenbereich erwünscht, sondern dass sie im Innenbereich unerwünscht und deswegen in den Außenbereich zu verdrängen sind. Da sie aber aus Gründen des Allgemeinwohls oder grundrechtlich geschützter Individualinteressen unverzichtbar sind, werden sie dort unter erleichterten Anforderungen zugelassen. Abs. 1 von § 35 BauGB gestattet sie daher, wenn keine öffentlichen Belange (nicht abschließende Definition in Abs. 3) „entgegenstehen". Diese Grenze ist überschritten, wenn ein öffentlicher Belang in einem Maße beeinträchtigt ist, dass er Vorrang vor der Privilegierung haben muss, was im Wege einer einzelfallbezogenen Abwägung zu ermitteln ist. Alle übrigen (nicht privilegierten) Vorhaben sind gemäß Abs. 2 zulässig, wenn kein öffentlicher Belang „beeinträchtigt" ist. Eine solche Beeinträchtigung ist bereits bei einer bloß nachteiligen Auswirkung gegeben, erfordert also eine deutlich geringere Intensität als ein „entgegenstehen" im Sinne von Abs. 1.

256 3. Für Gebiete, für die zwar ein Bebauungsplan vorliegt, der aber nur Teilfragen regelt, gilt § 30 Abs. 3 BauGB. Soweit seine Festsetzungen reichen, ist der Bebauungsplan wie ein qualifizierter Bebauungsplan zu behandeln und § 30 Abs. 1 BauGB anzuwenden. Im Übrigen, soweit der Bebauungsplan also schweigt, sind §§ 34, 35 BauGB wie im unbeplanten Bereich anzuwenden.

2. Klausurkonstellation: Nachbarklage gegen eine Baugenehmigung

257 Eine erfolgreiche Anfechtungsklage eines Nachbarn (ggf. zu verbinden mit einstweiligem Rechtsschutz nach §§ 80, 80a VwGO) setzt neben der Rechtswidrigkeit der Baugenehmigung, die ebenso wie bei der Verpflichtungsklage eines Bauherrn (1. Klausurkonstellation) zu prüfen ist, eine Verletzung in eigenen Rechten voraus. Dabei gilt der Grundsatz, dass baurechtliche Vorschriften in erster Linie Normen des *objektiven Rechts* sind, dass ihr zugleich subjektiver Rechtscharakter stets eigenständig begründet werden muss (hierzu später).

3. Klausurkonstellation: Einschreiten der Baurechtsbehörde bei rechtswidrigen baulichen Anlagen

258 Den von baulichen Anlagen ausgehenden Gefahren für die öffentliche Sicherheit begegnet das Bauordnungsrecht (auch Baupolizeirecht genannt) als spezielles Polizei- und Ordnungsrecht, das demgemäß, soweit nicht eine Spezialregelung ein anderes vorsieht, nach allgemeinen polizei- und ordnungsrechtlichen Grundsätzen zu handhaben ist.

Tatbestandlich setzen die jeweiligen Ermächtigungsgrundlagen des Bauordnungsrechts einen Verstoß gegen von der Baurechtsbehörde zu prüfende öffentlich-rechtliche Vorschriften voraus, zu denen namentlich bauplanungs-, bauordnungs- und immissionsschutzrechtliche Vorschriften zählen, die mithin inzident und spiegelbildlich zum Anspruch auf Erteilung einer Baugenehmigung (1. Klausurkonstellation) zu prüfen sind.

4. Klausurkonstellation: Anspruch des Nachbarn auf bauordnungsrechtliches Einschreiten gegen baurechtswidrige Anlagen

Ein Nachbar kann einen im Wege der Verpflichtungsklage (ggf. in Verbindung mit einstwei- **259**
ligem Rechtsschutz nach § 123 VwGO) durchzusetzenden Anspruch auf bauordnungsrechtliches Einschreiten gegen einen Bauherrn haben. Die Voraussetzungen hierfür lassen sich in drei gedanklich zu verbindenden (auch in abweichender Reihenfolge prüfbaren) Fragen zusammenfassen:

(1) Ist die Behörde *objektiv*rechtlich *befugt*, gegen eine baurechtswidrige Anlage (bzw. gegen den Bauherrn) einzuschreiten? (Dies entspricht der 3. Klausurkonstellation, bei der auch Elemente der 1. Klausurkonstellation zu berücksichtigen sind.)

(2) Ist die Behörde kraft *objektiven* Rechts zum Einschreiten *verpflichtet* (gebundene Entscheidung oder Ermessensreduzierung auf Null)?

(3) Besteht eine Verpflichtung zum Einschreiten bzw. zur ermessensfehlerfreien Entscheidung hierüber gerade *im Verhältnis zum Nachbarn*? Dies setzt voraus, dass die im Falle eines Nichteinschreitens verletzte Norm dem Nachbarn ein subjektives Recht vermittelt (parallel zur 2. Klausurkonstellation).

5. Klausurkonstellation: Überprüfung eines Bebauungsplanes

Die Wirksamkeit eines Bebauungsplanes lässt sich entweder inzident im Rahmen einer **260**
Einzelfallentscheidung (1.–4. Fallkonstellation) oder eigenständig im Wege einer abstrakten Normenkontrolle nach § 47 Abs. 1 Nr. 1 VwGO (mit dem Ziel einer Nichtigkeitserklärung nach § 47 Abs. 5 VwGO, der wiederum ein einstweiliger Rechtsschutz nach § 47 Abs. 6 VwGO vorgelagert sein kann) prüfen.

Die genannten Klausurkonstellationen kreisen mithin regelmäßig um dieselben Probleme, **261**
namentlich um die verfahrensrechtliche Umhegung der bauplanungsrechtlichen Zulässigkeit baulicher Anlagen (§§ 29 ff. BauGB). Verschieden ist dagegen vor allem der Einstieg in die Prüfung.[13] ■

Fall 9: A ist Eigentümer eines Wohngebäudes am Rande eines ausschließlich zu **262**
Wohnzwecken genutzten Gebietes, für das bislang kein Bebauungsplan besteht. Um die örtliche Wirtschaft zu stärken, will die Gemeinde nun die angrenzenden Freiflächen für Gewerbebetriebe aller Art öffnen. Dabei soll auch ein kleiner Randbereich des bereits bebauten Ortsteils einbezogen werden, in dem neben dem Haus des A noch zwei attraktive unbebaute Grundstücke liegen.

13 Zur Einführung in das Baurecht: *Böhm*, JA 2013, S. 81 ff.

Ziel der Gemeinde ist es, die Gewerbeansiedlungen nicht durch zu enge Festsetzungen zu behindern. Man ermittelt daher die entscheidungserheblichen Belange und erarbeitet den Entwurf eines Bebauungsplanes für ein „Industriegebiet". Um dessen Inkrafttreten zu beschleunigen, begnügt man sich mit einer nur zweiwöchigen öffentlichen Auslegung des Planentwurfs, der dann auch alsbald förmlich als Satzung beschlossen wird.

Dem A kommt diese Rechtsänderung sehr gelegen. Er richtet sich in seiner bislang zum Abstellen seines PKW genutzten Garage eine Werkstatt ein und betreibt dort einen kleinen Handwerksbetrieb, ohne zuvor die Behörde einzuschalten. Die Gemeinde, die zugleich zuständige untere Baurechtsbehörde ist, erfährt hiervon durch Dritte, sieht aber keinen Anlass einzuschreiten. Da sie sogar nach einer entsprechenden Weisung untätig bleibt, handelt die zuständige Fachaufsichtsbehörde schließlich selbst und verbietet dem A nach Anhörung schriftlich die ausgeübte Nutzung. Mit Recht?

Variante: Die von A ausgeführten Säge- und Schweißarbeiten verursachen erheblichen Lärm sowie einen sehr unangenehmen Geruch, ohne dass die Behörden dies bislang unterbunden hätten. Kann B, der Eigentümer des an Dritte vermieteten Nachbarhauses, von der zuständigen Baurechtsbehörde verlangen, gegen A einzuschreiten?

Lösung zu Fall 9

Ausgangsfall: Einschreiten durch die Fachaufsichtsbehörde

263 **1)** Die **Ermächtigungsgrundlage** zum Einschreiten gegenüber A ist, weil es sich um eine Frage der Abwehr von Gefahren handelt, die mit der Nutzung baulicher Anlagen verbunden sind, dem Bauordnungsrecht zu entnehmen.

264 ■ Das Bauordnungsrecht liefert verschiedene Ermächtigungsgrundlagen des besonderen Polizei- und Ordnungsrechts. Spezialregelungen sehen baupolizeirechtliche Standardmaßnahmen vor (namentlich Baueinstellung, Abrissverfügung, Nutzungsuntersagung).[14] Sie sind im Regelfall anzuwenden, wenn bauliche Anlagen unter Verstoß gegen das Baurecht errichtet oder genutzt werden. Zu prüfen sind dabei, wie schon die systematische Stellung der entsprechenden Vorschriften zeigt[15], grundsätzlich die gleichen Rechtsmaßstäbe wie auch im Baugenehmigungsverfahren. Im Übrigen gilt eine baupolizeirechtliche Generalklausel.[16] Sie greift in sonstigen Fällen der Baurechtswidrigkeit ein, also insbeson-

14 Z.B. §§ 63 ff. LBO BW; §§ 77 ff. ThürBO.

15 Vgl. die gemeinsame Stellung im 8. Teil der LBO BW zum (Baugenehmigungs-) Verfahren; ähnlich 3. und 4. Abschnitt des 5. Teils der ThürBO.

16 Z B. § 47 Abs. 1 S. 2 LBO BW; § 58 Abs. 1 S. 2 ThürBO.

dere bei Gebäuden, die zwar rechtmäßig errichtet wurden, aber aus anderen Gründen Gefahren mit sich bringen, etwa weil sie nicht hinreichend instand gehalten wurden und deshalb Sicherheitsmängel aufweisen. ■

Vorliegend handelt es sich um die Untersagung einer nicht genehmigten, möglicherweise auch materiell rechtswidrigen Nutzung. Anzuwenden ist daher die landesrechtliche Vorschrift zur bauordnungsrechtlichen Standardmaßnahme „Nutzungsuntersagung“[17]. **265**

2) Formelle Rechtmäßigkeit: Eine Zuständigkeit der Fachaufsichtsbehörde setzt ihr landesrechtlich vorgesehenes Selbsteintrittsrecht an Stelle der grundsätzlich zuständigen Ausgangsbehörde voraus[18]. Voraussetzung ist üblicherweise, dass die nachgeordnete Baurechtsbehörde – wie hier – einer Weisung nicht Folge geleistet hat. A wurde ferner angehört (§ 28 LVwVfG). Der schriftliche Verwaltungsakt wurde begründet (§ 39 LVwVfG). **266**

3) Materielle Rechtmäßigkeit **267**

a) Tatbestand der Ermächtigungsgrundlage: Die landesrechtlichen Befugnisnormen setzen durchgängig voraus, dass eine bauliche Anlage „im Widerspruch zu öffentlichrechtlichen Vorschriften“ genutzt wird. Die Garage ist eine bauliche Anlage im Sinne der Legaldefinition in § 2 des jeweiligen Landesgesetzes. Fraglich ist mithin allein, ob ihre Nutzung öffentlichem Recht widerspricht.

■ Die Rechtsgrundlagen der bauordnungsrechtlichen Standardmaßnahmen Abrissverfügung und Nutzungsuntersagung erfassen mit dem Verweisbegriff „öffentlich-rechtliche Vorschriften“ grundsätzlich alle Normen, die auch im baurechtlichen Genehmigungsverfahren zu beachten wären. Genehmigungsverfahren und bauaufsichtliche Maßnahmen unterscheiden sich in erster Linie in der Richtung des Vorgehens (Bürger→ Staat, Staat → Bürger), stehen aber im Übrigen in einem engen inhaltlichen und systematischen Zusammenhang.

Differenzierter zu beantworten ist die Frage, ob der konkret vorauszusetzende „Widerspruch“ zum öffentlichen Recht formeller (Fehlen einer erforderlichen Genehmigung) und/ oder materieller (inhaltlicher Verstoß) Natur sein muss. Jedenfalls ungenau ist die gelegentlich zu findende Floskel „formell und materiell rechtswidrig“, schon weil verfahrensfreie Vorhaben nicht formell rechtswidrig sein können, aber auch weil im Einzelnen sorgfältiger unterschieden werden muss.

Zumindest bei **Abrissverfügungen** entscheidet die materielle Rechtswidrigkeit. Die formelle Rechtmäßigkeit ist hingegen nur insoweit erheblich, als die Existenz einer Baugenehmigung zu prüfen ist. Im Übrigen bleibt es unbeachtlich, ob ein nicht genehmigtes Vorhaben genehmigungspflichtig ist. Denn selbst dann müsste die materielle Rechtmäßigkeit geprüft werden, bei deren Vorliegen durch eine nachträgliche Genehmigung „auf andere Weise rechtmäßige Zustände hergestellt werden können“[19]. Eine Abrissverfügung auf das

17 Z.B. § 65 Abs. 1 S. 2 LBO BW; § 79 Abs. 1 S. 2 ThürBO.

18 Z.B. § 47 Abs. 5 S. 2 LBO BW; § 57 Abs. 3 ThürBO; ohne eine solche Vorschrift wären der Selbsteintritt und damit die Nutzungsuntersagung rechtswidrig.

19 Siehe die wortlautgleichen Tatbestandsvoraussetzungen in § 65 Abs. 1 S. 1 LBO BW; § 79 Abs. 1 S. 1 ThürBO.

bloße Fehlen einer Genehmigung zu stützen wäre daher – als tatbestandlicher Ausdruck genereller Unverhältnismäßigkeit – unzulässig. Umgekehrt würde eine vorhandene Genehmigung (unabhängig von ihrer Erforderlichkeit) legalisierend wirken und eine etwaige materielle Gesetzwidrigkeit überlagern. Zusammenfassend steht die Errichtung einer baulichen Anlage im „Widerspruch" zum öffentlichen Recht, wenn sie *materiell rechtswidrig und nicht von einer wirksamen Baugenehmigung gedeckt* ist.

Ob Gleiches auch für (nicht ausdrücklich bis zum Abschluss eines Genehmigungsverfahrens befristete[20]) **Nutzungsuntersagungen** gilt, ist umstritten.[21] Hierfür spräche, dass eine dauerhafte Nutzungsuntersagung wegen des bloßen Fehlens einer Genehmigung ebenfalls generell unverhältnismäßig wäre, so dass es im Ergebnis nur auf die materielle Rechtswidrigkeit und das Fehlen einer legalisierend wirkenden Baugenehmigung ankäme. Allerdings zerstört die Nutzungsuntersagung die Bausubstanz nicht endgültig und lässt noch die Möglichkeit eines nachträglichen Genehmigungsverfahrens offen. Die (in Baden-Württemberg: jüngere) Rechtsprechung erkennt daher einen tatbestandlichen „Widerspruch zu öffentlich-rechtlichen Vorschriften" schon dann, wenn eine erforderliche Baugenehmigung fehlt (einer im Einzelfall wegen offensichtlicher Genehmigungsfähigkeit drohenden Unverhältnismäßigkeit soll dann auf der Ermessensebene begegnet werden können). Alternativ genügt aber auch eine (nicht von einer wirksamen Genehmigung legalisierte) materielle Baurechtswidrigkeit. Soweit alle (bei nicht genehmigungspflichtigen Vorhaben) oder einzelne (beim vereinfachten Genehmigungsverfahren) Fragen des materiellen Rechts nicht vom konkreten Prüfungsumfang einer Genehmigungspflicht umfasst sind, kommt es sogar ausschließlich auf die materielle Rechtswidrigkeit an. Insgesamt steht eine Nutzung im „Widerspruch zu öffentlich-rechtlichen Vorschriften", wenn sie formell oder materiell rechtswidrig ist, weil *das erforderliche Verfahren nicht durchgeführt, insbesondere keine Baugenehmigung erwirkt wurde oder die nicht genehmigte Nutzung gegen materielles Recht verstößt*. ■

268 Im hiesigen Fall könnte die Nutzung der Garage als Werkstatt zunächst **formell baurechtswidrig** sein, falls bestehende Verfahrensanforderungen nicht beachtet wurden. Die Errichtung einer Garage mag zwar als solche verfahrensfrei sein.[22] Gemeint ist damit jedoch ihre Funktion als Ort zum Abstellen von Kraftfahrzeugen.[23] Mit ihrer Umwidmung zur Werkstatt kommen andere baurechtliche Anforderungen zum Tragen, die ein Verfahrenserfordernis begründen.[24] In Betracht kommt, je nach Landesrecht, eine Pflicht zur Kenntnisgabe[25] oder Genehmigung. Da jedoch überhaupt kein Verfahren durchgeführt worden ist, liegt in jedem Fall ein Verfahrensverstoß vor.

---

20 Bis zum Abschluss eines Genehmigungsverfahrens befristete Nutzungsuntersagungen durften nach der Rspr. des VGH Mannheim schon bisher auch bei nur formeller Rechtswidrigkeit ergehen, weil sich ihr Zweck in der Beseitigung dieses Rechtsmangels erschöpfte. Mit der Rechtsprechungsänderung des VGH Mannheim (s. folgende Fn.) hat sich diese Differenzierung erübrigt.

21 In diesem Sinne noch – für unbefristete – Nutzungsuntersagungen VGH Mannheim, VBlBW 1996, S. 300 (301). Anders jetzt VGH Mannheim, VBlBW 2021, S. 326 ff. (Aufgabe der bisherigen Rspr. im Anschluss an andere OVG; siehe z.B. VGH München v. 14.6.2018 – 2 CS 18.960, juris).

22 Z.B. § 50 Abs. 1 LBO BW i.V.m. Nr. 1 lit. b des Anhangs; § 60 Abs. 1 Nr. 1 b) ThürBO.

23 Z.B. § 2 Abs. 8 S. 2 LBO BW; § 2 Abs. 7 S. 2 ThürBO.

24 Z.B. § 50 Abs. 2 Nr. 1 LBO BW; § 60 Abs. 2 Nr. 1 ThürBO.

25 Vgl. z.B. § 51 LBO BW (Kenntnisgabeverfahren); § 61 ThürBO (Freistellungsverfahren).

Ergänzend[26] bleibt nach der **materiellen Rechtmäßigkeit** der Nutzung zu fragen. Zu prüfen sind insofern alle im Genehmigungsverfahren beachtlichen Vorschriften. Spezialgesetze, wie etwa das BImSchG können dabei grundsätzlich einschlägig sein, wofür sich jedoch im Ausgangsfall keine Hinweise im Sachverhalt finden. Auch die baulichen Anforderungen nach materiellem Bauordnungsrecht sind zu beachten, werfen hier aber keine Probleme auf. **269**

Entscheidungserheblich sind vielmehr die bauplanungsrechtlichen Vorschriften der §§ 29 ff. BauGB. Es handelt sich um ein Vorhaben im Sinne von § 29 BauGB (nicht deckungsgleich mit dem bauordnungsrechtlichen Anlagenbegriff). Anzuwenden ist vorrangig § 30 Abs. 1 BauGB in Verbindung mit den Festsetzungen des Bebauungsplanes, sofern dieser wirksam ist, oder alternativ § 34 BauGB, falls der Bebauungsplan unwirksam sein sollte. Dabei ist jeweils, weil die anderen Voraussetzungen im Sachverhalt nicht angesprochen worden sind, nur die Art der baulichen Nutzung zu erörtern.

aa) § 30 Abs. 1 BauGB i.V.m. den Festsetzungen des Bebauungsplanes: Der Bebauungsplan sieht ein „Industriegebiet" vor. Maßstab der Regelbebauung ist daher § 30 Abs. 1 BauGB in Verbindung mit § 9 Abs. 2 BauNVO. Zulässig sind hiernach Gewerbebetriebe aller Art, also auch jener des A. **270**

Eine Einschränkung macht § 15 Abs. 1 BauNVO (als Ausdruck des sog. Rücksichtnahmegebotes). Auch Vorhaben, die ihrer generellen Natur nach gebietsverträglich und daher grundsätzlich zulässig sind[27], können im Einzelfall doch unzulässig sein, wenn sie entweder nach ihrer konkreten Ausgestaltung der Eigenart des Baugebietes widersprechen (S. 1) oder sofern im konkreten Fall Belästigungen oder Störungen eintreten, die nach der Eigenart des Baugebietes für sie selbst oder für ihre Umgebung unzumutbar sind (S. 2). Hier käme allenfalls eine Unzumutbarkeit nach S. 2 in Betracht. Da diese jedoch durch die im Bebauungsplan ausgeformte Eigenart des Baugebietes mitbestimmt wird und hier verglichen mit der Regelbebauung eines Industriegebietes keine übermäßigen Störungen zu erwarten sind, steht diese Ausnahmevorschrift nicht entgegen.[28]

Voraussetzung all dessen ist jedoch die Wirksamkeit des Bebauungsplans, die folglich inzident zu prüfen ist.

---

26 Die Rspr. würde in einer solchen Konstellation wohl pragmatisch verfahren, die erkannte formelle Illegalität auf Tatbestandsseite genügen lassen und eine erkennbare materielle Genehmigungsfähigkeit lediglich als Ermessensgrenze prüfen. Im Gutachten empfiehlt es sich gleichwohl, ergänzend auch nach materiellen Rechtsfehlern zu fragen, weil sie nach dem eindeutigen Gesetzeswortlaut zur Tatbestandsseite gehören („Widerspruch zu öffentlich-rechtlichen Vorschriften"), weil nicht notwendig alle materiellen Anforderungen vom Prüfungsumfang einer Genehmigung erfasst sind und weil die vollständige und genaue Bestimmung konkreter Rechtsfehler Bedeutung für den Nachbarschutz gewinnen kann (siehe hierzu die Variante zu Fall 9).

27 Dies gilt auch für Vorhaben, die nach den ebenfalls generalisierend angelegten Ausnahmetatbeständen des § 31 Abs. 1 BauGB i.V.m. Abs. 3 der jeweiligen BauNVO-Bestimmung zugelassen werden dürfen.

28 Beispielsfall zur im Detail höchst differenzierten Handhabung des § 15 Abs. 1 S. 2 BauNVO: OVG Münster, DVBl. 2011, S. 1241 ff.

271 ■ Die Prüfung von Bebauungsplänen (Ähnliches gilt für andere Pläne) ist grundsätzlich wie folgt zu gliedern:

(1) Rechtsgrundlage: §§ 1 Abs. 3, 2 Abs. 1 S. 1 BauGB
(2) Formelle Voraussetzungen
   (a) Zuständigkeit (Gemeinde, intern Gemeinderat)
   (b) Verfahren (§§ 2 ff. BauGB: unter anderem Beteiligung von Bürgern und Behörden, Satzungsbeschluss)
   (c) Form (Ausfertigung, Bekanntmachung, Begründung)
(3) Materielle Voraussetzungen
   (a) Erforderlichkeit, § 1 Abs. 3 S. 1 BauGB
   (b) Gesetzliche Schranken der Bauleitplanung (insbesondere Entwicklungsgebot, zulässige Inhalte nach § 9 BauGB, allgemeine Planungsprinzipien)
   (c) Abwägungsgebot, § 1 Abs. 7 BauGB (Abwägungsvorgang und -ergebnis)

Besonders zu betrachten sind etwaige Fehlerfolgen. Die allgemeine Regel, nach der bei Rechtsnormen grundsätzlich jeder Rechtsfehler zur Nichtigkeit führt, ist bei Bebauungsplänen gemäß §§ 214 f. BauGB zu modifizieren. Ein Bebauungsplan ist hiernach nur dann unwirksam, wenn er an einem *zur Nichtigkeit führenden Rechtsmangel* leidet. ■

272 Zu fragen ist demnach, ob der Bebauungsplan an einem zur Nichtigkeit führenden formellen oder materiellen Rechtsmangel leidet.

(1) Rechtsgrundlage zum Planerlass sind die §§ 1 Abs. 3, 2 Abs. 1 S. 1 BauGB.

273 **(2) Formelle Voraussetzungen**

(a) Zuständigkeit: Die Verbandskompetenz liegt bei der Gemeinde, die gemeindeinterne Organkompetenz nach Kommunalrecht der Länder regelmäßig beim Gemeinderat[29].

274 **(b)** Das **Verfahren** der Bauleitplanung dient vor allem dem Zweck, Material für die abschließende Abwägung zu sammeln. § 2 Abs. 3 BauGB bringt diesen Grundgedanken und die enge Verknüpfung von Verfahren und Abwägung zum Ausdruck. Auch wenn die genaue Bedeutung dieser „Verfahrensgrundnorm" noch nicht abschließend geklärt ist[30], kann vorliegend jedenfalls weder ein grundsätzlicher „Ermittlungsausfall" noch ein auf einzelne Belange bezogenes Ermittlungs- oder Bewertungsdefizit festgestellt werden. (Dass der Bebauungsplan hier möglicherweise inhaltlich unabgewogen ist, benennt ein Problem seiner materiellen Rechtmäßigkeit.)

29 Z.B. § 24 Abs. 1 S. 2 GemO BW (i.V.m. §§ 44 Abs. 2 S. 3, 39 Abs. 2 Nr. 3 GemO BW); § 22 Abs. 3 S. 1 ThürKO (i.V.m. § 26 Abs. 2 Nr. 2 ThürKO).

30 Noch offen ist namentlich das genaue Verhältnis der Vorschrift zum Abwägungsgebot nach § 1 Abs. 7 BauGB, das an sich ebenfalls voraussetzt, dass alle erheblichen Belange ermittelt und bewertet werden (Näheres hierzu unten). Vertreten wird, mit der Einführung von § 2 Abs. 3 BauGB sei dieser Teil der zuvor der Abwägung zugeordneten Rechtsfragen abschließend dem Planungsverfahren eingegliedert worden (mit der Folge einer Prüfung allein an dieser Stelle des Gutachtens). Andererseits ist diese Sichtweise auch nicht zwingend. In der Klausur kann die genaue dogmatische Zuordnung zum Verfahren oder zur Abwägung regelmäßig dahingestellt bleiben, da sie hinsichtlich sowohl der Frage eines Rechtsfehlers als auch der Bestimmung einer etwaigen Fehlerfolge zu gleichen Ergebnissen führt. Jedenfalls aber sollte § 2 Abs. 3 BauGB an dieser Stelle angesprochen werden.

Diese allgemeine Aussage entbindet nicht von einer Prüfung der konkreten Verfahrensakte.[31] Das Planungsverfahren beginnt in der Regel mit einem (fakultativen) Aufstellungsbeschluss nach § 2 Abs. 1 S. 2 BauGB, dessen Sinn nur mit Blick auf die durch ihn anwendbaren §§ 14, 15, 33 BauGB verständlich wird, der aber für sich betrachtet verzichtbar ist. Hieran schließt sich die Bürgerbeteiligung nach § 3 BauGB (in Verbindung mit § 4a BauGB) an. Dessen Abs. 1 fordert eine frühzeitige Anhörung, Abs. 2 sodann eine öffentliche Auslegung des Entwurfs für die Dauer eines Monats. Im hiesigen Fall wurde der Planentwurf jedoch nur zwei Wochen ausgelegt. Damit ist die nach §§ 214 ff. BauGB zu beantwortende Frage aufgeworfen, welche Rechtsfolgen dieser Verstoß gegen § 3 Abs. 2 BauGB auslöst.

■ Ungeschriebene, aber stets mitzudenkende Grundregel der §§ 214, 215 BauGB ist der Satz, dass grundsätzlich alle Rechtsfehler einer Norm zu ihrer Nichtigkeit führen. Die §§ 214, 215 BauGB durchbrechen, *soweit* sie reichen, als Ausnahmevorschriften diese Regel. Soweit sie schweigen, bleibt es bei der Nichtigkeit als Regelfall. **275**

Zunächst ordnet § 214 BauGB in seinen Abs. 1–3 an, dass bestimmte Fehler *von Anfang an* unbeachtlich sind (wobei das Wechselspiel interner Ausnahmen und Gegenausnahmen jeweils sorgfältig zu berücksichtigen ist). Abs. 4 von § 214 BauGB eröffnet sodann die Möglichkeit, an sich beachtliche Mängel durch ein ergänzendes Verfahren mit der ggf. *auch rückwirkenden* Rechtsfolge ihrer Unbeachtlichkeit zu heilen. § 215 Abs. 1 BauGB setzt schließlich eine Frist von einem Jahr für die Geltendmachung mancher an sich beachtlicher Fehler, mit deren Ablauf die Fehler unbeachtlich *werden*[32]. ■

Der Verstoß gegen § 3 Abs. 2 BauGB ist, weil es sich um einen Verfahrensfehler handelt, zuerst an § 214 Abs. 1 BauGB zu messen. S. 1 Nr. 2 erklärt den Fehler (als Gegenausnahme zur in Abs. 1 angeordneten generellen Ausnahme für Verfahrens- und Formvorschriften) für grundsätzlich beachtlich, ohne dass eine interne Gegenausnahme eingriffe. Allerdings kann der Fehler gemäß § 215 Abs. 1 Nr. 1 BauGB unbeachtlich werden, wenn er nicht innerhalb von einem Jahr gerügt worden ist. Vorliegend ist nicht ersichtlich, ob eine solche Rüge (durch irgendjemand) erhoben worden ist oder ob die Frist bereits abgelaufen ist. Ergänzend ist daher nach sonstigen zur Nichtigkeit führenden Rechtsmängeln zu fragen[33]. **276**

Weitere Verfahrensschritte sind insbesondere die Beteiligung anderer Behörden und sonstiger Träger öffentlicher Belange (§ 4 i.V.m. § 4a BauGB), der Satzungsbeschluss (§ 10 Abs. 1 BauGB), dessen Verfahren sich nach Kommunalrecht richtet, schließlich die Genehmigung des Plans (§ 10 Abs. 2 BauGB). Hier sind insoweit keine Fehler ersichtlich. **277**

---

31 Es empfiehlt sich, die einzelnen Verfahrensschritte in der Reihenfolge der §§ 2 ff. BauGB zu prüfen (Dabei ist auch an die für bestimmte Bebauungspläne vorgesehenen Erleichterungen der §§ 13, 13a BauGB zu denken.).

32 Diese Regelungen entbinden die Gemeinde jedoch nicht von der Beachtung der entsprechenden Vorschriften. Dies belegt § 216 BauGB, nach dem die Rechtsaufsichtsbehörde im Genehmigungsverfahren auch unbeachtliche Mängel zu prüfen hat.

33 § 214 Abs. 4 BauGB greift nicht, da kein ergänzendes Verfahren durchgeführt wurde. Allerdings bliebe ein solches noch möglich.

278 (c) **Form:** Der Bebauungsplan bedarf ferner der Ausfertigung (ungeschriebene Anforderung des Rechtsstaatsprinzips), der Bekanntmachung (§ 10 Abs. 3 BauGB) sowie einer Begründung (§ 9 Abs. 8 BauGB), wovon jeweils auszugehen ist.

279 **(3) Materielle Rechtmäßigkeit des Bebauungsplans**

(a) Erforderlichkeit: Die Gemeinde hat dann, aber auch nur dann einen Bebauungsplan zu erlassen, wenn eine Planung „erforderlich" ist (§ 1 Abs. 3 S. 1 BauGB). Dieser unbestimmte Rechtsbegriff ist (abweichend von der allgemeinen Regel grundsätzlich voller gerichtlicher Kontrolle der Handhabung von Rechtsbegriffen) als Ausdruck planerischer Gestaltungsfreiheit ausnahmsweise nur begrenzt justitiabel. Der gerichtlich allein überprüfbare Rahmen des Vertretbaren ist erst überschritten, wenn die Planung von keiner erkennbaren bauplanerischen Konzeption getragen wird oder falls sie aus rechtlichen oder tatsächlichen Gründen dauerhaft nicht verwirklicht werden kann. Hier hat die Gemeinde erkennbar eine diesen Mindestanforderungen genügende planerische Konzeption entwickelt.

280 **(b) Gesetzliche Schranken der Bauleitplanung** sind solche gesetzliche Vorgaben, die zwingend zu berücksichtigen sind, die also nicht durch die abschließende Abwägung überwunden werden dürfen. So darf nicht von den Zielen der übergeordneten Planung der Raumordnung abgewichen werden (§ 1 Abs. 4 BauGB), ist das Gebot interkommunaler Rücksichtnahme zu beachten (§ 2 Abs. 2 BauGB), muss der Bebauungsplan inhaltlich aus dem Flächennutzungsplan entwickelt werden (Entwicklungsgebot nach § 8 Abs. 2 BauGB), dürfen keine anderen Festsetzungen getroffen werden, als der abschließende Katalog des § 9 BauGB (i.V.m. der BauNVO) erlaubt, und müssen die allgemeinen Planungsprinzipien (Gebot positiver Planung; Bestimmtheitsgebot etc.) gewahrt werden. Vorliegend sind insoweit keine Fehler ersichtlich.

281 **(c) Abwägungsgebot:** Schließlich sind alle öffentlichen und privaten Belange gemäß § 1 Abs. 7 BauGB gegeneinander und untereinander gerecht abzuwägen.

282 ■ **Allgemein:** Die abschließende Abwägung zwischen allen maßgeblichen Belangen bildet den Kern der planerischen Entscheidung. Abwägungserheblich können dabei auch solche Belange sein, die bereits bei der Erforderlichkeit oder den gesetzlichen Schranken der Bauleitplanung zu erörtern waren, dort aber keinen zwingenden Charakter erreicht haben. Des Weiteren kann nach der Bedeutung der Belange differenziert werden zwischen „normalen" Belangen und Optimierungsgeboten, die eine bestmögliche Verwirklichung anstreben, aber dennoch (anders als gesetzliche Schranken) in der Abwägung überwunden werden können (also gewissermaßen nur „stärkere Belange" sind). Wichtigstes Beispiel ist § 50 BImSchG, der eine räumliche Trennung von Wohngebieten und immissionsträchtigen Anlagen „soweit wie möglich" bezweckt. Die einzustellenden öffentlichen

Belange können insbesondere der nicht abschließenden Aufzählung in § 1 Abs. 6 BauGB[34] entnommen werden. Hinzu kommen vor allem die in § 1 Abs. 7 BauGB vorausgesetzten privaten Belange[35].

Näherer Betrachtung bedarf die gerichtliche Überprüfbarkeit der Abwägung. Dabei ist zu unterscheiden zwischen der Erkenntnis, was ein erheblicher Belang ist, und der sich anschließenden Abwägung zwischen den Belangen. Die bei der gesetzlichen Definition der Belange verwandten unbestimmten Rechtsbegriffe (z.B. „soziale und kulturelle Bedürfnisse") verleihen der Gemeinde keinen Beurteilungsspielraum. Ihre Auslegung sowie die Subsumtion im konkreten Fall sind gerichtlich voll überprüfbar. Ein anderes gilt für die Abwägung zwischen den so ermittelten Belangen. Sie ist der Kern der Planung und damit zentraler Bestandteil der kommunalen Planungshoheit, die wiederum der Selbstverwaltungsgarantie aus Art. 28 Abs. 2 GG unterfällt. Die Entscheidung der Gemeinde ist deswegen nur begrenzt überprüfbar. **283**

Die genaue Struktur und der Umfang der gerichtlichen Kontrolle der Abwägung sind jedoch seit der Einführung der Verfahrensnorm des § 2 Abs. 3 BauGB umstritten, da diese (aus Anlass der Umsetzung einer EU-Richtlinie ergangene) Vorschrift nicht sinnvoll mit dem Abwägungsgebot nach § 1 Abs. 7 BauGB abgestimmt worden ist.

Verständlich wird die Problematik nur vor dem Hintergrund der bisherigen Rechtsprechung[36] zu § 1 Abs. 7 BauGB, die auf der Grundlage einer Differenzierung von Abwägungsvorgang und Abwägungsergebnis vier Gruppen gerichtlich überprüfbarer Fehler entwickelt hat. Der Abwägungs*vorgang* besteht hiernach vor allem darin, das Abwägungsmaterial zusammenzustellen und es anschließend abwägend zu würdigen (Abwägen als Tätigkeit). Das Abwägungs*ergebnis* meint das Produkt der Abwägung, die getroffene Entscheidung (inhaltliches Abgewogensein). Mögliche überprüfbare Fehler können darin liegen, dass (1.) überhaupt keine Abwägung stattfand (Abwägungs*ausfall*), dass (2.) bestimmte erhebliche Belange nicht in die Abwägung eingestellt wurden (Abwägungs*defizit*), dass (3.) einzelne relevante Belange zwar berücksichtigt wurden, ihre Bedeutung aber verkannt wurde (Abwägungs*fehleinschätzung*) oder dass (4.) die einzelnen Belange im Verhältnis zueinander falsch gewichtet wurden (Abwägungs*disproportionalität*). Bei alledem kann theoretisch jede Fehlergruppe sowohl beim Abwägungsvorgang als auch beim Abwägungsergebnis auftreten. Auch können sich Mängel des Abwägungsvorganges auf das Abwägungsergebnis auswirken, ebenso wie umgekehrt denkbar ist, dass auch ohne diese Mängel des Abwägungsvorganges die gleiche Entscheidung getroffen worden wäre.

Inzwischen hat der Gesetzgeber jedoch § 2 Abs. 3 BauGB hinzugefügt, der ebenfalls verlangt, dass das Abwägungsmaterial ermittelt und bewertet wird. Eine Ansicht[37] folgert hieraus, die drei ersten Fehlergruppen (Abwägungsausfall, -defizit und -fehleinschätzung)

---

34 Ergänzend tritt § 1a BauGB hinzu. Praktische Bedeutung erlangt vor allem die Eingriffsausgleichsregelung nach Abs. 3.

35 Private Belange i.d.S. sind nicht nur eigene Rechte, sondern auch rechtlich schutzwürdige Interessen der Planbetroffenen. Siehe z.B. BVerwG, NVwZ 2007, S. 825 ff. (konkrete Aussicht auf einen Nutzungsvorteil kraft Festsetzung im Flächennutzungsplan).

36 Grundlegend BVerwGE 34, 301 (306 ff.) und BVerwGE 45, 309 (312 ff.) (Pflichtlektüre).

37 Vgl. *Martini/Finkenzeller*, JuS 2012, S. 126 ff.; ähnlich wohl VGH Mannheim, BauR 2009, S. 1870 (dort aber Zuordnung des Abwägungsausfalls zum „Restbestand" relevanter Abwägungsfehler). – Diese partielle Neubewertung herkömmlich materieller als nun formelle Maßstäbe bringt gewisse Folgeprobleme mit sich. Insbesondere lassen sich einzelne mögliche Fehler häufig nicht eindeutig einer bestimmten Kategorie zuordnen (besonders schwierig erscheint oft die Abgrenzung von Abwägungsfehleinschätzung und -disproportionalität).

seien damit aus der Abwägung herausgenommen und in das Verfahren überführt worden. Indessen scheint es auch nicht unvertretbar, an der bisherigen Abwägungsdogmatik festzuhalten (und § 2 Abs. 3 BauGB lediglich als ihre – in der Klausur zu zitierende! – verfahrensrechtliche Absicherung anzusehen).[38] Im praktischen Ergebnis ändert sich jedenfalls nichts, da die Maßstäbe als solche unberührt bleiben[39], so dass die Streitfrage letztlich dahingestellt bleiben kann.[40]

284 Diese Differenzierungen sind auch für die Beachtlichkeit etwaiger Fehler erheblich. Mängel des Abwägungsergebnisses sind in §§ 214 Abs. 1–3, 215 BauGB nicht erwähnt, als Kern der planerischen Entscheidung auch nicht durch ein ergänzendes Verfahren nach § 214 Abs. 4 BauGB zu beheben. Sie sind damit nach der allgemeinen Ausgangsregel immer beachtlich, führen also generell zur Nichtigkeit des Bebauungsplanes. Dagegen sind etwaige Defizite der Zusammenstellung und Bewertung des Abwägungsmaterials nur bedingt erheblich. Soweit sie unter § 2 Abs. 3 BauGB subsumiert werden können, greift § 214 Abs. 1 S. 1 Nr. 1 BauGB; soweit sie weiterhin dem Abwägungsvorgang zuzuordnen sind, ist der systematisch nachrangige § 214 Abs. 3 S. 2 2. HS BauGB einschlägig.[41] Die Abgrenzung zwischen beiden Vorschriften darf letztlich offen bleiben, da in beiden Fällen inhaltsgleich darauf abzustellen ist, ob die Mängel „offensichtlich" und „von Einfluss auf das Ergebnis" gewesen sind. Der Wortlaut ist jeweils sehr eng gewählt, wodurch Mängel der Ermittlung des Abwägungsmaterials bzw. des Abwägungsvorgangs fast nie beachtlich wären. Selbst ein vollständiger Ermittlungs- oder Abwägungs*ausfall* wäre unbeachtlich, falls nur das Ergebnis Bestand haben könnte.[42] Der Rechtsschutz würde stark verkürzt. Im Lichte von Art. 19 Abs. 4 GG ist deshalb eine verfassungskonform weite Auslegung geboten, nach der „offensichtlich" im Sinne von „objektiv beweisbar" (anders als nach § 44 (L)VwVfG) und „von Einfluss" im Sinne einer bloßen Möglichkeit der Kausalität zu verstehen ist. Hiernach noch beachtliche Mängel des Abwägungsvorganges müssen allerdings innerhalb von einem Jahr gerügt werden (§ 215 Abs. 1 Nr. 3 BauGB) und sind jedenfalls aus diesem Grund nicht selten unbeachtlich. ■

285 **Zum Fall:** Konkret abwägungserhebliche Belange sind namentlich die in § 1 Abs. 6 Nr. 1 BauGB benannten „Anforderungen an gesunde Wohnverhältnisse" als Ausdruck des Gebotes der Rücksichtnahme, nach dem jedes Vorhaben auf seine Umgebung Rücksicht zu nehmen hat, aus dem daher ein Grundsatz der räumlichen Trennung von

38 In diesem Sinne wohl auch *Kersten*, Jura 2013, S. 478 (485 ff.).

39 Vgl. (ohne abschließende Stellungnahme zur dogmatischen Verortung) BVerwG, NVwZ 2008, S. 899 (900): „§ 2 Abs. 3 BauGB stellt keine neuen Anforderungen an das Verfahren bei Aufstellung eines Bebauungsplans."

40 Eine andere Frage ist jene nach dem Ort der Darstellung im Gutachten. Pragmatisch gesehen empfiehlt sich folgende Vorgehensweise: Sofern überhaupt nicht ermittelt worden ist („Ermittlungsausfall") oder falls einzelne Belange ganz ausgespart oder überhaupt nicht bewertet worden sind, lässt sich dieser Mangel bereits als Verfahrensfehler einordnen. Er bedarf dann keiner zusätzlichen Prüfung als Abwägungsfehler. Wenn jedoch – wie im vorliegenden Fall – eine Frage der inhaltlichen Abgewogenheit im Raum steht, sollte diese weiterhin allein im Rahmen der Abwägung diskutiert werden. – Siehe auch sogleich zu etwaigen Fehlerfolgen.

41 Ebenso wie das vorausliegende Verhältnis von § 2 Abs. 3 BauGB und § 1 Abs. 7 BauGB ist auch das genaue Verhältnis der zugehörigen Fehlerfolgen in Abs. 1 S. 1 Nr. 1 und Abs. 3 S. 2 2. HS nicht ganz eindeutig. Das BVerwG verfährt insofern pragmatisch, verzichtet auf eine Abgrenzung und zieht beide Normen einfach zusammen; BVerwG, NVwZ 2008, S. 559 (560); BVerwGE 138, 12 (19); BVerwGE 145, 231 (235).

42 So in der Tat BVerwGE 138, 12 (20): Auch ein vollständiger Abwägungsausfall führt als Mangel des Abwägungsvorganges nicht zwingend zu einem Mangel des Abwägungsergebnisses.

Wohngebieten und immissionsträchtiger Nutzung folgt, sowie das gleichgerichtete Optimierungsgebot aus § 50 BImSchG. Diese Belange wurden möglicherweise schon je für sich, vor allem aber im Verhältnis zu anderen, hier bevorzugten Belangen (z.B. § 1 Abs. 6 Nr. 8 BauGB: Belange der Wirtschaft) falsch gewichtet, wodurch das Abwägungsergebnis inhaltlich verfälscht wurde. §§ 214, 215 BauGB können diesen Mangel nicht für unbeachtlich erklären (siehe soeben).

Zwischenergebnis: Der Bebauungsplan ist wegen Verstoßes gegen § 1 Abs. 7 BauGB nichtig (und wegen Verletzung von § 3 Abs. 2 BauGB formell rechtsfehlerhaft). Folglich entfällt er als Voraussetzung von § 30 Abs. 1 BauGB. Das Vorhaben fällt damit in den unbeplanten Innenbereich, wo seine Zulässigkeit allenfalls aus § 34 BauGB folgen könnte. 286

bb) § 34 BauGB: Vorliegend ist § 34 BauGB allein hinsichtlich der Art der baulichen Nutzung zu prüfen. Insofern ist Abs. 2 als lex specialis zu Abs. 1 anzuwenden, weil das Gebiet seiner tatsächlichen Struktur nach einem „reinem Wohngebiet" im Sinne von § 3 BauNVO entspricht[43]. Als Regelbebauung sind gemäß § 34 Abs. 2 1. HS BauGB in Verbindung mit § 3 Abs. 2 BauNVO nur Wohngebäude zulässig, nicht aber eine Werkstatt. Die Garage wird auch nicht mehr in ihrer Funktion als Nebenanlage zum Wohngebäude (§ 14 BauNVO) genutzt. In Betracht kommt jedoch eine Ausnahmebebauung nach §§ 34 Abs. 2 2. HS 1. Alt., § 31 Abs. 1 BauGB in Verbindung mit § 3 Abs. 3 BauNVO, da es sich um einen „nicht störenden Handwerksbetrieb" handeln könnte. Allerdings gibt der Sachverhalt (im Ausgangsfall) nicht eindeutig zu erkennen, ob und welche Störungen der Nachbarschaft eintreten. Letztlich kann dies aber dahingestellt bleiben, da jedenfalls das zur Entscheidung über eine Ausnahme erforderliche behördliche Ermessen weder betätigt worden noch auf Null reduziert ist. Eine Dispensbebauung scheidet ebenfalls aus, da die Voraussetzungen von §§ 34 Abs. 2 2. HS 2. Alt., 31 Abs. 2 BauGB nicht vorliegen, zudem das behördliche Ermessen auch insoweit weder ausgeübt worden ist noch reduziert[44] sein dürfte. 287

Zwischenergebnis: Die Nutzung der Garage als Werkstatt verstößt neben ihrer formellen Baurechtswidrigkeit auch gegen materielles Bauplanungsrecht. Die Tatbestandsvoraussetzungen der Ermächtigungsgrundlage zum Erlass der Nutzungsuntersagung liegen vor. 288

b) Der Erlass der Nutzungsuntersagung steht im **Ermessen** der Behörde, das nicht fehlerhaft ausgeübt worden ist (§ 40 1. Alt. LVwVfG) und auch keine inhaltlichen Grenzen 289

43 Das Grundstück liegt zwar am Rand des ausschließlich mit Wohngebäuden bebauten Gebietes, gehört diesem aber noch an.

44 Anzumerken bleibt, dass die restriktiven Tatbestandsvoraussetzungen des § 31 Abs. 2 BauGB Relevanz für das Ermessen gewinnen können. Denn sofern sogar ihre strengen Anforderungen vorliegen, bleibt in nicht wenigen Fällen kein Grund übrig, einen Dispens zu verweigern. Das Ermessen nach § 31 Abs. 2 BauGB ist daher häufig auf Null reduziert. Im hiesigen Fall stellt sich diese Frage jedoch nicht.

(§ 40 2. Alt. LVwVfG) verletzt, insbesondere nicht unverhältnismäßig[45] in die Grundrechte des A (Art. 12 GG, Art. 14 GG, ggf. auch Art. 2 Abs. 1 GG) eingreift.

Ergebnis: Die Nutzungsuntersagung ist rechtmäßig.

Wiederholungs- und Vertiefungsfragen zu Fall 9, Ausgangsfall

1. Wann steht eine bauliche Anlage „im Widerspruch zu öffentlich-rechtlichen Vorschriften" (§ 65 Abs. 1 LBO BW)? Ist dies für Abrissverfügungen und Nutzungsuntersagungen einheitlich zu beurteilen?
2. Welche Rechtsnatur hat ein Bebauungsplan? Welche formellen und materiellen Rechtmäßigkeitsanforderungen sind an ihn zu stellen? Wie wirken sich etwaige Fehler aus?
3. Wie lässt sich die Abwägung nach § 1 Abs. 7 BauGB strukturieren? Inwieweit ist sie gerichtlich überprüfbar? (Bedenken Sie auch § 2 Abs. 3 BauGB!)
4. Vergleichen Sie die beiden Begriffe der „baulichen Anlage" in § 2 LBO BW und § 29 BauGB.
5. Beschreiben Sie die Systematik der §§ 29 ff. BauGB. Wonach richtet sich die Zulässigkeit eines Vorhabens im Plangebiet, im unbeplanten Innenbereich oder im Außenbereich?
6. Wie verhält sich § 30 Abs. 1 BauGB zur BauNVO?
7. Wann fügt sich ein Vorhaben gemäß § 34 Abs. 1 BauGB in seine nähere Umgebung ein?
8. Welchem Grundgedanken folgt § 34 Abs. 2 BauGB?
9. Was regelt Abs. 1, was Abs. 2 von § 31 BauGB? Können beide Bestimmungen auch im unbeplanten Innenbereich zur Anwendung gelangen?
10. Was regelt § 15 Abs. 1 BauNVO? Wann ist die Vorschrift entsprechend anzuwenden?

45 Im Fall einer nur formellen Illegalität (bloße Nichtbeachtung der Verfahrensanforderungen) bei zugleich offensichtlicher materieller Rechtmäßigkeit (und damit Genehmigungsfähigkeit) wäre die Nutzungsuntersagung wohl unverhältnismäßig, sofern sie nicht bis zum Abschluss eines Genehmigungsverfahrens befristet ist.

Variante: Anspruch des B auf Einschreiten gegen A, da „erheblicher Lärm“ und „sehr unangenehmer Geruch“

■ **Vorüberlegung:** Die Nutzungsuntersagungsverfügung ist Bestandteil des speziellen Polizei- und Ordnungsrechts, das heißt der Eingriffsverwaltung. Die sie stützende Befugnisnorm kann jedoch zugleich Grundlage staatlichen Handelns auf Verlangen eines Bürgers sein. Die Grundstrukturen des Eingriffsrechts sind insoweit spiegelbildlich auf die Leistungsverwaltung zu übertragen. **290**

Hintergrund ist die Unterscheidung von objektivem und subjektivem Recht als zentrales Strukturprinzip der öffentlich-rechtlichen Dogmatik. Das *objektive Recht verpflichtet den Staat* unabhängig davon, ob jemand seine Beachtung einfordern kann. Das *subjektive Recht* meint dagegen die *Rechtsmacht eines Rechtssubjekts* (im Sinne einer individuellen Berechtigung), in der Regel eines Bürgers. Rechtsnormen des öffentlichen Rechts haben einen primär objektivrechtlichen Charakter, das heißt sie ermächtigen und verpflichten in erster Linie den Staat und seine Behörden[46]. Soweit aber eine Vorschrift zumindest auch dem Schutz der Interessen des Einzelnen dient (was in der Regel an ihrem Tatbestand zu erkennen ist), hat sie *zusätzlich* subjektivrechtlichen Charakter („Schutznormtheorie“).[47] Als gebundene Entscheidung vermittelt sie dem Bürger dann einen Anspruch, als Ermessensnorm ein subjektives öffentliches Recht auf fehlerfreie Ermessensausübung, welches sich im Falle einer Ermessensreduzierung auf Null zu einem Anspruch verdichtet. Ein solcher Anspruch kann gleichermaßen auf ein staatliches Unterlassen oder auf ein staatliches Handeln gerichtet sein. Insoweit sind Eingriffs- und Leistungsrecht grundsätzlich strukturgleich. **291**

Im *Eingriffsrecht* stellt sich die Frage nach Abwehrrechten des Bürgers, also nach seinen Unterlassungsansprüchen. Sie ist in zwei gedanklichen Schritten zu beantworten: **292**

(1) Zunächst ist zu fragen, ob das staatliche Handeln *objektiv rechtmäßig* oder rechtswidrig ist, das heißt ob der Tatbestand der anzuwendenden Norm erfüllt ist und ob die Norm die ausgesprochene Rechtsfolge gestattet.

(2) Sodann bleibt zu prüfen, ob ein objektiv rechtswidriges Handeln ein *subjektives Recht* verletzt, das heißt ob die konkret missachtete Vorschrift eigene Rechte des Einzelnen schützt.

Prozessual findet sich diese Struktur in § 113 Abs. 1 S. 1 VwGO wieder.

Ein *Leistungsverlangen* auf der Grundlage einer verwaltungsrechtlichen Norm ist grundsätzlich spiegelbildlich zu behandeln. Hintergrund sind die allgemeinen Strukturen des Verwaltungsrechts, die bei allen verwaltungsrechtlichen Normen anzuwenden sind, das heißt auch bei Eingriffsnormen, insbesondere, aber nicht nur des Polizei- und Ordnungs- **293**

---

46 So liegt nach dem Sonderrechtsgedanken eine öffentlich-rechtliche Norm (in Abgrenzung zum Zivilrecht) vor, wenn diese gerade und ausschließlich einen Träger hoheitlicher Gewalt als solchen berechtigt und verpflichtet.

47 Die Schutznormtheorie wird als Maßstab des subjektiven öffentlichen Rechts inzwischen partiell europarechtlich überlagert. Dies gilt namentlich im Umweltrecht. Vgl. zur prozessualen Seite auch §§ 2 Abs. 1 UmwRG, 64 Abs. 1 BNatSchG. Maßgeblich war insofern vor allem die Entscheidung EuGH, NJW 2011, S. 2779 ff. (Trianel). Grundsätzlich und speziell im Baurecht bleibt die Schutznormtheorie aber nach wie vor maßgebend.

rechts[48]. Das verwaltungsrechtliche Leistungsverlangen ist hiernach in drei gedankliche Schritte zu zerlegen (die stets allesamt, aber nicht zwingend in dieser Reihenfolge zu prüfen sind):

(1) Die Behörde muss zunächst *objektivrechtlich befugt* sein, wie vom Bürger gewünscht zu handeln. Dieser Punkt deckt sich mit der ersten Frage der Eingriffskontrolle. Hier wie dort sind Tatbestand und Rechtsfolge zu prüfen.

(2) Hiernach ist ein im Vergleich zur nachträglichen Kontrolle behördlichen Handelns zusätzlicher Schritt erforderlich. Gefragt werden muss, ob die Behörde *kraft objektiven Rechts verpflichtet* ist, die gewünschte Rechtsfolge auszusprechen. Während bei der Eingriffskontrolle nur zu prüfen ist, ob die Behörde handeln durfte, wozu eine ermessensfehlerfreie Entscheidung genügt, ist für einen Anspruch des Bürgers ausschlaggebend, ob sie handeln muss, was eine gebundene Entscheidung oder eine Ermessensreduzierung auf Null voraussetzt. Bleibt dagegen noch ein behördlicher Ermessensspielraum, kommt (sofern auch die dritte Voraussetzung vorliegt) nur ein Anspruch auf ermessensfehlerfreie Entscheidung in Betracht.

(3) Schließlich stellt sich die Frage, ob ein objektiv rechtswidriges Unterlassen ein *subjektives Recht* verletzen würde, das heißt ob die in diesem Fall konkret missachtete Vorschrift eigene Rechte schützt. Die Prüfung verläuft insoweit wiederum parallel zum Eingriffsdenken. Der Unterschied liegt allein darin, dass dort ein Handeln, hier ein Nichthandeln ein subjektives Recht verletzen muss. Sind alle drei Fragen zu bejahen, besteht ein Anspruch. Sind nur die erste und die dritte Voraussetzung gegeben, während die zweite fehlt, hat der Bürger einen Anspruch auf ermessensfehlerfreie Entscheidung.

§ 113 Abs. 5 VwGO verarbeitet diese drei Anforderungen (objektive Befugnis, objektive Verpflichtung, subjektives Recht) prozessual, wobei die objektive Verpflichtung in der Spruchreife (S. 1), das verbleibende Ermessen in der Neubescheidung (S. 2) enthalten ist.

294 Die geschilderte Parallelität der Maßstäbe gilt nicht nur im zweiseitigen Verhältnis von (eingriffsabwehrendem oder leistungsbegehrendem) Bürger und Verwaltung. Sie lässt sich unterschiedslos auf Dreieckskonstellationen übertragen. Ein Beispiel bietet der vorliegende Fall: Aus Sicht des B ist nach einem Anspruch auf staatliches Handeln zu fragen, welches aus Sicht des A ein Eingriff wäre. Leistung und Eingriff sind also identisch, was jedoch kein Problem verursacht, weil beide Seiten rechtlich genau spiegelbildlich zu behandeln sind, die Maßstäbe also nicht auseinanderfallen können.

295 **Zum Prüfungsaufbau:** Zu empfehlen ist, auch wenn beide nachfolgenden Aufbauvarianten wegen der Identität der Maßstäbe logisch gleichwertig sind, beim Aufbau der Prüfung eines Anspruchs auf behördliches Handeln (Begründetheit einer Verpflichtungsklage) je nach der Formulierung der Rechtsgrundlage zu differenzieren. Ist diese als gebundene Entscheidung ausgestaltet (Anspruchsnorm), fallen objektive Befugnis und Verpflichtung zusammen. Es empfiehlt sich dann ein „Anspruchsaufbau", der zunächst (i.d.R schon in der Klagebefugnis) nach dem auch subjektivrechtlichen Charakter der Norm fragt, dann lediglich ihre Voraussetzungen prüft und bei deren Vorliegen zwingend zu einem Anspruch gelangt. Handelt es sich hingegen um eine Ermessensvorschrift, ist eine umgekehrte Argumentationsweise anzuraten, die entsprechend dem Wortlaut von § 113 Abs. 5 VwGO fragt, ob und weshalb ein behördliches Nichthandeln rechtswidrig wäre, und dabei die genannten drei Gesichtspunkte je für sich betrachtet („Rechtswidrigkeitsaufbau"). Auf

48 Klausurrelevanz hat dieses allgemeine Prinzip vor allem für die Anwendung der polizei- und ordnungsrechtlichen Generalklausel.

diese Weise lässt sich die bei Ermessensnormen zusätzlich zu beantwortende Frage nach einer Ermessensreduzierung auf Null einfacher beantworten. Eine solche liegt definitionsgemäß vor, wenn jede andere Entscheidung rechtswidrig wäre, so dass nur noch eine einzige Rechtsfolge zulässig bleibt. Eine Ermessensreduzierung auf Null ist also stets negativ im Ausschlussverfahren, nicht positiv zu begründen, was einfacher gelingt, wenn zuvor die Ursachen der Rechtswidrigkeit etwaigen Alternativverhaltens herausgearbeitet worden sind. ■

Zum Fall: Der Erlass einer Nutzungsuntersagung steht im Ermessen der Behörde. 296
Deswegen empfiehlt sich ein Prüfungsaufbau, der die drei geschilderten Prüfungspunkte einzeln betrachtet, also (I.) nach der objektiven Rechtmäßigkeit etwaigen Einschreitens gegen A (bei deren Verneinung ein Unterlassen nicht rechtswidrig sein könnte), (II.) nach einer entsprechenden objektiven Verpflichtung zum Handeln oder zur ermessensfehlerfreien Entscheidung hierüber sowie (III.) nach einem subjektiven Recht des B hierauf fragt (wobei die Reihenfolge der beiden letzten Prüfungspunkte nicht zwingend ist).

I. Die **objektive Rechtmäßigkeit etwaigen Einschreitens** kann im Anschluss an die 297
Prüfung im Ausgangsfall[49] einfach begründet werden.

1) Als **Rechtsgrundlage** kann auch hier die bauordnungsrechtliche Ermächtigung zur Standardmaßnahme der Nutzungsuntersagung dienen.

2) Die **formelle Rechtmäßigkeit** muss in Verpflichtungssituationen regelmäßig nicht eingehender geprüft werden, da Gegenstand des Begehrens ein künftiges Behördenhandeln ist, dessen Verfahren und Form zumeist noch nicht missachtet worden sein können, jedenfalls nachgeholt werden könnten. Entscheidend ist vor allem, dass nur die zuständige Baurechtsbehörde handeln dürfte, die den A zuvor anhören müsste (§ 28 LVwVfG).

3) In **materieller Hinsicht** ist **a) tatbestandlich** vorauszusetzen, dass die Nutzung der baulichen Anlage im Widerspruch zu öffentlich-rechtlichen Vorschriften steht, weil entweder das erforderliche Verfahren nicht durchgeführt wurde oder die nicht genehmigte Nutzung gegen materielles Recht verstößt. An dieser Stelle ist neben dem Fehlen eines bauaufsichtlichen Verfahrens und der bauplanungsrechtlichen Unvereinbarkeit der Nutzung mit §§ 29 ff. BauGB (jeweils wie im Ausgangsfall) sowie den bauordnungsrechtlichen Anforderungen (hier unproblematisch) insbesondere auch das BImSchG zu beachten, dessen Vorgaben die Baurechtsbehörde bei immissionsschutzrechtlich verfahrensfreien Vorhaben (wie hier) zu prüfen hat. Die von A ausgeführten Arbeiten verursachen „erheblichen Lärm" und einen „sehr unangenehmen Geruch". Folglich kann das in § 22 Abs. 1 BImSchG enthaltene Gebot, schädliche Umwelteinwirkungen (Legaldefinition in § 3 Abs. 1 BImSchG, untergesetzlich konkretisiert z.B. durch die TA-Lärm und die TA-Luft) zu vermeiden, als missachtet angesehen werden.

49 Zum Folgenden siehe soeben.

b) Die Prüfung der **Rechtsfolge** widmet sich hier nicht der Kontrolle bereits betätigten Ermessens[50], sondern nur der materiell-rechtlichen Frage, ob ein künftiges Eingreifen ermessensfehlerhaft wäre. Der Vorgang der Ausübung des Ermessens (§ 40 1. Alt. LVwVfG) kann daher noch nicht geprüft werden. Inhaltliche Grenzen (§ 40 2. Alt. LVwVfG) stünden einer Nutzungsuntersagung nicht entgegen, da eine solche jedenfalls nicht unverhältnismäßig in die (Grund-)Rechte des A eingriffe.[51]

Zwischenergebnis: Die Behörde wäre objektivrechtlich befugt, gegen A einzuschreiten.

298 **II.** Die Frage nach einer **objektiven Rechtspflicht zum Einschreiten** widmet sich dem Problem einer etwaigen Ermessensreduzierung auf Null. Ausschlaggebend ist, ob jede andere Entscheidung als jene, gegen A einzuschreiten, ermessensfehlerhaft wäre. Dabei ist zu beachten, dass das objektive Recht auch die Rechtsgüter und Interessen der Nachbarn (einschließlich unbeteiligter Dritter) berücksichtigt. Hier sind das Eigentum als Schutzgut des missachteten Bauplanungsrechts und die Gesundheit als Schutzgut des ebenfalls verletzten BImSchG berührt. Der laut Sachverhalt erhebliche Lärm und der sehr unangenehme Geruch überschreiten das Maß bloßer Belästigungen. Deswegen würden, entschiede sich die Behörde zur Untätigkeit, die konkret beachtlichen Rechtsgüter und Interessen nicht angemessen gegeneinander abgewogen. Es läge also eine Ermessensüberschreitung vor[52].

Zwischenergebnis: Das Ermessen der Behörde ist auf Null reduziert. Sie ist objektivrechtlich verpflichtet, gegen A einzuschreiten.

299 **III.** Schließlich bleibt zu prüfen, ob B ein **subjektives Recht** auf Einschreiten gegen A (oder – bei abweichender Entscheidung zu II. – auf ermessensfehlerfreie Entscheidung hierüber) hat, ob also (lediglich anders formuliert) die Verpflichtung der Behörde, gegen den A einzuschreiten, gerade (auch) gegenüber B besteht.

300 ■ **Allgemein:** Zu den wichtigsten baurechtlichen Problemkreisen zählt der *Nachbarschutz*. Er verbindet genau genommen zwei Teilfragen. Erstens ist zu fragen, ob eine Norm überhaupt drittschützend ist oder ob sie lediglich dem objektiven Recht angehört. Zweitens schließt sich die Folgefrage an, ob die Norm gerade den sich auf sie berufenden Bürger (Kläger) schützt, womit das Problem der Definition des Nachbarbegriffs angesprochen ist.

301 **(1)** Die Frage, ob eine Norm *überhaupt drittschützend* sein kann, steht vor dem Hintergrund des allgemeinen Grundsatzes, dass sämtliche Vorschriften des Baurechts in erster Linie Normen des *objektiven* Rechts sind, dass mithin kein genereller Anspruch auf Beachtung des Baurechts besteht. Ein zugleich subjektiver Rechtscharakter baurechtlicher Normen muss jeweils sorgfältig begründet werden. Dabei darf nie allein aus ihrer tatsächlich nachteiligen Wirkung auf das subjektive Recht geschlossen werden. Entschei-

50 Anders läge der Fall in einer Klagesituation nach behördlich abgelehntem Einschreiten, da dann eine getroffene Ermessensentscheidung zu überprüfen wäre.

51 Rein vorsorglich bleibt noch – jenseits des hiesigen Falles – an die bei nur formeller Illegalität bestehende Möglichkeit einer Unverhältnismäßigkeit wegen offensichtlicher Genehmigungsfähigkeit zu erinnern (vgl. oben zum Ausgangsfall).

52 Ein anderes Ergebnis ist mit entsprechender Begründung vertretbar.

dend ist die Auslegung, ob und inwieweit eine Vorschrift eine individualisierende Schutzrichtung hat, also einen Personenkreis schützt, der sich von der Allgemeinheit unterscheidet. Eine Norm hat demnach subjektiven Rechtscharakter, wenn sie zumindest auch dem Schutz der Interessen des Einzelnen zu dienen bestimmt ist („Schutznormtheorie"). Indizien für eine solche Interpretation liefern der Wortlaut des Gesetzes, etwaige Anhörungs- und Mitwirkungsrechte des Bürgers, die nicht ausschließlich dem Informationsbedürfnis der Verwaltung dienen, sowie vor allem der Sinn und Zweck des Gesetzes und seine Funktion, die Grundrechte abzusichern. Bei alledem bleibt zu betonen, dass nicht jede nachteilige Beeinträchtigung eigener Interessen Drittschutz vermittelt.

Bei näherer Betrachtung finden sich im Baurecht *zwei Grundtypen* von drittschützenden Normen. Zum einen kann eine Vorschrift für sich betrachtet drittschützend sein. Es gelten dann die allgemeinen verwaltungsrechtlichen Grundsätze. Insbesondere verletzt jede Missachtung einer solchen Norm die Rechte des Geschützten. Art und Ausmaß der Beeinträchtigung sind nicht erheblich. **302**

Zum anderen kennt das Baurecht eine Besonderheit. Der Tatbestand mancher baurechtlicher Vorschriften knüpft an das *Gebot der Rücksichtnahme* an. Es handelt sich im Kern um ein *objektiv*rechtliches Gebot, das in zahlreichen Normen des Baurechts verankert ist, das aber nie „freischwebend" als allgemeiner Rechtsgrundsatz, sondern jeweils nur in Verbindung mit einer konkreten baurechtlichen Vorschrift anzunehmen ist. Der Grundgedanke des Rücksichtnahmegebotes liegt darin, dass jede bauliche Nutzung eines Grundstücks Rücksicht auf die schutzwürdigen Interessen seiner jeweiligen Umgebung nehmen muss. Dieses objektivrechtliche Gebot hat eine auch subjektivrechtliche Komponente und vermittelt im Falle seiner Verletzung *partiell* Drittschutz. Dieser subjektivrechtliche Einschlag des Rücksichtnahmegebotes setzt eine gewisse Intensität der Auswirkungen der baulichen Nutzung, einen erkennbaren Kreis der Geschützten und eine besondere Schutzwürdigkeit ihrer Interessen voraus. In diesem Sinne formuliert das BVerwG: „Das Gebot der Rücksichtnahme vermittelt drittschützende Wirkung, wenn und soweit in *qualifizierter* und zugleich *individualisierter* Weise auf *schutzwürdige* Interessen eines erkennbar abgegrenzten Kreises Dritter Rücksicht zu nehmen ist." Wann das objektive Rücksichtnahmegebot in ein subjektives Recht umschlägt, muss daher jeweils im Wege einer Abwägung unter Berücksichtigung der Umstände des Einzelfalls geklärt werden. Folglich verletzt nicht jeder Verstoß gegen das Rücksichtnahmegebot ein subjektives Recht. Insoweit besteht ein wichtiger Unterschied zu den für sich betrachtet, das heißt ohne Rückgriff auf das Rücksichtnahmegebot, drittschützenden Normen.[53]

Ausschlaggebend ist bei alledem stets die *konkret verletzte Einzelvorschrift*. Dies legt nahe, die verschiedenen baurechtlich beachtlichen Normen auf ihren subjektiven Rechtsgehalt zu untersuchen:

(a) Keinen selbstständigen Drittschutz vermitteln die Vorschriften zum baurechtlichen Verfahren. Ein eigener Anspruch kommt insofern zwar für den Bauherrn in Betracht, der die Durchführung eines Baugenehmigungsverfahrens beantragt, nicht jedoch für Dritte, die eine Überprüfung fremder Vorhaben begehren. Allerdings können die im Verfahren konkret zu prüfenden materiellen Vorschriften Rechte Dritter schützen (siehe sogleich). **303**

(b) Besondere Bedeutung hat sodann das Bauplanungsrecht. Wichtigstes Planungsinstrument ist der Bebauungsplan, auf dessen Erlass aber gemäß § 1 Abs. 3 S. 2 BauGB kein Anspruch besteht. In Betracht kommt allenfalls, wenn ein Plan erlassen wird, ein subjekti- **304**

53 Vgl. z.B. BVerwGE 82, 343 (345 ff.) = NJW 1990, S. 1192 ff.

ves Recht auf fehlerfreie Abwägung nach § 1 Abs. 7 BauGB. Vermittelt wird ein solches über die jeweils einzustellenden „privaten Belange", soweit diese konkret schutzwürdig und nicht nur geringfügig berührt sind. Hervorzuheben ist das Grundeigentum, das bei Immobilien im Plangebiet stets, bei Grundstücken außerhalb des Planbereichs je nach den Umständen des Einzelfalls in die Abwägung einzustellen ist. Die privaten Belange müssen nicht selbst den Charakter eines subjektiven öffentlichen Rechts haben. Unter Umständen kann auch ein bloßes Interesse (beispielsweise der im Plangebiet wohnenden Mieter) ein erheblicher privater Belang sein und hierüber ein subjektives Recht aus § 1 Abs. 7 BauGB vermitteln. Ein solches erstreckt sich aber stets nur darauf, dass der private Belang bei der Abwägung angemessen berücksichtigt wird, *nicht* aber darauf, dass er sich *im Ergebnis* gegen andere Belange durchsetzt.

305 **(c)** Die bauplanungsrechtliche Zulässigkeit einzelner baulicher Vorhaben richtet sich nach §§ 29 ff. BauGB. Kernnorm ist **§ 30 Abs. 1 BauGB**, jeweils in Verbindung mit einem Bebauungsplan. Dieser ist im Wege der Auslegung zu befragen, ob und inwieweit die planende Gemeinde ihm eine drittschützende Wirkung zuschreiben wollte.

Die Festsetzungen hinsichtlich der *Art* der baulichen Nutzung haben dabei zu berücksichtigen, dass benachbarte Eigentümer in besonderem Maße aufeinander angewiesen sind, weil jede Nutzung eines Grundstückes die Nachbargrundstücke beeinflusst, weil *Im*mobilien dem Freiheitsgebrauch zudem keine Ausweichmöglichkeiten belassen. Der Bebauungsplan schließt demgemäß die in einem Plangebiet belegenen Grundstücke zu einer „bau- und bodenrechtlichen Schicksalsgemeinschaft" zusammen und erzeugt so ein wechselseitiges Austauschverhältnis, nach dem jedes Grundstück zum Schutze der Nachbargrundstücke in seiner Nutzung beschränkt wird, dafür zum Ausgleich vor unzulässiger Nutzung der Nachbargrundstücke zu schützen ist. Die planende Gemeinde muss dieses wechselseitige Austauschverhältnis dergestalt im Bebauungsplan berücksichtigen, dass Festsetzungen zur *Art* der baulichen Nutzung stets *drittschützend* sind. Wären sie nicht drittschützend, läge ein zur Nichtigkeit des Plans führender Verstoß gegen das Abwägungsgebot nach § 1 Abs. 7 BauGB vor, weil die nachbarlichen Belange falsch gewichtet wären. Vor diesem Hintergrund kann im Zweifel normerhaltend unterstellt werden, dass die Gemeinde den Festsetzungen zur Art der baulichen Nutzung (einschließlich der Ausnahmen i.S.v. **§ 31 Abs. 1 BauGB**) für sich betrachtet, das heißt ohne Rückgriff auf das Rücksichtnahmegebot, drittschützende Wirkung beimessen wollte. Folglich kann ein selbst plangebundener Nachbar jede Verletzung einer Planvorschrift zur Nutzungsart unabhängig von Art und Intensität des Verstoßes geltend machen. Insoweit besteht mithin ein Anspruch auf Planbefolgung („Gebietserhaltungsanspruch").

All dies bezieht sich zunächst nur auf die Art der baulichen Nutzung. Für andere Festsetzungen, namentlich zum *Maß* der Nutzung (z.B. Zahl der Geschosse), verbleibt es regelmäßig beim Grundsatz, dass Baurecht objektives Recht ist, es sei denn, die planende Gemeinde wollte ihren konkreten Festsetzungen eine drittschützende Wirkung beimessen. Anlass hierzu kann erneut ein wechselseitiges Austauschverhältnis geben.[54]

306 Gemäß **§ 15 Abs. 1 BauNVO** kann eine nach § 30 Abs. 1 BauGB (oder § 31 Abs. 1 BauGB) in Verbindung mit §§ 2–14 BauNVO an sich zulässige bauliche Anlage im Einzelfall dennoch unzulässig sein. Dies gilt nach S. 2 von § 15 Abs. 1 BauNVO insbesondere, wenn sie zu unzumutbaren „Belästigungen oder Störungen" führen. Diese Vorschrift ist eine gesetz-

54 BVerwG, NVwZ 2018, S. 1808 (1809 f.) (bei objektivierender Auslegung des gemeindlichen Willens).

liche Ausprägung des Gebotes der Rücksichtnahme und vermittelt daher Drittschutz, „wenn und soweit in qualifizierter und zugleich individualisierter Weise auf schutzwürdige Interessen eines erkennbar abgegrenzten Kreises Dritter Rücksicht zu nehmen ist“.

§ 15 Abs. 1 S. 2 BauNVO ist über seinen Anwendungsbereich hinaus **analog** auf andere Fälle unzumutbarer Beeinträchtigungen anzuwenden, etwa – zur Art der Nutzung – wenn sich der Eigentümer eines an das Plangebiet angrenzenden Grundstückes auf eine Missachtung des Plans beruft[55] oder – zum Maß der Nutzung – wenn eine an sich dem objektiven Recht zugehörige Festsetzung zur Geschosszahl deutlich überschritten wird (z.B. Bau eines Hochhauses). Auch insoweit ist nach Maßgabe des Rücksichtnahmegebotes abzuwägen.

§ 31 Abs. 2 BauGB erlaubt der Behörde, den Bauherrn bei einem Vorhaben, das eigentlich **307**
unzulässig wäre, von der Anwendung der entgegenstehenden Norm zu befreien. Dabei ist je nach der nicht angewandten Vorschrift zu differenzieren. Wird von einer Norm abgewichen, die ihrerseits selbst nachbarschützend ist, wird das aus ihr folgende subjektive Recht immer dann verletzt, wenn die Voraussetzungen von § 31 Abs. 2 BauGB nicht beachtet werden. Wird hingegen von einer Norm abgewichen, die selbst nicht nachbarschützend ist, kann Drittschutz nur aus § 31 Abs. 2 BauGB folgen. Die Vorschrift bringt in der Formulierung „unter Würdigung nachbarlicher Interessen mit öffentlichen Belangen vereinbar“ das Gebot der Rücksichtnahme zum Ausdruck[56], gewährt also (nur) unter dessen Voraussetzungen („wenn und soweit …“) Nachbarschutz.

Im unbeplanten Innenbereich ist ein Vorhaben nach **§ 34 Abs. 1 BauGB** zulässig, wenn es **308**
sich in seine nähere Umgebung „einfügt“, sich also in dem durch die vorhandene Bebauung vorgegebenen Rahmen hält. Die Vorschrift gewährt zwar keinen generellen Drittschutz, jedoch fügt sich eine bauliche Anlage, die das Gebot der Rücksichtnahme verletzt, nicht ein. § 34 Abs. 1 BauGB ist folglich Ausdruck des Rücksichtnahmegebotes, seine Missachtung nach dessen Maßgabe („wenn und soweit …“) von Dritten geltend zu machen.

§ 34 Abs. 2 BauGB liefert für Baugebiete, die einem der Plangebiete der BauNVO entsprechen, eine auf die Art der baulichen Nutzung beschränkte lex specialis zu Abs. 1. Für sie treten § 34 Abs. 2 BauGB und die jeweilige Vorschrift der BauNVO an die Stelle eines inhaltsgleichen Bebauungsplanes. Damit gelten neben dem faktisch gleichen Austauschverhältnis („bau- und bodenrechtliche Schicksalsgemeinschaft“) auch die gleichen objektivrechtlichen Maßstäbe der Zulässigkeit baulicher Vorhaben. Folglich muss auch in gleichem Umfang Nachbarschutz gewährt werden. § 34 Abs. 2 BauGB in Verbindung mit der BauNVO ist daher für sich betrachtet (ohne einschränkende Abwägung) drittschützend und vermittelt so einen Anspruch auf Bewahrung der vorgefundenen Gebietsart.[57]

Der Außenbereich ist im öffentlichen Interesse von Bebauung frei zu halten. **§ 35 BauGB** ist **309**
daher grundsätzlich nicht direkt nachbarschützend. Allerdings missachtet eine fehlerhafte Entscheidung über die Anwendung von Abs. 1 oder 2 der Vorschrift „öffentliche Belange“, die in Abs. 3 S. 1 (nicht abschließend) gesetzlich definiert werden. Einzelne dieser Belange, namentlich § 35 Abs. 3 S. 1 Nr. 3 („schädliche Umwelteinwirkungen“, zu verstehen i.S.v. § 3 Abs. 1 BImSchG), bringen das Gebot der Rücksichtnahme zum Ausdruck und vermitteln daher nach dessen Maßgabe Drittschutz.

55 BVerwG, NVwZ 2008, S. 427 (428).

56 Strittig. Wie hier VGH Mannheim, NVwZ-RR 2010, S. 179 f.; VGH München, BauR 2014, S. 966; anders OVG Hamburg, BauR 2009, S. 1556 ff.

57 Lehrreich BVerwG, NJW 1994, S. 1546 ff.

Hierzu zwei Beispielsfälle: Fall 1: In unmittelbarer Nähe einer gewerblichen Schweinemästerei im Außenbereich soll ein Wohngebäude errichtet werden. Kann sich der Schweinemäster gegen die Baugenehmigung auf ein subjektives Recht berufen?

Die Baugenehmigung verletzt § 35 Abs. 2 BauGB. Zu den nach dieser Vorschrift zu schützenden „öffentlichen Belangen" zählt (über § 35 Abs. 3 BauGB hinaus) auch die Privilegierung der Schweinemästerei gemäß § 35 Abs. 1 Nr. 4 BauGB (Nr. 1 greift wegen § 201 BauGB mangels Bezug zum Boden i.d.R. nicht). Diese gerät in Gefahr, ist also „beeinträchtigt", da dem Schweinemäster eine Inanspruchnahme als latenter Störer (in Gestalt einer Nutzungsuntersagung) droht. Zugleich bringt die Privilegierung das Rücksichtnahmegebot zum Ausdruck, weil die neue Bebauung die bisherige Bebauung nicht in ihrem Bestand gefährden darf. Damit kann sich der Schweinemäster auf ein subjektives Recht berufen, „wenn und soweit ...", das heißt im konkreten Fall sofern er seine Privilegierung als solche verlieren würde, nicht aber bei geringfügigeren Nachteilen für seinen Betrieb.

Fall 2 (umgekehrt): Unmittelbar angrenzend an ein altes Wohnhaus im Außenbereich soll eine gewerbliche Schweinemästerei eingerichtet werden. Hat der Hauseigentümer ein subjektives Recht?

Konkret verletzte Vorschrift ist § 35 Abs. 1 BauGB (da der Schweinemäster nach Nr. 4 privilegiert ist). Entgegenstehender öffentlicher Belang ist § 35 Abs. 3 S. 1 Nr. 3 BauGB, der mit dem Schutz vor „schädlichen Umwelteinwirkungen" das Rücksichtnahmegebot verankert. Die fehlerhafte Abwägung nach Abs. 1 verletzt in diesem schwerwiegenden Fall ein eigenes Recht des Hauseigentümers.

310 **(d)** Auch im **Bauordnungsrecht** ist stets die Frage zu stellen, ob eine Norm zumindest auch dem Schutz der Interessen des Einzelnen dienen soll. Dies gilt namentlich für alle Regelungen, welche die Rechtsgüter Leben und Gesundheit schützen sollen (z.B. Standsicherheit, Brandwände), auch für den Schutz des Eigentums, nicht aber für Allgemeinwohlinteressen (z.B. Stellplatzpflicht zur Entlastung des öffentlichen Straßenverkehrs; str.). Im Übrigen bleibt dieser Fragenkreis in juristischen Klausuren regelmäßig zweitrangig.

311 **(e)** Hinsichtlich des nach **BImSchG** eröffneten Drittschutzes ist je nach der einschlägigen Norm zu differenzieren. Verwendet diese den Begriff „schädliche Umwelteinwirkungen", verweist sie damit auf die Legaldefinition nach § 3 Abs. 1 BImSchG und schützt hierüber auch die „Nachbarschaft". In diesem Sinne verlangt § 5 Abs. 1 Nr. 1 BImSchG, genehmigungspflichtige Anlagen so zu betreiben, dass schädliche Umwelteinwirkungen nicht hervorgerufen werden können, wobei die Nachbarschaft ausdrücklich genannt wird. Nach § 22 Abs. 1 Nr. 1 BImSchG sind nicht genehmigungsbedürftige Anlagen so zu betreiben, dass schädliche Umwelteinwirkungen verhindert werden. Auch diese Vorschrift vermittelt (über § 3 Abs. 1 BImSchG) Drittschutz.

312 **(f)** Lässt sich keine spezielle drittschützende Norm auffinden, bleibt ein Rückgriff auf **Art. 14 GG** zu erwägen. Dabei ist zu unterscheiden, ob das Grundstück des Eigentümers unmittelbar oder nur mittelbar durch die Nutzung fremder Grundstücke betroffen ist. Art. 14 GG gewährt ein Abwehrrecht gegen grundsätzlich jede rechtswidrige Inanspruchnahme des eigenen Grundstücks (Überbau, Notwegrecht als Folge fehlender Erschließung).[58] Im Übrigen jedoch, das heißt soweit die Nutzung von Nachbargrundstücken zu

58 Jedoch handelt es sich um eine unzulässige Rechtsausübung, wenn der Eigentümer das Grundstück ausschließlich zu dem Zweck erworben hat, gegen ein – i.d.R. öffentliches – Vorhaben zu klagen („Sperrgrundstück"); BVerwG, NVwZ 2012, S. 567 f.

beurteilen ist, scheitert eine solche Argumentation. Als normgeprägtes Grundrecht steht Art. 14 GG unter Ausgestaltungsvorbehalt. Die einfachen Gesetze und damit auch die Regelungen zum Nachbarschutz definieren als Inhalts- und Schrankenbestimmungen, was Eigentum ist, und damit auch, inwieweit es geschützt ist. Art. 14 GG verbürgt keine zusätzlichen Nachbarrechte jenseits des Gesetzes[59].

(2) Die Frage, ob eine Norm überhaupt Dritte schützt, ist abzugrenzen von der Folgefrage, wen sie schützt. Entscheidend für den Nachbarschutz ist grundsätzlich der Begriff des „Nachbarn"[60]. Nachbar in diesem Sinne ist jeder, der durch die bauliche Anlage in seinen *rechtlich* geschützten Interessen betroffen wird. Ausschlaggebend ist mithin, welche rechtlichen Interessen die verletzte Norm regelt. **313**

(a) Das Bauplanungsrecht regelt in erster Linie die Rechtsbeziehungen zwischen *Grundstücken*. Adressaten sind daher nur *dinglich Berechtigte* (Eigentümer, Erbbauberechtigte), nicht aber obligatorisch Berechtigte (Mieter). Ein anderes gilt (ohne Rückgriff auf den Nachbarbegriff) für jene Normen, welche den Erlass eines Bebauungsplanes anleiten. So schützt das Abwägungsgebot nach § 1 Abs. 7 BauGB als „private Belange" auch Interessen der Mieter (z.B. Gesundheit) und vermittelt ihnen so die Antragsbefugnis für eine Normenkontrolle nach § 47 VwGO.

(b) Das Bauordnungsrecht regelt insbesondere die Abwehr von Gefahren und vermittelt je nach im Einzelfall geschütztem Rechtsgut Nachbarschutz, insbesondere bei Gefahren für Leib und Leben sowie für das Eigentum.

(c) Das Immissionsschutzrecht (das gemeinsam mit dem Baurecht zu beachten ist) schützt vor allem die Gesundheit und damit auch die Mieter fremder Wohnungen.[61] ■

Zurück zum Fall: Im Raum steht die Frage (III.), ob B aus eigenem Recht ein Einschreiten gegen A verlangen kann (zu dem die Behörde objektiv-rechtlich befugt und verpflichtet ist; siehe oben). Ausschlaggebend ist die konkrete Vorschrift, gegen die eine Untätigkeit der Behörde verstoßen würde. Das baubehördliche Verfahrensrecht (Genehmigungs- oder Kenntnisgabeverfahren) ist als solches rein objektiver Natur. Ein anderes kann jedoch für die im Verfahren zu prüfenden materiell-rechtlichen Anforderungen gelten. Vorliegend sind dies § 34 Abs. 2 BauGB in Verbindung mit § 3 BauNVO sowie § 22 BImSchG. Beide Vorschriften sind, wie soeben gesehen, grundsätzlich drittschützend. Die Vorschriften zur Art der baulichen Nutzung sind im unbeplanten Innenbereich parallel zu den Festsetzungen eines inhaltsgleichen Bebauungsplanes (ohne Rückgriff auf das Rücksichtnahmegebot) nachbarschützend. § 22 BImSchG verweist mit der Pflicht, schädliche Umwelteinwirkungen zu vermeiden, auf die Legaldefinition nach § 3 Abs. 1 BImSchG, deren Bezugnahme auf die Nachbarschaft eine drittschützende Funktion ausdrückt. Ob gerade B zum geschützten Personenkreis zählt, hängt davon ab, welche Rechtsgüter die konkrete Norm anspricht. Das Bauplanungsrecht **314**

59 Die ältere Ansicht, Art. 14 GG verleihe zusätzlich ein subjektives Recht, wenn das Eigentum *schwer* und *unerträglich* beeinträchtigt wird, ist mit der heutigen Dogmatik nicht mehr vereinbar.

60 Abzugrenzen ist die verfahrensrechtliche Beteiligung von Nachbarn nach Bauordnungsrecht mancher Länder (z.B. § 69 ThürBO), die einen anderen (formellen) Nachbarbegriff voraussetzt.

61 Eine (ursprünglich europarechtlich veranlasste) Besonderheit gilt im Umweltrecht: §§ 2 Abs. 1 UmwRG, 64 Abs. 1 BNatSchG berechtigen Umweltverbände, auch rein objektivrechtliche umweltschützende Vorschriften geltend zu machen.

regelt das Verhältnis verschiedener Grundstücke, worauf sich B als Eigentümer des Nachbargrundstückes berufen kann. Das BImSchG schützt Leben und Gesundheit der Bewohner, nicht aber den B in seiner Eigenschaft als Vermieter.

Zwischenergebnis: B würde durch eine behördliche Untätigkeit in eigenen Rechten verletzt.

Ergebnis: B hat einen Anspruch auf behördliches Einschreiten gegen A (bei anderweitiger Beurteilung zu II.: Anspruch auf ermessensfehlerfreie Entscheidung über ein Einschreiten)[62].

Wiederholungs- und Vertiefungsfragen zu Fall 9, Variante

1. Kann eine Befugnisnorm einen Anspruch auf behördliches Einschreiten gegen Dritte begründen? Welche drei gedanklichen Schritte sind hierbei zu beachten?
2. Was versteht man unter einem subjektiven Recht?
3. Welche zwei Gruppen drittschützender Normen im Baurecht kennen Sie?
4. Was meint das „Gebot der Rücksichtnahme"? Vermittelt es Drittschutz?
5. Inwiefern entfalten Festsetzungen eines Bebauungsplans Drittschutz? Was umschreibt der Ausdruck „Gebietserhaltungsanspruch"? Gilt bei Anwendung von § 34 Abs. 2 BauGB Entsprechendes?
6. Können auch Einzelaussagen der §§ 31 Abs. 2, 34 Abs. 1, 35 BauGB sowie des § 15 Abs. 1 BauNVO Drittschutz vermitteln?
7. Lässt sich ein subjektives Nachbarrecht unmittelbar aus Art. 14 GG herleiten?
8. Wer ist „Nachbar" im Sinne des baurechtlichen Nachbarschutzes? Gilt Gleiches auch im Immissionsschutzrecht?

62 Zur Wiederholung und Vertiefung *Muckel/Ogorek*, Öffentliches Baurecht, § 5 I (zur Bauleitplanung), § 7 (zur bauplanungsrechtlichen Zulässigkeit von Vorhaben); speziell zu § 34 BauGB *Krüper/Herbolsheimer*, Jura 2017, S. 286 ff., 532 ff.; zum Drittschutz *Schoch*, Jura 2004, S. 317 ff.; zur Normenkontrolle gegen Bebauungspläne BVerwG, NVwZ 2001, S. 431.

Fall 10 315

Teil 1: A ist Eigentümer eines Grundstückes in einem unbeplanten Gebiet, dessen Gebietsstruktur jener eines allgemeinen Wohngebietes entspricht, da es überwiegend mit Wohnhäusern bebaut ist, sich dort aber auch verschiedene andere Nutzungen finden (kleinere und mittlere Einzelhandelsgeschäfte, Handwerksbetriebe, Tankstellen etc.). Er erwägt, auf dem Grundstück demnächst ein Gebäude zu errichten, auf dessen Nutzung er sich jedoch noch nicht endgültig festlegen will. Für das Erdgeschoss schwebt ihm eine gewerbliche Nutzung vor, da er später entweder seinen kleinen Schuhmacherbetrieb dorthin verlegen oder die Räume an ein anderes Unternehmen vermieten möchte. Im oberen Stockwerk möchte er eventuell selbst wohnen. Das Gebäude soll bis an die Grundstücksgrenze reichen, obwohl dies in der Umgebung nicht üblich ist. Um die Planungen voranzutreiben, erwirkt er einen Vorbescheid, der die bauordnungsrechtliche Zulässigkeit eines entsprechenden Gebäudes bestätigt, ohne sich zur Nutzungsart zu äußern.

In der Folgezeit zeichnet sich die Ansiedlung weiterer Gewerbebetriebe ab. Die Gemeinde wünscht jedoch eine entgegengesetzte Entwicklung der Gebietsstruktur hin zu einer stärkeren Wohnnutzung und weist das Gebiet deswegen in einem wirksamen Bebauungsplan als reines Wohngebiet aus.

Ein Jahr später entscheidet sich A, seinen Schuhmacherbetrieb in die Räume im Erdgeschoss zu verlegen und im Obergeschoss zu wohnen. Er will nun zur Tat schreiten und beantragt eine entsprechende Baugenehmigung, die ihm von der Gemeinde als zuständige Baurechtsbehörde erteilt wird.

B, der Eigentümer und Bewohner des Nachbargrundstückes, ist hiermit nicht einverstanden. Er hat seine Einwendungen der Behörde schon vor Erlass des Vorbescheids rechtzeitig schriftlich mitgeteilt, die Sache dann aber zunächst auf sich beruhen lassen, obwohl ihm der Vorbescheid mit Rechtsbehelfsbelehrung bekanntgegeben wurde. Nun trägt er seine Bedenken im Genehmigungsverfahren erneut vor und erhebt schließlich nach erfolglosem Vorverfahren form- und fristgerecht Klage. Mit Erfolg?

Variante: B hat fristgerecht Widerspruch gegen den Vorbescheid eingelegt, der jedoch bis zur Erteilung der Baugenehmigung nicht beschieden worden ist. Ändern sich die Erfolgsaussichten seiner Klage?

Teil 2: Die Gemeinde hat noch keinen Bebauungsplan erlassen. A möchte das Gebäude sogleich errichten, aber die Entscheidung über die Nutzung des Erdgeschosses vertagen. Statt eines Vorbescheides beantragt und erhält er deswegen eine Baugenehmigung, welche die Nutzungsart teilweise offen hält. Er beginnt sofort mit dem Bau und bezieht alsbald seine neue Wohnung. Die Räume im Erdgeschoss stehen zunächst leer. Kurze Zeit später verlegt A seinen Schuhmacherbetrieb in das Erdgeschoss, ohne eine entsprechende Genehmigung einzuholen. Die

Baurechtsbehörde erfährt zufällig hiervon, hält die aktuelle Nutzung für materiell baurechtswidrig und erlässt deshalb eine mit förmlicher Rechtsbehelfsbelehrung versehene unbefristete Nutzungsuntersagung gegen ihn. Nach Ablauf der Widerspruchsfrist beantragt A die Genehmigung des Schuhmacherbetriebs. Darf die Behörde die Genehmigung versagen?

Variante: Ändert sich die Rechtslage, falls in der Zwischenzeit (nach Beginn der Nutzung) der Bebauungsplan ergeht?

316 ■ **Vorüberlegung:** Im Verwaltungsrecht finden sich verschiedene Erscheinungsformen von Grundrechtsschranken. Im Wesentlichen sind dabei zwei Gruppen zu unterscheiden.

(1) Eine erste Gruppe von Freiheitsbeschränkungen folgt ungeachtet verschiedener regelungstechnischer Ausgestaltungen einem gemeinsamen Leitgedanken: Das entsprechende Verhalten ist grundsätzlich erwünscht (oder zumindest nicht unerwünscht), kann aber wegen eventuell drohender Nachteile Anlass zu einer begleitenden behördlichen Kontrolle geben.

(a) Die geringste Freiheitsbeschränkung bringt eine *Erlaubnis mit Verbotsvorbehalt*. Das entsprechende Verhalten ist generell erlaubt, sofern es nicht im Einzelfall verboten wird. Beispiele bieten die Versammlung in geschlossenen Räumen (Art. 8 Abs. 1 GG, §§ 5, 13 VersG) oder die verfahrensfreien Vorhaben des Baurechts[63].

(b) Eine maßvoll stärkere Beschränkung bedeutet das *Verbot mit Anzeigevorbehalt*, bei dem der Bürger der Verwaltung sein Verhalten lediglich anzeigen muss. Es ist dann jedoch ebenfalls genehmigungsfrei, es sei denn, es wird im Einzelfall verboten. Als Beispiele dienen die Versammlung unter freiem Himmel (Art. 8 Abs. 2 GG, § 14 VersG: Anmeldung einer Demonstration, damit die Polizei den Straßenverkehr umleiten kann, etc.) oder das baurechtliche Kenntnisgabeverfahren (Anzeigeverfahren)[64].

(c) Die nächst intensivere Beschränkung ist beim *Verbot mit Erlaubnisvorbehalt* gegeben. Es handelt sich um ein grundsätzlich erlaubtes Verhalten, das jedoch zur Einhaltung seiner rechtlichen Voraussetzungen einem Kontrollverfahren unterzogen wird. Die Erlaubnis darf *nur* versagt werden, wenn Rechtsnormen entgegenstehen. Wichtigstes Beispiel ist die Baugenehmigung[65].

Bei allen drei Konstellationen überwiegt die Gemeinsamkeit des grundsätzlich Erlaubten und Erwünschten. Graduell verschieden ist allein der (gewissermaßen sekundäre) Kontrollbedarf zur Wahrung des rechtlichen Rahmens der Freiheit. Demgemäß besteht in allen drei Fällen ein *Anspruch* des Bürgers, sich so verhalten zu dürfen. Eine etwaige Erlaubnis muss eine gebundene Entscheidung sein. Etwaige Verbote stehen umgekehrt im Ermessen der Behörde, auch um das jeweilige Freiheitsrecht und das Verhältnismäßigkeitsprinzip als Ermessensgrenzen entgegnen zu können. Jeweils gilt: Ist eine angemessene Kontrolle gewährleistet, verbleibt es im Übrigen bei der Freiheit. Speziell für das Baurecht verpflichtet der aus Art. 14 GG folgende Grundsatz der Baufreiheit den Gesetzgeber, im Regelfall eine dieser drei Verfahrensformen vorzusehen.

---

63 Z.B. § 50 LBO BW; § 60 ThürBO.

64 Z.B. § 51 LBO BW. Ähnlichen Grundgedanken folgt das in manchen Ländern bevorzugte Freistellungsverfahren; z.B. § 61 ThürBO.

65 Z.B. § 58 LBO BW; § 71 ThürBO.

(2) Sieht der (grundrechtsgebundene) Gesetzgeber hingegen ein Verhalten der Bürger als gefährlich oder sogar sozialschädlich an, erklärt er es für grundsätzlich unerwünscht und nur ausnahmsweise hinnehmbar, indem er ein *(repressives) Verbot mit Befreiungsvorbehalt* einführt. Ein Beispiel bietet der nach dem BtMG verbotene Erwerb von Drogen, von dem Wissenschaftler durch eine auf Forschungszwecke begrenzte Ausnahmegenehmigung befreit werden können. Insoweit besteht *kein* Anspruch des Bürgers. Es handelt sich vielmehr um eine behördliche *Ermessens*entscheidung. Ein seltenes Beispiel aus dem Baurecht liefert § 7 AtomG: Die Genehmigung atomrechtlicher Anlagen (z.B. zu Forschungszwecken) steht nach dem Sinn und Zweck der Vorschrift im Ermessen der zuständigen Behörde. ■

Lösung zu Fall 10
Formen und Funktionen baurechtlicher Genehmigungen

Teil 1: Nachbarklage des B

A. Sachurteilsvoraussetzungen

Statthaft ist eine Anfechtungsklage (§ 42 Abs. 1 VwGO). Fraglich ist jedoch, ob B klagebefugt ist (§ 42 Abs. 2 VwGO), ob also die dem A erteilte Baugenehmigung möglicherweise eigene Rechte des B verletzt. **317**

■ An dieser Stelle ist der für das Baurecht bedeutsame Fragenkreis der Reichweite subjektiver Rechte Dritter angesprochen. Er kann im Gutachten entweder im Rahmen der Klagebefugnis oder aber in der Begründetheit unter dem Gliederungspunkt „II. Verletzung in eigenen Rechten" erörtert und an der jeweils anderen Stelle nur knapp abgehandelt werden. Zu empfehlen ist, je nach Fallkonstellation differenzierend vorzugehen. Ist der subjektive Rechtscharakter eindeutig, kann er in der Zulässigkeit abschließend festgestellt werden. In schwierigeren Fällen sollte die Frage dagegen an das Ende der Begründetheitsprüfung verlagert werden. Im Rahmen der Sachurteilsvoraussetzungen kann man sich dann mit der „Möglichkeit" einer Rechtsverletzung begnügen. Die Entscheidung für die eine oder andere Alternative sollte neben dem Umfang der nötigen Ausführungen („Kopflastigkeit" des Gutachtens vermeiden!) berücksichtigen, wie einfach zu erkennen ist, gegen welche Vorschriften verstoßen worden sein könnte, da die Verletzung in eigenen Rechten stets je nach der konkret missachteten Norm zu bestimmen ist. Vorliegend bleibt noch eingehender zu prüfen, welche Norm verletzt worden sein könnte und ob diese Drittschutz vermittelt. Deswegen sollten sich Ausführungen zur Klagebefugnis mit der Möglichkeit der Verletzung einer von mehreren alternativ in Betracht kommenden Vorschriften in ihrem möglicherweise subjektiven Rechtsgehalt begnügen. ■

Als eventuell verletzte und möglicherweise (gegebenenfalls in Verbindung mit dem Rücksichtnahmegebot) Rechte des B schützende Vorschriften können hier die bauordnungsrechtlichen Regelungen über Abstandsflächen[66], § 30 Abs. 1 BauGB in Verbindung mit § 3 BauNVO oder aber § 15 Abs. 1 BauNVO erwogen werden. Eine Verlet-

66 Z.B. § 5 LBO BW; § 6 ThürBO.

zung des B in eigenen Rechten ist hiernach zumindest möglich. Die übrigen Zulässigkeitsvoraussetzungen liegen vor.

B. Begründetheit

318 **Rechtmäßigkeit der Baugenehmigung**

1) Die **Rechtsgrundlage** zur Erteilung der Baugenehmigung ist dem Bauordnungsrecht des Landes zu entnehmen[67].

2) Mängel der **formellen Rechtmäßigkeit** sind nicht ersichtlich.

319 **3) Materielle Rechtmäßigkeit**

a) Tatbestand der Rechtsgrundlage: Dem (genehmigungspflichtigen[68]) Bauvorhaben dürfen „keine von der Baurechtsbehörde zu prüfenden öffentlich-rechtlichen Vorschriften entgegenstehen".[69] In Betracht kommt ein Verstoß gegen Bauordnungs- oder Bauplanungsrecht.[70]

320 **(1)** Zunächst könnte das bauordnungsrechtliche Abstandsgebot missachtet worden sein. Allerdings könnte die bauordnungsrechtliche Zulässigkeit des Vorhabens durch den Bauvorbescheid bestandskräftig festgestellt worden sein, so dass, sofern dieser eine abschließende Regelung trifft, eine weitere Prüfung ausgeschlossen wäre.

321 ■ **Allgemein:** Der Bauvorbescheid[71] dient der vorgezogenen Klärung einzelner Rechtsfragen hinsichtlich der späteren Baugenehmigung. Ein Spezialfall ist die Bebauungsgenehmigung, welche die bauplanungsrechtliche Zulässigkeit eines Vorhabens vorab klärt. Abzugrenzen ist die Teilbaugenehmigung[72] als endgültige und vollständige Genehmigung eines abtrennbaren Teils des Vorhabens, der bereits gebaut werden darf (beispielsweise kann bei Errichtung eines noch im Detail zu prüfenden Industriekomplexes der Bau des Verwal-

---

67 Z.B. § 58 LBO BW; § 71 ThürBO.

68 Die Errichtung des Gebäudes als bauliche Anlage ist grundsätzlich genehmigungspflichtig (z.B. § 49 LBO BW; § 59 ThürBO). Sie ist auch sicher nicht verfahrensfrei (z.B. § 50 Abs. 1 LBO BW; § 60 Abs. 1 ThürBO). Von der Option eines Kenntnisgabeverfahrens (z.B. § 51 LBO BW; ähnlich das Freistellungsverfahren nach § 61 ThürBO) wurde zumindest nicht Gebrauch gemacht. Im Übrigen ist die Frage nach der Genehmigungspflicht hier ohnehin nicht entscheidungserheblich. Denn die Genehmigung wurde erteilt. Selbst wenn sie nicht erforderlich gewesen wäre, bliebe dies unschädlich, da eine (vom Bauherrn beantragte) überschießende behördliche Kontrolle richtigerweise schon nicht als rechtswidrig angesehen werden sollte, jedenfalls aber keine subjektiven Rechte des Nachbarn verletzen könnte.

69 Zu bedenken bleibt ein möglicherweise eingeschränkter Prüfungsumfang im Fall eines vereinfachten Baugenehmigungsverfahrens (z.B. § 52 LBO BW; § 62 ThürBO). Die Rechtslage unterscheidet sich insofern in den Ländern. In Baden-Württemberg läge zumindest kein Fall der zwingenden Anwendung des vereinfachten Genehmigungsverfahrens vor, da das Gebäude nicht nur zu Wohnzwecken genutzt werden soll (§ 51 Abs. 5 2. Halbs. LBO BW). In jedem Fall verblieben die im Folgenden maßgeblichen Vorschriften allesamt im reduzierten Prüfungsumfang nach § 52 Abs. 2 LBO BW. Folglich bleibt es im hiesigen Fall unerheblich, ob die Genehmigung im regulären oder vereinfachten Baugenehmigungsverfahren erging.

70 Entsprechende Einwände des B sind, da er sie im Verfahren rechtzeitig vorgebracht hat, nicht materiell präkludiert (vgl. z.B. § 55 Abs. 2 LBO BW; nicht gleichermaßen streng § 69 ThürBO).

71 Geregelt z.B. in § 57 LBO BW; § 74 ThürBO.

72 Z.B. § 61 LBO BW; § 73 ThürBO.

tungsgebäudes vorgezogen werden). Sinn und Zweck des Bauvorbescheides ist es, dem Antragsteller frühzeitig eine gesicherte Planung zu ermöglichen, indem die geregelten Fragen verbindlich entschieden werden[73].

Der Bauvorbescheid steht, wie bereits seine systematische Stellung im Abschnitt über das Genehmigungsverfahren belegt, in einem engen Verhältnis zur Baugenehmigung. Dieses wird noch deutlicher, wenn man die Inhalte beider Bescheide vergleicht. Die zeitlich spätere Baugenehmigung verbindet zwei Aussagen, die Verfügung, dass der Bauherr bauen darf, und die mitenthaltene Feststellung, dass sein Vorhaben mit dem zu prüfenden öffentlichen Recht vereinbar ist. Der zeitlich frühere Bauvorbescheid dient der ausschnittsweisen Feststellung der Rechtmäßigkeit des Vorhabens, ist also ein feststellender Verwaltungsakt (§ 35 LVwVfG). Er ist damit gleichzeitig (beschränkt auf den Ausschnitt der in ihm beantworteten Fragen) ein vorweggenommener Teil der späteren Baugenehmigung. Ab Erlass des Vorbescheides gilt die durch ihn geschaffene Rechtslage, nicht das Gesetz. Bildlich gesprochen legt sich der Verwaltungsakt Bauvorbescheid gewissermaßen über das Gesetz. Weicht das Vorhaben vom Gesetz ab, hat er Legalisierungswirkung. Einzige Voraussetzung hierfür ist die Wirksamkeit des Vorbescheides (vgl. § 43 LVwVfG). 322

Die Besonderheit des Bauvorbescheides, ein vorweggenommener Teil der Baugenehmigung zu sein, ist beim späteren Erlass der Baugenehmigung zu berücksichtigen. Sie nimmt den Bauvorbescheid auf und ersetzt ihn durch eine vollumfänglich neue, insoweit aber inhaltsgleiche Entscheidung. Bei dieser zweiten Entscheidung kann die Baurechtsbehörde – hierin liegt der Sinn des Vorbescheides – dem Bauherrn gegenüber nicht einwenden, der (wirksame) Vorbescheid sei rechtswidrig und die Baugenehmigung deshalb zu versagen. Die Behörde bleibt an die Feststellungen ihres eigenen Vorbescheides gebunden, solange er wirksam ist, insbesondere solange sie ihn nicht ausdrücklich aufgehoben hat. Die Baugenehmigung ist folglich insoweit eine inhaltsgleiche zweite Entscheidung in derselben Sache. In diesem Sinne ist sie – in Kategorien des allgemeinen Verwaltungsrechts gesprochen – ein so genannter Zweitbescheid. 323

Hintergrund der Rechtsfigur des Zweitbescheides sind die allgemeinen Grundsätze des Verwaltungsverfahrens, die ursprünglich richterrechtlich entwickelt wurden, dann teilweise in den Verwaltungsverfahrensgesetzen niedergelegt wurden, in ihren nicht kodifizierten Bestandteilen aber als Richterrecht fortgelten. Insbesondere sind die Bestandswirkungen von Verwaltungsakten nur punktuell im (L)VwVfG niedergeschrieben worden. So ermächtigen §§ 48, 49 (L)VwVfG die Behörde, einen Verwaltungsakt von Amts wegen aufzuheben. Gleichzusetzen, wenn auch nicht ausdrücklich erwähnt, ist der Fall, dass die Behörde einen Verwaltungsakt durch einen neuen Verwaltungsakt ersetzt. Dieser ersetzende Verwaltungsakt wird Zweitbescheid genannt, wenn er mit dem Erstbescheid identisch ist. Möglich sind auch Kombinationen aus (Teil-)Aufhebung, Erweiterung und Zweitbescheid. Der neue Verwaltungsakt ist nach allgemeinen Grundsätzen zu beurteilen und insbesondere anfechtbar, so dass der Erlass eines Zweitbescheides im Ergebnis eine neue Anfechtungsfrist gegen eine inhaltlich unveränderte Entscheidung in Gang setzen kann.[74] 324

Die Behörde ist beim Erlass eines zweiten Bescheides an die speziellen Vorgaben des jeweiligen Rechtsgebietes (hier des Baurechts) wie auch an allgemeine rechtsstaatliche 325

73 Ebenfalls abzugrenzen ist die bloße Zusicherung nach § 38 (L)VwVfG, die unter dem Vorbehalt späterer Änderungen der Sach- oder Rechtslage steht (Abs. 3).

74 Vgl bereits oben Fall 6, Variante.

Vorgaben gebunden[75]. Insbesondere darf sie nicht einem Bürger mit dem Zweitbescheid eine Rechtsstellung einräumen, die eine verfestigte Rechtsposition eines anderen Bürgers gefährden würde. Schulbeispiel ist die bestandskräftige Baugenehmigung, aufgrund derer der Bauherr bauen darf, gegen die der Nachbar keine Einwendungen mehr geltend machen kann. Ein Zweitbescheid darf hieran nichts ändern. Insoweit parallel zu beurteilen ist der Fall eines verfristeten Widerspruchs: Die Behörde darf ihn grundsätzlich trotz Bestandskraft von Amts wegen bescheiden (mit der Folge einer Heilung der Fristversäumnis und dadurch erneut eröffneter Klagemöglichkeit). Eine Ausnahme gilt aber, wenn bereits eine verfestigte Rechtsposition eines Dritten besteht, etwa im Fall einer bestandskräftigen Baugenehmigung, die vom Nachbar angegriffen wird. Gleichzusetzen ist der Fall des bestandskräftigen Bauvorbescheids, der die Rechtslage als vorweggenommener Teil der Baugenehmigung verbindlich klärt.

326 Insgesamt ersetzt die Baugenehmigung somit zwar den Bauvorbescheid. Dem Nachbarn dürfen hierdurch jedoch keine Verteidigungsmöglichkeiten entstehen, die ihm im Zeitpunkt des Erlasses der Baugenehmigung bereits abgeschnitten waren. Maßgeblich ist also die Frage, ob der Bauvorbescheid im Zeitpunkt der Baugenehmigung schon bestandskräftig war. Falls ja, waren und bleiben alle Einwendungen des Nachbarn insoweit ausgeschlossen. Falls nein, können alle Einwendungen gegen die Rechtmäßigkeit des Vorbescheides nun auch gegen die Baugenehmigung vorgebracht werden.

327 Damit wird zugleich das Wesen der Bestandskraft als nur teilweise ausdrücklich geregeltes Rechtsinstitut deutlich. Formell bedeutet sie Unanfechtbarkeit des Verwaltungsaktes. Materiell schneidet sie dem Belasteten regelmäßig den Einwand ab, der Verwaltungsakt sei rechtswidrig, und begründet eine Duldungspflicht hinsichtlich der im Verwaltungsakt ausgesprochenen Rechtsfolge. Es zeigt sich ferner, dass die Bestandskraft Bürger und Behörde unterschiedlich bindet. Während sie dem Bürger die Berufung auf die Rechtswidrigkeit grundsätzlich abschneidet, darf die Behörde den Verwaltungsakt gemäß §§ 48, 49 (L)VwVfG von Amts wegen aufheben oder durch einen neuen Verwaltungsakt ersetzen (Zweitbescheid).[76] ■

328 **Zum Fall:** Der Bauvorbescheid beantwortet als vorweggenommener Teil der späteren Baugenehmigung alle materiellen bauordnungsrechtlichen Fragen verbindlich. Folglich sind auch alle diesbezüglichen Einwendungen des Nachbarn ausgeschlossen, sofern der Verwaltungsakt wirksam und bestandskräftig ist.

Die Wirksamkeit von Verwaltungsakten richtet sich nach § 43 (L)VwVfG. Ein Verwaltungsakt „wird (ursprünglich) wirksam“ (Abs. 1), wenn er (wie hier) seinem Adressaten[77] ordnungsgemäß bekannt gegeben wird. Er „ist (dauerhaft) unwirksam“ (Abs. 3),

---

75 Dabei ist vor allem zu fragen, ob ein zweiter Bescheid den Inhalt des ersten verkürzt. Falls ja, ist er insofern zugleich (teil-)aufhebender Natur und an den §§ 48, 49 (L)VwVfG (Vertrauensschutz) zu messen. Vorrangig ist jedoch kritisch zu prüfen, ob eine solche Verkürzung überhaupt gewollt ist. Dies kann zweifelhaft sein, da Rücknahme und Widerruf im Ermessen der Behörde stehen, dessen Betätigung in Fällen dieser Art nur unterstellt werden darf, wenn sich Hinweise auf einen entsprechenden Behördenwillen finden.

76 Ein anderes gilt lediglich für seltene Fälle offensichtlicher Rechtswidrigkeit, in denen ausnahmsweise ein Anspruch auf Wiederaufgreifen des Verfahrens mit anschließender Neubescheidung bestehen kann; hierzu oben Fall 2, Variante 2.

77 Beachte: Da der Verwaltungsakt *gegenüber* dem einzelnen Adressaten zu dem Zeitpunkt wirksam wird, zu dem er *ihm* bekanntgegeben wird, kann die Wirksamkeit bei mehreren Empfängern zu unterschiedlichen Zeitpunkten eintreten.

falls die Nichtigkeitsregel nach § 44 (L)VwVfG eingreift, was jedoch vorliegend ausscheidet, da ein etwaiger Verstoß gegen das Abstandsgebot sicherlich kein „besonders schwerwiegender" und „offenkundiger" Rechtsfehler wäre. Ein hiernach anfänglich rechtswirksamer Bescheid „bleibt wirksam, solange und soweit" er sich nicht nachträglich erledigt hat (Abs. 2), sei es durch Aufhebung (Oberbegriff für Rücknahme und Widerruf), Zeitablauf oder auf andere Weise. All dies ist hier nicht der Fall, insbesondere hat sich der drei Jahre[78] gültige Bauvorbescheid nicht durch Zeitablauf erledigt.

Die (formelle) Bestandskraft, also Unanfechtbarkeit des Bauvorbescheides ist, da er dem B mit Rechtbehelfsbelehrung bekannt gegeben worden ist, mit Ablauf der Widerspruchsfrist von einem Monat eingetreten (§§ 70, 58 VwGO).

Der wirksame und bestandskräftige Bauvorbescheid regelt mithin die bauordnungsrechtliche Zulässigkeit des Vorhabens verbindlich und abschließend. Es bleibt nur noch festzustellen, dass das nun beantragte Vorhaben dem im Vorbescheid genehmigten entspricht.

(2) Des Weiteren muss die Nutzung des Gebäudes für einen Schuhmacherbetrieb (Erd- **329**
geschoss) und als Wohnung (Obergeschoss) mit den §§ 29 ff. BauGB vereinbar sein. Mangels sonstiger Angaben im Sachverhalt ist dabei primär auf die Art der baulichen Nutzung abzustellen. Diese Fragen werden vom Bauvorbescheid nicht erfasst, sind also noch zu prüfen.

Es stellt sich jedoch die Frage, auf welchen Zeitpunkt für die Beurteilung der maßgeblichen Sach- und Rechtslage abzustellen ist, da sich die Rechtslage hier zwischenzeitlich geändert hat. Zunächst griff im unbeplanten Innenbereich § 34 BauGB, ab Erlass des Bebauungsplans ist dann § 30 BauGB anzuwenden.

■ **Allgemein:** Der für die Beurteilung der Sach- und Rechtslage maßgebliche Zeitpunkt **330**
richtet sich grds. nicht nach dem Prozessrecht und der gewählten Klageart, sondern nach dem zu überprüfenden *materiellen* Recht. Bei verallgemeinernder Betrachtung lassen sich folgende Grundstrukturen erkennen: (1) Soweit die Rechtmäßigkeit vergangenen Behördenhandelns beurteilt werden soll, sind regelmäßig die Gegebenheiten zu diesem Zeitpunkt entscheidend. Nachträgliche Änderungen der Sach- und Rechtslage lassen die bisherige Rechtmäßigkeit behördlichen Handelns unberührt, machen insbesondere einen Verwaltungsakt nicht rechtswidrig und folglich die Anfechtungsklage nicht begründet[79]. Als Konsequenz dessen ist bei der Anfechtungsklage im Regelfall der Zeitpunkt der letzten Behördenentscheidung maßgeblich. Letzte Behördenentscheidung in diesem Sinne ist regelmäßig der Widerspruchsbescheid, weil das Widerspruchsverfahren Bestandteil des einheitlichen Verwaltungsverfahrens ist, das also erst mit dem Widerspruchsbescheid abgeschlossen ist[80]. (2) Soweit der Behörde ein künftiges Verhalten abverlangt werden soll, muss, weil die Behörde nur rechtmäßig handeln darf, die Sach- und Rechtslage zum Zeitpunkt der künfti-

78 Z.B. § 57 Abs. 1 S. 2 LBO BW; § 74 S. 2 ThürBO.

79 Vgl. § 49 Abs. 2 Nr. 3 und 4 (L)VwVfG: eine neue Tatsachenlage oder geänderte Rechtsvorschrift, auf Grund derer der Verwaltungsakt nicht mehr erlassen werden müsste, ändern nichts an seiner Qualifikation als „rechtmäßiger Verwaltungsakt" (Abs. 1).

80 Vgl. § 79 Abs. 1 Nr. 1 VwGO: Gegenstand der Anfechtungsklage ist der ursprüngliche Verwaltungsakt in der Gestalt, die er durch den Widerspruchsbescheid gefunden hat.

gen Vornahme dieser Handlung maßgeblich sein. Prozessual findet diese Zukunftsbezogenheit allerdings eine Grenze, da das Gericht grundsätzlich nur berücksichtigen darf, was Gegenstand einer mündlichen Verhandlung war. Bei der Verpflichtungsklage[81] sind tatsächliche und rechtliche Veränderungen deshalb im praktischen Ergebnis zumeist (nur) bis zum Zeitpunkt der letzten mündlichen Verhandlung einzubeziehen[82]. (3) Auch die Ausnahmen von dieser Regel folgen dem materiellen Recht. Sie lassen sich insbesondere dadurch kennzeichnen, dass der jeweilige Inhalt des Behördenhandelns ein anderes Verhältnis zur Zeit hat. Ein Beispiel bietet die Anfechtungsklage gegen einen Verwaltungsakt mit fortbestehender Dauerwirkung, dessen zukunftsgerichteter[83] Inhalt regelmäßig erfordert, materiell-rechtlich auf die je aktuelle Sach- und Rechtslage, das heißt prozessual auf den Zeitpunkt der letzten mündlichen Verhandlung abzustellen[84]. ■

331 In der vorliegenden Anfechtungssituation ist die materielle Rechtslage im Zeitpunkt der letzten Behördenentscheidung über die Erteilung der Baugenehmigung (Widerspruchsbescheid) zu prüfen. Maßgeblich ist damit das Bauplanungsrecht nach Erlass des Bebauungsplans.

Die Wohnnutzung im ersten Stock unterfällt der Regelbebauung nach § 30 Abs. 1 BauGB in Verbindung mit § 3 Abs. 2 BauNVO, nicht aber der kleine Schuhmacherbetrieb im Erdgeschoss. Letzterer kann jedoch als „nicht störender Handwerksbetrieb" ausnahmsweise gemäß § 31 Abs. 1 BauGB in Verbindung mit § 3 Abs. 3 BauNVO gestattet werden. Die Entscheidung hierüber steht im Ermessen der Behörde. Die Verwaltung hat ihr Ermessen mit Erteilung der Baugenehmigung in diesem Sinne betätigt, ohne dass Ermessensfehler ersichtlich wären.

Das Einvernehmen der Gemeinde (§ 36 BauGB) darf unterstellt werden. Sein Fehlen wäre jedenfalls, da Gemeinde und Baurechtsbehörde identisch sind[85], unschädlich, und könnte schließlich keinesfalls eigene Rechte des B berühren.

332 ■ **Exkurs:** Das verwaltungsinterne[86] Einvernehmen (mangels Außenwirkung kein Verwaltungsakt) zählt zu den materiellen Rechtmäßigkeitsanforderungen einer Baugenehmigung.

---

81 Da allein das materielle Recht entscheidet, kann Gleiches auch bei Anfechtungsklagen eintreten, bei denen im Kern um eine behördliche Verpflichtung zu künftigem Handeln gestritten wird. So z.B. BVerwG, NVwZ 2008, S. 437: Bei der Anfechtungsklage der Gemeinde gegen einen Widerspruchsbescheid, mit dem sie zum Erlass einer von ihr zuvor versagten Baugenehmigung verpflichtet worden ist, entscheidet die Sach- und Rechtslage im Zeitpunkt der letzten mündlichen Verhandlung.

82 Zu beachten ist allerdings, dass verfestigte Rechtspositionen aus der Vergangenheit fortwirken und das jüngere materielle Recht überlagern können; vgl. soeben zum Vorbescheid.

83 Anders verhält es sich wiederum, wenn die Rechtswidrigkeit gerade für einen im Dauerverwaltungsakt mitgeregelten vergangenen Zeitraum festgestellt werden soll. Als Folge dessen kann in Sonderfällen sogar eine vergangenheitsbezogene Fortsetzungsfeststellungsklage mit einer zukunftsgerichteten Anfechtungsklage verbunden werden. Siehe BVerwG, NVwZ 2012, S. 510 (511).

84 Eine Gegenausnahme greift beispielsweise, wenn das Gesetz ein Wiedergestattungsverfahren vorsieht (z.B. § 35 Abs. 6 GewO), welches genau diese Zukunftswirkung überwindet.

85 Siehe den nachfolgenden Exkurs.

86 Allgemein können mehrere Formen verwaltungsinterner Mitwirkung anderer Verwaltungsträger oder Behörden unterschieden werden: Verlangt das Gesetz eine „Anhörung" oder eine „Entscheidung im Benehmen", ist i.d.R. eine verfahrensrechtliche Einbeziehung ohne inhaltliche Bindungswirkung gemeint. Etwaige Fehler werden wegen § 46 (L)VwVfG allenfalls bei Ermessensentscheidungen erheblich. Wird jedoch eine „Zustimmung" oder – wie nach § 36 BauGB – ein „Einvernehmen" vorausgesetzt, handelt es sich um eine inhaltliche Anforderung, deren Missachtung grundsätzlich beachtlich ist.

Es sichert die Planungshoheit der Gemeinde (Art. 28 Abs. 2 GG), die das zu genehmigende Vorhaben vor Erteilung ihres Einvernehmens (nur) auf seine Vereinbarkeit mit §§ 31, 33-35 BauGB prüft.

Auf diese Weise bringt § 36 BauGB die bereits von der Baurechtsbehörde zu prüfenden §§ 31, 33-35 BauGB ein zweites Mal zur Anwendung (ohne wechselseitige Bindung von Gemeinde und Baurechtsbehörde an die jeweiligen Rechtsauffassungen).[87] In Fällen des § 31 BauGB (Ausnahme oder Befreiung) bedingt dies grundsätzlich eine zweite Ermessensausübung. Im Übrigen darf die Gemeinde ihr Einvernehmen nur aus Rechtsgründen verweigern. Immerhin gewinnt sie Zeit, um ggf. Maßnahmen nach §§ 14, 15 BauGB (Veränderungssperre, Zurückstellung von Baugesuchen) zu ergreifen.

Praktische Bedeutung erlangt das Einvernehmen indes nur bei Auseinanderfallen der Rechtsträger: Ist die Gemeinde zugleich Baurechtsbehörde, darf – so jedenfalls die Rechtsprechung – eine Baugenehmigung ungeachtet verschiedener gemeindeinterner Zuständigkeiten (Bürgermeister, Gemeinderat) nicht wegen eines fehlenden Einvernehmens versagt werden.[88] Ist die Gemeinde hingegen nicht Baurechtsbehörde, versperrt ein unterbliebenes, also weder gemeindlich erteiltes noch gerichtlich fingiertes oder fachbehördlich ersetztes (hierzu sogleich) Einvernehmen die Erteilung einer Baugenehmigung und verhilft einer Anfechtungsklage der Gemeinde gegen eine dennoch erteilte Genehmigung zum Erfolg.[89] Auch wenn das Einvernehmen rechtswidrig versagt worden ist, müsste eine nicht mit der Gemeinde identische Baurechtsbehörde den Bauantrag dem Grundsatz nach ablehnen. Hierbei bleibt es jedoch nicht. So kann der Bauherr Verpflichtungsklage auf Erteilung der Baugenehmigung (nicht des nur internen, zudem rein objektiv-rechtlichen Einvernehmens) erheben. Im Erfolgsfall verpflichtet das Verwaltungsgericht die Behörde zur Erteilung der Genehmigung; das Einvernehmen wird dann fingiert (weshalb die Gemeinde notwendig beizuladen ist). Alternativ besteht, soweit das Landesrecht von der Option des § 36 Abs. 2 S. 3 BauGB Gebrauch gemacht hat[90], die Möglichkeit, das Einvernehmen durch eine hierzu berufene Behörde zu ersetzen. Die Gemeinde könnte die sich anschließende Genehmigung dann im Wege einer Anfechtungsklage überprüfen lassen.[91] ■

---

87 Folgerichtig ist im Falle eines Vorbescheides mit bauplanungsrechtlichem Inhalt („Bebauungsgenehmigung") ein zweifaches Einvernehmen erforderlich, zunächst zum Vorbescheid, sodann zur Baugenehmigung (zur Feststellung der Identität von im Vorbescheid geprüftem und nun beantragtem Vorhaben sowie zur Klärung aller noch unbeantworteten Fragen). Für Interessierte: VGH Mannheim, VBlBW 1998, 458 (460).

88 BVerwG, DVBl. 2005, S. 192 ff. (Aufgabe der bisherigen Rspr.). – Zu kommunalrechtlichen Folgerungen VGH Mannheim, VBlBW 2012, S. 339 ff.

89 BVerwG, NVwZ 2008, S. 1347 ff.

90 So z.B. § 54 Abs. 4 LBO BW; § 70 ThürBO (Ersetzungsbefugnis der Genehmigungsbehörde, die das fehlende Einvernehmen damit selbst überwinden kann). Hierzu VGH Mannheim, NVwZ-RR 2012, S. 58 ff. – Die Ersetzungsbefugnis soll die für den Drittbezug einer Amtspflicht maßgebliche „besondere Beziehung" der Gemeinde zum Bauwilligen aufheben, so dass ein gegen sie gerichteter Amtshaftungsanspruch bei rechtswidriger Verweigerung des Einvernehmens ausscheide; BGHZ 187, 51 (In Betracht komme aber eine Haftung des Trägers der das Einvernehmen nicht ersetzenden Genehmigungsbehörde; der BGH unterstellt insofern wohl eine Rechtspflicht zur Ersetzung). – In Ländern ohne eine Ersetzungsmöglichkeit könnte jedenfalls die Rechtsaufsichtsbehörde das Einvernehmen erzwingen.

91 Weitere Einzelheiten zum Einvernehmen bei *Michl*, Jura 2016, S. 722 ff.

333 **b)** Da das Vorhaben dem öffentlichen Recht entspricht, hat A einen Anspruch auf die Baugenehmigung. (Das behördliche Ermessen bezieht sich ausschließlich auf den bereits oben erwähnten Teilaspekt der Ausnahme nach § 31 Abs. 1 BauGB in Verbindung mit § 3 Abs. 3 BauNVO.)

Ergebnis: Die Baugenehmigung ist rechtmäßig und verletzt den B daher nicht in eigenen Rechten **(II.)**. Seine Nachbarklage ist zulässig, aber unbegründet[92].

Variante: Fristgemäßer Widerspruch gegen den Bauvorbescheid, der bis zur Entscheidung über die Baugenehmigung nicht beschieden worden ist

334 **A.** Die **Sachurteilsvoraussetzungen** sind ebenso wie im Ausgangsfall gegeben.

335 **B. Begründetheit**

I. Rechtmäßigkeit: 1) Rechtsgrundlage und 2) formelle Rechtmäßigkeit der Baugenehmigung sind wie im Ausgangsfall zu beurteilen. 3) In materieller Hinsicht stellt sich die Frage, ob die Baurechtsbehörde die Vorschriften des Bauordnungsrechts, hier zu den Abstandsflächen, zu prüfen hat.

Die Baugenehmigung erging vor Bestandskraft des Vorbescheides. Sie ersetzt – bezogen auf die Feststellung bauordnungsrechtlicher Zulässigkeit des Vorhabens – diesen Erstbescheid durch einen inhaltsgleichen Zweitbescheid. Die Behörde war hierzu verpflichtet, da der Vorbescheid dem Bauherrn eine die Behörde (bis zu seiner eventuellen Aufhebung) bindende Rechtsposition vermittelte. Über die Einwendungen des Nachbarn war allerdings noch nicht endgültig entschieden worden, da das Widerspruchsverfahren (Teil des einheitlichen Verwaltungsverfahrens) noch lief. Diese Entscheidung wurde nun in das Verfahren über die Baugenehmigung überführt. Folglich kann sich der Nachbar im Rahmen einer fristgemäßen Anfechtung der Baugenehmigung auch noch auf jene Rechtsmängel berufen, die aus dem Vorbescheid herrühren.[93] Ihm wird der Einwand der Rechtswidrigkeit des Vorbescheides nicht abgeschnitten. Die Rechtslage ist daher noch vollumfänglich zu prüfen[94].

336 In der Sache bestehen Bedenken, da das Gebäude bis zur Grundstücksgrenze reichen soll, also die dem Grundsatz[95] nach in allen Ländern geforderten Abstandsflächen nicht einhält. Eine Ausnahme kommt allenfalls in Betracht, wenn nach planungsrechtlichen

---

92 In der Klausur wäre noch hilfsweise auf die Verletzung in eigenen Rechten einzugehen, die hier dahingestellt bleiben mag.

93 Die Einwände des B gegen den Vorbescheid sind, da er sie schon im hierauf gerichteten Verfahren vorgebracht hat, erneut nicht präkludiert (vgl. z.B. § 57 Abs. 2 i.V.m. § 55 Abs. 2 LBO BW; wiederum offener § 74 i.V.m § 69 ThürBO).

94 Die Konstellation ist bemerkenswert: Der Nachbar kann rechtliche Einwendungen gegen einen Verwaltungsakt (Baugenehmigung) vorbringen, zu dessen Erlass die Behörde durch den wirksamen Vorbescheid (ungeachtet dessen Rechtmäßigkeit) verpflichtet war. Behördliches Korrektiv ist die Möglichkeit einer ausdrücklichen Aufhebung des Vorbescheides (vgl. auch § 50 LVwVfG).

95 Z.B. § 5 Abs. 1 S. 1 LBO BW; § 6 Abs. 1 S. 1 ThürBO.

Vorschriften an die Grundstücksgrenze gebaut werden muss oder darf[96]. Dabei ist in der hiesigen, vergangenes Behördenhandeln überprüfenden Anfechtungssituation auf den Zeitpunkt der letzten Behördenentscheidung über die Baugenehmigung (nach Planerlass) abzustellen. Zu diesem Zeitpunkt lässt sich eine mögliche Ausnahme, also ein Recht des A, bis an die Grundstücksgrenze zu bauen, auf zwei Wegen herleiten: entweder (1) aus dem fortwirkenden Bauvorbescheid oder (2) aus den inzwischen geltenden Rechtsvorschriften.

(1) Der Baubescheid wirkt fort, soweit der Nachbar keine durchgreifenden Einwendungen gegen ihn vorbringen kann, wenn und weil er bei seinem Erlass rechtmäßig gewesen sein sollte, das heißt soweit eine Ausnahme nach damaligem Recht zulässig war. Er legt sich dann gewissermaßen über das Gesetz und überdauert etwaige nachträgliche Änderungen der anzuwendenden Vorschriften. Der Bauvorbescheid erging zu einem Zeitpunkt, zu dem das Gebiet unbeplant war. Die von der bauordnungsrechtlichen Abstandsnorm einbezogene planungsrechtliche Vorschrift ist damit § 34 Abs. 1 BauGB hinsichtlich der „überbaubaren Grundstücksfläche“ (Abs. 2 gilt nur für die „Art“ der baulichen Nutzung). Das Vorhaben fügt sich jedoch nicht in seine Umgebung ein, da Abstandsflächen ortsüblich sind. Der Vorbescheid war mithin insoweit rechtswidrig, was B noch einwenden kann und deswegen hier zu berücksichtigen ist.

(2) Unabhängig vom Vorbescheid ist aber auch denkbar, dass die zum Zeitpunkt der Entscheidung über die Baugenehmigung geltenden Vorschriften eine Ausnahme gestatten. Anzuwenden ist nun die bauordnungsrechtliche Abstandsnorm in Verbindung mit dem inzwischen geltenden Bebauungsplan. Sofern der Bebauungsplan jedoch zu diesem Punkt schweigt, was mangels Angaben im Sachverhalt unterstellt werden muss, gilt insoweit § 30 Abs. 3 BauGB, der wiederum auf § 34 BauGB verweist und folglich zum gleichen Ergebnis führt.

Die Baugenehmigung wurde mithin unter Verstoß gegen objektives Bauordnungsrecht erteilt. (Hingegen wurde das Bauplanungsrecht hinsichtlich der Art der baulichen Nutzung – wie im Ausgangsfall – gewahrt.)

II. Verletzung in eigenen Rechten: Die bauordnungsrechtlichen Vorschriften zur **337**
Abstandsfläche unterscheiden sich je nach Landesrecht und damit auch der durch sie begründete Nachbarschutz. In der Regel wird man davon ausgehen können, dass sie ganz oder (was vorliegend genügen würde) teilweise drittschützend sind.[97] Auf dieser Grundlage kann sich B, der als Eigentümer des Nachbargrundstückes zum geschützten Personenkreis gehört, auf die Rechtswidrigkeit der Baugenehmigung berufen.

Ergebnis: Die Klage ist zulässig und begründet.

96 Z.B. § 5 Abs. 1 S. 2 LBO BW; § 6 Abs. 1 S. 3 ThürBO.

97 In Baden-Württemberg ist die Mindestabstandsfläche nach § 5 Abs. 7 LBO BW zum 1.3.2010 auf ihren zuvor drittschützenden Teil (S. 3 a.F) zurückgenommen worden, soll dafür aber nun zur Gänze Nachbarschutz vermitteln (LT-Drucksache 14/5013, S. 39).

Teil 2: Entscheidung der Behörde über den Antrag auf Erteilung einer Genehmigung für den Schuhmacherbetrieb (vor Planerlass)

338 **Vorüberlegung:** Die dem A zunächst erteilte Genehmigung hatte den ungewöhnlichen Inhalt, ihm zwar die Errichtung des Baus und die Nutzung des Obergeschosses als Wohnung zu genehmigen, aber die Frage nach der Nutzungsart hinsichtlich des Erdgeschosses einer späteren Entscheidung vorzubehalten. Über die Nutzung der Räume im Erdgeschoss ist also noch nichts entschieden. Man mag insoweit von einer „Nullnutzung" sprechen, nach der die Räume zwar schon errichtet werden dürfen, aber noch ungenutzt bleiben müssen. Es handelt sich um eine zulässige Form der Baugenehmigung. Sie ist vergleichbar der Errichtung eines Gebäudes mit der Nutzungsart „A" bei anschließender Änderung in die Nutzungsart „B". Die Besonderheit liegt allein darin, dass die Nutzungsart „A" bedeutet, die Räume zunächst leer und ungenutzt zu lassen[98].

Dieser Sonderfall einer Baugenehmigung ist abzugrenzen vom Bauvorbescheid, der nur die (teilweise) Rechtmäßigkeit eines Vorhabens feststellt, aber keine Gestaltungswirkung hat, also das Vorhaben nicht zum Bau freigibt. Auch handelt es sich nicht um eine Teilbaugenehmigung, bei der nur Teile der baulichen Anlage errichtet werden, wohingegen das Gebäude hier vollständig fertiggestellt, aber eben noch nicht komplett genutzt wird.

Dies hat Konsequenzen für den hiesigen Antrag. Die beantragte Genehmigung ist eine Nutzungsänderungsgenehmigung als Unterfall der Baugenehmigung. Mit ihr will der Antragsteller die bisherige (genehmigte) „Nullnutzung" auf eine Nutzung für seinen Schuhmacherbetrieb umstellen.

339 **Zum Fall:** Die Behörde wird die Nutzungsänderung wie beantragt genehmigen, falls sie (1) genehmigungspflichtig ist und (2) die Voraussetzungen einer Baugenehmigung vorliegen.

340 **1)** Eine Nutzungsänderung ist nach grundsätzlich gleichen Maßstäben genehmigungspflichtig wie die Errichtung einer baulichen Anlage. Vorliegend fällt sie, weil für die neue Nutzung andere Anforderungen gelten als für die bisherige „Nullnutzung", die nicht ihrerseits ausnahmsweise verfahrensfrei oder nur kenntnisgabepflichtig[99] gestellt sind, unter die allgemeine Regel grundsätzlicher Genehmigungspflicht aller baulichen Anlagen[100].

98 Hierzu VGH Mannheim, NVwZ-RR 2001, S. 576 f. (anders jedoch OVG Lüneburg, DVBl. 2012, S. 371 ff.).

99 Ein Kenntnisgabeverfahren (ähnlich Freistellungsverfahren) kommt regelmäßig nur innerhalb des Geltungsbereichs eines Bebauungsplans in Betracht (vgl. z.B. § 51 Abs. 2 LBO BW; § 61 Abs. 2 ThürBO).

100 Z.B. §§ 49 ff. i.V.m. § 2 Abs. 13 LBO BW, insbesondere § 50 Abs. 2 Nr. 1 LBO BW; §§ 59 ff. ThürBO, insbesondere § 60 Abs. 2 Nr. 1 ThürBO (dabei genügt, dass nunmehr andere, noch ungeprüfte Anforderungen zu beachten sind, die nicht strenger als die bisher maßgeblichen sein müssen).

2) Die Nutzungsänderung muss ferner mit den „von der Baurechtsbehörde zu prüfenden öffentlich-rechtlichen Vorschriften“ zu vereinbaren sein. Hierunter fallen insbesondere das Bauordnungs- und Bauplanungsrecht, nicht aber beispielsweise die Handwerksordnung, die in einem eigenen Verfahren zu prüfen ist. **341**

a) Die bauordnungsrechtliche Frage zulässiger Abstandsflächen ist an dieser Stelle nicht zu erörtern, da sie die hier beantragte Nutzungsänderungsgenehmigung nicht berührt, im Übrigen bereits durch die (sicher nicht nichtige) Baugenehmigung verbindlich entschieden worden ist. **342**

b) Zu prüfen bleibt dagegen die bauplanungsrechtliche Zulässigkeit der Art der Nutzung der Räume im Erdgeschoss für einen kleinen Schuhmacherbetrieb. (Die Wohnungsnutzung im Obergeschoss ist nicht Gegenstand der Nutzungsänderung.) Entscheidend ist das materielle Bauplanungsrecht, das hier ein unbeplantes Gebiet vorfindet, welches seiner Struktur nach einem allgemeinen Wohngebiet entspricht. Maßstab ist daher § 34 Abs. 2 BauGB in Verbindung mit § 4 BauNVO. Nach dessen Abs. 2 zählen nicht störende Handwerksbetriebe (wie hier) zur Regelbebauung. A muss folglich einen grundsätzlichen Anspruch auf eine Baugenehmigung in Gestalt einer Nutzungsänderungsgenehmigung haben. **343**

Hiergegen lässt sich jedoch der Einwand erheben, genau diese Nutzung sei zuvor bestandskräftig untersagt worden. Damit ist die Frage nach dem Verhältnis der Nutzungsuntersagung zur Baugenehmigung aufgeworfen. Die Antwort hat zu beachten, dass die Baugenehmigung hier eine Nutzungserlaubnis ist. Nutzungsuntersagung und -erlaubnis verneinen sich also wechselseitig. Der eine Verwaltungsakt verbietet exakt das, was der andere erlauben soll. Deshalb ist das genaue Gegenteil der angestrebten Baugenehmigung schon bestandskräftig entschieden worden. Hierdurch wurde dem A der an sich sachlich zutreffende (siehe soeben) Einwand abgeschnitten, seine Nutzung sei materiell-rechtlich zulässig. (Die äußerste Grenze der Nichtigkeit der Nutzungsuntersagung greift nicht ein.) Nach allgemeinen Grundsätzen müsste daher zunächst das Verbot aufgehoben werden, bevor ein Anspruch auf eine Genehmigung bestehen kann! **344**

Allerdings könnte Art. 14 GG eine Ausnahme von diesen allgemeinen Grundsätzen fordern. Da das gesamte Baurecht Inhalts- und Schrankenbestimmungen im Sinne von Art. 14 Abs. 1 S. 2 GG normiert, ist der Gesetzgeber verpflichtet, es als verhältnismäßigen Ausgleich zwischen Privatnützigkeit und Sozialpflichtigkeit auszugestalten. Deshalb ist das baurechtliche Genehmigungsverfahren an seiner bloßen Kontrollfunktion auszurichten, aber auch auf diese zu beschränken. Rechtlicher Ausdruck dessen ist die gesetzliche Ausgestaltung der Baugenehmigung als präventives Verbot mit Erlaubnisvorbehalt. Sie lässt sich umschreiben mit dem Bild der Schranke an einem Bahnübergang, welche nicht den Verkehr behindern, sondern ihn schützen soll und immer dann hochgezogen wird, wenn die Kontrolle vor der Schranke zu keinen Einwänden geführt hat.

In diesem Lichte hat das BVerwG[101] für eine vergleichbare Konstellation entschieden, dass eine bestandskräftig abgelehnte Baugenehmigung einem erneuten Bauantrag nicht im Wege steht. Zur Begründung kann auf die Funktion der baurechtlichen Verfahrensvorschriften als verhältnismäßiger Ausgleich von Privatnützigkeit (Baufreiheit) und Sozialpflichtigkeit (Rechtssicherheit) verwiesen werden. Sie würde überdehnt, falls eine bauliche Nutzung bereits aufgrund bloßer Bestandskraft einer früheren Verfügung endgültig ausgeschlossen würde. Vielmehr könne, so das BVerwG, erst eine gerichtliche Prüfung die begehrte Nutzung endgültig ausschließen. Um im obigen Bild zu bleiben: Der Schrankenwärter muss ein Richter, nicht eine Baurechtsbehörde sein.

Hieran anknüpfend lässt sich das Verfahrensrecht im Baurecht – und nur dort! – verfassungskonform (Art. 14 GG) so auslegen, dass generell erst die Rechtskraft einer gerichtlichen Entscheidung, nicht aber bereits die Bestandskraft einer behördlichen Verfügung den Vortrag, eine Nutzung sei materiell rechtmäßig, endgültig ausschließen kann. Entsprechendes muss dann auch für eine Nutzungsuntersagung gelten, soweit sie – wie im hiesigen Fall – wegen einer materiellen Baurechtswidrigkeit ausgesprochen worden ist. Abweichend von den allgemeinen Regeln der Bestandskraft steht deshalb die frühere behördliche Entscheidung dem Bauantrag nicht entgegen. Sie erledigt sich vielmehr mit Erteilung der Baugenehmigung von selbst.

Ein ähnliches Ergebnis, wenn auch aus anderem Grund, tritt ein, wenn eine vorherige Nutzungsuntersagung auf eine nur formelle Illegalität (Fehlen einer erforderlichen Genehmigung)[102] gestützt worden ist. Eine solche Nutzungsuntersagung wird lediglich als Mittel gesehen, den Bauherren auf das Genehmigungsverfahren zu verweisen. Sie beansprucht daher ohnehin nur Geltung, bis die materielle Rechtslage im vorgeschriebenen Verfahren geprüft worden ist.[103] Stellt der Bauherr nun einen Bauantrag, erfüllt er den Zweck der Nutzungsuntersagung, die seinem Anliegen folglich nicht mehr entgegensteht.

Ergebnis: Die Behörde muss dem A die gewünschte Genehmigung erteilen.

Variante: Rechtslage nach Erlass des Bebauungsplans

345 Maßgeblicher Zeitpunkt zur Beurteilung der Sach- und Rechtslage ist in der hier gegebenen Verpflichtungssituation (Antrag auf Baugenehmigung[104]) der Zeitpunkt der angestrebten Entscheidung (im Gerichtsverfahren der letzten mündlichen Verhandlung)[105]. Dieser allgemeine Grundsatz gilt auch im Baurecht. Folglich ist die Nutzung des Erd-

---

101 BVerwGE 48, 271 (275 ff.) (wichtig!); **a.A.** VGH München, BayVBl. 2016, S. 383 f. (Fall eines Bauantrags nach vorheriger Abrissverfügung).

102 Vgl. oben eingangs zu Fall 9, Ausgangsfall.

103 VGH Mannheim, VBlBW 2021, S. 326 (330).

104 Die nachfolgend maßgeblichen Vorschriften der §§ 29 ff. BauGB wären auch in einem vereinfachten Baugenehmigungsverfahren (z.B. § 52 LBO BW; § 62 ThürBO) zu prüfen. Von der Option eines Kenntnisgabe- oder Freistellungsverfahrens (z.B. § 51 LBO BW; § 61 ThürBO) wurde jedenfalls nicht Gebrauch gemacht.

105 Siehe soeben Teil 1, Ausgangsfall.

geschosses für Zwecke des Schuhmacherbetriebes auf ihre Vereinbarkeit mit dem Bebauungsplan zu prüfen. § 30 Abs. 1 BauGB in Verbindung mit § 3 Abs. 2 BauNVO (Regelbebauung) greift vorliegend nicht ein. Möglich wäre jedoch eine Ausnahme gemäß § 31 Abs. 1 BauGB in Verbindung mit § 3 Abs. 3 BauNVO. Allerdings steht eine solche Ausnahme im Ermessen der Baurechtsbehörde, die somit mangels Ermessensreduzierung befugt wäre, die Genehmigung der Ausnahmebebauung zu versagen. Ein anderes könnte allenfalls aus einer Besonderheit des Baurechts folgen, nach der die heutige Rechtslage – zugunsten des Eigentümers – durch früheres Recht beeinflusst sein kann.

■ **Allgemein:** Materiell baurechtmäßig[106] sind nicht nur bauliche Anlagen, die den aktuell 346
geltenden Vorschriften entsprechen. Aus Gründen der Verhältnismäßigkeit können grundsätzlich auch solche (nicht bereits genehmigte) Anlagen als rechtmäßig angesehen werden, die in der Vergangenheit den baurechtlichen Anforderungen genügten und deswegen heute **Bestandsschutz** genießen. Anders gesagt: Ein Gebäude, das rechtmäßig errichtet wurde oder zu irgendeinem späteren Zeitpunkt seines Bestehens (für einen nicht ganz unerheblichen Zeitraum) baurechtlich zulässig war, bleibt rechtmäßig, selbst wenn sich nachträglich das Recht ändert[107]. Deshalb sind nachträgliche Rechtsänderungen bei bereits errichteten baulichen Anlagen regelmäßig nur zu berücksichtigen, wenn sie bislang rechtswidrige Vorhaben rechtmäßig machen, nicht aber umgekehrt[108].

Die genaue Reichweite dieses Grundsatzes bedarf indes differenzierter Betrachtung. Zu unterscheiden ist insofern zwischen der Errichtung und der anschließenden Nutzung baulicher Anlagen, ferner zwischen einem nur „passiven" oder auch „aktiven" Bestandsschutz.

Ausdruck eines Bestandsschutzes **bereits errichteter Gebäude** ist die übliche Formulierung der meisten bauordnungsrechtlichen Ermächtigungsgrundlagen zum Erlass einer Abbruchsanordnung.[109] Voraussetzung eines Abrisses ist hiernach zumeist erstens eine „Anlage, die im Widerspruch zu öffentlich-rechtlichen Vorschriften errichtet *wurde*", die also *ursprünglich* (im Zeitpunkt der Errichtung) rechtswidrig gewesen sein muss. Eine Abrissverfügung darf zweitens nur ergehen, „... wenn nicht auf andere Weise rechtmäßige Zustände hergestellt *werden* können", sofern die Anlage mithin auch *derzeit* rechtswidrig ist, da ansonsten eine Legalisierung durch eine nachgeholte Baugenehmigung möglich wäre. Dies ist so zu interpretieren, dass die Anlage *durchgängig*, das heißt von Anfang an

106 Die nachfolgenden Ausführungen gelten jedenfalls für das bodenbezogene Bauplanungsrecht, sind aber nicht ohne Weiteres auf sonstige „von der Baurechtsbehörde zu prüfende öffentlich-rechtliche Vorschriften" übertragbar. Insbesondere das seiner Natur nach dynamische („Stand der Technik") Immissionsschutzrecht sowie andere anlagenbezogene Materien des Fachrechts kennen keinen vergleichbaren Schutz gegen nachträgliche Rechtsänderungen; BVerwG, NVwZ 2009, S. 1441 ff.; als mit Art. 14 GG vereinbar bestätigt durch BVerfG, NVwZ 2010, S. 771 ff. (Verschärfung anlagenbezogener Vorschriften des Tierschutzes bei der Massentierhaltung auch für Altanlagen).

107 Dies ist keine Frage des maßgeblichen Zeitpunktes zur Beurteilung der Sach- und Rechtslage, sondern der Inhalte des aktuell geltenden Rechts.

108 Vgl. auch BVerwG, NVwZ 1998, S. 1179, zur nachträglichen Berücksichtigung günstiger Rechtsänderungen bei Baugenehmigungen.

109 Z.B. § 65 Abs. 1 S. 1 LBO BW. – § 79 Abs. 1 S. 1 ThürBO ist dagegen nur im Präsens formuliert („werden" statt „wurde"), ohne dass dies Anlass einer abweichenden Interpretation sein muss.

bis zum Zeitpunkt der Entscheidung über ein bauordnungsrechtliches Einschreiten rechtswidrig sein muss. Umgekehrt gilt: War die Anlage zu irgendeinem Zeitpunkt (für einen nicht unerheblichen Zeitraum) materiell rechtmäßig, darf keine Abrissverfügung ergehen.[110]

Ein weiteres Argument für eine solche Gesetzesauslegung liefert die besondere Funktion des baurechtlichen Genehmigungsverfahrens. Weil sämtliche Baurechtsnormen Inhalts- und Schrankenbestimmungen im Sinne von Art. 14 Abs. 1 S. 2 GG sind und weil bei Beachtung dieser Vorschriften alle rechtserheblichen Gemeinwohlerwägungen (Art. 14 Abs. 2 GG) berücksichtigt sind, sich folglich die Baufreiheit als Ausprägung der Privatnützigkeit (Art. 14 Abs. 1 S. 1 GG) durchsetzen muss, ist das baurechtliche Verfahren als bloßes Kontrollverfahren auszugestalten, dessen Einhaltung keine eigenständige Bedeutung hat, dessen Funktion sich vielmehr restlos erschöpft hat, sobald die Beachtung des materiellen Rechts festgestellt worden ist. Lässt sich mithin in einem baurechtlichen Verfahren – sei es ein Genehmigungsverfahren oder ein (grundsätzlich spiegelbildliches) Verfahren zur Entscheidung über ein bauordnungsrechtliches Einschreiten – feststellen, dass das Vorhaben zu irgendeinem Zeitpunkt materiell rechtmäßig, das heißt genehmigungsfähig war, ist die Kontrollfunktion erfüllt, so dass sowohl eine Versagung einer Genehmigung als auch eine Abrissverfügung generell unverhältnismäßig wären.[111]

Ob sich diese Argumentation auch auf anfänglich oder zwischenzeitlich rechtmäßige **Nutzungen** übertragen lässt, ist umstritten. Einerseits spräche hierfür der gleichermaßen generell auf eine bloße Kontrollfunktion beschränkte Charakter von Nutzungsgenehmigung und -untersagung. Andererseits sind die einschlägigen Ermächtigungsgrundlagen zum Erlass einer Nutzungsuntersagung[112] üblicherweise ausschließlich im Präsenz formuliert („*Werden* Anlagen im Widerspruch zu öffentlich-rechtlichen Vorschriften genutzt"), was auf eine alleinige Maßgeblichkeit der aktuellen Rechtslage schließen lässt. Die frühere Rechtmäßigkeit einer Nutzung soll deshalb nach wohl h.M. nur in Gestalt einer bereits erteilten Genehmigung fortwirken können, deren Wirksamkeit spätere Rechtsänderungen nach allgemeinen Grundsätzen überdauert.[113]

Dieses partielle Fortwirken einer älteren Rechtslage wird auch als „passiver" Bestandsschutz bezeichnet. Er wurde früher unmittelbar aus Art. 14 GG hergeleitet.[114] Wegen der Normprägung von Art. 14 GG („Inhalt und Schranken") ist jedoch stets auf das einfache Gesetz, nicht unmittelbar auf das Grundrecht zurückzugreifen. Ausschlaggebend ist damit die jeweils gewählte Auslegung der einschlägigen Verfahrensnormen (siehe oben).

Hingegen wurde ein anderer, älterer Bedeutungsgehalt von „Bestandsschutz" aufgegeben. Vormals wurde ein Anspruch auf Zulassung eines mit der bisherigen Nutzung eng zusammenhängenden Vorhabens (über die bloße Erhaltung hinaus) direkt aus der eigen-

---

110 In diesem Sinne VGH Mannheim, VBLBW 2016, S. 115, Rdnr. 17: Eine Abrissverfügung setzt voraus, dass die Anlage nicht durch eine Baugenehmigung gedeckt ist und sie seit ihrem Beginn fortdauernd gegen materielles Baurecht verstößt.

111 Beispielsfall: Ein früherer Bebauungsplan erlaubte nur Gebäude mit drei Stockwerken. Dann wurde ein fünfstöckiges Haus ohne Baugenehmigung errichtet. Anschließend erging ein neuer Bebauungsplan, der fünf Stockwerke gestattete, der aber später dahingehend geändert wurde, dass nur noch vier Stockwerke zulässig sind. Das Vorhaben war anfänglich materiell baurechtswidrig, wurde dann aber rechtmäßig, was die Planänderung überdauert. Für nun durchzuführende baurechtliche Verfahren bedeutet dies, dass eine Baugenehmigung zu erteilen wäre, dass umgekehrt eine Abrissverfügung unzulässig wäre. Die verschiedenen Verfahrensarten zeigen sich als strukturell verwandte Instrumente bloßer Rechtskontrolle.

112 Z.B. § 65 Abs. 1 S. 2 LBO BW; § 79 Abs. 1 S. 2 ThürBO.

113 VGH Mannheim, VBlBW 2021, S. 326 (332, vgl. auch ebenda S. 330).

114 So auch noch BVerfG, NVwZ 2001, S. 424.

tumsrechtlichen Figur des („aktiven") Bestandsschutzes gefolgert. Inzwischen ist geklärt, dass ein solcher Anspruch nur bestehen kann, soweit das den Eigentumsinhalt definierende Gesetz es vorsieht[115]. Im Übrigen kommt allenfalls ein verfassungswidriges Gesetz in Betracht (mit der prozessualen Konsequenz einer Vorlage nach Art. 100 Abs. 1 GG). ■

Zum Fall: A hat die Nutzung vor Erlass des für ihn nachteiligen Bebauungsplans aufgenommen (und seither nicht aufgegeben). Damals war sie rechtmäßig, da das Gebiet noch den Charakter eines allgemeinen Wohngebietes hatte[116]. Folglich kommt es auf die Reichweite des „passiven" Bestandsschutzes bei Nutzungen an. Die wohl h.M. beschränkt diesen jedoch auf förmlich genehmigte Nutzungen. Die frühere Rechtmäßigkeit der Nutzung wirkt damit nicht mehr nach.[117] **347**

Ergebnis: Die Behörde muss die Genehmigung nicht erteilen.

Wiederholungs- und Vertiefungsfragen zu Fall 10

1. Welche Erlaubnis- und Verbotsarten kennen Sie?
2. Welchem Zweck dient das Baugenehmigungsverfahren? Warum besteht ein Anspruch auf die Baugenehmigung?
3. Was ist ein Bauvorbescheid (§ 57 LBO BW)? Wie lässt er sich von einer Teilbaugenehmigung (§ 61 LBO BW) abgrenzen?
4. Welche Rechtswirkungen erzeugt ein Bauvorbescheid? In welchem Verhältnis steht er zur späteren Baugenehmigung?
5. Welches ist der maßgebliche Zeitpunkt zur Beurteilung der Rechtmäßigkeit einer behördlichen Maßnahme? Kennen Sie eine baurechtliche Besonderheit?
6. Welche Funktion hat das gemeindliche Einvernehmen (§ 36 BauGB)? Was prüft die Gemeinde vor seiner Erteilung? Wann ist es entbehrlich?
7. Was geschieht, wenn die Gemeinde ihr Einvernehmen rechtswidrig verweigert? Kann sie sich umgekehrt wehren, wenn eine Baugenehmigung ohne ihr Einvernehmen ergeht?
8. In welchem Verhältnis stehen Baugenehmigung und Nutzungsuntersagung zueinander?
9. Darf einem baurechtlich an sich zulässigen Vorhaben die Bestandskraft einer versagenden Behördenentscheidung entgegnet werden?

---

115 BVerwGE 106, 228 (233 ff.). Die ältere Rechtsprechung wurde insoweit aufgegeben. Der Schutz der bloßen Bestandserhaltung sollte damit aber wohl nicht angezweifelt werden.

116 Siehe soeben Teil 2, Ausgangsfall.

117 Hingegen scheint es auch vertretbar, auf die bloße Kontrollfunktion des baurechtlichen Verfahrens abzustellen. Da jetzt festgestellt wird, dass das Vorhaben ursprünglich genehmigungsfähig war, könnte es nun so gestellt werden, als wäre es seinerzeit genehmigt worden.

348 **Fall 11:** Landwirt L ist Eigentümer und Betreiber eines Öko-Bauernhofs weitab jeglicher sonstiger Bebauung. Um den für seinen Hof benötigten Strom künftig selbst erzeugen zu können, beantragt er die Baugenehmigung für eine kleinere, aber baurechtlich genehmigungspflichtige Windkraftanlage, die auf seinem Hof in großem Abstand zu allen Nachbargrundstücken errichtet werden soll. Das Vorhaben wahrt die immissionsschutzrechtlichen Grenzwerte und ist nicht raumbedeutsam.

Die zuständige Baurechtsbehörde ist der Ansicht, solche Anlagen störten generell das Landschaftsbild und sollten deswegen grundsätzlich unterbunden werden. Allerdings könne man eine Ausnahme machen, falls sich L bereit erkläre, eine gewisse Abstandssumme zu zahlen, mit deren Hilfe man zum Ausgleich anderenorts Maßnahmen zur Verschönerung der Landschaft ergreifen wolle. Der rechtsunkundige L willigt ein und schließt mit der Behörde einen schriftlichen Vertrag, in dem ihm im Einvernehmen mit der Gemeinde, aber gegen Zahlung der Abstandssumme die gewünschte Baugenehmigung erteilt wird. L zahlt wie vereinbart.

Einige Zeit später kommen dem L Bedenken. Er fragt nun, ob er die Rückzahlung des Geldes verlangen kann. (Naturschutzrecht ist nicht zu prüfen.)

Lösung zu Fall 11: Rückzahlung der „Abstandssumme“

349 ■ Als Anspruchsgrundlage kommt ein **öffentlich-rechtlicher Erstattungsanspruch** in Betracht. Bei diesem handelt es sich um ein eigenständiges Rechtsinstitut des öffentlichen Rechts, das zugleich Ausdruck des allgemeinen Rechtsgedankens der Ausgleichspflichtigkeit rechtsgrundlos erfolgter Vermögensverschiebungen ist, welcher im öffentlichen Recht seine besondere Prägung durch den Grundsatz der Gesetzmäßigkeit der Verwaltung erfährt. Dieses Rechtsinstitut ist ungeachtet gewisser Ähnlichkeiten nicht im Wege der Analogie zu §§ 812 ff. BGB zu begründen, da ansonsten die ebenfalls bestehenden Unterschiede übergangen würden. Der wichtigste Unterschied liegt darin, dass statt der Vorschriften über den Wegfall der Bereicherung der Grundsatz des Vertrauensschutzes gilt, der parallel zu § 48 Abs. 2 (L)VwVfG zu handhaben ist[118]. Tatbestandlich setzt der öffentlich-rechtliche Erstattungsanspruch (insofern wie § 812 Abs. 1 BGB) eine (1) Vermögensverschiebung im (2) Rahmen des öffentlichen Rechts, aber (3) ohne Rechtsgrund voraus. Als Rechtsgrund kommen in der Regel ein Verwaltungsakt[119] oder ein Verwal-

118 Siehe oben Fall 2, Ausgangsfall. Das Spezialproblem der Gewährung europarechtswidriger Subventionen auf der Grundlage eines Verwaltungsvertrages (statt durch Bewilligungsbescheid) ist gleichermaßen zu lösen.

119 Beachte: Ist eine Leistung *unmittelbar* auf der Grundlage eines Verwaltungsaktes gewährt worden (anders bei anschließender Ausgestaltung durch Vertrag), geht § 49a (L)VwVfG als Rechtsgrundlage dem öffentlich-rechtlichen Erstattungsanspruch vor; vgl. BVerwG, NJW 2006, S. 536 ff.

tungsvertrag[120] in Betracht. Dabei ist zu betonen, dass diese erst im Falle ihrer Unwirksamkeit, nicht aber bei bloßer Rechtswidrigkeit als Rechtsgrund entfallen. Maßgeblich ist mithin die öffentlich-rechtliche Fehlerfolgenlehre, nach der beispielsweise Verwaltungsakte bis zur Grenze von § 44 (L)VwVfG wirksam sind. ■

Die **(1) Vermögensverschiebung** (Geldzahlung) war **(2) öffentlich-rechtlicher Natur**, falls L auf einen öffentlich-rechtlichen Vertrag geleistet hat. Ausschlaggebend für die Rechtsnatur eines Vertrages ist ihr Gegenstand. Mehrere im Zusammenhang stehende Vertragsinhalte sind dabei nicht in verschiedene Rechtspflichten aufzuspalten, vielmehr gegebenenfalls im Rahmen einer Gesamtwürdigung nach ihrem Schwerpunkt zu beurteilen. Im Zweifel ist ein öffentlich-rechtlicher Charakter des Vertrages anzunehmen, da der Grundsatz der Gesetzmäßigkeit der Verwaltung Beachtung fordert. Ein Vertrag ist hiernach öffentlich-rechtlich, wenn er mindestens eine öffentlich-rechtliche Verpflichtung begründet oder er sich auf eine solche bezieht. Die vorliegend vereinbarte Zahlungspflicht ist an sich neutral. Jedoch verleiht die als „Gegenleistung" einbezogene Erteilung der Baugenehmigung dem Vertrag einen insgesamt öffentlich-rechtlichen Charakter. Es handelt sich um einen Verwaltungsvertrag im Sinne von § 54 S. 1 LVwVfG. Die Leistung solvendi causa war **(3) rechtsgrundlos**, falls der Vertrag als causa der Leistung unwirksam gewesen sein sollte. 350

■ Die Prüfung eines öffentlich-rechtlichen Vertrages hat neben der Feststellung, dass überhaupt ein solcher Vertrag geschlossen wurde, vor allem zu fragen, ob dieser an einem zur Nichtigkeit führenden Rechtsmangel leidet. Hintergrund dessen ist das Gebot der *Gesetzmäßigkeit der Verwaltung*, das im Fall des öffentlich-rechtlichen Vertrages eine gewisse Modifikation erfährt, da die Rechtswidrigkeit des Vertrages nur bedingt zu seiner Unwirksamkeit führt, im Übrigen aber – insofern anders als beim Verwaltungsakt – keine einseitige Aufhebbarkeit zur Folge hat. Die hierin enthaltene faktische Lockerung der Gesetzesbindung lässt sich durch die Mitwirkung des Bürgers rechtfertigen („volenti non fit iniuria"), findet aber auch Grenzen, weil sich der Bürger nicht selten in einer schwächeren Verhandlungsposition befindet, weil das Gesetzmäßigkeitsprinzip zudem nicht nur im Interesse einzelner, sondern auch der Allgemeinheit besteht. Deshalb liegt das Hauptproblem der Prüfung öffentlich-rechtlicher Verträge zumeist in der Suche nach der Fehlerfolge (nichtig oder wirksam), normativ verankert in § 59 (L)VwVfG. 351

Der Prüfungsaufbau kann dieser Besonderheit auf zweierlei Art (jeweils im Anschluss an die Feststellung eines Vertragsschlusses) Rechnung tragen. (1) Entweder die Rechtmäßigkeit des gesamten Vertrages wird vollständig durchgeprüft, wobei jeder festgestellte Rechtsfehler sogleich auf seine Fehlerfolge befragt werden sollte. Im Ergebnis eindeutig unbeachtliche Gesetzesverstöße sollten dabei in der Klausur eher knapp abgehandelt werden. Gegebenenfalls mag die Rechtmäßigkeit sogar dahingestellt bleiben, da der Fehler „jedenfalls unbeachtlich" wäre. (2) Oder der Bearbeiter prüft die Fehlerfolgennorm des § 59 (L)VwVfG (Spezialfälle des Abs. 2 Nr. 1–4 vor der lex generalis nach Abs. 1) und fragt dabei jeweils inzident, ob ein Rechtsfehler vorliegt. Nachfolgend wird aus primär didakti-

120 Beachte: Bei der Rückabwicklung vertraglich bewilligter Leistungen der Verwaltung an den Bürger prägen die Vergabemodalitäten auch den actus contrarius der Rückforderung: Der öffentlich-rechtliche Erstattungsanspruch kommt insofern zwar als Rechtsgrundlage in Betracht. Jedoch ist er nicht mit der Handlungsform des Verwaltungsaktes, sondern im Wege der Leistungsklage geltend zu machen (keine Verwaltungsaktsbefugnis).

schen Gründen die erste Variante gewählt, um so einen Überblick über mögliche Fehler zu vermitteln. Systematisch betrachtet sollte ohnehin die Gesetzmäßigkeit, nicht die Fehlerfolge im Vordergrund stehen. ■

352 **Zum Fall:** Der öffentlich-rechtliche Vertrag müsste, um Rechtsgrundlage der Vermögensverschiebung sein zu können, wirksam sein. Dies setzt voraus, dass er wirksam abgeschlossen wurde und nicht an einem zur Nichtigkeit führenden Rechtsmangel leidet[121].

353 **a)** Der Vertrag wurde in entsprechender Anwendung der Vorschriften des BGB, auf die § 62 S. 2 LVwVfG ergänzend verweist, grundsätzlich wirksam geschlossen (Angebot und Annahme, Rechtsbindungswille).

354 **b)** Die Frage, ob der Vertrag an einem zur Nichtigkeit führenden Rechtsmangel leidet, kann in drei Schritten geprüft werden. Vorab kann gefragt werden, ob die Handlungsform „Verwaltungsvertrag" überhaupt gewählt werden darf (aa)[122]. Hiernach können die formelle (bb) und materielle (cc) Rechtmäßigkeit des Vertrages betrachtet werden.

355 **aa)** Die Handlungsform „Verwaltungsvertrag" ist gemäß § 54 S. 1 LVwVfG zulässig, „soweit Rechtsvorschriften nicht entgegenstehen"[123]. Vorliegend besteht kein solches ausdrückliches oder konkludentes Handlungsformverbot. § 54 S. 2 LVwVfG sieht den Vertragsschluss vielmehr generell als Alternative zum Verwaltungsakt vor, ebenso wie § 9 LVwVfG zu erkennen gibt, dass beide Handlungsformen grundsätzlich gleichwertig sind. Eine abweichende lex specialis des Baurechts ist nicht ersichtlich, so dass eine Genehmigung unmittelbar im Vertrag grundsätzlich möglich ist.

356 **bb)** Im Rahmen der formellen Rechtmäßigkeit (im Übrigen) ist zunächst die (laut Sachverhalt gewahrte) Zuständigkeit der Baurechtsbehörde festzustellen. Ein wichtiges Verfahrenserfordernis setzt § 58 LVwVfG. Nach Abs. 1 der Vorschrift müssen Dritte dem Vertrag zustimmen, falls dieser in ihre Rechte eingreift[124]. Bis zur Erteilung der Zustimmung bleibt ein solcher Vertrag schwebend unwirksam. Grund für diese weitreichende Regelung ist die besondere Festigkeit geschlossener Verwaltungsverträge, aufgrund derer die Rechte des Nachbarn ansonsten übergangen zu werden drohten. So sind

121 Anzuwenden sind (allgemein) vorrangig die §§ 54 ff. (L)VwVfG, sodann das übrige (L)VwVfG (§ 62 S. 1 (L)VwVfG) und schließlich ergänzend das entsprechend zu handhabende BGB (§ 62 S. 2 (L)VwVfG).

122 Dieser Punkt ist an sich Bestandteil der formellen Rechtmäßigkeit („Form"), aber gleichwohl so bedeutsam, dass er zum eigenständigen Prüfungspunkt aufgewertet und vorgezogen werden kann.

123 Beispielsweise darf ein Bebauungsplan nicht durch Vertrag begründet werden. Der Erlass als solcher muss gemäß § 10 Abs. 1 BauGB die Rechtsform der Satzung wahren. Auch eine vertragliche Verpflichtung einer Gemeinde, einen Bebauungsplan zu erlassen, ist nach § 1 Abs. 3 S. 2 2. HS BauGB unzulässig (vgl. aber § 11 BauGB). Als Fehlerfolge tritt gemäß § 59 Abs. 1 LVwVfG i.V.m. § 134 BGB die Nichtigkeit des Vertrages ein.

124 Typischer Beispielsfall ist die Baugenehmigung im Vertrag („Verfügungsvertrag"). Vertrag und Genehmigung werden, sofern sie in ein subjektives öffentliches Recht eines Nachbarn eingreifen, erst wirksam, wenn dieser zustimmt. Damit drehen sich die Verhältnisse (einschließlich der Initiative zur Ergreifung von Rechtsbehelfen) im Vergleich zur Bestandskraft des Verwaltungsaktes um. Deshalb ist die Handlungsform „Verwaltungsvertrag" für Baugenehmigungen zwar zulässig, für den Bauherrn aber in der Regel unzweckmäßig, vor allem wenn Bestehen und Reichweite subjektiver Rechte Dritter nicht eindeutig sind.

zahlreiche Rechtsfehler (unabhängig von subjektiven Rechten Dritter) materiell unbeachtlich. Auch bestehen nur schwache verfahrensrechtliche Korrekturmöglichkeiten, da der Vertrag anders als ein Verwaltungsakt weder einseitig durch die Behörde nach §§ 48, 49 LVwVfG aufgehoben noch im Wege von Widerspruch und Anfechtungsklage beseitigt werden kann. (Der Nachbar kann höchstens Klage auf Feststellung der Unwirksamkeit eines in seine Rechte eingreifenden, dennoch bereits vollzogenen Vertrages erheben.) Im vorliegenden Fall liegt das Vorhaben weitab sonstiger Grundstücke, so dass kein Nachbar betroffen ist. Gemäß § 58 Abs. 2 LVwVfG kann ferner die Zustimmung einer anderen Behörde erforderlich sein. Hier wurde das gemeindliche Einvernehmen (§ 36 BauGB) eingeholt. Schließlich wurde die nach § 57 LVwVfG zu beachtende Schriftform gewahrt[125].

cc) Der Vertrag muss ferner materiell mit der Rechtsordnung vereinbar sein (vgl. § 54 S. 1 LVwVfG). Außerhalb der §§ 54 ff. LVwVfG ist hier vor allem an die Vereinbarkeit des genehmigungspflichtigen[126] Vorhabens mit „von der Baurechtsbehörde zu prüfenden öffentlich-rechtlichen Vorschriften" zu denken, namentlich an die Zulässigkeit von Vorhaben im Außenbereich (§ 35 BauGB). **357**

■ **§ 35 BauGB** bezweckt, den Außenbereich grundsätzlich unbebaut zu halten. Allerdings können oder sollen manche im bewohnten Innenbereich unerwünschte Vorhaben nicht gänzlich verhindert werden. Sie sind deswegen in den Außenbereich zu verlagern, dort aber „privilegiert" zulässig nach Abs. 1. Demgemäß sind die in Nr. 1-7 abschließend benannten Vorhaben (mit eng zu interpretierendem Auffangtatbestand der Nr. 4) rechtmäßig, wenn öffentliche Belange nicht „entgegenstehen", das heißt wenn die öffentlichen Belange bei einer Abwägung mit der Privilegierung nicht überwiegen. Es gilt dann die Rechtsfolge einer gebundenen Entscheidung. Somit verhindert nicht jede kleinere Beeinträchtigung eines öffentlichen Belangs das Vorhaben. **358**

Alle übrigen Fälle baulicher Vorhaben im Außenbereich richten sich nach § 35 Abs. 2 BauGB, der die Regel grundsätzlicher Unzulässigkeit bestätigt. Sie sind folglich nur rechtmäßig, wenn kein öffentlicher Belang „beeinträchtigt" wird, wozu grundsätzlich jede nachteilige Auswirkung auf einen öffentlichen Belang genügt. Es werden mithin nur völlig unschädliche Vorhaben zugelassen. Als Rechtsfolge scheint Abs. 2 ein Ermessen anzuordnen („können"). Da die Norm jedoch bereits tatbestandlich voraussetzt, dass keine öffentlichen Belange (einschließlich aller berücksichtigungspflichtigen Nachbarinteressen) nachteilig berührt werden, bleiben keine Gesichtspunkte übrig, die dem Vorhaben bei der Ermessensausübung entgegnet werden könnten. Einzig verbliebenes Ermessenskriterium ist der aus Art. 14 GG folgende Grundsatz der Baufreiheit. Deshalb wäre jede andere Entscheidung als eine Genehmigung ermessensfehlerhaft (Verstoß gegen Art. 14 GG), so dass eine generelle Ermessensreduzierung auf Null eintritt.

125 Etwaige Fehlerfolge wäre gemäß § 59 Abs. 1 LVwVfG in Verbindung mit § 125 BGB die Nichtigkeit des Vertrages.

126 Z.B. sind Windkraftanlagen in Baden-Württemberg baurechtlich genehmigungspflichtig ab einer Höhe von 10 Metern; vgl. den Anhang zur LBO BW. Ein (dann vorrangiges) immissionsschutzrechtliches Genehmigungsverfahren ist erst bei größeren Anlagen durchzuführen; § 1 4. BImSchV i.V.m. Nr. 1.6 des Anhangs (Gesamthöhe von mehr als 50 m).

Abs. 1 und 2 von § 35 BauGB knüpfen gleichermaßen an den Begriff der „öffentlichen Belange“ an. Dieser wird durch die nicht abschließende Aufzählung in Abs. 3 konkretisiert. Gegenläufig ist für einzelne Belange Abs. 4 zu beachten, der vor allem den vorhandenen Bestand und seine sinnvolle Nutzung schützt. ■

359 Die Windkraftanlage unterfällt der Privilegierung nach § 35 Abs. 1 Nr. 1 BauGB, da sie einem landwirtschaftlichen Betrieb (i.S.v. § 201 BauGB) dient, das heißt in einem Funktionszusammenhang zu ihm steht. Selbst wenn sie über das für einen landwirtschaftlichen Betrieb erforderliche Maß hinausgehen sollte (weil Strom in das öffentliche Netz eingespeist werden soll), griffe Abs. 1 Nr. 5, nach dem insbesondere Windkraftanlagen erwünscht sind.

Als möglicherweise entgegenstehender „öffentlicher Belang“ kommt hier Abs. 3 S. 1 Nr. 5 („Landschaftspflege“, „natürliche Eigenart der Landschaft“) in Betracht, der jedenfalls nachteilig berührt sein könnte. Indes muss die Beeinträchtigung nach Art und Maß derart erheblich sein, dass die entgegenstehenden Belange überwiegen. Erforderlich ist also eine Abwägung zwischen der Privilegierung und dem Landschaftsschutz. Hierbei ist, weil der Gesetzgeber Windkraftanlagen gerade ermöglichen und fördern wollte, der Einwand der Behörde unzutreffend, diese seien generell mit öffentlichen Belangen und insbesondere mit dem Landschaftsschutz unvereinbar. Jedoch können besondere Umstände des Einzelfalls eine andere Beurteilung erfordern. Vorliegend handelt es sich um eine eher kleinere Windkraftanlage, die sicherlich nicht störender ist als andere Anlagen dieser Art. Auch ist nicht ersichtlich, dass hier gesteigerte Anforderungen des Landschaftsschutzes zu beachten wären.

Sonstige Bedenken bestehen nicht. Die Windkraftanlage erzeugt keine schädlichen Umwelteinwirkungen (§ 35 Abs. 3 S. 1 Nr. 3 BauGB) und ist auch nicht raumbedeutsam (§ 35 Abs. 3 S. 2 BauGB). Beachtliche Nachbarinteressen scheiden wegen des großen Abstandes zu anderen Grundstücken aus.

Das Vorhaben ist mithin bauplanungsrechtlich zulässig[127]. Die Baugenehmigung durfte und musste erteilt werden.

360 Des Weiteren bleiben noch die §§ 54 ff. LVwVfG zu prüfen. So könnte das Koppelungsverbot nach § 56 LVwVfG verletzt worden sein. Hierzu müsste es sich um einen „Austauschvertrag“ handeln, also um einen öffentlich-rechtlichen Vertrag im Sinne von § 54 S. 2 LVwVfG, in dem sich der Vertragspartner zu einer Gegenleistung verpflichtet. Dabei ist zu beachten, dass § 54 S. 2 LVwVfG weit auszulegen ist. Gemeint sind alle Fälle subordinationsrechtlicher Verträge, bei denen sich Verwaltung und Bürger in einem Verhältnis der Über- und Unterordnung begegnen[128].

---

127 Etwaige Fehlerfolgen ergäben sich wohl weniger aus § 59 Abs. 2 Nr. 1, 2 LVwVfG (Nichtigkeit eines entsprechenden Verwaltungsaktes, beiderseitige Kenntnis der Rechtswidrigkeit) denn aus § 59 Abs. 1 LVwVfG in Verbindung mit § 134 BGB, sofern man § 35 BauGB als „Verbotsgesetz“ in diesem Sinne versteht (siehe sogleich).

128 Ein Beispiel: Im Vertrag wird nicht die Baugenehmigung erteilt, das heißt nicht ein Verwaltungsakt ersetzt, sondern die Verpflichtung der Gemeinde ausgesprochen, ihr Einvernehmen nach § 36 BauGB zu erteilen. Dieses wäre zwar mangels Außenwirkung kein Verwaltungsakt, ist aber nach Sinn und Zweck des § 54 S. 2 (L)VwVfG gleich zu behandeln.

■ Sinn und Zweck von **§ 56 (L)VwVfG** ist es, einen Ausverkauf von Hoheitsrechten zu verhindern sowie den Bürger zu schützen, der sich oft in einer im Vergleich zur Behörde schwächeren Verhandlungsposition befindet. Abs. 1 von § 56 (L)VwVfG gilt grundsätzlich für alle behördlichen Entscheidungen und benennt vier Voraussetzungen, unter denen eine Gegenleistung des Bürgers für die behördliche Leistung vereinbart werden darf. Die für einen *bestimmten* Zweck erhobene Gegenleistung muss der Erfüllung *öffentlicher Aufgaben* dienen, *angemessen* sein (Übermaßverbot) und in einem *sachlichen Zusammenhang* zur Leistung der Behörde stehen, womit ein Koppelungsverbot bezüglich sachfremder Gegenleistungen normiert ist. Abs. 2 normiert zusätzlich strengere Anforderungen für gebundene Entscheidungen („Anspruch" meint die behördliche Verpflichtung, nicht das subjektive Recht). Die Gegenleistung ist hiernach nur zulässig, wenn sie im Falle des Erlasses eines Verwaltungsaktes Inhalt einer Nebenbestimmung sein könnte. Dies richtet sich nach § 36 Abs. 1 (L)VwVfG, nach dem gebundene Entscheidungen nur dann mit einer Nebenbestimmung versehen werden dürfen, falls eine spezielle Rechtsvorschrift dies gestattet oder sofern mit ihrer Hilfe die gesetzlichen Voraussetzungen des Verwaltungsaktes erfüllt werden. Im Ergebnis zeigt sich eine sachliche Parallele von § 36 (L)VwVfG und § 56 (L)VwVfG. Die bloße Wahl der Handlungsform Verwaltungsakt oder Vertrag könnte keinen grundsätzlichen Unterschied hinsichtlich der zulässigerweise von der Behörde zu verlangenden „Gegenleistung" rechtfertigen. ■ **361**

Zum Fall: Die Gegenleistung für die gebundene Entscheidung über die Erteilung einer Baugenehmigung ist an § 56 Abs. 2 LVwVfG zu messen. Eine Nebenbestimmung gleichen Inhaltes wäre nicht zulässig, da eine Geldzahlung zum Wohle der Landschaftspflege weder gesetzlich[129] vorgesehen ist noch hilft, die Voraussetzungen der Baugenehmigung zu sichern. Der Vertrag verstößt mithin gegen § 56 Abs. 2 LVwVfG. Ergänzend kann auch ein Verstoß gegen § 56 Abs. 1 LVwVfG erkannt werden, so dass dahingestellt bleiben darf, ob der zweite Absatz den ersten verdrängt oder beide Anforderungen kumulativ zu prüfen sind. Jedenfalls besteht kein sachlicher Zusammenhang von Leistung und Gegenleistung (Verstoß gegen das Koppelungsverbot), da den L keine besondere Verantwortung für den Schutz der Landschaft im Allgemeinen trifft. Die Fehlerfolge ist in § 59 Abs. 2 Nr. 4 LVwVfG geregelt: Der Vertrag ist nichtig. **362**

Ergebnis: Der Rechtsgrund der Geldleistung ist entfallen. L hat einen Anspruch auf Erstattung. § 814 BGB oder §§ 818 Abs. 3, 819 Abs. 1 BGB sind nicht entsprechend anwendbar. Stattdessen gilt der Grundsatz des Vertrauensschutzes, der jedoch nur den Bürger begünstigt, auf den sich der Staat hingegen nicht berufen kann. **363**

■ Öffentlich-rechtliche Verträge sind lediglich bei manchen Rechtsmängeln nichtig. Abgesehen von § 58 (L)VwVfG (schwebende Unwirksamkeit mangels Zustimmung) und § 60 (L)VwVfG (restriktive Kündigungsmöglichkeit) tritt die Fehlerfolge der Unwirksamkeit nur in den Fällen von **§ 59 (L)VwVfG** ein. Dessen vorrangig zu prüfender Abs. 2 trifft als lex specialis zu Abs. 1 eine Sonderregelung für bestimmte Fälle materieller Rechtswidrigkeit bei subor- **364**

129 Da Naturschutzrecht laut Sachverhalt nicht geprüft werden soll, ist § 15 Abs. 6 BNatSchG (Ersatzzahlung bei naturschutzrechtlichem Eingriff) nicht anzusprechen. In der Sache dürfte die Errichtung einer einzelnen, zudem kleineren Windkraftanlage auf dem Hofgelände das Landschaftsbild wohl noch nicht „erheblich" beeinträchtigen und daher noch keinen kompensationsbedürftigen „Eingriff" i.S.v. § 14 Abs. 1 BNatSchG darstellen (im Unterschied zu Windparks mit größeren Anlagen).

dinationsrechtlichen Verträgen. Abs. 1 liefert sodann die Generalnorm für Rechtsmängel jeglicher Art bei allen Verwaltungsverträgen, die in entsprechender Anwendung des BGB zu beurteilen sind. Differenziert zu beurteilen ist vor allem die Anwendbarkeit von § 134 BGB. Einerseits kann nicht jede Vorschrift des öffentlichen Rechts ein Verbotsgesetz im Sinne von § 134 BGB sein, da ansonsten jeder Rechtsfehler zur Nichtigkeit führen würde. Andererseits hat die Behörde keine Möglichkeit, einen öffentlich-rechtlichen Vertrag einseitig aufzuheben, weshalb viele Rechtsfehler ohne Rückgriff auf § 134 BGB nicht behebbar blieben. Ob ein Verbotsgesetz vorliegt, bedarf daher einer je nach Einzelvorschrift differenzierenden Auslegung, die vor allem auf den Sinn und Zweck der Norm abzustellen und dabei die Bedeutung der geschützten Rechtsgüter einzubeziehen hat[130]. ■

Wiederholungs- und Vertiefungsfragen zu Fall 11

1. Nennen Sie die Tatbestandsvoraussetzungen des öffentlich-rechtlichen Erstattungsanspruchs. Worin liegt der wichtigste Unterschied zum zivilrechtlichen Bereicherungsrecht?
2. Nach welchen Kriterien ist ein Vertrag als öffentlich-rechtlicher Natur zu qualifizieren?
3. Welche Arten öffentlich-rechtlicher Verträge kennt das VwVfG?
4. Welche formellen und materiellen Rechtmäßigkeitsanforderungen sind an einen öffentlich-rechtlichen Vertrag zu stellen?
5. Inwiefern führen Rechtsmängel öffentlich-rechtlicher Verträge zu deren Nichtigkeit? Erkennen Sie einen Unterschied zum Verwaltungsakt?
6. Wie kann sich die Behörde von einem öffentlich-rechtlichen Vertrag lösen? Wie kann sie in ihm begründete Pflichten des Bürgers durchsetzen?
7. Dürfte ein Bebauungsplan in einem öffentlich-rechtlichen Vertrag erlassen werden?
8. Welchem Normzweck folgt § 35 BauGB? Wie verhalten sich die „Privilegierungen" nach Abs. 1 zu dieser ratio?
9. Welche öffentlichen Belange sind bei § 35 BauGB zu berücksichtigen? Wann stehen sie einem Vorhaben „entgegen" i.S.v. Abs. 1, wann sind sie „beeinträchtigt" i.S.v. Abs. 2?

130 Zum Verwaltungsvertrag: *Höfling/Krings*, JuS 2000, S. 625 ff.; zur Vertiefung *Maurer/Waldhoff*, Allgemeines Verwaltungsrecht, § 14. Zu § 35 BauGB: *Herbolsheimer/Krüper*, Jura 2020, S. 22 ff.

§ 7 Kommunalrecht

■ Einführung: Der Begriff „Gemeinde“ stammt von „Allmende“ und verdeutlicht die historische Wurzel des deutschrechtlichen Genossenschaftsprinzips. Genossenschaft in diesem Sinne war der Personenverband, der seine eigenen Angelegenheiten selbst regelte. Dieser ältere, mit der Machtkonzentration des Absolutismus und der parallelen Eingliederung der Gemeinde in den Staat immer mehr in den Hintergrund gerückte Gedanke wurde mit der Preußischen Städteordnung (1808) teilweise wieder belebt. Seither wird die Gemeinde (in den Flächenländern[1]) einerseits organisatorisch verselbstständigt, andererseits in doppelter Funktion tätig, das heißt letztlich – ungeachtet der je nach Landesrecht unterschiedlichen dogmatischen Konstruktion – in zwei Aufgabenkreisen. Als Selbstverwaltungskörperschaft ist sie ein mitgliedschaftlich organisierter Personenverband, der seine eigenen Aufgaben selbst regelt (ebenso wie etwa die Universität). Daneben wird sie – unbeschadet ihrer organisatorischen Selbstständigkeit – funktional in die überörtliche (gesamtstaatliche) Verwaltung eingegliedert, deren Aufgaben sie kraft gesetzlicher Aufgabenzuweisung übernimmt[2]. 365

Das Kommunalrecht spricht als Recht der kommunalen Selbstverwaltung den ersten Bereich an. Seine Kernnorm findet es in Art. 28 Abs. 2 GG. Die Selbstverwaltungsgarantie ist kein Grundrecht, weist aber eine partiell ähnliche Struktur auf. Sie ist primär objektivrechtlicher Natur, bringt daneben aber auch subjektivrechtliche Gehalte mit sich, welche die Gemeinde prozessual durchsetzen kann (§ 42 Abs. 2 VwGO, Art. 93 Abs. 1 Nr. 4b GG). Auch steht sie wie ein Grundrecht unter Gesetzesvorbehalt.

Die den Gemeinden nach Art. 28 Abs. 2 GG anvertrauten Angelegenheiten der örtlichen Gemeinschaft sind teils gesetzlich definiert, teils selbst auszuwählen. Sie lassen sich nicht in einem abschließenden Aufgabenkatalog zusammenfassen, sondern sind je konkret nach Maßgabe des örtlichen Bezugs, auch mit Blick auf die traditionellen Aufgaben der Kommunen zu bestimmen. Zu ihnen zählen neben Fragen der eigenen Organisation etwa die Bauleitplanung sowie verschiedene Aufgaben der Daseinsvorsorge. Jeweils zugehörig hat die Gemeinde die – gesetzlich umgrenzte – Satzungsautonomie zur Rechtsetzung sowie die Kompetenz zur eigenverantwortlichen Entscheidung im Einzelfall. Weisungsrechte einer Aufsichtsbehörde scheiden aus.

Daneben enthalten die Gemeindeordnungen der Länder auch einzelne Bestimmungen zur innergemeindlichen Ausführung von Aufgaben der allgemeinen überörtlichen Verwaltung, in welche die Gemeinde durch gesetzliche Aufgabenzuweisungen funktional eingebunden wird, in der Regel als Ausgangsbehörde eines mehrstufigen Instanzenzuges mit Weisungsrecht der übergeordneten Landesbehörden[3].

---

1 Die folgenden Ausführungen lassen sich nicht sinnvoll auf die Stadtstaaten Berlin und Hamburg übertragen, die keine eigenständigen Gemeinden haben. Hingegen bilden Bremen und Bremerhaven je eigene Gemeinden der Freien Hansestadt Bremen (siehe Art. 143 ff. BremLV).

2 Die Gemeindeordnungen der Länder unterscheiden sich an dieser Stelle in Sprachgebrauch und rechtsdogmatischer Ausgestaltung, teilen aber diese hinreichend allgemein geschilderte Grundstruktur. Vgl. § 2 GemO BW (im Ausgangspunkt einheitlicher Wirkungskreis der Gemeinde, der in weisungsfreie und weisungsgebundene Aufgaben unterteilt ist); §§ 2 f. ThürKO (Unterscheidung von eigenem und übertragenem Wirkungskreis).

3 Diese Aufgaben sind jeweils gesetzlich gekennzeichnet. In Baden-Württemberg lassen sie sich an den (gleichbedeutenden) Begriffen „Weisungsaufgabe“, „Pflichtaufgabe nach Weisung“, „weisungsgebundene Aufgabe“ erkennen (wichtigster Fall: § 15 Abs. 2 LVG als Generalnorm für alle Aufgaben der Gemeinden als untere Verwaltungsbehörden). In Thüringen findet sich jeweils der Zusatz „im übertragenen Wirkungskreis“.

Die verbandsinterne Zuständigkeit knüpft teilweise an diese Unterscheidung an. Im Außenverhältnis vertritt der Bürgermeister die Gemeinde unabhängig vom Aufgabenkreis[4]. Im Innenverhältnis ist je nach Aufgabennatur zu differenzieren. In funktional der allgemeinen Verwaltung zugehörigen Angelegenheiten ist, soweit nicht eine lex specialis eingreift, regelmäßig ebenfalls der Bürgermeister zuständig[5]. In Selbstverwaltungsangelegenheiten liegt die Zuständigkeit dagegen grundsätzlich beim Gemeinderat, dem zentralen Organ der Gemeinde[6], sofern nicht der Bürgermeister oder ein beschließender Ausschuss kraft Gesetzes oder kraft Aufgabenübertragung zuständig ist[7]. ■

366 **Fall 12:** Der Gemeinderat der baden-württembergischen Stadt S (über 100 000 Einwohner) hat sich in der ersten Sitzung nach der Kommunalwahl eine neue Geschäftsordnung gegeben. Der Bürgermeister vergaß zwar irrtümlich, in seiner Einladung zur Sitzung auf diesen Punkt hinzuweisen. Jedoch war diese bereits in der Vergangenheit geübte Praxis allen Angehörigen des Gemeinderats bekannt, weshalb auch keines der vollzählig anwesenden Gemeinderatsmitglieder Bedenken erhob. Die neue Geschäftsordnung setzt als einzige Änderung gegenüber der Vorgängerregelung die Fraktionsmindeststärke von zwei auf drei Gemeinderatsmitglieder herauf. Dadurch verlieren Gemeinderatsmitglied G und ein Parteifreund, die beiden einzigen Vertreter ihrer Partei, ihren bisherigen Fraktionsstatus.

G möchte diese Geschäftsordnung gerichtlich überprüfen lassen. Wie wird das zuständige Gericht entscheiden?

Gesetz zur Ausführung der Verwaltungsgerichtsordnung Baden-Württemberg (AGVwGO BW):

§ 4 Normenkontrollverfahren. *Der Verwaltungsgerichtshof entscheidet ... über die Gültigkeit von Satzungen und Rechtsverordnungen der in § 47 Abs. 1 Nr. 1 VwGO genannten Art sowie von anderen im Range unter dem Landesgesetz stehenden Rechtsvorschriften.*

Gemeindeordnung Baden-Württemberg (GemO BW):

§ 34 Einberufung der Sitzungen, Teilnahmepflicht. *(1) [1]Der Bürgermeister beruft den Gemeinderat schriftlich oder elektronisch mit angemessener Frist ein und teilt rechtzeitig, in der Regel mindestens sieben Tage vor dem Sitzungstag, die Verhandlungsgegenstände mit; ...*

4 Z.B. § 42 Abs. 1 S. 2 GemO BW; § 31 Abs. 1 ThürKO. – Siehe auch BGH, NJW 2001, S. 1626 ff. zum Schriftformerfordernis nach § 54 Abs. 1 GemO BW.
5 Z.B. § 44 Abs. 3 S. 1 1. HS GemO BW; § 29 Abs. 2 Nr. 2 ThürKO.
6 Gleichwohl ist der Gemeinderat kein „Gemeindeparlament“, sondern ein Verwaltungsorgan.
7 Z.B. §§ 24 Abs. 1, 39, 44 GemO BW; §§ 22 Abs. 3 S. 1, 26, 29 ThürKO.

Lösung zu Fall 12: Gerichtliche Überprüfung der Geschäftsordnung

A. Zulässigkeit eines Normenkontrollantrages

Der vorliegende Sachverhalt ist öffentlich-rechtlich (Kommunalrecht) zu beurteilen, **367** nichtverfassungsrechtlicher Art und keiner anderen Gerichtsbarkeit zugewiesen, so dass der Verwaltungsrechtsweg grundsätzlich eröffnet ist (§ 40 Abs. 1 VwGO).

Einschub: Fraglich könnte allenfalls sein, ob überhaupt eine „Streitigkeit" im Sinne **368** dieser Vorschrift vorliegt, da es sich im Kern um eine Meinungsverschiedenheit zwischen dem Gemeinderatsmitglied G und dem Gemeinderat über die Geltung der nur gemeinderatsintern wirkenden Geschäftsordnung handelt. Der Fall beschränkt sich mithin auf das Internum eines einzigen Rechtsträgers, der Gemeinde.

Im „Normalfall" des Kommunalverfassungsstreits zwischen Organen und Organteilen der Gemeinde ist dieses Problem entscheidungserheblich und vorzugsweise an dieser Stelle unter dem Stichwort „Streitigkeit" zu erörtern. Dort empfiehlt sich folgende Argumentation: Da die VwGO auf die Klärung der Außenrechtsbeziehungen zwischen natürlichen oder juristischen Personen als eigenständigen Rechtsträgern zugeschnitten ist, scheidet eine gerichtliche Kontrolle im Innenverhältnis eines Rechtsträgers (sog. Insichprozess) grundsätzlich aus. Im Kommunalverfassungsrecht ist allerdings zu beachten, dass die Organe und Organteile der Gemeindeverfassung nicht Bestandteil des hierarchisch organisierten Verwaltungsaufbaus sind. Sie stehen vielmehr in einem gesetzlich ausbalancierten Verhältnis zueinander. Ihre organschaftliche Stellung bedarf besonderen Schutzes. Deswegen handelt es sich ausnahmsweise um eine justiziable Streitigkeit, *soweit* eine Verletzung der organschaftlichen Stellung gerügt wird. Prozessuales Instrument hierzu ist der gewohnheitsrechtlich anerkannte Kommunalverfassungsstreit[8].

Im Unterschied zum geschilderten „Normalfall" handelt es sich vorliegend um eine Normenkontrolle gemäß § 47 VwGO. Diese setzt zwar ebenfalls voraus, dass der Verwaltungsrechtsweg eröffnet ist, weshalb die öffentlich-rechtliche Natur der einschlägigen Vorschriften bestimmt werden muss. Allerdings ist sie weniger durch ihren streitigen Charakter als durch das Anliegen einer objektiven Klärung der Rechtslage gekennzeichnet.[9] Damit verschiebt sich die Perspektive hin zur Bündelungsfunktion der Normenkontrolle. Sie ermöglicht eine gebündelte Überprüfung von Vorschriften, deren Anwendung in vielen Einzelfällen Gegenstand verwaltungsgerichtlicher Streitigkeiten sein könnte. Die Reichweite des Verwaltungsrechtswegs ist daher entsprechend zu bestimmen, was rechtfertigt, die obige Frage bereits an dieser Stelle anzusprechen. Es ist aber auch gut vertretbar, die Frage hier noch zu übergehen und sie stattdessen im Rahmen der folgenden Prüfungspunkte aufzugreifen.

---

8 Gleiches gilt für Streitigkeiten zwischen Organen oder Organteilen von Universitäten oder öffentlich-rechtlichen Rundfunkanstalten.

9 Deutlich wird dies nicht zuletzt an der Antragsberechtigung auch von (sachlich zuständigen) Behörden, die nicht eng an eine konkrete Außenrechtsstreitigkeit gebunden ist.

369 **Weiter zur Zulässigkeit:** Die Beteiligtenfähigkeit ist grundsätzlich in § 61 VwGO geregelt. Für die Normenkontrolle hält § 47 Abs. 2 S. 1 VwGO jedoch eine speziellere Regelung bereit. Deren erster Halbsatz greift hier nicht ein, weil G nicht in seiner Eigenschaft als natürliche Person handelt. Auch der zweite Halbsatz passt nicht, da das einzelne Gemeinderatsmitglied nicht als mit der Anwendung der Norm betraute Behörde tätig wird. Jedoch sollte die Norm im Lichte der Bündelungsfunktion als nicht abschließend verstanden werden. Sofern G im Rahmen eines Einzelprozesses beteiligtenfähig wäre, ist er im Normenkontrollverfahren ebenfalls als beteiligtenfähig anzusehen. Insofern ist hier also doch auf § 61 VwGO zurückzugreifen (so wie er für den „Normalfall" des Kommunalverfassungsstreits gehandhabt wird). Nr. 1 scheidet wiederum aus. Vielmehr ist Nr. 2 analog heranzuziehen, weil G als Mitglied des Gemeinderates tätig wird, der insoweit einer Vereinigung entspricht. Gemäß dem Wortlaut der Norm müsste dem G ferner ein *Recht* zustehen können.[10] Als Gemeinderatsmitglied kann er sich indes nicht auf ein eigenes Recht berufen. Voraussetzung der Innehabung eines Rechts ist die Rechtsfähigkeit, die allen natürlichen und juristischen Personen zusteht. G wird jedoch in seiner Eigenschaft als Mitglied des Gemeinderates tätig, welches als solches einer eigenen Rechtspersönlichkeit ermangelt. Jedoch dient der Kommunalverfassungsstreit gerade der Absicherung der mitgliedschaftlichen Stellung. Diese vermittelt eine Berechtigung, das anvertraute Amt auszuüben, also *Kompetenzen* und *Befugnisse*. Im Unterschied zum subjektiven Recht handelt es sich nicht um ein unmittelbar dem Rechtssubjekt zugeordnetes eigenes Recht, sondern um eine aus dem übertragenen Amt abzuleitende objektive Rechtsposition, welche den Amtsträger zum Sachwalter der Allgemeinheit macht. § 61 Nr. 2 VwGO analog meint folglich im Fall des Kommunalverfassungsstreits nicht das eigene Recht, sondern die als wehrfähige Innenrechtsposition ausgestaltete Befugnis. G ist auch prozessfähig (§ 62 Abs. 1 Nr. 1 VwGO).

370 Statthaft ist ein beim OVG (VGH) zu stellender Normenkontrollantrag nach § 47 Abs. 1 Nr. 2 VwGO gerichtet auf Entscheidung über die Gültigkeit „von anderen im Rang unter dem Landesgesetz stehenden Rechtsvorschriften, sofern das Landesrecht dies bestimmt". Der in § 47 VwGO vorausgesetzte Begriff der „Rechtsvorschrift" ist nicht zwingend gleichzusetzen mit jenem des materiellen Gesetzes, zu verstehen als jede allgemeinverbindliche Regelung des Außenrechts, unter den die Geschäftsordnung des Gemeinderates als bloß organintern wirkende Vorschrift nicht fallen würde. Er ist vielmehr im Lichte der Bündelungsfunktion der Normenkontrolle zu interpretieren. Richtigerweise sollten deshalb über den Begriff des materiellen Gesetzes im herkömmlichen Sinne hinaus auch alle untergesetzlichen Vorschriften erfasst sein, die im Fall ihrer Anwendung im Einzelfall Gegenstand gerichtlicher Prüfung sein könnten. So ist die Geschäftsordnung des Gemeinderates Grundlage konkreter gemeinderatsinterner Entscheidungen, die jeweils mit einem Kommunalverfassungsstreit angegriffen werden könnten, weil das ausbalancierte Verhältnis der Organe und Organbestandteile der

10 Anmerkung: Das im Folgenden zu Lernzwecken ausgebreitete Problem des eigenen „Rechts" sollte im Rahmen einer Examensklausur angemessen knapp abgehandelt werden.

Gemeinde ein entsprechendes Rechtsschutzinstrumentarium erfordert (siehe oben). Deckungsgleich sollten auch die abstrakt überprüfbaren Normen bestimmt werden[11]. Ferner muss die Überprüfbarkeit durch Landesrecht angeordnet sein[12].

■ **Allgemein:** Als statthafte Klageart kommt beim Kommunalverfassungsstreit (außerhalb von § 47 VwGO) eine allgemeine Leistungsklage in Betracht, soweit ein Dulden, Handeln, Unterlassen begehrt wird. In sonstigen Fällen ist eine Feststellungsklage zu erheben, gerichtet auf die Feststellung einer Verletzung in eigenen organschaftlichen Befugnissen. Einer „Klageart sui generis" bedarf es somit nicht, da die (abschließende) VwGO sachnähere Instrumente zur Verfügung stellt. ■ **371**

Um ein Normenkontrollverfahren anstoßen zu können, muss G ferner gemäß § 47 Abs. 2 S. 1 VwGO geltend machen können, durch die Geschäftsordnung oder deren Anwendung in seinen Rechten verletzt zu sein oder in absehbarer Zeit verletzt zu werden (Antragsbefugnis). Dies entspricht im Kern § 42 Abs. 2 VwGO. Ebenso wie dort genügt die Möglichkeit einer Rechtsverletzung, hier genauer einer Verletzung der organschaftlichen Stellung (Kompetenzen und Befugnisse).[13] Die abzusichernde eigene Rechtsstellung des G folgt vorliegend aus seinem Amt als Gemeinderatsmitglied[14] und ist möglicherweise verletzt, sofern er rechtswidrig von Mitwirkungsmöglichkeiten ausgeschlossen worden sein sollte, die an den Fraktionsstatus geknüpft werden (etwa die Zugehörigkeit zu bestimmten Gremien). Dagegen kann er sich in seiner Funktion als Ratsmitglied nicht auf Grundrechte berufen. Beispielsweise ist sein Rederecht im Gemeinderat aus seiner organschaftlichen Stellung abzuleiten, nicht aber aus Art. 5 Abs. 1 GG (ebenso wie alle anderen Grundrechtsberechtigten aus Art. 5 GG kein Recht ableiten können, gerade im Gemeinderat zu sprechen)[15]. **372**

Die Antragsfrist nach § 47 Abs. 2 S. 1 VwGO (ein Jahr) ist einzuhalten. Antragsgegner ist gemäß § 47 Abs. 2 S. 2 VwGO die Stadt S.

---

11 VGH Mannheim, VBlBW 2003, S. 119: „Nach dem Sinn und Zweck des Normenkontrollverfahrens müssen jedenfalls Bestimmungen, die die Rechte von Mitgliedern kommunaler Vertretungsorgane in abstrakt-genereller Weise regeln, trotz ihres Charakters als bloße Innenrechtssätze in den Anwendungsbereich des § 47 VwGO einbezogen und auf Antrag eines Mitglieds vom Gericht überprüft werden".

12 Z.B. erkennen § 4 AGVwGO BW, § 4 ThürAGVwGO pauschal die Überprüfbarkeit von anderen „im Range unter dem Landesgesetz stehenden Rechtsvorschriften" an.

13 Abzustellen ist stets auf die *eigene* organschaftliche Stellung. Hingegen ist ein Organteil mangels einer § 64 Abs. 1 BVerfGG entsprechenden Vorschrift nicht berechtigt, auch Befugnisse des Organs geltend zu machen (keine Prozessstandschaft). Siehe VGH Mannheim, VBlBW 2020, S. 376 ff.

14 Geregelt z.B. in § 32 GemO BW; § 24 ThürKO.

15 Vgl. aber (wenn auch für einen Sonder- und Grenzfall) BVerwG, NVwZ 1988, S. 837 ff.: Das Tragen eines Aufklebers mit der Aufschrift „L./Atomwaffenfreie Stadt" in einer Sitzung des Stadtrats sei Ausdruck der Meinungsfreiheit (Art. 5 GG), beschränkt durch die (internen) Ordnungsbefugnisse des Ratsvorsitzenden. Unabhängig von diesem besonderen Fall ist der Grundrechtsschutz richtigerweise an ein Auftreten in der Eigenschaft als natürliche Person zu knüpfen. Ein Handeln als Amtswalter vermittelt lediglich Befugnisse als Ausfluss der mit einem Amt verbundenen Kompetenzen. Ansonsten würde dem Mandatsträger ein privilegierter Freiheitsgebrauch eröffnet.

B. Begründetheit

373 Das Normenkontrollverfahren ist ein objektives Beanstandungsverfahren, der Antrag deswegen – unabhängig von einem subjektiven Recht (einer eigenen Befugnis) – begründet, wenn die Geschäftsordnung nichtig ist. Zu prüfen ist daher die formelle und materielle Rechtmäßigkeit der Geschäftsordnung. (Zur Erinnerung: Rechtsfehlerhafte Normen sind im Regelfall nichtig. Eine Ausnahme ist vorliegend nicht ersichtlich.)

I. Formelle Rechtmäßigkeit

374 **1)** Der Gemeinderat ist **zuständig** zum Erlass seiner eigenen Geschäftsordnung, das heißt zur Regelung seiner Binnenorganisation wie auch seines Verfahrens[16].

375 **2)** Zu den wichtigsten **Verfahrensanforderungen** zählen die ordnungsgemäße Einberufung der Sitzung[17], ihre Öffentlichkeit[18] sowie eine fehlerfreie Beschlussfassung[19]. Fraglich ist vorliegend, wie es sich auswirkt, dass die Gemeinderatsmitglieder nicht vorab, sondern erst im Verlauf der Sitzung über den Tagungsordnungspunkt „Geschäftsordnung" informiert wurden.[20]

In manchen Bundesländern finden sich für derartige Fälle eindeutige, formal angelegte Vorschriften, die beispielsweise einen Beschluss zur Erweiterung der Tagesordnung fordern[21]. Auf dieser Grundlage wäre hier ein Verfahrensfehler gegeben, der allerdings durch die rügelose Hinnahme seitens aller Beteiligten geheilt worden sein könnte.

In Ländern ohne derartige ausdrückliche Vorschrift[22] ist auf die jeweilige Regelung zur ordnungsgemäßen Einberufung des Gemeinderates zurückzugreifen, welche auch eine rechtzeitige Mitteilung der Verhandlungsgegenstände voraussetzt, dabei allerdings noch eine konkretisierende Interpretation erfordert, die beispielsweise den unbestimmten Rechtsbegriff „rechtzeitig"[23] verdeutlicht. Auf einer solchen Grundlage kann die angemessene Frist nicht ohne Blick auf die Umstände des Einzelfalls bestimmt werden, wobei sowohl die Bedeutung als auch die Schwierigkeit der Verhandlungsgegenstände

---

16 Z.B. § 36 Abs. 2 GemO BW; §§ 34, 25 S. 2 ThürKO.

17 Z.B. § 34 GemO BW; § 35 ThürKO.

18 Z.B. § 35 GemO BW; § 40 ThürKO. – Zur Verschwiegenheitspflicht bei nichtöffentlichen Sitzungen VGH München, NVwZ-RR 2015, S. 627 ff. – Vgl. auch § 37a GemO BW; § 36a ThürKO zur Durchführung von Sitzungen ohne persönliche Anwesenheit der Gemeinderatsmitglieder.

19 Z.B. § 37 GemO BW; § 39 ThürKO. – Ein Standardproblem stellt insofern die Mitwirkung eines befangenen Gemeinderatsmitglieds dar, zu erkennen am „individuellen Sonderinteresse" (siehe z.B. § 18 GemO BW; § 38 ThürKO); lehrreich hierzu OVG Koblenz, DVBl. 2011, S. 696 ff.

20 Zur Klarstellung: Vorliegend geht es um die Frage der ordnungsgemäßen Information der Gemeinderatsmitglieder, nicht um die parallel erforderliche öffentliche Bekanntgabe von Zeit, Ort und Tagesordnung der Sitzung (vgl. z.B. § 34 Abs. 1 S. 7 GemO BW; § 35 Abs. 6 ThürKO).

21 Z.B. dürfen gemäß § 35 Abs. 5 S. 1 ThürKO grundsätzlich nur in die vorab mitzuteilende Tagesordnung aufgenommene Gegenstände behandelt werden, wovon nach S. 2 Nr. 2 bei Dringlichkeit mit einer Mehrheit von zwei Dritteln der Anwesenden abgewichen werden darf. Der Gemeinderat hätte also nicht ohne einen solchen Beschluss über die Geschäftsordnung verhandeln dürfen.

22 Z.B. Baden-Württemberg.

23 Z.B. § 34 Abs. 1 S. 1 1. HS GemO BW (als „rechtzeitig" gilt hierbei „in der Regel" eine Mitteilung mindestens sieben Tage vor der Sitzung, wovon jedoch in einfacheren Fällen abgewichen werden darf).

zu berücksichtigen sind, von denen wiederum der Vorbereitungsbedarf der Ratsmitglieder abhängt. Vorliegend handelt es sich um einen überschaubaren Tagungsordnungspunkt, mit dem von der bislang geübten, allen Gemeinderatsmitgliedern geläufigen Praxis in nur einem Punkt abgewichen worden ist. Dabei war die Bedeutung des Problems der Fraktionsstärke sowohl für G als auch für die anderen Mitglieder sofort erkennbar, so dass keine besondere Vorbereitung erforderlich war. Es scheint daher vertretbar, von einer noch ordnungsgemäßen Einberufung auszugehen.[24] Nimmt man jedoch – je nach Landesrecht – einen Verfahrensverstoß an (im Übrigen hilfsweise), bliebe noch zu berücksichtigen, dass weder G noch andere Ratsmitglieder Bedenken erhoben haben, dass weder er noch jemand anders einen Antrag auf Vertagung gestellt hat. Damit haben die Ratsmitglieder ihr Einverständnis mit dem Verzicht auf eine vorherige Information zum Ausdruck gebracht. Ein eventueller Fehler wäre mithin jedenfalls geheilt[25].

3) **Formfehler** der Geschäftsordnung sind nicht ersichtlich.

II. Materielle Rechtsmäßigkeit

Inhaltlich müsste die Geschäftsordnung mit dem gesetzlich vorgesehenen Status der Gemeinderatsmitglieder vereinbar sein. Fraglich ist insoweit allein, ob ihre Mitwirkungsrechte durch die Anhebung der Fraktionsmindeststärke unzulässig verkürzt worden sind. **376**

■ Die Prüfung gemeinderatsinterner Rechtsfragen lässt sich in nicht wenigen Fällen wie folgt gliedern: Soweit die Rechtmäßigkeit einer konkreten Maßnahme untersucht werden soll, empfiehlt es sich (wie regelmäßig im Verwaltungsrecht), vorab die maßgebliche Norm zu benennen, um hiernach ihre Anwendung in formeller und materieller Hinsicht zu prüfen. Soweit hingegen die Verletzung einer organschaftlichen Stellung im Raum steht, kann unter Umständen eine – auf den Aufbau beschränkte, insbesondere nicht terminologische – gedankliche Anleihe bei der Grundrechtsprüfung („Schutzbereich", „Eingriff", „Rechtfertigung") hilfreich sein[26]. Beispielsweise mag man vorliegend zunächst den Status eines Gemeinderatsmitgliedes und den Umfang seiner Befugnisse ermitteln, sodann fragen, ob diese Befugnisse verkürzt oder beeinträchtigt wurden, und schließlich prüfen, ob sich diese Einschränkung rechtfertigen lässt. **377**

Für die sich anschließenden Folgefragen nach dem Umfang organschaftlicher Befugnisse und der Reichweite zulässiger Beschränkungen kann ebenfalls eine gedankliche Anleihe in Betracht kommen, nun aber eher zum Staatsorganisationsrecht, da die grundgesetzliche

24 Ein anderes Ergebnis ist gut vertretbar, wobei landesrechtliche Verschiedenheiten zu beachten sind.

25 Einem ähnlichen Grundgedanken folgt z.B. § 35 Abs. 3 ThürKO (der allerdings wegen Abs. 5 nicht direkt einschlägig ist): Eine Verletzung von Form oder Frist der Einladung gilt bei rügeloser Teilnahme als geheilt.

26 Damit wird keine Verwandtschaft der Maßstäbe behauptet. Insbesondere geht es anders als bei den Grundrechten nicht um den Schutz vorstaatlicher Rechte, weshalb die Annahme eines vorausliegenden Schutzbereichs irreführend wäre. Der organschaftliche Status wird erst durch das Recht geschaffen, dem Gesetz zurechenbare Beschränkungen sind also Inhaltsdefinitionen (eher ähnlich Art. 14 Abs. 1 S. 2 GG). Auch deswegen sollten offenere Formulierungen gewählt werden, die sich nicht an die Grundrechte anlehnen.

wie auch die kommunalverfassungsrechtliche Stellung von Organen und Organteilen infolge ihres ausbalancierten Verhältnisses zueinander wie auch ihrer Verortung im Internum eines Rechtsträgers gewisse Ähnlichkeiten aufweisen. Dabei ist der Gemeinderat kein Parlament, sondern bleibt Verwaltungsorgan, ist aber immerhin auch eine gewählte Vertretung des Volkes (Art. 28 Abs. 1 S. 2 GG).[27] Deshalb lassen sich gewisse Parallelen ziehen: So lässt sich der Umfang der Befugnisse einzelner Gemeinderatsmitglieder in Anlehnung an Art. 38 Abs. 1 S. 2 GG bestimmen. Die Funktionsfähigkeit des Gemeinderates kann als Rechtfertigungsgrund, die Grundsätze der Chancengleichheit und des Minderheitenschutzes können als Grenze der Beschränkung dieser Befugnisse dienen. Die Geschäftsordnung des Gemeinderates mag parallel zur GeschOBT verstanden werden. Die verfassungsrechtliche Stellung der Fraktion findet ein Abbild auf kommunaler Ebene, wo beispielsweise ebenfalls ein Verbot unzulässigen Fraktionszwanges gilt. Auch über diese Beispiele hinaus ist der Gemeinderat auf eine an demokratischen Grundsätzen orientierte Willensbildung verpflichtet, was nicht selten zu ähnlichen Ergebnissen führen wird. ■

378 **Zum Fall:**

1) Der Status eines Gemeinderatsmitgliedes wird angeleitet durch seine Funktion, die Gemeindeeinwohner auf örtlicher Ebene zu vertreten. Dies bedingt, den Ratsmitgliedern Möglichkeiten einer effektiven Mitwirkung an Ratsentscheidungen einzuräumen. Insbesondere muss eine Kooperation mit anderen Ratsangehörigen gleicher Grundüberzeugung (das heißt in der Praxis mit gleicher Parteizugehörigkeit) möglich sein. Deswegen ist die Fraktion allgemein als Einrichtung des Kommunalverfassungsrechts anerkannt.[28] Alles Nähere unterfällt der Befugnis des Gemeinderates zur Selbstorganisation durch Geschäftsordnung, die auch die Einrichtung und Ausgestaltung von Untergliederungen gestattet. Dabei kann der Fraktionsstatus je nach örtlicher Geschäftsordnung mit verschiedenen Möglichkeiten der Mitwirkung etwa in kommunalen Gremien verbunden sein. Insgesamt ist der Zusammenschluss zur Fraktion als gebündelte Ausübung von Befugnissen der ihr zugehörigen Ratsmitglieder anzuerkennen.

2) Die vorliegende Geschäftsordnung versagt Zusammenschlüssen von nur zwei Ratsmitgliedern die Anerkennung als Fraktion, enthält ihnen also die an den Fraktionsstatus geknüpften Mitwirkungsmöglichkeiten vor.

3) Anknüpfungspunkt einer derartigen Ausgestaltung des Mandats kann mangels einer gesetzlichen Definition der Fraktionsmindeststärke allein die entsprechende Befugnis des Gemeinderates zur Selbstorganisation durch Geschäftsordnung sein[29]. Ihm steht dabei ein gesetzlich eingeräumter Gestaltungsspielraum zu, der offen für verschiedene Ausgestaltungen bleibt und dessen Ausfüllung gerichtlich nur auf etwaige Überschreitungen gesetzlicher Grenzen überprüft werden darf. Der Geschäftsordnungsgeber darf

27 Die vorausgegangene Wahl zum Gemeinderat offenbart gewisse Ähnlichkeiten zum Wahlakt auf Bundes- und Landesebene, die sich innerhalb des Organs abbilden und fortsetzen. Unterschiede zeigen sich etwa bei der Wahlberechtigung von EU-Ausländern (Art. 28 Abs. 1 S. 3 GG), der mangelnden Übertragbarkeit der 5%-Klausel; BVerfGE 120, 82 (102 ff.) (Kommunalwahl) oder der Zulässigkeit eines Wahlrechts Minderjähriger; BVerwGE 162, 244 (245 ff.).

28 Z.B. § 32a GemO BW, § 25 ThürKO.

29 Siehe den entsprechenden Regelungsauftrag in § 32a Abs. 1 S. 2 GemO BW; allgemeiner, aber gleichsinnig § 25 S. 2 ThürKO.

sich dabei am leitenden Kriterium der Funktionsfähigkeit des Gemeinderates orientieren, muss aber das Gebot der Chancengleichheit, den Minderheitenschutz und auch das allgemeine Willkürverbot als rechtliche Schranken beachten. Dabei sind die konkreten Anforderungen der Funktionsfähigkeit auch abhängig von der Größe des Gemeinderates. Vorliegend handelt es sich um eine Stadt mit 100 000 Einwohnern, so dass der Gemeinderat nach Landesrecht[30] aller Länder eine Größenordnung erreicht, bei der eine Fraktionsmindeststärke von drei Mitgliedern noch angemessen ist, um die Funktionsfähigkeit zu wahren[31].

Ergebnis: Die Geschäftsordnung ist formell und materiell rechtmäßig. Der Normenkontrollantrag ist zulässig, aber unbegründet.

■ **Nachtrag**: Bei der Beschränkung der Befugnisse von Gemeinderatsmitgliedern kommt 379
ausnahmsweise ein Rückgriff auf die Grundgedanken der Verhältnismäßigkeit in Betracht. Dies muss als Ausnahme von der Regel hervorgehoben werden. Allgemein gilt, dass das Verhältnismäßigkeitsprinzip als Ausfluss der Grundrechte nur im *Verhältnis von Staat und Bürgern* anzuwenden ist, für welches es einen *gleitenden Maßstab* der Rechtmäßigkeitsanforderungen normiert (je schwerer die Freiheitsbeeinträchtigung wiegt, desto gewichtiger müssen die sie rechtfertigenden Gründe sein). Das *Verhältnis zwischen verschiedenen Hoheitsträgern* wird dagegen durch das Nebeneinander von Zuständigkeiten gekennzeichnet, die *formal und nach Gegenständen differenzierend* abzugrenzen sind. Beispielsweise findet das Verhältnismäßigkeitsprinzip zwischen Bund und Ländern keine Anwendung. Gelegentlich müssen jedoch ausnahmsweise auch die Binnenbeziehungen von Hoheitsträgern nach einem gleitenden Maßstab beurteilt werden, sofern bestimmte Kompetenzen in besonderer Art und Weise verselbstständigt und aus dem hierarchischen Staatsaufbau herausgenommen sind. Ein Beispiel bietet die hier betrachtete ausbalancierte Rechtsstellung des Gemeinderatsmitgliedes im Verhältnis zum gesamten Gemeinderat (regelmäßig vertreten durch den Bürgermeister)[32]. ■

---

30 Z.B. besteht der Gemeinderat einer Stadt dieser Größe gemäß § 25 GemO BW aus 41 Mitgliedern (Bürgermeister und 40 Gemeinderäte), nach § 23 ThürKO aus 47 Mitgliedern (Bürgermeister und 46 gewählte Mitglieder).

31 VGH Mannheim, VBlBW 2003, S. 119 (120 f.): 3 von 33 anerkannt. Vgl. auch VGH Kassel, NVwZ 2007, S. 107: 3 von 81 gebilligt.

32 Zur Vertiefung und Ergänzung *Schoch*, Jura 2008, S. 826 ff. (zum Kommunalverfassungsstreit); *Maurer*, DÖV 1993, S. 184 ff. (kommunale Satzungsgebung). Lehrreich auch OVG Münster, NVwZ-RR 2004, S. 674 ff.

Wiederholungs- und Vertiefungsfragen zu Fall 12

1. Welche Arten von Aufgaben übernimmt die Gemeinde? Unterscheiden Sie zwei allgemeine Kategorien und nennen Sie deren Wesenszüge.
2. Was ist ein Kommunalverfassungsstreit? Worin liegt sein Ausnahmecharakter begründet?
3. Welche Klagearten kommen beim Kommunalverfassungsstreit in Betracht? Welche Besonderheiten sind im Rahmen der Zulässigkeit zu beachten?
4. Welche Rechtspositionen kann ein Gemeinderatsmitglied im Kommunalverfassungsstreit geltend machen? Zählen hierzu auch seine Grundrechte?
5. Welche untergesetzlichen Rechtsvorschriften können Gegenstand eines Normenkontrollverfahrens nach § 47 VwGO sein?
6. Welche Funktion übernimmt die Normenkontrolle nach § 47 VwGO im Verhältnis zum konkret-individuellen verwaltungsgerichtlichen Rechtsschutz?
7. Inwiefern hängen Zulässigkeit und Begründetheit einer Normenkontrolle von der Möglichkeit einer Verletzung in eigenen Rechten ab?
8. Welche Rechtmäßigkeitsanforderungen sind an Beschlüsse des Gemeinderates zu stellen?
9. Wie bestimmt sich die organschaftliche Stellung des Gemeinderates und seiner Mitglieder im Kommunalverfassungsrecht? Welche gedanklichen Anleihen bieten sich hier an?

380 **Fall 13**

Teil 1: Die Stadt S plant wie in jedem Jahr ein großes Volksfest, das nicht gemäß §§ 60b Abs. 2, 69 GewO festgesetzt wird. Vorgesehen ist unter anderem, mehrere Fahrgeschäfte zuzulassen. Bei deren Auswahl soll nach der gemeindeinternen Vergaberichtlinie auch der Landesschaustellerverband angehört werden. Dessen Vorsitzender V erhält daher Gelegenheit zur Stellungnahme, obwohl er selbst einen Standplatz für sein Fahrgeschäft begehrt.

Der in einem anderen Bundesland wohnende A betreibt ein Karussell, das er gerne auf dem Volksfest aufstellen möchte. Die Gemeinde versagt ihm indes die Zulassung, da nicht genügend Standplätze für alle Bewerber vorhanden seien. Zwar habe A seinen Antrag vor allen anderen Schaustellern eingereicht. Jedoch seien die anderen Bewerber im Gegensatz zu ihm bereits in den Vorjahren auf dem Volksfest tätig gewesen und der Gemeinde deswegen als besonders zuverlässig bekannt, was nach ständiger Vergabepraxis bislang immer ausschlaggebend gewesen sei. Dennoch kann A belegen, dass er in der Vergangenheit bei anderen Gelegenheiten stets sehr sorgfältig gearbeitet hat.

Sogleich begehrt A mit einem form- und fristgerecht eingelegten Widerspruch, doch noch berücksichtigt zu werden. Drei Tage vor dem Volksfest erhält er einen abschlägigen Bescheid. Am nächsten Tag erhebt A Klage, die jedoch erst nach dem Ende des ohne ihn durchgeführten Festes verhandelt werden kann. A stellt seinen Klageantrag nun auf Empfehlung des Gerichts um.

Wie wird das Verwaltungsgericht entscheiden?

Teil 2: Die Rechtsaufsichtsbehörde hat den begründeten Verdacht, die Stadt S habe den A bewusst übergangen, um den B zu bevorzugen, der zwar seinen Betrieb in S hat und dort mehrere Mitarbeiter beschäftigt, der indes in der Vergangenheit mehrfach als nicht zuverlässig aufgefallen ist. Sie ordnet deswegen nach Anhörung der Gemeinde und noch rechtzeitig vor dem Volksfest schriftlich an, dem A den zunächst dem B zugedachten Standplatz zuzuteilen.

Der Bürgermeister fragt nun, ob sich die Stadt gerichtlich gegen das Schreiben wehren könne.

Lösung zu Fall 13

Teil 1: Zugang zum Volksfest

A. Sachurteilsvoraussetzungen

Der Verwaltungsrechtsweg ist eröffnet, insbesondere richtet sich der Zulassungsakt **381**
beim Zugang zu öffentlichen Einrichtungen („ob“) unabhängig von einer möglicherweise zivilrechtlichen Ausgestaltung des Benutzungsverhältnisses („wie“) nach öffentlichem Recht („Zweistufentheorie“).

A hat seinen Klageantrag im Wege einer sachdienlichen Klageänderung (§ 91 Abs. 1 2. Alt. VwGO) umgestellt. Seine ursprüngliche Klage auf Zulassung zum Volksfest ist als Leistungsklage anzusehen, falls diese bloßer Realakt ist, oder als Verpflichtungsklage, sofern sie einen zum Verwaltungsakt verselbstständigten Zulassungsakt voraussetzt. Diese Differenzierung setzt sich fort und macht die geänderte Klage zur Feststellungs- oder Fortsetzungsfeststellungsklage. Ausschlaggebend ist mithin, ob sich der Anspruch auf Beteiligung am Volksfest direkt aus dem Gesetz ergibt oder ob noch ein besonderer Zulassungsakt erforderlich ist. Die kommunalrechtlichen Anspruchsnormen[33] zur Nutzung öffentlicher Einrichtungen, zu denen auch ein Volksfest zählen

33 Z.B. § 10 Abs. 2 S. 2 GemO BW; § 14 Abs. 1 ThürKO.

kann, setzen um der Verteilungsfunktion willen voraus, den Zugangsanspruch im Einzelfall zu konkretisieren, gegebenenfalls auch eine Auswahl zwischen mehreren Bewerbern zu treffen. Sie erfordern daher einen eigenständigen Zulassungs-, das heißt Verwaltungsakt[34]. Die auf seinen Erlass gerichtete ursprüngliche Verpflichtungsklage[35] ist, weil das Volksfest bereits stattgefunden, sich das Verpflichtungsbegehren also erledigt hat, in eine Fortsetzungsfeststellungsklage umgewandelt worden, gerichtet auf die Feststellung, dass die Ablehnung rechtswidrig war und den A in eigenen Rechten verletzte. Der unmittelbar auf die Verlängerung der Anfechtungsklage zugeschnittene § 113 Abs. 1 S. 4 VwGO ist im Lichte der grundsätzlichen Parallelität beider Klagearten bei der Verpflichtungsklage analog anzuwenden.[36]

Die kommunalrechtliche Anspruchsnorm auf Zulassung zur öffentlichen Einrichtung „Volksfest" könnte dem A ein subjektives Recht vermitteln und ist möglicherweise verletzt worden (§ 42 Abs. 2 VwGO analog).

Das gebotene Fortsetzungsfeststellungsinteresse liegt in der konkreten Wiederholungsgefahr, da die Gemeinde bewusst jedes Jahr die gleichen Schausteller nimmt, weshalb dem A die Gefahr droht, auch in Zukunft übergangen zu werden. Ferner könnte das hiesige Verfahren der Vorbereitung eines Amtshaftungsprozesses wegen entgangenen Gewinns dienen (nur bei Erledigung nach Klageerhebung).

In Fällen der Erledigung nach Klageerhebung setzt die Fortsetzungsfeststellungsklage ein Vorverfahren voraus, weil eine unzulässige Klage nicht allein durch Erledigung zulässig werden kann. Diese Anforderung ist hier gewahrt. Gleiches gilt für die übrigen Sachurteilsvoraussetzungen. Die Klage ist zulässig.

B. Begründetheit

382 **Vorüberlegung:** Für Verpflichtungsbegehren kommen zwei (logisch gleichwertige) Aufbaumöglichkeiten in Betracht[37]. Bei gebundenen Entscheidungen bietet sich ein lediglich die Tatbestandsvoraussetzungen einer Anspruchsnorm prüfender „Anspruchsaufbau" an. Noch offene Entscheidungen (wie hier), insbesondere bei Ermessensnormen, lassen sich dagegen mit einem „Rechtswidrigkeitsaufbau" einfacher prüfen. Vorliegend kommt hinzu, dass der Anspruch wegen Erledigung nicht mehr verfolgt werden kann, dass vielmehr nur noch die Rechtswidrigkeit der versagenden Entscheidung festgestellt werden soll. Eine weitere Besonderheit dieses Falls liegt darin, dass gegebenen-

---

34 Diese generelle Erforderlichkeit eines Zulassungsakts unterscheidet die öffentliche Einrichtung von der öffentlichen Sache im Gemeingebrauch; siehe oben vor Fall 3.

35 Diese Verpflichtungsklage wäre gegebenenfalls mit einer Anfechtungsklage gegen einen Konkurrenten zu verbinden, sofern ein bestimmter anderer Bewerber verdrängt werden muss, um den Platz freizuhalten (strittig). Dies sei hier dahingestellt, da nicht ersichtlich ist, gegen wen vorgegangen werden könnte. In der Praxis wäre zudem einstweiliger Rechtsschutz nach § 123 VwGO für das Verpflichtungsbegehren sowie ergänzend nach § 80a Abs. 3 VwGO i.V.m. § 80 Abs. 5 VwGO für eine Drittanfechtung (ebenfalls strittig) zu ergreifen.

36 Vgl. auch BVerwG, NVwZ 2015, S. 986 (987 f.) zur Fortsetzungsfeststellungsklage bei Erledigung des Verpflichtungsbegehrens vor Klageerhebung.

37 Siehe oben zu Fall 9 (Variante).

falls ein Fehler im Verfahren vorliegt, der möglicherweise bereits für sich betrachtet zur Rechtswidrigkeit der Ablehnung und damit zu einem (zumindest Teil-) Obsiegen des Klägers führen könnte. Insgesamt ist daher der „Rechtswidrigkeitsaufbau" vorzugswürdig, bei dem im Einklang mit dem Wortlaut von § 113 Abs. 5 VwGO zu prüfen ist, ob (I.) die Versagung des Verwaltungsakts rechtswidrig war und (II.) den A in eigenen Rechten verletzte.

I. Rechtmäßigkeit der Versagung

1) Rechtsgrundlage:

Die Entscheidung über die Zulassung zum Volksfest richtet sich nicht nach §§ 60b **383**
Abs. 2, 70 GewO. Zwar handelt es sich um eine Anspruchsnorm für Veranstaltungen der dort beschriebenen Art, hier um ein Volksfest im Sinne von § 60b Abs. 1 GewO, für welche gemäß § 60b Abs. 2 GewO unter anderem die §§ 69 Abs. 1 und 2, 70 GewO entsprechend gelten. Jedoch ist die von § 70 GewO vorausgesetzte Festsetzung nach § 69 Abs. 1 GewO hier unterblieben. Die GewO ist damit nicht einschlägig. Heranzuziehen sind vielmehr die jeweiligen kommunalrechtlichen Anspruchsnormen, die allgemeinere Regelungen für kommunale öffentliche Einrichtungen aller Art bereithalten und hier direkt oder jedenfalls analog anzuwenden sind[38].

2) Formelle Rechtmäßigkeit:

a) Die Zuständigkeit liegt bei der Gemeinde als Veranstalter des Volksfestes. **384**

b) Problematisch ist indes die Beteiligung des Landesschaustellerverbandes im Wege der Anhörung. Zwar dürfen Interessenverbände grundsätzlich angehört werden, um der Behörde größtmögliche Sachkenntnisse zu verschaffen. Der in das Verfahren einbezogene Landesvorsitzende hatte jedoch ein Eigeninteresse, da er ebenfalls einen Standplatz begehrte, also selbst Beteiligter des Verteilungsverfahrens war. Auch wenn dies nicht direkt unter § 20 Abs. 1 Nr. 1 LVwVfG fällt, da dort nur die Tätigkeit des Beteiligten „für eine Behörde" ausgeschlossen wird, greift dennoch ein ähnlicher Grundgedanke. Außenstehende als vermeintlich neutrale Dritte heranzuziehen, obwohl diese ein Sonderinteresse an der Entscheidung haben, verletzt den im Rechtsstaatsprinzip wurzelnden Grundsatz des fairen Verfahrens[39].

Die Folgen dieses Verfahrensfehlers lassen sich nicht unmittelbar aus § 46 LVwVfG ablesen, da die Vorschrift auf die Anfechtung belastender Verwaltungsakte zugeschnitten ist. Gleichwohl bringt sie einen allgemeinen Grundgedanken zum Ausdruck, der sich auf die Frage nach der Rechtmäßigkeit einer Nichtbegünstigung übertragen lässt, nicht zuletzt weil mit einer erfolgreichen Verpflichtung auch die vorherige Versagung aufgehoben wird, weil im Übrigen ein Anspruch auf ermessensfehlerfreie Neubescheidung möglich bleiben kann. Insoweit kann ein Verfahrensfehler zumindest ein teilwei-

38 Z.B. § 10 Abs. 2 S. 2 GemO BW; § 14 Abs. 1 ThürKO.
39 VG Stuttgart, VBlBW 2002, S. 401 ff.

ses Obsiegen des Klägers nach sich ziehen. Ausschlaggebend ist, so auch der Kerngedanke aus § 46 (L)VwVfG, ob sich ein Verfahrensfehler auf die materielle Rechtmäßigkeit, das heißt auf die Entscheidung in der Sache auswirken könnte. Sollte dies ausgeschlossen sein, wäre der Schutzfunktion des Verfahrens genügt, ein Beharren auf Verfahrensanforderungen wäre bloße Förmelei. Falls indes ein Einfluss auf die Sachentscheidung möglich ist, muss der Fehler grundsätzlich beachtlich sein[40]. Im vorliegenden Fall war eine Auswahlentscheidung zwischen verschiedenen Schaustellern erforderlich. Es ist nicht auszuschließen, dass die Anhörung des Verbandsvorsitzenden die Entscheidung beeinflusst hat. Auf den Nachweis einer Kausalität kommt es nicht an. Folglich führte die Anhörung des in einem Interessenkonflikt stehenden Verbandsvorsitzenden zu einem beachtlichen Verfahrensfehler.

c) Formfehler sind nicht ersichtlich.

3) Materielle Rechtmäßigkeit:

385 **a)** Die kommunalrechtlichen Anspruchsnormen zur Nutzung öffentlicher Einrichtungen setzen durchgängig voraus, dass eine öffentliche Einrichtung von Gemeindeeinwohnern im Rahmen des geltenden Rechts genutzt werden soll. Dem Wortlaut nach besteht dann ein Anspruch (gebundene Entscheidung).

386 **b)** Öffentliche Einrichtung in diesem Sinne ist jede kommunale Sach- oder Dienstleistung, die einem abgrenzbaren Personenkreis durch einen Widmungsakt insbesondere zur Daseinsvorsorge zur Verfügung gestellt wird. Das Volksfest kann in seiner Gesamtheit als solche Sach- und Dienstleistung angesehen werden. Die Gemeinde hat das Fest auch konkludent gewidmet und es ihren Einwohnern als städtische Leistung zur Verfügung gestellt. Des Weiteren sind die Zulassung begehrenden Schausteller ein abgrenzbarer Personenkreis. A ist allerdings nicht ortsansässig. Die Versagung scheint daher materiell rechtmäßig zu sein.

387 ■ **Überlegung:** Bei näherer Betrachtung zeigt sich, dass eine derartige am Gesetzestext ausgerichtete, dem herkömmlichen Prüfungsschema „Tatbestand und Rechtsfolge“ folgende Normanwendung Fällen der hier zu beurteilenden Art nicht gerecht werden kann.

Dies belegt ein Vergleich zum typischen Fall des Zugangsbegehrens, in dem Gemeindeeinwohner städtische Einrichtungen (Schwimmbad, Theater etc.) nutzen und dabei jeweils im Einzelfall zugelassen werden (etwa durch den Verkauf von Eintrittskarten). Hingegen ist der Zugang der Gemeindeeinwohner zum Volksfest zulassungsfrei. Die Frage einer Zulassung bezieht sich nicht auf die eigentlichen Nutzer, sondern auf Dritte, hier die Anbieter von Waren und Dienstleistungen. Diese sind zudem typischerweise Ortsfremde. Jedenfalls aber greift die ratio der kommunalrechtlichen Anspruchsnorm nicht, die auf einen Gleichlauf von Lasten (Kosten) und Nutzen abstellt[41]. Die Gemeindeeinwohner haben einen

40 In diesem Fall schließt sich allerdings noch die (unter II. zu erörternde) Folgefrage an, ob die Verfahrensnorm auch subjektive Rechte des Klägers schützt. Hieran fehlt es etwa regelmäßig, wenn eine andere Behörde fehlerhaft nicht beteiligt wurde, da deren Mitwirkung zumeist Anliegen der Allgemeinheit schützen soll.

41 Vgl. z.B. § 10 Abs. 2 S. 3 GemO BW; § 14 Abs. 1 ThürKO.

gesetzlichen Anspruch auf Zulassung, weil öffentliche Einrichtungen aus den Steuergeldern der Gemeinde finanziert werden, weil sie als steuerpflichtige Gemeindeeinwohner also gewissermaßen die Finanziers sind. Dagegen fließt der Vorteil der zulassungspflichtigen Nutzer (Händler und Schausteller) hier nicht unmittelbar aus der Nutzung der öffentlichen Einrichtung, sondern entsteht mittelbar dadurch, dass ihnen eine günstige Gelegenheit zum Erwerb geboten wird. Im Kern geht es aus diesem Grund nicht um einen Anspruch auf eine letztlich selbst finanzierte Leistung. Es geht vielmehr um die gleiche Teilhabe an den durch kommunales Handeln eröffneten Erwerbsmöglichkeiten. Damit verlagert sich die Fragestellung. Geboten ist eine sachgerechte Auswahlentscheidung zwischen verschiedenen Anbietern, die zwingend eine behördliche[42] Ermessensentscheidung sein muss.

Es zeigt sich, dass die kommunalrechtlichen Anspruchsnormen zur Nutzung öffentlicher Einrichtungen nicht formal gehandhabt werden können. Eine schlichte Subsumtion unter ihre Rechtsbegriffe führt in vielen Fällen nicht zum Ziel. Die entsprechenden Vorschriften sind vielmehr nach Maßgabe ihrer ratio anzuwenden, wobei im Kern eine ermessensfehlerfreie Entscheidung über eine Zuwendung von Vorteilen steht. Besonderes Gewicht erlangt dabei der Gedanke der Selbstbindung (Art. 3 GG) durch eine Widmung oder eine ständige Verwaltungspraxis.

Diese Erwägungen lassen sich durch einen Vergleich zu § 70 GewO stützen, der eindeutig als Ermessensnorm ausgestaltet ist. Der hiesige Sachverhalt unterscheidet sich von den Fällen dieser Norm allein dadurch, dass die Veranstaltung nicht als Volksfest im Sinne von § 60b GewO festgesetzt worden ist. Die kommunalrechtlichen Anspruchsnormen zur Nutzung öffentlicher Einrichtungen dienen insoweit gewissermaßen als Auffangnormen, was keine andere Bewertung in der Sache rechtfertigen, insbesondere keine anderen Ermessenserwägungen erlauben kann.

Hintergrund dieses relativ freien Umganges mit dem Parlamentsgesetz ist vor allem die in Fällen dieser Art nur begrenzte Maßgeblichkeit des Gesetzmäßigkeitsprinzips, welches die Gemeinde weder als Vorbehalt noch als Vorrang des Gesetzes hindert, über das gesetzlich Gewollte hinaus zusätzliche Leistungen ohne gesetzliche Grundlage zu gewähren, die also im freien, aber dennoch pflichtgemäß auszuübenden Ermessen der Gemeinde stehen.

Nach alledem lässt sich festhalten, dass die kommunalrechtlichen Anspruchsnormen zur Nutzung öffentlicher Einrichtungen in vielen Fällen über ihren Wortlaut hinaus als Ermessensnorm anzuwenden sind. Beispiele bieten das Zugangsbegehren Ortsfremder, die Nutzung über den Widmungszweck hinaus („Sonderbenutzung") oder Kapazitätsengpässe bei mehreren Bewerbern, die zwangsläufig eine Auswahlentscheidung (auch bei Gemeindeeinwohnern) erfordern. Insgesamt sind die entsprechenden Vorschriften flexibel, nicht begrifflich zu handhaben[43]. ■

---

42 Vgl. VG Stuttgart, NVwZ 2007, S. 614: Die Gemeinde dürfte zwar die Durchführung eines Jahrmarktes, nicht aber die Vergabeentscheidung privatisieren.

43 Vielgestaltigkeit und Flexibilitätsbedarf der Anwendung derselben Norm zeigen sich am Beispiel des Zugangs zur kommunalen Einrichtung „Friedhof". Die Zulassungsproblematik stellt sich sowohl gegenüber Einwohnern, die sich oder ihre Angehörigen dort beerdigen lassen möchten, als auch gegenüber Friedhofsgärtnern, die ihre Dienste anbieten möchten. Anzuwenden ist jeweils die gleiche Norm mit unterschiedlichen Problemen der ermessensfehlerfreien Auswahl.

388 **Zum Fall:** A ist kein Gemeindeeinwohner. Auch ist eine Auswahlentscheidung geboten, weil Stellplätze über die Kapazität hinaus begehrt werden. Demgemäß steht die Entscheidung über die Zulassung des A im Ermessen der Gemeinde. Dies mag man rechtstechnisch – ohne jeden Unterschied in der Sache – im Wege einer Analogie zur kommunalrechtlichen Anspruchsnorm verarbeiten oder aber als freies Ermessen im gesetzlich nicht geregelten Bereich einordnen. Maßgeblich ist in beiden Fällen (wobei eine Einteilung in Tatbestand und Rechtsfolge keine zusätzliche Aussagekraft hätte), dass es sich um eine öffentliche Einrichtung handelt, dass sich die begehrte Nutzung im Rahmen der Widmung hält (keine zwingende, sondern durch Ermessensentscheidung überwindbare Grenze), dass ferner keine Rechtsvorschriften entgegenstehen. Im Übrigen darf die Auswahlentscheidung nicht auf sachfremde[44] Kriterien gestützt werden.

Vorliegend könnte die Auswahl eines anderen Bewerbers dadurch gleichheitswidrig sein, dass die Gemeinde den Kapazitätsengpass unter Berufung auf das Prinzip „bekannt und bewährt“ aufgelöst und vorrangig jene Bewerber berücksichtigt hat, die sich in der Vergangenheit als zuverlässig erwiesen hatten. Dieses Kriterium ist an sich zulässig. Jedoch läge ein Ermessensfehler vor, falls es zum ausschließlich maßgeblichen Kriterium aufgewertet würde. Die Konsequenz wäre, dass neue Bewerber dauerhaft ausgeschlossen würden und nie die Chance hätten, sich als zuverlässig zu erweisen. Es muss also mindestens ein Teilkontingent für Neubewerber frei gehalten werden. Insoweit muss dann (jedenfalls auch) das Prioritätsprinzip Beachtung finden. Vorliegend hat A als Erster den Antrag gestellt und kann belegen, dass er sich in der Vergangenheit anderenorts bewährt hat, dass er also gleich zuverlässig ist. Seine Nichtberücksichtigung war somit ermessensfehlerhaft. Das behördliche Ermessen ist wohl sogar auf Null reduziert, da bei gleicher Zuverlässigkeit und Fehlen weiterer Differenzierungskriterien allein das Prioritätsprinzip als willkürfreies Kriterium in Betracht kommt, mithin jede andere Entscheidung rechtswidrig wäre.

II. Verletzung in eigenen Rechten

389 Maßgeblich sind jeweils die konkreten Rechtsfehler: 1.) Der Verfahrensfehler durch Anhörung des Verbandsvorsitzenden trotz dessen Sonderinteresse verletzt den A in eigenen Rechten, weil der rechtsstaatliche Grundsatz des fairen Verfahrens hier individualschützend wirkt. In der Situation einer Verpflichtungsklage hätte dieser Fehler nur eine Verpflichtung zur Neubescheidung und damit nur ein Teilobsiegen des Klägers zur Folge. In der hier zu beurteilenden Situation der Fortsetzungsfeststellungsklage erlaubt der Fehler dagegen die angestrebte Feststellung der Rechtswidrigkeit der versagenden Entscheidung und führt somit zu seinem vollständigen Obsiegen. 2.) Die

44 Sachgerecht wären namentlich solche Kriterien, die aus einer bestimmten thematischen Gestaltung der Veranstaltung folgen (z.B. Weinfest, Weihnachtsmarkt etc.). Hier gibt der Sachverhalt nichts Derartiges zu erkennen.

ermessensfehlerhafte Versagung eines Standplatzes verletzt den A in Art. 3 Abs. 1 GG (ggf. in Verbindung mit der entsprechend anzuwendenden Anspruchsnorm des Kommunalrechts).

Ergebnis: Die Klage ist zulässig und begründet[45].

Teil 2: Verteidigung der Gemeinde gegen die Maßnahme der Rechtsaufsicht

■ Die Struktur der **Kommunalaufsicht**[46] knüpft an die funktionale Doppelrolle der Gemeinden an[47]. In Selbstverwaltungsangelegenheiten (weisungsfreie Aufgaben bzw. eigener Wirkungskreis) unterliegen die Gemeinden einer bloßen Rechtsaufsicht, die allein die Rechtmäßigkeit kommunalen Handelns kontrolliert. Wichtigste Aufsichtsmittel sind die Beanstandung bei rechtswidrigem Handeln sowie die Anordnung bei rechtswidrigem Unterlassen der Gemeinde, beide verlängert durch die Möglichkeit einer Ersatzvornahme. In Angelegenheiten der allgemeinen staatlichen Verwaltung (Weisungsaufgaben bzw. übertragener Wirkungskreis) besteht dagegen eine Rechts- und Fachaufsicht, welche die Recht- und Zweckmäßigkeit gemeindlichen Handelns zum Gegenstand hat. Instrument der Fachaufsicht ist die Weisung. Eine etwaige Missachtung einer Weisung wäre rechtswidrig und damit Anlass zu Maßnahmen der Rechtsaufsicht. Beide Formen der Aufsicht stehen im Ermessen der Aufsichtsbehörde, die nach Zweckmäßigkeitsgesichtspunkten entscheidet, ob und wie sie einschreitet (Opportunitätsprinzip). Die Vorschriften zur Rechts- und Fachaufsicht gehören ausschließlich dem objektiven Recht an. Der Bürger kann ein Einschreiten nicht verlangen. ■ **390**

A. Sachurteilsvoraussetzungen

Statthafte Klageart könnte die Anfechtungsklage sein, sofern es sich bei dem Schreiben **391** um einen Verwaltungsakt (§ 35 S. 1 LVwVfG) handelt.[48] Fraglich ist insoweit allein, ob die getroffene Anordnung Außenwirkung hat, genauer ob sie „auf unmittelbare Rechtswirkung nach außen *gerichtet*“ ist. Entscheidend ist dabei nicht die tatsächliche Wirkung, sondern die *objektive Zielrichtung* der Maßnahme. Da die Gemeinde hier als Adressatin einer *Rechtsaufsichts*maßnahme in *Selbstverwaltungs*angelegenheiten angesprochen wird, ist das Schreiben auf Außenwirkung gerichtet, mithin ein Verwaltungsakt[49]. Die Klagebefugnis (§ 42 Abs. 2 VwGO) folgt aus Art. 28 Abs. 2 GG, der den Gemeinden die Kompetenz verleiht, sich mit allen Angelegenheiten der örtlichen

---

45 Zur Vertiefung *Spitzlei*, JA 2020, S. 372 ff. (zur Auswahlentscheidung bei kommunalen Einrichtungen). Siehe ferner BVerwG, NVwZ 2009, S. 1305 ff. (aus Art. 28 Abs. 2 GG hergeleitetes Verbot der Privatisierung eines Weihnachtsmarktes); VGH München, NJW 2012, S. 1095 f. (zur Widmung als Grenze des Zulassungsanspruchs; Sonderfall); vgl. auch BVerfG, NJW 2016, S. 3153 ff. (zur Privilegierung Einheimischer bei privatrechtlichem Leistungsangebot).

46 Geregelt z.B. in §§ 118 ff. GemO BW; §§ 116 ff. ThürKO.

47 Siehe oben Einführung vor Fall 12.

48 Begleitend kommt ein Antrag nach § 80 Abs. 5 VwGO in Betracht.

49 § 125 GemO BW bestätigt dieses Ergebnis (Rechtsschutz durch Anfechtungs- oder Verpflichtungsklage). Die Norm hat nur deklaratorischen Charakter, da das „gerichtliche Verfahren“ gemäß Art. 74 Abs. 1 Nr. 1 GG einer konkurrierenden, abschließend ausgeübten Bundeskompetenz unterfällt.

Gemeinschaft zu befassen, der daher möglicherweise verletzt worden ist.[50] Die Durchführung eines Vorverfahrens ist, soweit ein solches nicht nach Landesrecht entbehrlich ist[51], zu unterstellen. Die weiteren Sachurteilsvoraussetzungen sind einzuhalten.

B. Begründetheit:

392 **1)** Anzuwenden ist die landesrechtliche Rechtsgrundlage zum Erlass einer Anordnung.[52]

2) Neben der ebendort geregelten Zuständigkeit[53] zur Rechtsaufsicht ist im Verfahren § 28 LVwVfG zu beachten, der zur Anhörung der Gemeinde verpflichtet. Ein schriftlicher Verwaltungsakt bedarf zudem einer Begründung (§ 39 LVwVfG).

3) Materiell setzen Maßnahmen der Rechtsaufsicht ein rechtswidriges Handeln oder Unterlassen der Gemeinde voraus. Hier hat die Gemeinde rechtsfehlerhaft nicht den A, sondern den weniger zuverlässigen B berücksichtigt. Die Rechtsfolge steht im Ermessen der Aufsichtsbehörde. Eine wichtige Ermessensgrenze liefert das Verhältnismäßigkeitsprinzip. Es ist zwar an sich grundrechtlicher Herkunft, vorliegend aber ausnahmsweise auch zwischen Verwaltungsträgern anwendbar, da die Aufsicht in besonderer Weise „eigene" Rechte der Gemeinde berührt (Art. 28 Abs. 2 GG). Seine Bedeutung liegt im hiesigen Zusammenhang darin zu fragen, ob das Einschreiten „im öffentlichen Interesse geboten" ist. Hier sind keine Ermessensfehler ersichtlich.

Ergebnis: Der Verwaltungsakt ist rechtmäßig. Die Klage ist zulässig, aber unbegründet.

393 ■ **Ergänzender Fall:** Die Gemeinde erledigt eine Aufgabe der allgemeinen Verwaltung (Weisungsaufgabe bzw. übertragener Wirkungskreis). Die Fachaufsichtsbehörde weist sie an, diese Aufgabe aus Zweckmäßigkeitsgründen nicht durch den Beamten X, sondern durch den qualifizierteren Beamten Y erledigen zu lassen. Kann die Gemeinde sich hiergegen gerichtlich wehren?

A. Sachurteilsvoraussetzungen: In Betracht kommt eine Anfechtungsklage. Weisungen ermangeln jedoch der Außenwirkung, da die Gemeinde insoweit in den hierarchischen Verwaltungsaufbau eingegliedert ist. Auch eine mögliche Überschreitung des Weisungsrechts würde hieran nichts ändern, da gemäß § 35 S. 1 LVwVfG (auf Außenwirkung *„gerichtet"*) nicht entscheidet, ob eine Maßnahme tatsächlich im Außenverhältnis wirkt, sondern ob sie ihrer objektiven Zielrichtung nach im Außenverhältnis wirken soll. Deshalb ist eine Feststellungsklage zu erheben. Die hier analog § 42 Abs. 2 VwGO zu fordernde Klagebefugnis folgt aus Art. 28 Abs. 2 GG, allerdings nur soweit möglicherweise in die Selbstverwaltung eingegriffen worden ist.

---

50 Berechtigt und damit klagebefugt ist allein die Gemeinde als Verband, nicht auch das Organ, dessen Handeln oder Unterlassen die Aufsichtsbehörde gerügt hat.

51 Z.B. findet gemäß § 15 Abs. 1 S. 1 AGVwGO BW bei Verwaltungsakten des Regierungspräsidiums, das nach § 119 GemO BW Rechtsaufsichtsbehörde sein kann, kein Widerspruchsverfahren statt.

52 Z.B. § 122 GemO BW; § 120 Abs. 1 ThürKO.

53 Z.B. § 119 GemO BW; § 118 ThürKO.

B. Begründetheit: Das Weisungsrecht beschränkt sich auf die sachlichen Aspekte der Aufgabenerledigung. Vorliegend ist dagegen die kommunale Organisationshoheit als Ausfluss der Selbstverwaltungsgarantie betroffen und verletzt. Die Klage ist begründet.[54] ■

Wiederholungs- und Vertiefungsfragen zu Fall 13

1. Welche Klageart ist bei einer Konkurrentenklage zu wählen? Mit welcher anderen Klage ist sie – je nach den Umständen des Falls – zu verbinden?
2. Welche Klageart kommt in Betracht, wenn sich das klägerische Begehren einer Verpflichtungsklage nach Klageerhebung erledigt hat?
3. Was versteht man unter einer öffentlichen Einrichtung (§ 10 Abs. 2 GemO BW)?
4. Warum ist der Anspruch auf Zulassung zu einer öffentlichen Einrichtung (§ 10 Abs. 2 GemO BW) auf Gemeindeeinwohner beschränkt? Darf die Gemeinde darüber hinaus auch Ortsfremde zulassen?
5. In welchen Konstellationen ist die einschlägige Anspruchs- (§ 10 Abs. 2 GemO BW) als Ermessensnorm zu handhaben?
6. Welche beiden Erscheinungsformen der (Kommunal-) Aufsicht kennen Sie? Wodurch unterscheiden sie sich?
7. Woraus ergibt sich, ob nur eine Rechts- oder auch eine Fachaufsicht besteht?
8. Kann sich eine Gemeinde gegen Maßnahmen der Rechtsaufsicht in Selbstverwaltungsangelegenheiten verteidigen? Welche Klageart ist zu wählen? Woraus folgt eine Klagebefugnis?
9. Kann sich eine Gemeinde auch gegen eine rechtswidrige Weisung wehren? Welche Klageart kommt ausnahmsweise in Betracht?
10. Wie lassen sich Weisungen der Fachaufsichtsbehörde durchsetzen?

54 Zur Wiederholung und Vertiefung *Schoch*, Jura 2006, S. 188 ff. (zur Rechtsaufsicht); allgemein zum baden-württembergischen Kommunalrecht *Ennuschat*, in: *Ennuschat/Ibler/Remmert*, Öffentliches Recht in Baden-Württemberg, § 1.

Dritter Teil

Staatshaftungsrecht

394 ■ **Einführung**: Das Staatshaftungsrecht umfasst im Wesentlichen drei Gruppen von Haftungsinstituten:

(1) Die *Folgenbeseitigung* wickelt *rechtswidrige Zustände* als Folge behördlicher Eingriffe ab. Sie verwirklicht die Abwehrfunktion der Grundrechte, die spiegelbildlich zur Unterlassung künftiger Eingriffe auch die Beseitigung der Folgen vergangener Eingriffe verlangt. Wichtigstes Rechtsinstitut ist der ungeschriebene allgemeine Folgenbeseitigungsanspruch.

(2) Der *Schadensersatz* setzt ein schuldhaftes rechtswidriges Staats*handeln* voraus, knüpft also an eine *Pflichtverletzung* an. Anzuwenden sind die im Zivilrecht entwickelten Grundsätze. Wichtigste Rechtsinstitute sind die Amtshaftung (§ 839 BGB i.V.m. Art. 34 GG) und (selten) die positive Pflichtverletzung öffentlich-rechtlicher Schuldverhältnisse (Pendant zur zivilrechtlichen positiven Vertragsverletzung).

(3) Die *Entschädigung* dient dem *Ausgleich* für erlittene Nachteile. Sie entstammt dem Aufopferungsrecht und bezweckt einen Billigkeitsausgleich bei für das Gemeinwohl erlittenen besonderen Opfern. Wichtigste Rechtsinstitute sind die Enteignungsentschädigung (Art. 14 Abs. 3 GG), die polizeirechtliche Nichtstörerentschädigung sowie der enteignende und enteignungsgleiche Eingriff.

Für alle drei Gruppen gilt – wenn auch mit Unterschieden im Einzelnen – ein grundsätzlicher Vorrang der Abwehr staatlichen Unrechts vor staatlicher Haftung. Der Bürger muss zunächst versuchen, rechtswidrige Eingriffe abzuwehren. Haftungsansprüche bestehen in der Regel nur, wenn Rechtsschutz nicht möglich oder nicht zumutbar ist.[1] ■

395 **Fall 14:** S, der zuständige Sachbearbeiter des als Lebensmittelüberwachungsbehörde handelnden Landratsamtes (untere Verwaltungsbehörde), missversteht fahrlässig den Befund der lebensmittelrechtlichen Untersuchung eines bestimmten Nahrungsmittels und nimmt deswegen irrig an, das Produkt löse konkrete Gefahren für die Gesundheit der Verbraucher aus. Als Vertreter seiner Behörde ordnet er daraufhin eine Prüfung nach § 10 AGLMBG sowie ein Verkaufsverbot nach § 11 AGLMBG an. Letzteres geschieht wegen der vermuteten erheblichen Gefahren und der Verbreitung des Produkts in der Form einer Allgemeinverfügung nach § 12 AGLMBG, die in Rundfunk und Tagespresse veröffentlicht wird.

X ist Hersteller des Produkts. Er wurde schriftlich über die Maßnahme informiert und über die bestehenden Rechtsschutzmöglichkeiten belehrt. Dennoch bleibt er zunächst untätig, da er vermutet, die Berichterstattung über einen Rechtsstreit

1 Die genannten Haftungsinstitute erfassen regelmäßig nur behördliches Handeln, nicht jedoch Akte der Gesetzgebung. Vgl. aber auch *Detterbeck*, NVwZ 2019, S. 97 ff. zum Problemkreis der Behördenhaftung in Fällen einer für sich betrachtet ordnungsgemäßen Anwendung verfassungswidriger Gesetze.

werde die öffentliche Aufmerksamkeit nochmals erhöhen und damit auch den Absatz seiner sonstigen Produkte gefährden.

Drei Monate später stellt sich der Irrtum heraus. Die Allgemeinverfügung wird aufgehoben.

Hat X einen Anspruch auf Ausgleich für in der Zwischenzeit durch Umsatzeinbußen erlittene finanzielle Nachteile? Wie könnte er etwaige Ansprüche prozessual durchsetzen?

Gesetz zur Ausführung d. Lebensmittel- u. Bedarfsgegenständegesetzes (AGLMBG Baden-Württemberg)

3. Abschnitt. Weitere Maßnahmen

§ 7 Anwendbarkeit des Polizeigesetzes. *Für die von den Lebensmittelüberwachungsbehörden zu treffenden weiteren Maßnahmen gelten außer den Vorschriften dieses Gesetzes die Vorschriften des Polizeigesetzes für Baden-Württemberg (PolG) einschließlich der Bestimmungen über Entschädigungen für polizeiliche Maßnahmen.*

§ 10 Anordnung von Prüfungen. *(1) Wenn Tatsachen den Verdacht begründen, daß ein Produkt entgegen den Bestimmungen des Lebensmittel- und Bedarfsgegenständerechts oder des Weinrechts hergestellt, behandelt oder in den Verkehr gebracht wurde oder werden soll, kann die zuständige Behörde im Einzelfall auch anordnen, daß der Verantwortliche eine Prüfung durchführt oder durchführen läßt. ...*

§ 11 Verkaufsverbot. *(1) [1]Liegt ein Verdacht im Sinne von § 10 vor und hat die zuständige Behörde ... eine Prüfung durch den Verantwortlichen nach § 10 angeordnet, so kann sie auch verbieten, daß das Produkt in den Verkehr gebracht wird, bevor das Ergebnis der Prüfung vorliegt. ...*

§ 12 Allgemeinverfügung. *(1) [1]Ein Verbot nach § 11 Abs. 1 ... kann als Allgemeinverfügung öffentlich bekanntgegeben werden, wenn zumindest der Verdacht einer konkreten Gefährdung der Gesundheit der Verbraucher besteht, die öffentliche Bekanntgabe wegen der Zahl der Beteiligten angezeigt und zur Gefahrenabwehr erforderlich erscheint. [2]Die Zulässigkeit einer öffentlichen Warnung nach § 13 steht dem Erlaß der Allgemeinverfügung nicht entgegen.*

(2) ... [2]Die Bekanntgabe kann durch Bekanntmachung im Rundfunk (Hörfunk, Fernsehen) und in der Tagespresse erfolgen. ...

5. Abschnitt. Zuständigkeiten

§ 18 Lebensmittelüberwachungsbehörden. *... (4) Untere Lebensmittelüberwachungsbehörden sind die unteren Verwaltungsbehörden.*

Polizeigesetz Baden-Württemberg

3. Abschnitt: Entschädigung

§ 100 Voraussetzungen. *(1) [1]In den Fällen des § 9 Abs. 1 kann derjenige, gegenüber dem die Polizei eine Maßnahme getroffen hat, eine angemessene Entschädigung für den ihm durch die Maßnahme entstandenen Schaden verlangen. ...*

(Anmerkung: § 9 Abs. 1 PolG BW gestattet Maßnahmen gegenüber unbeteiligten Personen).

Lösung zu Fall 14

1. Frage: Anspruch auf Kompensation der Umsatzeinbußen

396 Ein etwaiger Anspruch des X kann grundsätzlich aus allen drei Gruppen von Haftungsinstituten nebeneinander hergeleitet werden. Sie stehen in freier Konkurrenz, da sie unterschiedliche Anknüpfungspunkte und Zielrichtungen aufweisen.

I. Folgenbeseitigung

397 ■ Der allgemeine Folgenbeseitigungsanspruch ist ein gewohnheitsrechtlich anerkanntes, aus dem Rechtsstaatsprinzip und der Abwehrfunktion der Grundrechte herzuleitendes Rechtsinstitut. Er begründet eine *Ausgleichspflicht bei durch hoheitlichen Eingriff in Rechtspositionen des Bürgers entstandenen rechtswidrigen Zuständen*. Der Rückabwicklung der rechtswidrigen Folgen staatlicher Eingriffe gleichgestellt ist ein in die Zukunft gerichteter allgemeiner öffentlich-rechtlicher Abwehranspruch gegen drohende Eingriffe. Anwendungsbeispiele bieten der Anspruch auf Widerruf staatlicher Äußerungen (z.B. Warnungen) sowie jener auf deren künftige Unterlassung.

Zu betonen ist, dass *Folgen*beseitigung *keine* Form von Schadensersatz ist. Dies hat zwei Konsequenzen. Erstens ist ihr dogmatischer Anknüpfungspunkt nicht eine Pflichtverletzung, das heißt nicht der Eingriff, sondern der durch den Eingriff geschaffene *rechtswidrige Zustand*. Dies ist wichtig, weil die Rechtswidrigkeit von Eingriff und Zustand auseinanderfallen kann. So sind rechtmäßige Zustände trotz eines ursprünglich rechtswidrigen Eingriffs denkbar (z.B. infolge Legalisierung nur formell rechtswidrigen Handelns durch ein nachgeholtes Verfahren). Umgekehrt sind rechtswidrige Zustände als Konsequenz an sich rechtmäßigen Handelns möglich (z.B. Folgewirkungen eines für sich betrachtet rechtmäßigen Verwaltungsakts, die von dessen Regelungsgehalt nicht mehr gedeckt werden; z.B. bei Zeitablauf eines befristeten Eingriffs). Gleichwohl fallen beide im Regelfall zusammen, weil der rechtswidrige Zustand typischerweise Folge eines rechtswidrigen Eingriffs ist. Die Rechtswidrigkeit des Eingriffs *indiziert* folglich die Rechtswidrigkeit des Zustandes (im Sinne einer Regelvermutung), ohne Ausnahmen auszuschließen. Diese dogmatische Differenzierung hat zweitens Bedeutung für die Bestimmung der Rechtsfolge, die nicht auf Schadensersatz, sondern allein auf Folgenbeseitigung gerichtet ist. Deswegen erfolgt keine Naturalrestitution im Sinne von § 249 BGB. Anders als beim Schadensersatz, der hypothetische Geschehensabläufe berücksichtigt (z.B. entgangener Gewinn), dient die Folgenbeseitigung allein der *Wiederherstellung des früheren Zustandes* (status quo ante)[2]. Hinzuzufügen sind allerdings zwei Einschränkungen. Um ein Ausufern der staatlichen Folgenbeseitigungspflicht zu vermeiden, sind zum einen nur *unmittelbare* Folgen rückabzuwickeln. Unmittelbarkeit in diesem Sinne meint ein Kriterium *wertender* Zurechnung, das im Kern nach Verantwortungssphären differenziert. Zum anderen muss die Beseitigung rechtlich zulässig, tatsächlich möglich und dem Staat zumutbar sein.

2 Kurz gesagt: Während der Schadensersatz fordert „Stell mich so, wie ich stünde“, verlangt die Folgenbeseitigung „Stell mich so, wie ich stand“.

Prüfungsaufbau: 398
(1) Hoheitliches Handeln der Verwaltung
(2) Subjektives Recht
(3) Eingriff
(4) Noch fortdauernder rechtswidriger Zustand
(5) Rechtsfolge: Anspruch auf Wiederherstellung des früheren Zustandes. Einschränkungen: Beseitigung nur der unmittelbaren Folgen des hoheitlichen Handelns, soweit rechtlich zulässig, tatsächlich möglich und dem Staat zumutbar[3]. ■

Zum Fall: 1) Der allgemeine Folgenbeseitigungsanspruch setzt zunächst ein hoheitli- 399
ches Handeln der Verwaltung voraus. Vorliegend wurde die Lebensmittelüberwachungsbehörde auf der Grundlage öffentlich-rechtlicher Vorschriften tätig.

2) Der Produzent X beruft sich hiergegen auf sein subjektives Recht aus Art. 12 GG.

3) Das vorläufige Verkaufsverbot greift als Regelung der Berufsausübung in die Berufsfreiheit ein[4].

4) Ferner müsste der Eingriff zu einem noch fortdauernden rechtswidrigen Zustand geführt haben. Als solcher kommt hier möglicherweise der Absatzrückgang infolge des Verkaufsverbotes in Betracht. Dessen Rechtswidrigkeit könnte mangels Ausnahme von der Regelvermutung durch eine Rechtswidrigkeit des Eingriffs indiziert sein. Das Verkaufsverbot war zwar rechtswidrig, weil die Behörde von einem falschen Sachverhalt ausging. Allerdings steht die Bestandskraft des Verbotes entgegen (Monatsfrist trotz Rechtsmittelbelehrung abgelaufen). Sie führt nicht nur formell zur Unanfechtbarkeit des Bescheides, sondern bewirkt eine materielle Duldungspflicht, so dass der Bürger eine etwaige Rechtswidrigkeit des Verwaltungsakts nicht mehr einwenden kann. (Es wird aber nicht umgekehrt positiv festgestellt, der Eingriff sei rechtmäßig.) Folglich sind die Allgemeinverfügung und damit auch der durch sie bewirkte Zustand im hiesigen Zusammenhang so zu behandeln, als seien sie rechtmäßig. X hat keinen Folgenbeseitigungsanspruch.

5) Hilfsweise bleibt zu fragen, ob der allgemeine Folgenbeseitigungsanspruch überhaupt die von X gewünschte Rechtsfolge liefern könnte. Er begründet einen Anspruch auf Wiederherstellung des ursprünglichen Zustandes durch Beseitigung der unmittelbaren Folgen des hoheitlichen Exekutivhandelns, soweit dies rechtlich zulässig, tatsächlich möglich und dem Staat zumutbar ist. Zwar sind die genannten Einschränkungen hier nicht weiter problematisch. Indes würde die Wiederherstellung des status quo den

3 Der allgemeine öffentlich-rechtliche Abwehranspruch, gerichtet auf Unterlassen künftiger rechtswidriger Eingriffe, ist spiegelbildlich zu prüfen. Allerdings bezieht er sich nicht auf durch den Eingriff herbeigeführte Folgen, sondern auf den Eingriff selbst. Auch entfallen die genannten Einschränkungen.

4 Schwieriger ist die dogmatische Einordnung bei bloßen Warnungen (ohne Verbotscharakter). BVerfGE 105, 252 (265) (Glykol) sieht hierin – bei Rechtmäßigkeit – eine Verkürzung des rechtlich umhegten Schutzbereichs. Teile der Literatur nehmen hingegen einen Eingriff in den grundsätzlich eröffneten Schutzbereich an. Der Unterschied beider Ansichten ist vor allem grundrechtsdogmatischer Natur. In der Sache gelten die gleichen Anforderungen: Die Freiheitsverkürzung muss gerechtfertigt sein, ansonsten (soweit möglich) rückabgewickelt werden.

X nicht in einen anderen Stand versetzen. Vor dem Eingriff hatte er seine Produkte noch nicht verkauft, nach dem Eingriff besteht dieser Zustand unverändert fort. Ein Absatzrückgang kann nicht mit dem Folgenbeseitigungsanspruch rückgängig gemacht werden. X begehrt in der Sache vielmehr Ersatz des entgangenen Gewinns. Hierfür sind andere Rechtsinstitute zu wählen.

400 ■ **Anmerkung:** Der gelegentlich zu lesende Satz, der allgemeine Folgenbeseitigungsanspruch sei nicht auf Zahlung von Geld gerichtet, ist ungenau. Er ist dann auf Geld gerichtet, wenn eine Vermögensverschiebung unmittelbare Folge des Eingriffs ist, das heißt im Falle einer nun rückgängig zu machenden Zahlungsverpflichtung. Im Übrigen scheitern Zahlungsansprüche regelmäßig an der Nichtberücksichtigung hypothetischer Folgen, nicht aber an einem grundsätzlichen Ausschluss der Rechtsfolge „Geldleistung“[5]. ■

II. Schadensersatz: Amtshaftungsanspruch nach § 839 BGB i.V.m. Art. 34 GG

401 ■ Die systematisch dem öffentlichen Recht zugehörige Amtshaftung ist aus historischen Gründen im BGB geregelt. An dieser Stelle wirkt noch die (deutlich ältere) absolutistische Verkörperung des Staates in der Person des Landesherrn (Souverän) nach, der von Gottes Gnaden regierte und daher nicht unrechtsfähig sein sollte. Ein vom Gesetz abweichendes und damit rechtswidriges Verwaltungshandeln wurde demgemäß dem handelnden Beamten persönlich angelastet. Es galt die Mandatstheorie, nach welcher der Landesherr dem Beamten nur das Mandat zu rechtmäßigem Handeln übertragen hat. Bei rechtswidrigem Handeln überschritt er sein Mandat, verließ also die staatliche Sphäre und handelte als Privatperson, haftete daher persönlich und zivilrechtlich. Später (19. Jahrhundert) entwickelte sich der Staat von der natürlichen zur juristischen Person und wurde unrechtsfähig. Die systematische Stellung der Amtshaftung blieb zwar unverändert, die Rechtsfolge der Ersatzpflicht wurde aber auf den Staat übergeleitet. Heute folgt dies aus Art. 34 GG (Ähnliches galt bereits seit dem Kaiserreich), der zusammen mit § 839 BGB eine einheitliche Anspruchsgrundlage bildet und die originär persönliche Haftung auf den Staat überwälzt, wenn und soweit der Beamte hoheitlich gehandelt hat.

Diese Konstruktion einer grundsätzlich persönlichen und zivilrechtlichen, nur übergeleiteten Haftung beherrscht die Interpretation von § 839 BGB. Beispielsweise wird die Rechtsfolge der Naturalrestitution modifiziert. Die §§ 249 ff. BGB drängen an sich auf die Herstellung des Zustandes, der bei rechtmäßigem Verhalten bestünde. Die Konsequenz wäre bei § 839 BGB (je nach Fallkonstellation) unter Umständen ein Anspruch auf ein bestimmtes Behördenhandeln, etwa auf Erlass eines von Rechts wegen gebotenen Verwaltungsakts. Da Art. 34 GG jedoch die persönliche Haftung des Beamten voraussetzt und nur diese überleitet, kann Rechtsfolge der Amtshaftung nur sein, was der Beamte als Privatperson leisten könnte. Als solcher könnte er keine Amtshandlung vornehmen, höchstens Geld zahlen. Die Naturalrestitution ist daher bei der Amtshaftung insoweit modifiziert, als sie nur auf Schadensersatz in Geld gerichtet sein kann.

---

5 BVerwG, NJW 1989, S. 2484 (2485) berücksichtigt ferner eine anteilige Mitverantwortung des Anspruchsinhabers für den Folgeneintritt, die sich nicht über eine anteilige Folgenbeseitigung in natura verarbeiten lässt, indem ein entsprechend gekürzter Ersatz in Geld geleistet wird (§ 251 BGB analog). Diese Ausnahme folgt pragmatischen, nicht systematischen Erwägungen.

Zusatz: Der EuGH[6] fordert aus Gründen des effet utile eine Staatshaftung bei „hinreichend qualifizierten" Verstößen gegen individualberechtigende Bestimmungen des Europarechts (insbesondere Nichtumsetzung von EU-Richtlinien). Der BGH[7] leitet hieraus einen eigenständigen europarechtlichen Staatshaftungsanspruch (neben § 839 BGB i.V.m. Art. 34 GG) ab. Ebenso vertretbar – und vom EuGH allein gefordert – ist hingegen eine Berücksichtigung dieser Schadensersatzpflicht im Rahmen europarechtskonform gehandhabter mitgliedstaatlicher Rechtsinstitute. Übertragen auf das deutsche Recht hätte dies zur Folge, im Rahmen des § 839 BGB auch (abweichend vom deutschen Recht) legislative[8] und judikative Amtspflichten einzubeziehen und auf das Kriterium des Verschuldens zu verzichten.

Prüfungsreihenfolge: 402

(1) Jemand in Ausübung eines öffentlichen Amtes
(2) Verletzung einer Amtspflicht
(3) Drittbezug der Amtspflicht
(4) Verschulden
(5) Adäquat kausal herbeigeführter Schaden
(6) Ausschlusstatbestände ■

Zum Fall: 403

1) S, der Sachbearbeiter der Lebensmittelüberwachungsbehörde, müsste in Ausübung eines öffentlichen Amtes, das heißt als Beamter im haftungsrechtlichen Sinne gehandelt haben. Hierunter fällt jeder, dem bei *funktioneller Betrachtung* die Ausübung hoheitlicher Befugnisse anvertraut ist, also alle Angehörigen des öffentlichen Dienstes (Beamte im statusrechtlichen Sinn, Angestellte, Arbeiter), ferner alle sonstigen Personen, soweit sie funktionell hoheitliche Befugnisse ausüben. S hat hier als Angehöriger des öffentlichen Dienstes in hoheitlicher Funktion gehandelt.

■ **Beispielsfall:** Die Polizei beauftragt eine private Firma, ein verkehrsbehindernd abge- 404
stelltes Kraftfahrzeug abzuschleppen. Der Unternehmer beschädigt schuldhaft das Fahrzeug. Der Eigentümer kann den Staat aus übergeleiteter Amtshaftung in Anspruch nehmen, weil der private Abschleppunternehmer „Jemand in Ausübung eines öffentlichen Amtes" ist. Bei funktioneller Betrachtung wurde er von der Polizei in die hoheitliche Aufgabe des Abschleppens einbezogen[9]. ■

2) S müsste ferner eine Amtspflicht verletzt haben.

■ *Amts*pflicht ist jede aus seiner Amtsstellung folgende Pflicht des Beamten. Da die Amts- 405
haftung im Einklang mit der historischen Entwicklung (siehe soeben) an das persönliche Fehlverhalten des Amtswalters anknüpft, ist nicht maßgeblich, wie sich Staat und Behörde

6 EuGH, NJW 1992, S. 165 (Francovich); EuGH, NJW 2003, S. 3539 (Köbler).
7 BGHZ 134, 30 (Brasserie du Pecheur); st. Rspr.
8 Der Erlass materieller Gesetze begründet regelmäßig (mangels „besonderer Beziehung" zum Geschädigten) keine Amtshaftungsansprüche. Eine Ausnahme gilt beim Erlass von Bebauungsplänen; hierzu BGHZ 106, 323.
9 BGH JZ 1993, S. 1001.

zu verhalten haben, sondern was vom Beamten verlangt werden kann. Die Amtspflicht (des Handelnden), nicht die Rechtspflicht (des Staates) löst die Haftung aus. In der Regel decken sich beide Pflichtenkreise, weil die wichtigste Amtspflicht darin besteht, die für die eigene Amtsführung maßgeblichen Rechtsvorschriften zu beachten. Dies gilt aber nicht ausnahmslos. Erlässt beispielsweise der Bürgermeister einer im konkreten Fall weisungsgebundenen Gemeinde auf entsprechende Anweisung der Fachaufsichtsbehörde einen rechtswidrigen Verwaltungsakt (z.B. eine ordnungsrechtliche Verfügung), dann handelt der Bürgermeister zwar rechtswidrig, befolgt aber zugleich seine Amtspflichten, zu denen auch staatsinterne Pflichten wie jene aus der für ihn vorrangigen Weisung zählen. Der Vertreter der Fachaufsichtsbehörde hat hingegen seine Amtspflicht verletzt, nur rechtmäßige Weisungen zu erteilen. Der Amtshaftungsanspruch richtet sich folglich gegen das Land als Träger der Aufsichtsbehörde, nicht gegen die Gemeinde. Eine weitere wichtige Amtspflicht liegt darin, keine unerlaubten Handlungen im Sinne von §§ 823 ff. BGB zu begehen.[10] ■

406 S könnte durch die rechtswidrige Allgemeinverfügung (Verkaufsverbot) seine Amtspflicht zu rechtmäßigem Verwaltungshandeln verletzt haben. Es stellt sich jedoch auch an dieser Stelle die Frage nach den Auswirkungen der Bestandskraft des Verwaltungsakts[11].

407 ■ **Allgemein:** Die Wirkungen der Bestandskraft von Verwaltungsakten im Staatshaftungsrecht sind nach den drei Gruppen von Haftungsinstituten differenzierend zu bestimmen.

(1) Die *Folgenbeseitigung* knüpft an rechtswidrige Zustände an, die durch hoheitlichen Eingriff in eigene Rechte geschaffen wurden. Die Rechtswidrigkeit des Eingriffs führt dabei im Regelfall zur Rechtswidrigkeit des Zustandes. Allerdings schneidet die Bestandskraft eines eingreifenden Verwaltungsakts die Berufung auf dessen Rechtswidrigkeit ab und bewirkt eine materielle Rechtspflicht zur Duldung des durch den Bescheid geschaffenen Zustands. Ein Folgenbeseitigungsanspruch ist insoweit ausgeschlossen. Dies gilt aber nur, *soweit* die Duldungspflicht reicht. Soll beispielsweise eine Straße verbreitert werden und gibt ein rechtswidriger, aber bestandskräftiger Verwaltungsakt den Straßenanliegern auf, einen Überbau auf ihrem Grundstück in einer Tiefe von 1 Meter zu dulden, so haben die Eigentümer, falls die Grundstücke tatsächlich – und insgesamt rechtswidrig – 1,5 Meter überbaut werden, einen Folgenbeseitigungsanspruch gerichtet auf Rückbau der überschießenden 0,5 Meter, wohingegen der Überbau bis zu einer Tiefe von 1 Meter hingenommen werden muss.

(2) *Schadensersatz* wird als *Verschuldens*haftung bei vorwerfbaren Pflichtverletzungen geleistet, unter anderem bei Amtspflichtverletzungen durch den Erlass rechtswidriger Verwaltungsakte (§ 839 BGB i.V.m. Art. 34 GG). Im Unterschied zur Folgenbeseitigung ist hierbei nicht maßgeblich, welche Eingriffe der Bürger dulden muss, sondern ob ein Verschulden des Beamten (als Person) vorliegt. Entscheidend hierfür ist der Zeitpunkt der Vornahme der Amtshandlung. Später eintretende Duldungspflichten hindern die Entstehung des Anspruchs nicht. Konsequenterweise kann die Nichtinanspruchnahme von Rechtsmitteln gemäß § 839 Abs. 3 BGB nur als *Einwendung* gegen den an sich bestehen-

---

10 § 839 BGB verdrängt zwar die Haftungstatbestände der §§ 823 ff. BGB als Anspruchsgrundlagen. Dennoch lehnt sich die Amtshaftung partiell an die allgemeine Deliktshaftung an. Neben der Amtspflicht zur Unterlassung deliktischer Handlungen ist dies z.B. für die Beweislastregeln der §§ 823 ff. BGB anerkannt worden; siehe BGHZ 196, 35 ff.

11 Vgl. soeben zum allgemeinen Folgenbeseitigungsanspruch.

den Anspruch geltend gemacht werden. (Hierin liegt ein Gedanke des Mitverschuldens: Ein Rechtsmittel hätte den Schaden verhindern können, nicht aber die Amtspflichtverletzung; es hätte also zivilrechtlich gedacht die haftungsausfüllende, nicht die haftungsbegründende Kausalität durchbrechen können.) Im Umkehrschluss zu § 839 Abs. 3 BGB wird deutlich, dass der Amtshaftungsanspruch unabhängig von der Inanspruchnahme von Rechtsschutz und damit auch von der Bestandskraft eines Verwaltungsakts entsteht. Für juristische Gutachten bedeutet dies, dass die Rechtmäßigkeit auch eines bestandskräftigen Verwaltungsakts, dessen Erlass die Amtspflichtverletzung begründen soll, inzident zu prüfen ist. Ein anderes gilt für die *Rechtskraft* eines Gerichtsurteils, wenn und soweit diese eine positive gerichtliche Feststellung zum Inhalt hat und sich dadurch von der Bestandskraft unterscheidet, die gerade keine positive Feststellung der Rechtslage, sondern lediglich eine materielle Duldungspflicht bewirkt.

(3) Die Rechtsinstitute der *Entschädigung* (Art. 14 Abs. 3 GG, enteignender und enteignungsgleicher Eingriff, polizeirechtliche Nichtstörerentschädigung etc.) entstammen dem Aufopferungsrecht im weiteren Sinne und damit historisch dem Preußischen Allgemeinen Landrecht. Ursprünglich gewährten sie dem Einzelnen Ausgleich nur für solche Nachteile, die ihm durch rechtmäßige Maßnahmen zum Wohle der Allgemeinheit entstanden. Später wurden sie auf rechtswidrige Maßnahmen erstreckt, für die erst recht Ausgleich geleistet werden müsse. Folglich sind die Rechtmäßigkeit und damit auch die Bestandskraft von Verwaltungsakten für das Entstehen von Entschädigungsansprüchen unerheblich. Allerdings kann es unter Umständen zu einer Einwendung gegen den bestehenden Anspruch führen, falls in vorwerfbarer Weise kein Rechtsschutz in Anspruch genommen wurde (Rechtsgedanke aus § 254 BGB).

Zusammenfassung: Die Bestandskraft eines Verwaltungsakts kann sich beim allgemeinen Folgenbeseitigungsanspruch auswirken, soweit die eingetretene Duldungspflicht reicht. Bei der Amtshaftung bzw. den aufopferungsrechtlichen Ansprüchen wirkt sich die Bestandskraft nicht auf das Entstehen des Anspruchs aus, die Nichtinanspruchnahme von Rechtsschutz kann allerdings eine Einwendung gegen den entstandenen Anspruch begründen. ■

Zum Fall: Die Rechtmäßigkeit des Verkaufsverbots ist ungeachtet dessen Bestandskraft maßgeblich für die Frage einer Amtspflichtverletzung. Der Verwaltungsakt ist inzident zu prüfen und als rechtswidrig zu erkennen, da die Behörde von einem falschen Sachverhalt ausgegangen ist. **408**

3) Die verletzte Amtspflicht müsste des Weiteren Drittbezug haben. Dieser Drittbezug – in der Regel das Hauptproblem bei § 839 BGB – ähnelt dem subjektiven Recht, ohne mit ihm identisch zu sein. Im Einzelnen sind drei Anforderungen zu prüfen: Die Amtspflicht muss (a) überhaupt drittschützend sein, sie muss (b) – zumindest auch – gerade den Geschädigten (hier den X) schützen (persönlicher Schutzbereich), und sie muss (c) – zumindest auch – gerade das konkret betroffene Interesse des Geschädigten (X) schützen (sachlicher Schutzbereich). **409**

a) Der grundsätzliche Drittbezug einer Amtspflicht setzt eine „besondere Beziehung" zwischen Amtspflicht und Drittem voraus (BGH). Die Pflicht, nur rechtmäßige Verkaufsverbote auszusprechen, weist eine solche besondere Beziehung zu Dritten auf.

b) Diese Amtspflicht schützt ferner – zumindest auch – gerade den X als Hersteller des Produkts, dessen Verkauf verboten wurde (persönlicher Schutzbereich).

c) Schließlich muss die Amtspflicht – zumindest auch – gerade das konkret betroffene Interesse des Geschädigten (X) schützen (sachlicher Schutzbereich). Zu fragen ist, ob gerade dieser Schaden verhindert werden sollte.

410 ■ Amtspflichten im Sinne von § 839 BGB können grundsätzlich alle Interessen schützen. Insoweit unterscheidet sich die Vorschrift von § 823 Abs. 1 BGB, der nur absolute Rechte und Rechtsgüter schützt. Jedoch erfordert § 839 BGB stets eine Auslegung, ob das konkrete Interesse auch im Einzelfall geschützt sein soll. Dabei empfiehlt sich folgende Merkregel: Handelt es sich bei dem konkreten Interesse um ein Recht oder Rechtsgut im Sinne von § 823 Abs. 1 BGB, so wird es im Zweifel geschützt. Geht es hingegen um den Schutz des Vermögens an sich, bedarf diese Schutzrichtung einer besonderen Begründung[12]. ■

411 X hat durch das Verkaufsverbot einen Vermögensschaden (entgangener Gewinn) erlitten. Die Amtspflicht, nur rechtmäßige Verkaufsverbote zu erlassen, umfasst gerade auch den Schutz des Vermögens der Produkthersteller, das von derartigen Maßnahmen typischerweise betroffen wird. S hat folglich eine drittschützende Amtspflicht verletzt.

412 **4)** S hat diesen Fehler verschuldet, da er die Tatsachenlage fahrlässig verkannt hat (§ 276 BGB).

413 **5)** S müsste den Schaden auch adäquat kausal herbeigeführt haben. Insoweit gelten, weil die Amtshaftung ein Schadensersatzanspruch nach BGB ist, die Grundsätze des Zivilrechts. Maßgeblichkeit ist folglich nicht die Unmittelbarkeit der Folgen (so beim Folgenbeseitigungsanspruch, aber auch im Aufopferungsrecht), sondern die Adäquanz. Die Gewinneinbuße liegt sicherlich nicht außerhalb der Lebenserfahrung.

414 **6)** Schließlich bleibt noch zu fragen, ob die an sich bestehende Haftung ausnahmsweise ausgeschlossen sein könnte.

a) Die Subsidiaritätsklausel nach § 839 Abs. 1 S. 2 BGB sieht einen solchen Haftungsausschluss bei Fahrlässigkeit und gleichzeitigem Ersatzanspruch gegen einen Dritten vor. Der BGH gelangt jedoch zunehmend zur Nichtanwendbarkeit dieser Regelung, da sie ursprünglich geschaffen wurde, um den persönlich haftenden Beamten zu schützen, und diese Schutzfunktion mit der Überleitung auf den Staat weitgehend (beamtenrechtlicher Regress nur bei grober Fahrlässigkeit) verloren hat. Gleichwohl gilt die Subsidiaritätsklausel grundsätzlich weiter, wird aber durch zahlreiche Ausnahmen (z.B. bei durch Eigenleistung erkauften Ersatzansprüchen insbesondere aus Versicherungen) durchlöchert, bei deren Eingreifen die Amtshaftung uneingeschränkt zur Anwendung gelangt. Vorliegend ist keine anderweitige Ersatzmöglichkeit ersichtlich.

b) Die Ersatzpflicht entfällt gemäß § 839 Abs. 3 BGB ebenfalls, wenn der Geschädigte es vorsätzlich oder fahrlässig unterlassen hat, den Schaden durch (Kausalität!) Einlegung eines Rechtsmittels abzuwenden, wobei der Begriff des Rechtsmittels untechnisch

12 Der BGH entscheidet insoweit eher restriktiv.

und weit zu interpretieren ist. Die Vorschrift bringt den Gedanken des Mitverschuldens zum Ausdruck. Hier ist X vorsätzlich nicht gegen das Verkaufsverbot vorgegangen. Fraglich könnte allenfalls die Kausalität zwischen Rechtsmittel und Schadensbegrenzung sein, da ein Gerichtsverfahren womöglich eine besondere Öffentlichkeitswirkung gehabt und den Schaden dadurch noch vergrößert hätte. Im Kern handelt es sich um eine hier nicht eindeutig beantwortbare Tatsachenfrage, inwiefern die Öffentlichkeit dem Fall Aufmerksamkeit geschenkt hat oder hätte. Letztlich scheint es wohl wahrscheinlicher, dass jedenfalls ein Widerspruchs-, vermutlich aber auch ein Gerichtsverfahren ohne übermäßige Nachteile hätte durchgeführt werden können. Dann entfällt der Amtshaftungsanspruch des X.[13]

III. Entschädigung nach Aufopferungsrecht

■ Das Aufopferungsrecht im weiteren Sinne entstammt historisch den §§ 74, 75 der Einleitung zum Preußischen Allgemeinen Landrecht von 1794. Es setzt voraus, dass der Einzelne bestimmte wohlerworbene Rechte (iura quaesita) hat, in welche der Landesherr nur aus besonderen Gründen des Allgemeinwohls eingreifen darf (ius eminens). In diesem Fall erhält er aus Gerechtigkeitsgründen (Billigkeit) zum Ausgleich eine *Entschädigung* in Geld („Dulde und liquidiere"). **415**

Von großer Bedeutung für das Verständnis des heutigen Aufopferungsrechts ist die zeitliche Reihenfolge seiner drei wichtigsten Entwicklungsschritte. (1) Anfänglich wurde eine Entschädigung nur bei rechtmäßigen Eingriffen geleistet („Dulde"). (2) Später wurde die Ausgleichspflicht auf rechtswidrige Eingriffe erstreckt, für die erst recht eine Entschädigung gezahlt werden müsse. (3) Schließlich verlangte der Nassauskiesungsbeschluss des BVerfG[14], gegen rechtswidriges Staatshandeln zunächst Rechtsschutz zu ergreifen. Nur wenn dies nicht möglich oder unzumutbar sein sollte, kommt eine Entschädigung in Betracht (statt „Dulde und liquidiere" gilt nun „Wehre dich und liquidiere notfalls danach").

Demgemäß bestehen aufopferungsrechtliche Ansprüche (im weiteren Sinn) grundsätzlich bei rechtmäßigen Eingriffen. Daneben können auch rechtswidrige Eingriffe eine Entschädigungspflicht auslösen. Allerdings kann das Nichtergreifen zumutbarer Rechtsschutzmöglichkeiten zum Ausschluss des Anspruchs führen[15].

Die einzelnen Ausprägungen des Aufopferungsgedankens im weiteren Sinne lassen sich nach den berührten Rechtsgütern einteilen: Soweit vermögenswerte Rechtspositionen im Sinne von Art. 14 Abs. 1 GG (nach BGH grundsätzlich alle vermögensrechtlichen Positionen) betroffen sind, kommen eine Enteignungsentschädigung nach Art. 14 Abs. 3 GG sowie ein Anspruch aus enteignendem (rechtmäßig) oder enteignungsgleichem (rechtswidrig) Eingriff in Betracht. Soweit die Rechtsgüter aus Art. 2 Abs. 2 GG (Leben, Gesundheit, körperliche Bewegungsfreiheit) beeinträchtigt worden sind, stehen der Aufopferungsanspruch im engeren Sinne (rechtmäßig) und der Anspruch aus aufopferungsgleichem

---

13 Vertreten ließe sich – je nach Sachverhaltsdeutung – ebenfalls, der Anspruch reduziere sich auf jenen Teil des Verdienstausfalls, der sich auch dann ergeben hätte, wenn X umgehend Widerspruch eingelegt hätte.

14 BVerfGE 58, 300 (323 f.) (kein Wahlrecht zwischen Abwehr und Entschädigung).

15 Technisch wird dies häufig über eine Analogie zu § 254 BGB verarbeitet, was insofern ungenau ist, als das Aufopferungsrecht kein Verschulden voraussetzt, daher auch kein Mitverschulden kennen kann. Dennoch kann der Rechtsgedanke übertragen werden.

Eingriff (rechtswidrig) zur Verfügung.[16] Andere immaterielle Rechtsgüter sind grundsätzlich nicht ausgleichsfähig. Diese allgemeinen Rechtsinstitute werden partiell durch spezielle Anspruchsnormen verdrängt, unter denen die polizei- und ordnungsrechtliche Entschädigung für Nichtstörer[17] oder die Entschädigung für zu Unrecht erlittene Strafverfolgungsmaßnahmen hervorzuheben sind. Bei all diesen geschriebenen und ungeschriebenen Ausprägungen des Aufopferungsgedankens gelten stets die gleichen Grundprinzipien.

416 Nähere Betrachtung verdient der Ausgleich für Eingriffe in das Eigentum. Probleme verursacht die gleichzeitige Existenz zweier unterschiedlicher Grundverständnisse der Eigentumsdogmatik, die verschiedenen historischen Epochen entstammen, beide heute fortwirken, sich aber nicht spannungsfrei aufeinander abstimmen lassen. Das BVerfG[18] hat Art. 14 GG als normgeprägtes Grundrecht entfaltet. Inhalts- und Schrankenbestimmungen (Art. 14 Abs. 1 S. 2 GG) definieren, was Eigentum ist und wie weit die Eigentümerbefugnisse reichen. Die Enteignung (Art. 14 Abs. 3 GG) ist hingegen (verkürzt gesprochen!) ein zielgerichteter Entzug der so definierten Rechtsposition zu außerhalb der Eigentumsordnung liegenden öffentlichen Zwecken. Inhalts- und Schrankenbestimmung auf der einen, Enteignung auf der anderen Seite weisen in diesem System einen „qualitativen" Unterschied auf.[19] Der – für das Aufopferungsrecht zuständige – BGH wählt hingegen außerhalb von Art. 14 Abs. 3 GG, das heißt *nur* für die *sonstigen Aufopferungsansprüche* (im weiteren Sinne) *mit Ausnahme der Enteignung*, noch immer den früheren Enteignungsbegriff als gedankliches Vor- und Leitbild. Enteignung wurde vormals (wiederum verkürzt) definiert über den Begriff des Sonderopfers, das durch das Überschreiten einer gewissen Erheblichkeitsschwelle gekennzeichnet war. Unterhalb der Schwelle zum Sonderopfer lag eine entschädigungslos zu duldende Inhalts- und Schrankenbestimmung vor. Damit bestand zwischen Inhalts- und Schrankenbestimmung und Enteignung ein „quantitativer" Unterschied. Heute gilt für Art. 14 Abs. 3 GG nach allgemeiner Meinung der Enteignungsbegriff des BVerfG. Der BGH hält jedoch (nur) für das sonstige Aufopferungsrecht am Schlüsselbegriff des „Sonderopfers" fest. Somit existieren beide dogmatischen Systeme parallel, wenn auch für je verschiedene Fragen.

Für das juristische Gutachten bedeutet dies, das maßgebliche dogmatische System je nach aufgeworfener Frage zu wählen. Ist die verfassungsrechtliche Zulässigkeit einer das Eigentum beschränkenden Maßnahme zu prüfen, greift das System des BVerfG. Wird hingegen ein finanzieller Ausgleich für erlittene Einbußen angestrebt, ist grundsätzlich die Dogmatik des BGH maßgeblich, allerdings nur nach Maßgabe vorrangiger Modifikationen durch die Rechtsprechung des BVerfG. Die möglichen Anspruchsgrundlagen für eine Entschädigung wegen einer eigentumsbeeinträchtigenden Maßnahme lassen sich wie folgt gliedern:

(1) Ansprüche im System des BVerfG:

417 **(a)** Eine Enteignung nach Art. 14 Abs. 3 GG ist die vollständige oder teilweise Entziehung konkreter vermögenswerter Rechtspositionen im Sinne von Art. 14 Abs. 1 S. 2 GG durch einen gezielten hoheitlichen Rechtsakt zur Erfüllung bestimmter öffentlicher Aufgaben. Da das die Enteignung gestattende Gesetz selbst die Entschädigung regeln muss und die

16 Als Rechtsfolge kommt insofern neben dem Ersatz materieller Schäden (z.B. Arztkosten) auch ein Schmerzensgeld in Betracht; BGH, NJW 2017, S. 3384 ff. (Änderung der Rspr.).

17 Z.B. § 100 PolG BW; §§ 52 OBG Thür., 68 ff. PAG Thür.

18 Grundlegend BVerfGE 58, 300 (330 ff.) (Nassauskiesung).

19 Beispielsfall zur Abgrenzung von Inhalts- und Schrankenbestimmung und Enteignung bei *Seiler*, JuS 2002, S. 679 ff.

ordentlichen Gerichte nur über deren Höhe im konkreten Fall befinden dürfen, vereinfacht sich die Entschädigungsproblematik: Entweder der Anspruch folgt aus dem Gesetz, oder er besteht überhaupt nicht. Im zweiten Fall kann der Eigentümer lediglich Rechtsschutz gegen die dann rechtswidrige Enteignung suchen. Nur soweit eine solche Verteidigung nicht möglich oder nicht zumutbar ist, kommt eine Entschädigung wegen eines enteignungsgleichen Eingriffs (siehe unten) in Betracht.

(b) Ähnlich einfach zu handhaben ist die ausgleichspflichtige Inhaltsbestimmung. Der Gesetzgeber ist verpflichtet, einen verhältnismäßigen Ausgleich zwischen Art. 14 Abs. 1 S. 1 GG (Privatnützigkeit) und Art. 14 Abs. 2 GG (Sozialpflichtigkeit) zu schaffen. Dabei kann er Härte- und Sonderfällen durch Übergangs- und Ausnahmeregelungen oder eben durch einen ausnahmsweisen Ausgleichsanspruch gerecht werden. Ein solcher folgt dann entweder aus dem Gesetz, oder er besteht nicht. Im Übrigen mag eine Eigentumsbeschränkung unverhältnismäßig und durch Primärrechtsschutz abzuwehren sein. Anlass für eine Entschädigung kann sie höchstens, soweit eine Verteidigung unmöglich oder unzumutbar ist, im Rahmen eines enteignungsgleichen Eingriffs (siehe unten) sein. **418**

(2) Ansprüche im System des BGH: Das Aufopferungsrecht im weiteren Sinne knüpft noch immer an das Vorbild des früheren Enteignungsbegriffs an, der zwar für Art. 14 Abs. 3 GG aufgegeben wurde, aber im sonstigen Aufopferungsrecht weiterhin Folgewirkungen erzeugt. Enteignung war hiernach jede unmittelbare Beeinträchtigung des Eigentums durch eine hoheitliche Maßnahme, die für den Betroffenen ein Sonderopfer darstellt. Zentrale Bedeutung hat der Begriff des *Sonderopfers*, zu verstehen als Opfer, das den Einzelnen im Vergleich zu anderen besonders intensiv trifft und deshalb auszugleichen ist. Um eine ausufernde Inanspruchnahme des Staates zu vermeiden, schränkt – wie beim Folgenbeseitigungsanspruch – das Kriterium der *Unmittelbarkeit* die Haftung ein, das nicht begriffslogisch, sondern im Sinne einer wertenden Zurechnung von Verantwortung zu handhaben ist. Im Einzelnen gilt: **419**

(a) Der enteignende Eingriff meint die unbeabsichtigten Nebenfolgen rechtmäßigen Hoheitshandelns (bezweckte Folgen sind Inhalts- und Schrankenbestimmung oder Enteignung). Da der Staat rechtmäßig gehandelt hat, ist keine Abwehr möglich. Entstehende Härten sind auszugleichen (klassisches „Dulde und liquidiere"). Enteignender Eingriff ist hiernach eine unmittelbare Beeinträchtigung des Eigentums als Nebenfolge an sich rechtmäßigen Hoheitshandelns, die für den Betroffenen ein Sonderopfer darstellt. **420**

(b) Der enteignungsgleiche Eingriff erfasst rechtswidriges Staatshandeln („erst recht") in verschiedener Gestalt (Rechts- oder Realakte), seien es rechtswidrige Anwendungsakte bei Inhalts- und Schrankenbestimmungen, fehlerhafte Enteignungen oder nicht gestattete Nebenfolgen anderer Maßnahmen (parallel zum enteignenden Eingriff). Der enteignungsgleiche Eingriff lässt sich allgemein definieren als rechtswidrige unmittelbare Beeinträchtigung des Eigentums durch eine hoheitliche Maßnahme. Das Sonderopfer liegt in der Rechtswidrigkeit, da derjenige, der Opfer einer rechtswidrigen Maßnahme ist, im Vergleich zu anderen ungleich behandelt wird. Allerdings fordert das BVerfG den Vorrang des Primärrechtsschutzes vor der Entschädigung. Rechtstechnisch wird dies über eine Einwendung verarbeitet (§ 254 BGB analog), nach welcher der Entschädigungsanspruch entfällt, wenn der Betroffene versäumt hat, den Schaden durch Einlegung eines Rechtsbehelfs abzuwenden. Dies setzt allerdings voraus, dass ein Rechtsschutzersuchen überhaupt möglich (z.B. nicht bei sofort vollzogenen Maßnahmen) und dem Betroffenen zumutbar ist (z.B. keine Klage „auf Verdacht" bei schwer erkennbaren Rechtsmängeln geboten). ■ **421**

422 **Zum Fall:** Zu fragen ist nach dem einschlägigen aufopferungsrechtlichen Rechtsinstitut. Der enteignungsgleiche Eingriff ist als ungeschriebenes allgemeines Institut nur heranzuziehen, wenn keine speziellere aufopferungsrechtliche Norm vorgeht. Hier erklärt § 7 AGLMBG BW die polizeirechtlichen Vorschriften über die Entschädigung (§ 100 PolG BW) für anwendbar. Allerdings greift § 100 PolG BW nicht direkt. Unmittelbar anwendbar ist er nur in Fällen von § 9 Abs. 1 PolG BW, das heißt bei rechtmäßiger Inanspruchnahme eines Nichtstörers. Wenn jedoch sogar rechtmäßige Maßnahmen zu entschädigen sind, muss dies erst recht für rechtswidrige Folgen gelten[20]. Im Binnensystem des baden-württembergischen Polizeirechts wird dies über eine Analogie zu § 100 PolG BW gelöst, auf die sich folglich auch der Verweis in § 7 AGLMBG BW erstreckt[21].

Die Vorschrift ist nach den Grundsätzen des Aufopferungsrechts zu handhaben. Die hoheitliche Maßnahme „Verkaufsverbot" müsste also eine Eigentumsposition des X unmittelbar beeinträchtigt haben. Zum Eigentum zählt – nach der Rechtsprechung des insoweit zuständigen BGH[22] – auch das Recht am eingerichteten und ausgeübten Gewerbebetrieb[23]. Die Beeinträchtigung ist vom Staat zu verantworten und damit unmittelbarer Natur. Das Sonderopfer liegt in der Rechtswidrigkeit. Der Anspruch ist somit dem Grundsatz nach entstanden. Einzuwenden ist allerdings – parallel zur Amtshaftung – die vorwerfbare Nichtinanspruchnahme von Rechtsbehelfen (§ 254 BGB analog).

Ergebnis: X erhält keinen Ersatz für seine finanziellen Nachteile.

2. Frage: Prozessuale Durchsetzung

423 Die prozessuale Durchsetzung staatshaftungsrechtlicher Ansprüche begegnet dem Problem gespaltener Rechtswege. Der – historisch jüngere – Folgenbeseitigungsanspruch ist beim Verwaltungsgericht einzufordern. Die Amtshaftung ist – vor dem geschichtlichen Hintergrund nachvollziehbar – gemäß Art. 34 S. 3 GG, § 71 Abs. 2 Nr. 2 GVG beim Zivil-, genauer Landgericht einzuklagen. Auch das Aufopferungsrecht im weiteren Sinne unterfällt – in Kontinuität zum Preußischen Allgemeinen Landrecht – dem Zivilrechtsweg (Art. 14 Abs. 3 S. 4 GG, § 40 Abs. 2 S. 1 VwGO, Polizei- und Ordnungsgesetze der Länder[24]). § 17 Abs. 2 GVG führt die Rechtswege teilweise zusammen durch den Grundsatz, dass das angerufene Gericht den Rechtsstreit unter *allen* Gesichtspunk-

20 Siehe soeben zum zweiten Entwicklungsschritt in der Geschichte des Aufopferungsrechts.

21 Vertretbar wäre auch, wegen der Existenz von enteignungs- und aufopferungsgleichem Eingriff eine Regelungslücke abzulehnen und diese Rechtsinstitute anzuwenden. Es handelt sich um einen nur dogmatischen Streit ohne Unterschiede in der Sache. – Auf die allgemeinen Haftungsinstitute wird ferner bei Schäden unbeteiligter Dritter zurückgegriffen, sofern sich das jeweilige Polizeigesetz auf Regelungen zugunsten der Adressaten polizeilicher Maßnahmen beschränkt (so z.B. § 100 PolG BW); BGH, NJW 2011, S. 3157 ff. (zu § 80 NdsSOG). Vgl. auch BGH, NJW 2013, S. 1736 f. (zum repressiven Polizeihandeln).

22 BGHZ 111, 349 (356).

23 Zurückhaltender für Fragen der Verfassungsmäßigkeit von Grundrechtsschranken BVerfGE 58, 300 (353) (eigentumsrechtlicher Schutz des Gewerbebetriebes reicht nicht weiter als jener seiner Bestandteile). Vgl. auch BVerfGE 51, 193 (221 f.).

24 Z.B. § 103 PolG BW; §§ 52 OBG Thür., 74 PAG Thür.

ten entscheidet. Da die grundgesetzlichen Zuweisungen zum Zivilrechtsweg (Art. 14 Abs. 3 S. 4 GG, Art. 34 S. 3 GG) hiervon unberührt bleiben (§ 17 Abs. 2 S. 2 GVG), fällt der Rechtsweg auseinander, wenn das Verwaltungsgericht zuerst angerufen wird.

Anspruchs- und damit richtiger Klagegegner ist bei der Folgenbeseitigung und im Aufopferungsrecht der handelnde Rechtsträger. Bei der Amtshaftung wird die ursprünglich persönliche Haftung des Beamten auf diejenige Körperschaft übergeleitet, die ihm das Amt *anvertraut* hat. Dies kann Differenzierungen erfordern, wenn (wie hier) das Landratsamt gehandelt hat, sofern das jeweilige Landesrecht[25] diesem eine doppelfunktionale Stellung eingeräumt hat und sein Handeln teils dem Landkreis, teils dem Land zurechnet[26].

Wiederholungs- und Vertiefungsfragen zu Fall 14

1. Welche drei Gruppen von Haftungsinstituten sind im Staatshaftungsrecht zu unterscheiden? Welchen Leitgedanken folgen sie? Benennen Sie jeweils den konkreten Anknüpfungspunkt.
2. Woraus lässt sich der allgemeine Folgenbeseitigungsanspruch herleiten?
3. Benennen Sie die Voraussetzungen des Folgenbeseitigungsanspruchs. Welche Rechtsfolge gewährt er?
4. Warum steht der Amtshaftungsanspruch im BGB? Welche Konsequenz ergibt sich hieraus? Berücksichtigen Sie insbesondere den Unterschied von persönlicher Amts- und behördlicher Rechtspflicht.
5. Wer ist Amtswalter i.S.v. § 839 BGB i.V.m. Art. 34 GG? Welche Betrachtungsweise ist insofern angezeigt?
6. Wann ist eine Amtspflicht drittbezogen?
7. Schützt § 839 BGB auch das Vermögen? Inwiefern ist hier zu differenzieren?
8. Inwiefern greift der Amtshaftungsanspruch nur subsidiär ein? Wie ist die entsprechende Regelung zu handhaben?

---

25 Dies gilt z.B. für Baden-Württemberg: gemäß § 1 Abs. 3 LKrO BW ist das Landratsamt je nach zu erledigender Aufgabe Behörde des Landkreises (S. 1) oder des Landes (S. 2). Vorliegend handelt das Landratsamt in einer Weisungsaufgabe, mithin als Landesbehörde. Ein anderes gilt z.B. für Thüringen, wo das Landratsamt im eigenen und übertragenen Wirkungskreis als Behörde des Landkreises handelt (§ 111 Abs. 1 S. 1 ThürKO mit Ausnahme in Abs. 2 für die Kommunalaufsicht).

26 Allgemein zum Staatshaftungsrecht *Maurer/Waldhoff*, Allgemeines Verwaltungsrecht, §§ 25–31; fallorientiert *Durner*, JuS 2005, S. 793 ff., 900 ff.; aktuell zur Haftung für Corona-Schutzmaßnahmen *Fischer-Uebler/Gölzer/Schaub*, JA 2021, S. 491 ff.

9. Kann auch die Nichterfüllung drittschützender Pflichten des Europarechts einen Amtshaftungsanspruch begründen? Auf welche Rechtsgrundlage stützt die Praxis einen solchen Anspruch? Inwiefern unterscheidet sich seine Handhabung von jener seines deutschen Gegenstücks?
10. Worauf gehen die verschiedenen Institute des Aufopferungsrechts historisch zurück? Schildern Sie die drei Schritte der Entwicklung.
11. Was unterscheidet den enteignenden Eingriff vom enteignungsgleichen Eingriff? Welche Anspruchsvoraussetzungen müssen jeweils gegeben sein?
12. Wie wirkt sich die Rechtswidrigkeit eines Staatshandelns bei den drei Gruppen von Haftungsinstituten auf das Entstehen eines Anspruchs aus? Welche Konsequenzen hat das Nichtergreifen von Rechtsbehelfen? Wie wirkt sich insbesondere die Bestandskraft eines Verwaltungsakts aus?

Sachverzeichnis

Die Zahlen verweisen auf die Randnummern des Buches.